METODOLOGIAS ATIVAS *em* DIREITO

GUIA PRÁTICO PARA O
ENSINO JURÍDICO
PARTICIPATIVO E INOVADOR

O GEN | Grupo Editorial Nacional – maior plataforma editorial brasileira no segmento científico, técnico e profissional – publica conteúdos nas áreas de concursos, ciências jurídicas, humanas, exatas, da saúde e sociais aplicadas, além de prover serviços direcionados à educação continuada.

As editoras que integram o GEN, das mais respeitadas no mercado editorial, construíram catálogos inigualáveis, com obras decisivas para a formação acadêmica e o aperfeiçoamento de várias gerações de profissionais e estudantes, tendo se tornado sinônimo de qualidade e seriedade.

A missão do GEN e dos núcleos de conteúdo que o compõem é prover a melhor informação científica e distribuí-la de maneira flexível e conveniente, a preços justos, gerando benefícios e servindo a autores, docentes, livreiros, funcionários, colaboradores e acionistas.

Nosso comportamento ético incondicional e nossa responsabilidade social e ambiental são reforçados pela natureza educacional de nossa atividade e dão sustentabilidade ao crescimento contínuo e à rentabilidade do grupo.

Ferramentas que colocam o **ALUNO NO CENTRO** do **APRENDIZADO ATIVO**

Guilherme **FORMA KLAFKE**
Marina **FEFERBAUM**

METODOLOGIAS ATIVAS *em* DIREITO

GUIA PRÁTICO PARA O ENSINO JURÍDICO PARTICIPATIVO E INOVADOR

■ **Atendimento ao cliente: (11) 5080-0751 | faleconosco@grupogen.com.br**

■ Capa: Aurélio Corrêa

■ Projeto gráfico e Editoração Eletrônica: OFÁ Design

■ **CIP – BRASIL. CATALOGAÇÃO NA FONTE.**
SINDICATO NACIONAL DOS EDITORES DE LIVROS, RJ.

Feferbaum, Marina

Metodologias ativas em direito: guia prático para o ensino jurídico participativo e inovador / Marina Feferbaum, Guilherme Forma Klafke. – [2. Reimp.] – São Paulo: Atlas, 2021.

Inclui bibliografia
ISBN 978-85-97-02524-8

1. Direito – Estudo e ensino – Manuais, guias, etc. 2. Direito – Metodologia. I. Klafke, Guilherme Forma. II. Título.

20-63331   340.11:378

Leandra Felix da Cruz Candido – Bibliotecária – CRB-7/6135

Sobre os autores

Guilherme Forma Klafke

Doutor em Direito Constitucional pela Universidade de São Paulo (2019). Líder de projeto no Centro de Ensino e Pesquisa em Inovação da FGV DIREITO SP (CEPI) e professor do programa de pós-graduação *lato sensu* da mesma instituição (FGV LAW). Foi professor da Faculdade de Direito de São Bernardo do Campo (2017-2018). Foi coordenador da Escola de Formação Pública da Sociedade Brasileira de Direito Público (2017), onde é professor e orientador desde 2012.

Marina Feferbaum

Coordenadora do Centro de Ensino e Pesquisa em Inovação (CEPI) e da área de metodologia de ensino da FGV DIREITO SP, onde também é professora dos programas de graduação e pós-graduação. Doutora (2016) pela Pontifícia Universidade Católica de São Paulo (PUC-SP). Graduação em Direito pela PUC-SP (2006) e mestrado em Direito pela mesma universidade (2009). Vinculada à FGV DIREITO SP desde 2004. Ministra cursos de formação docente.

Prefácio

Metodologias Ativas em Direito, de Marina Feferbaum e Guilherme Klafke, convida todos que se dedicam ao ensino de Direito a uma reflexão essencial: o mundo mudou e com essa mudança não é mais possível continuar formando juristas como fazíamos há 30, 20 ou até mesmo 15 anos atrás. Os desafios da vida contemporânea, e das profissões jurídicas em particular, evidenciam a necessidade de uma formação atenta para o cosmopolitismo, a imediatez das relações sociais, a autonomização das relações econômicas e de trabalho, a ubiquidade da tecnologia e o desafio cada vez mais premente de defender a dignidade e os direitos humanos e a democracia como fins últimos. A tecnologia, bastante ressaltada ao longo do texto, é, portanto, apenas mais um elemento nesse curso de transformações que se torna cada vez mais rápido e agitado.

O compromisso dos cursos jurídicos, nesse contexto, não deve ser apenas com a formação do "operador de Direito", logo um profissional capaz de lidar com as tarefas rotineiras de um escritório com maestria, mas, sim, com a formação de verdadeiros "arquitetos jurídicos", capazes de pensar soluções normativas para problemas complexos que afetam a sociedade, a economia ou a política. Nosso objetivo deve ser a formação de uma nova geração de juristas habilitados a formular, de forma criativa e responsável, com base em regras e princípios jurídicos, solução para melhorar a vida das pessoas e da comunidade. Da advogada de empresa que deve colaborar para a construção do negócio ao defensor de direitos humanos que precisa mobilizar diferentes atores e normas jurídicas para ampliar o respeito aos direitos fundamentais, as novas gerações de estudantes serão chamadas para realizar tarefas mais exigentes em termos de criatividade, raciocínio analítico e interação com outras pessoas. A tecnologia cada vez mais ficará com o que é repetitivo, mas não necessariamente com o que é menos complexo. O fato, porém, é que a tecnologia jamais poderá nos substituir na tomada de decisões moralmente relevantes, que permeiam a vida do Direito.

Esse compromisso não significa a eliminação da pluralidade das propostas pedagógicas e dos currículos das faculdades de Direito. Há muitas possibilidades no espaço dado pelos valores mínimos que devemos observar, como desenvolvimento da autonomia discente, respeito à liberdade docente, garantia dos direitos humanos e priorização da qualidade da formação educacional. Os autores não ignoram essa realidade. O livro enfatiza constantemente a escolha docente como pilar fundamental para a concepção e a execução de qualquer curso. Tudo depende do que se deseja obter e de onde se pretende chegar. É no diálogo permanente entre os objetivos institucionais e docentes que reside o caminho para qualquer prática de ensino.

A abertura para a autonomia docente não significa que os autores aceitam qualquer maneira de ensinar. Eles se posicionam em favor de um ensino participativo que valoriza a autonomia dos alunos no processo de aprendizagem, o diálogo entre interpretações de mundo como caminho para construção do conhecimento e o uso de métodos ativos como meio para alcançar os objetivos do curso. A obra é resultado de um processo de diálogo, experimentação, reflexão e amadurecimento, pelo qual passaram os autores ao longo de anos trabalhando na Escola de Direito de São Paulo da Fundação Getulio Vargas, na qual puderam ter contato e discutir diversas questões que surgiam na prática de um curso fundamentado no ensino participativo. Nesse sentido, fomos os primeiros beneficiários do compromisso, inteligência, ousadia e dedicação de Marina e Guilherme. Fico muito contente em perceber que todo esse acúmulo de nosso projeto pedagógico é agora partilhado de forma mais ampla com outras pessoas, que também estão pensando sobre os desafios do ensino jurídico no mundo contemporâneo.

Para terminar, gostaria de destacar a importância deste livro. Como aluno, aprendi o que eram aulas participativas com alguns de meus professores, como Leda Pereira da Mota, na PUC-SP, assim como ao imergir no método socrático na Universidade de Columbia, nos anos 1990. Como professor de Direitos Humanos e Direito Constitucional, incorporei o método do caso, o de solução de problemas, assim como o emprego de simulações às minhas disciplinas, sempre com a ajuda e o entusiasmo de diversos jovens ex-alunos, alguns dos quais se tornaram brilhantes professores na FGV Direito SP, como Marina Feferbaum, Eloísa Machado, Flávia Scabin e Thiago Amparo. Como um dos professores que tiveram o privilégio de participar da fundação da FGV Direito SP, sob liderança de Ary Oswaldo Mattos Filho, Antônio Angarita e Paulo Goldschmidt, vivenciei na prática a construção de uma proposta de curso estruturalmente baseado no ensino participativo, ao lado de meus queridos amigos Ronaldo Porto Macedo, Carlos Ari Sundfeld, Theo Dias, José Reinaldo Lima Lopes e tantos outros que se juntaram e deram uma enorme contribuição a esse movimento ao longo do tempo, como José Garcez Ghirardi e a querida Adriana Ancona. Tudo era experimentalismo, um aprendizado com erros e acertos. É animador saber que as pessoas que se importam em melhorar o ensino jurídico brasileiro agora podem contar com um material que eleva o nível da discussão um degrau a mais.

Antes de terminar esse prefácio, no entanto, faço questão de parabenizar e enaltecer o trabalho de Marina e Guilherme, por generosamente partilharem com todos nós, de forma sistematizada, o resultado de anos de aprendizado e dedicação à reforma do ensino no Brasil.

11 de março de 2020.

Oscar Vilhena Vieira

Sumário

1

A proposta de um guia prático: como ler este livro

Era o final de um curso intensivo de três dias de formação docente com 30 professores. Ao longo de quatro aulas, fizemos atividades de vivência de ensino participativo, discutimos objetivos de aprendizagem e construímos atividades que poderiam ser incorporadas dali a dois meses por quem iniciaria o semestre em sua instituição. Dentre os participantes, com olhos marejados, uma professora com anos de docência nos falou que havíamos conseguido reviver a vontade dela de dar aula e que ela enxergaria a sala de aula com outros olhos.

Por onde passamos, em formações docentes, palestras ou mesmo em debates sobre ensino jurídico, chegamos com um sorriso no rosto e a vontade de fazer diferente. Transformar a maneira como ensinamos o Direito no Brasil é algo que nos move e confere sentido a tudo o que realizamos. Do interior de Minas Gerais à Amazônia, do centro do Rio Grande do Sul ao calor do Ceará, sentimos o pulsar de uma geração de professores inquietos e cada vez mais dispostos a inovar em seus cursos.

Com essa visão da realidade e com a vontade de oferecer um material rico e cheio de experiências, ficamos muito felizes com a possibilidade de escrever um livro sobre ensino jurídico participativo. O desafio não era pequeno: criar um produto que pudesse sair das prateleiras das livrarias (e das plataformas virtuais) e chegar às mesas de professores ao redor do Brasil só seria possível se o livro fizesse sentido e diferença na vida dessas pessoas. Mais do que isso, um livro não poderia ser somente mais um repositório de palavras, mas uma experiência viva de interação e diálogo entre autores e leitores que transcendesse as páginas de papel.

Num cenário de aumento no número de cursos jurídicos e professores, pretendemos inovar. Esta obra não é apenas um manual sobre como aplicar um ensino mais significativo e participativo. Ela é, sim, um guia para a prática docente. Entretanto, também desejamos que ela seja um ponto de partida de reflexões sobre o que é ser professor universitário e, no fim, o que escolhemos fazer ao pisar numa sala perante 40, 50, 80 alunos.

Com o desenvolvimento de tecnologias de informação e comunicação, a competição com *podcasts*, vídeos, cursos *online* e livros que cabem no bolso é feroz. Como contornar esse cenário e trazer algo para você que seja significativo e enriquecedor? De que maneira esperamos prender você na leitura de um texto extenso como este e vencer essa batalha cotidiana pelo seu precioso tempo, a única coisa que não conseguimos de volta quando gastamos?

Este livro é um guia passo a passo para você fazer um ensino mais participativo e mais significativo. Cada seção foi pensada levando em consideração uma pessoa que está no início do período letivo diante da tarefa de planejar e executar um curso. Nossa ideia é que ele seja parte de uma formação, uma obra que você consultará uma, duas, três, quinze vezes. Como um tutorial, esperamos que você leia uma vez e tente implementar o que oferecemos aqui, experimente, erre, acerte, sinta-se feliz, perca-se em reflexões. Pensamos um conteúdo que, por meio de listas de checagem, questionários e interação com outros leitores, estimule você a voltar àquela página que já foi lida para rever uma dica ou um alerta.

Cada seção contém seu próprio conjunto de objetivos, quadros com alertas sobre problemas comuns na prática docente, caixas com atividades ou questionamentos para reflexão, listas de checagem (*checklists*) para estimular você a interagir com nosso texto e, claro, muito material acessório que você poderá acessar para enriquecer ainda mais sua prática. Mas não é só isso. As seções foram estruturadas de maneira a conduzir sua leitura por um passo a passo desde o momento zero anterior ao curso até o final. E, a partir de tudo o que já ouvimos de perguntas e dúvidas sobre o ensino jurídico participativo, criamos uma seção exclusiva de perguntas mais frequentes e a indicação de onde oferecemos respostas a elas ao longo do texto.

O projeto é ambicioso: transformar este livro num verdadeiro curso de formação docente, inclusive com atividades e materiais para tanto. Queremos envolver diferentes realidades, pensando em leitores que atuem em cursos com turmas pequenas ou grandes, com mais ou menos restrições institucionais, com mais ou menos facilidade de introdução do ensino participativo, com mais ou menos conhecimento pedagógico. Como seguir por essa jornada? Levando em consideração a dificuldade cada vez maior de separarmos um tempo somente para a leitura, sugerimos um pequeno roteiro que você poderá seguir, se não tiver condições de ler tudo de uma vez:

» **Primeiros passos:** vamos começar com pouquinho. Se você não dispuser de muito tempo ou tiver várias disciplinas pela frente, sugerimos que leia com atenção nossa Seção 2 ("Para começar... avaliando o que você já faz"). Ela é curta e em pouco tempo poderá despertar sua atenção para alguns detalhes que fazem a diferença na realidade. Que tal começar o semestre ou o ano refletindo sobre o que você já realiza?

» **Subindo a ladeira:** depois de refletir e, quem sabe, até mesmo alterar alguma coisa no seu curso somente com a Seção 2, começaremos a incrementar um pouco mais a prática. Nossa segunda sugestão é seguir para a Seção 3. A ideia é que você comece aos poucos, planejando bem os objetivos de sua disciplina.

» **Apertando o ritmo:** digamos que você esteja no terceiro semestre de sua experiência. Agora você pode preparar melhor a disciplina, planejando métodos e instrumentos de avaliação. Veja a Seção 4 sobre planejamento de disciplina.

» **Chegando ao ápice:** você gostaria de ousar mais, buscando novos métodos e instrumentos de avaliação. Por que não produzir uma atividade diferente de tudo o que você já fez? Ou aplicar uma forma de avaliação inovadora? Se a sugestão anterior objetiva conferir mais segurança a você para planejar uma disciplina, para ir além recomendamos a Seção 5, sobre planejamento de atividades pedagógicas.

» **Aprimorando a forma:** propositalmente, sugerimos que você pense em métodos e avaliação sem indicar a leitura das seções de planejamento de aula e execução das atividades. A ideia é que você experimente e tenha perguntas a partir dessa prática intuitiva. A partir de então, você sentirá uma provocação para buscar mais informações sobre como aplicar atividades, contornar problemas comuns e lidar com a diversidade de estudantes. Para tanto, propomos a leitura da Seção 6, sobre execução de atividades.

» **Terminando a jornada:** o final da jornada é uma reflexão final sobre o sucesso de suas mudanças. É na avaliação que você poderá ter esse olhar com mais qualidade. Por isso, recomendamos a leitura da Seção 7, de avaliação, para terminar seu processo de formação. Ao refinar os instrumentos avaliatórios, você será capaz de verificar pontos a serem melhorados para que estudantes se desenvolvam mais.

Essa é uma sugestão dentre várias possíveis. Qualquer etapa pode ser sua porta de entrada para nosso livro. Se seu maior incômodo é com a execução, comece com as dicas sobre como realizar atividades. Se você deseja adquirir uma noção melhor acerca do que é o ensino participativo, inicie pela leitura sobre a diferença entre ensino jurídico participativo e ensino tradicional na Seção 1. O importante é que você sinta motivação para ler este livro.

Nossa mensagem introdutória é encorajadora da sua formação. Queremos professoras e professores de Direito que tenham brilho nos olhos ao chegarem em uma sala de aula e encontrarem estudantes felizes, dispostos a estarem física e mentalmente presentes porque veem significado naquilo. Nossa intenção é fortalecer esse processo de transformação do ensino jurídico nacional, criando uma corrente de pessoas que se sentem capazes e dispostas a praticar uma docência inovadora.

1.1 Por que um livro sobre como ensinar Direito?

Se você fizer uma rápida busca em *sites* de livrarias por obras de "metodologia do ensino jurídico" ou "ensino do direito", encontrará mais de uma dezena de livros que propõem formas de ensinar melhor o Direito. Por que oferecer mais um livro sobre como ensinar Direito num contexto em que já existem tantas e tantas páginas a respeito do assunto? Por que e como chegamos até aqui?

O primeiro diferencial desta obra é que ela é feita por pessoas do Direito para pessoas do Direito. Embora tenhamos passado a maior parte dos últimos anos de nossa vida profissional imersos na pesquisa e no trabalho com o ensino participativo, nossa formação é primariamente jurídica – no Direito Internacional, no Direito Constitucional, na Filosofia do Direito. Por conta disso, entendemos o contexto peculiar dos cursos jurídicos, características que atormentam muitos coordenadores e diretores de instituições de ensino. Quem nunca ouviu frases como essas:

» "Eu dou aulas expositivas porque os estudantes precisam ter a base [do conhecimento]";

» "Além de trabalhar como [magistrado ou magistrada, procurador ou procuradora, promotor ou promotora, advogado ou advogada], eu também dou aulas";

» "Os professores de Direito são respeitados e gostam de ser a autoridade em sala de aula";

» "Vai dizer para um juiz que ele tem que aplicar ensino participativo em sala de aula"; entre outras.

De alguma forma, todo o contato que os profissionais jurídicos têm com a realidade parece ser deixado do lado de fora quando eles pisam em sala de aula. Não se trata apenas de uma crença arraigada sobre o que é o ensino jurídico – dogmático, expositivo, abstrato –, como também de um problema de construção da identidade profissional do professor de Direito, que não se enxerga como docente de ensino superior (MUSSE; FREITAS FILHO, 2015, p. 183-184). À luz desse referencial, pedagogos e formadores de professores são pessoas estranhas e externas à prática jurídica.

Por estarmos inseridos nessa realidade e sermos atores que fazem parte dessa prática, não apenas entendemos as angústias de professores de cursos jurídicos, como também conhecemos as barreiras existentes à adoção de um ensino com maior protagonismo dos estudantes. Um exemplo pode ilustrar. Recentemente, começamos a trabalhar com aprendizagem baseada em projetos nos nossos cursos na graduação da FGV Direito SP.

A aprendizagem baseada em projetos é muito comum em cursos de *design*, engenharia e até administração de empresas, de onde retiramos nossa inspiração – as escolas Kaospilot (Dinamarca) e Hyper Island (Suécia) são *business schools* (escolas de negócios) fundamentadas nessa metodologia. Todavia, trazê-la para o Direito envolve um problema de visão da prática: o que são projetos no Direito? Se um projeto é um produto específico, poderíamos conceber qualquer peça judicial como um pequeno projeto – consequentemente, clínicas, disciplinas e atividades de prática jurídica já incorporariam aprendizagem embasada em projetos ao Direito há tempos. No entanto, não é esse o sentido dado a essa metodologia de aprendizagem que encontramos nas escolas que nos são referência. Lá os estudantes escolhem algo para se dedicarem ao longo de um semestre, um ano ou até mais.

A questão é que associar o fenômeno jurídico a normas, instituições e poderes traz inerentemente a dificuldade de saber o que sejam projetos propriamente jurídicos. Primeiro, porque os estudantes sempre dependerão de outros atores para concretizarem suas propostas; segundo, porque eles têm pouco controle sobre a produção do Direito. A elaboração de uma proposta de lei é um exemplo de projeto jurídico que só pode ser concretizado mediante atuação legislativa – e exigir dos alunos que eles sejam capazes de mobilizar os legisladores e implementar essa solução parece estar além do que pensamos para nossas disciplinas.

Por outro lado, é impossível pensar grandes projetos sem uma interface jurídica, qualquer que seja sua área de conhecimento. Nesse sentido, colocar alunos de Direito em contato com projetos pode ser importante para que eles não apenas sejam capazes de gerenciar equipes, planejar execução de tarefas ou aprender por tentativa e erro, mas também de alterar sua mentalidade para identificar a importância de um profissional do Direito na concepção e execução de projetos em outras áreas. Isso sem contar a relevância de que atividades jurídicas sejam vistas sob a lógica de projetos (como a estruturação de um setor num escritório ou a expansão da rentabilidade de uma empresa por meio da atuação de seu departamento jurídico).

O Direito não é tão diferente que a formação jurídica deva ir na contramão do que observamos em outras áreas do conhecimento. Na Medicina, a aprendizagem baseada em problemas é uma realidade. Na Administração, empresas júniores, estudos de caso e atividades simuladas contribuem para a educação de bons gestores. E o que dizer das áreas de tecnologia, cujo ensino é basicamente sustentado por desafios, projetos e mão na massa? Produzimos este livro porque acreditamos que podemos dizer algo sobre o ensino jurídico a partir da perspectiva de quem vivencia o Direito.

Um segundo diferencial é o contato com o ensino jurídico participativo cotidiana e institucionalmente. Contamos com nossa experiência de vivenciar discussões pedagógicas importantes para a criação e manutenção de um curso jurídico pautado pelo ensino participativo: a Graduação da FGV Direito SP. Vale mencionar que a proposta da Escola de Direito de São Paulo da FGV foi romper com a lógica de ensino jurídico tradicional, incorporando o protagonismo do estudante no processo de aprendizagem como pilar central do projeto pedagógico da instituição (AMBROSINI; SALINAS, 2011, p. 168-177).

Desde 2005, essa é a proposta da Escola. Por isso, sentimo-nos habilitados a trazer algumas questões que já foram enfrentadas e superadas ou levantar perguntas para as quais ainda não obtivemos respostas. Ao longo de anos, o corpo docente da Graduação testou e avaliou formas de engajar os estudantes, avaliar participação, cobrar preparação prévia, conduzir atividades em sala de aula, ações que transformaram a Escola num laboratório de experiências pedagógicas em cursos jurídicos. Por mais que o contexto da FGV Direito SP seja muito específico em relação a outras instituições ao redor do País, essas propostas serviram para que pudéssemos refletir bastante sobre a prática docente no Direito.

A experiência não é apenas docente, mas de pesquisa. Por integrarmos um centro de pesquisa dedicado a estudar o ensino jurídico – o antigo Núcleo de Metodologia de Ensino (NME), atual Centro de Ensino e Pesquisa em Inovação (CEPI) –, pudemos conhecer experiências internacionais, examinar obras sobre o assunto e, principalmente, discutir questões relacionadas ao ensino participativo com nossos pares.

Finalmente, um terceiro diferencial é a recente interface de nossas pesquisas com estudos sobre o futuro das profissões jurídicas. A análise dos prognósticos para o futuro do Direito, o diagnóstico da realidade brasileira e a identificação dos impactos das transformações tecnológicas e sociais sobre o Direito são alguns fatores que nos levaram a querer escrever um livro para defender o ensino jurídico participativo como movimento necessário para adequar os cursos a um futuro que já se faz presente.

E como tudo isso contribui para o livro que você está lendo? Procuramos trazer **exemplos jurídicos** familiares a quem é da área. Buscamos referências a **perfis de profissionais** desejados no mercado de serviços jurídicos, sem descuidar da necessidade de que o Direito dê conta de resolver problemas sociais. Apresentamos **aplicações de métodos ao Direito**, indicando como eles podem ser úteis para trabalhar conteúdos tipicamente jurídicos. Enfatizamos **restrições contextuais fortemente presentes nos cursos jurídicos**, tentando apontar caminhos para contorná-las.

1.2 Mudanças no ensino jurídico: papel dos cursos, futuro das profissões e perfil dos estudantes

Por que achamos que você deve adotar um ensino jurídico que confere maior protagonismo ao estudante, que estimula maior interação entre docente e estudantes em sala de aula e menor enfoque sobre a transmissão de conteúdo?

Nosso principal argumento em favor dessa mudança da prática avança em três linhas. Em primeiro lugar, discute o papel dos cursos jurídicos, ressaltando a importância de considerarmos sua utilidade num contexto de grande quantidade de cursos e matriculados. Defendemos que os cursos de Direito devem ter um olhar prospectivo, que não forme estudantes levando em conta apenas o presente. Em segundo lugar, o argumento incorpora uma visão sobre o futuro das profissões jurídicas impactado pelas tecnologias. Julgamos que, embora seja impossível conceber máquinas exercendo todas as funções jurídicas, devemos pensar numa prática jurídica que se apoia em soluções tecnológicas. Finalmente, o argumento segue para defender que o ensino participativo é a única resposta possível para dar conta da heterogeneidade de estudantes que ingressaram no ensino superior nos últimos anos, no Brasil. Dada a variedade de planos de vida, sonhos e grau de formação, os professores de Direito têm em suas mãos, ao mesmo tempo, a riqueza da diversidade e o desafio da pluralidade.

Nosso primeiro argumento: conferir protagonismo aos estudantes é mais adequado para o papel que devemos atribuir aos cursos de Direito atualmente.

Imagine que antes os cursos jurídicos eram fundamentais para que estudantes tivessem informações que, se não fosse pelos professores, lhes seriam desconhecidas. Durante muito tempo, por exemplo, o STF padeceu com a falta de um repositório de jurisprudência confiável e completo – o que levou, inclusive, à elaboração de coletâneas que procuraram sistematizar e apresentar os principais julgados da Corte.[1] A literatura estrangeira não tinha a difusão que possui hoje – muitas eram trazidas por professores que sabiam ler línguas estrangeiras ou que foram ao exterior. Veja-se, por exemplo, a intensa incorporação da filosofia alemã ao Direito na Escola de Recife, por Tobias Barreto.

Atualmente, o problema é muito mais de curadoria de informações do que de dificuldade de acesso às fontes. O estudante pode encontrar qualquer conteúdo jurídico em vídeos em plataformas de *streaming*. Uma busca simples com os termos "posse e propriedade", por exemplo, retorna incontáveis resultados com vídeos de

---

1   Essa é a justificativa que levou, por exemplo, o antigo Ministro Edgard Costa a elaborar a obra *Os grandes julgamentos do Supremo Tribunal Federal* (1964) ou o Ministro Victor Nunes Leal a defender a súmula de jurisprudência no Tribunal.

professores ou autores de conteúdo que diferenciam os institutos no YouTube – apenas para citar exemplos, o canal de preparação para concursos GETUSSP possuía o maior número de visualizações no vídeo sobre "posse" da lista quando fechamos este livro, com 307 mil visualizações, em outubro de 2019; um vídeo intitulado "Posse Vs. Propriedade" contava com mais de 6 mil visualizações, enquanto outro, nomeado "Diferenças entre Posse e Propriedade", 12 mil visualizações, ambos de canais de professores autônomos. Entretanto, como selecionar boas fontes? Como identificar conteúdo de qualidade e distingui-lo da má informação? Mais do que receber informações, hoje um estudante precisa saber buscá-las, uma habilidade que não é desenvolvida no ensino jurídico tradicional que nos habituamos a viver.

Se os cursos servem menos para transmissão de informação, a transformação da aula num momento significativo para os estudantes torna-se uma estratégia de sobrevivência. Num contexto de ensino a distância – cuja perspectiva é de expansão na Graduação em Direito – e de grandes grupos educacionais, somado à possibilidade cada vez maior de intercâmbio e certificação por faculdades estrangeiras, as instituições de ensino enfrentam um risco real de perder seus alunos. É o chamado "quadrante do pesadelo", no qual se situam aquelas instituições que "nem têm grande reputação, nem ocupam nichos de excelência" (SÉCCA; LEAL, 2009, p. 123), nem têm a escala e a abrangência das instituições de massa.[2] Para fugirem dele, as instituições de ensino devem ser capazes de oferecer algo diferente a seus alunos, aquilo que eles não seriam capazes de obter em palestras na internet ou apostilas de grandes grupos. Esse diferencial é a interação, é o contato com a realidade e com a prática para o desenvolvimento da capacidade de bem julgar e agir nas situações, uma experiência que os estudantes só poderão ter com qualidade presencialmente, em contato com outros estudantes e com os docentes em sala de aula (GHIRARDI, 2015, p. 67-68), ao menos no estado atual da tecnologia.

Contudo, vamos pensar sob uma perspectiva mais construtiva que não enfatize apenas o aspecto econômico do negócio da educação. Qual o sentido de existirem mais de 1.400 cursos jurídicos no Brasil? Por que formar uma reserva de mais de um milhão de profissionais jurídicos?

Visões de universidade se chocam na idealização sobre para que servem os cursos de Direito. Certamente, uma postura muito comum é a visão de que a faculdade serve para profissionalização, para a formação de gente capacitada para atuar no mercado de trabalho jurídico. Se frequentemente ouvimos estudantes dizendo que aprenderam mais no estágio do que na faculdade, então devemos assumir que os cursos estão falhando nesse aspecto, ao menos em matéria de percepção dos egressos. A questão é que as faculdades não preparam os alunos para enfrentar muitas das situações que encontrarão no seu dia a dia, da prospecção de clientes ao gerenciamento de contas no escritório, do assessoramento para a estruturação

---

2   Barber e colegas (2013, p. 55-60) seguem a mesma linha ao categorizarem cinco modelos de instituições que sobreviverão no futuro: as universidades de elite com reputação mundial, as universidades de massa, as universidades de nicho, as universidades locais para formação local e as instituições de aprendizagem durante a vida toda (*lifelong learning*).

de novos negócios à avaliação de riscos jurídicos, da avaliação de estratégias processuais à simples capacidade de dialogar efetivamente com nossos clientes. Se nada disso está sendo trabalhado nos cursos jurídicos, que tipo de profissional eles estão formando?

No entanto, ainda há mais tratando-se de profissionalização. Os cursos não preparam o estudante apenas para o mercado de trabalho atual, mas também para a atuação futura. E cada vez mais observamos mudanças profundas anunciando-se para as profissões jurídicas nos próximos anos. A adoção de novas tecnologias permitirá aos grandes escritórios ganhar em eficiência e preço no litígio de massa, pressionando pequenos escritórios. Uma nova estrutura para o Judiciário se avizinha com a criação de filtros processuais baseados em inteligência artificial e aprendizagem de máquinas. Os milhares de paralegais recentemente autorizados poderão ser vistos em galpões alimentando sistemas inteligentes que produzem peças em questão de minutos. A automação afetará a prática profissional.

 **PARA REFLETIR...**

Ao longo do livro, traremos alguns conteúdos para despertar sua reflexão em caixas de texto como esta. Na primeira delas, sugerimos que você veja um *site* muito interessante chamado *Will robots take my job?*, uma iniciativa que aproveita dados sobre automação de profissões do relatório *The future of employment: how susceptible are jobs to computerisation?*, elaborado por Carl Benedikt Frey e Michael A. Osborne, professores de Oxford, em 2013, e atualizado com informações do *Bureau of Labor Statistics* do Reino Unido.

Acesse o site da pesquisa em https://uqr.to/iu0o (ou pelo QR CODE) e veja a impressão sobre o futuro de alguns trabalhos.

Em contrapartida, parece faltar um contingente de profissionais capazes de atuar em áreas que estão crescendo e prometem ser o futuro. Quantas pessoas são formadas para atuar na economia compartilhada? Quantos cursos preparam seus alunos ao menos para dialogar com áreas de tecnologia? Quantos graduados estão realmente habilitados a lidar com as pessoas e seus problemas sem judicializar a questão?

Conferir protagonismo ao estudante não significa apenas aumentar a interação em sala de aula, o que desenvolve habilidades que serão necessárias para esse futuro, mas também permitir que eles criem planos individuais e coletivos de estudos que tenham em vista essas transformações. Um estudante autônomo deve ser capaz de desenvolver aquilo que chamamos de capacidade de "aprender a aprender", o que, num mundo complexo, volátil e mutável, se transformará na necessidade de uma aprendizagem pela vida toda (*lifelong learning*). Se somos incapazes de prever o mercado de serviços jurídicos para o qual estamos formando nossos estudantes, então devemos orientá-los para se adaptarem a novas realidades, identificarem problemas e proporem soluções. Isso somente é possível colocando-os diante de situações em que devem desenvolver essas capacidades.

Se você não está no eixo Rio-São Paulo ou numa instituição de ensino do Sul ou Sudeste, pode pensar que este é um discurso cosmopolita adaptado apenas à realidade desses centros. No entanto, imagine por um momento o que acontece nas outras regiões ou mesmo em outras realidades dentro dessas regiões. Grande parte dos estudantes das regiões Norte e Nordeste deseja prestar concurso público. O setor público, porém, se vê cada vez mais afetado pela tecnologia, como as ferramentas Sinapses, do Tribunal de Justiça de Rondônia, e Victor, do STF, evidenciam.[3] Atuar no interior do País significa trabalhar com os setores econômicos predominantes em cada região, muitos deles afetados por novos arranjos econômicos e políticas governamentais. Mesmo a prestação de serviços jurídicos mais disseminada (área cível, previdenciária, trabalhista) está afetada pelas novas formas de trabalho (que reduziram a relevância numérica das relações de emprego, por exemplo) e pelo estímulo aos meios alternativos de solução de conflitos (que ressaltam uma dimensão psicológica do dia a dia forense).

Ainda que se atribua à universidade outra função, o ensino participativo e o protagonismo do estudante continuam sendo as melhores alternativas. San Tiago Dantas (2010, p. 11-12), por exemplo, mencionava que os cursos jurídicos formavam as classes dirigentes que solucionariam problemas sociais. Os constantes conflitos sociais a que assistimos nos noticiários (como *fake news*, crises institucionais, agressividade nas redes sociais, sem contar a cada vez maior desigualdade social) evidenciam que as faculdades estão falhando em formar pessoas capazes de pensar e solucionar problemas sociais. A ausência de juristas em debates dominados por economistas ou pessoas da tecnologia retira a perspectiva normativa que nos é própria e que oferece uma visão ética importante para pensarmos os problemas da sociedade (AMBROSINI; SALINAS, 2011, p. 34-35; UNGER, 2006, p. 118-119).

Se a universidade existe para formar cidadãos ou pessoas autônomas, com muito mais razão ela deve adotar uma maneira de ensinar que seja adequada para desenvolver a autonomia, os valores próprios, a consciência de si e dos outros, as atitudes de respeito à legalidade e de importância ao direito. Como formar pesso-

---

3 Para uma visão do sistema Sinapses, cf. Campus Party (2018); para uma visão do sistema Victor, cf. Maia Filho; Junquilho (2018).

as capazes de debater na esfera pública, se elas não trocam opiniões entre si no espaço seguro de sala de aula? Como desenvolver nos estudantes a prudência ou a preocupação com as consequências de seus atos, se eles não são estimulados a vivenciar situações-problema ou resolver casos no seu curso? Como trabalhar o senso de comunidade e de colaboração entre as pessoas se, numa sala tradicional, cada aluno é um átomo que só precisa de si para concluir o curso?

E, mesmo que as faculdades sirvam principalmente para criar relações entre pessoas, uma rede (*network*) que será útil para o futuro, especialmente das elites jurídicas, elas estão errando ao deixar para os intervalos (de 5 ou 10 minutos) ou para a conversa de pátio a interação entre os alunos e não possibilitar que eles se conheçam em sala de aula. As redes que se formam nos cursos são muito mais geográficas (baseadas na localidade da sala de aula em que cada pessoa se senta) e externas (pautadas por laços constituídos em outros espaços, como amizades entre estudantes da mesma escola) do que criadas pelo curso jurídico. Não é nenhuma surpresa: se nas quatro horas do meu dia dedicadas à universidade eu escuto professores em 90% desse tempo, será muito difícil me relacionar com outras pessoas destinando apenas 20 minutos.

Contudo, não são somente as visões sobre os cursos jurídicos que sustentam a adoção do protagonismo dos estudantes. **Nosso segundo argumento enfatiza a adequação do ensino jurídico participativo para ensinar estudantes para o século XXI.**

As mudanças em velocidade exponencial e a consequente incerteza do cenário jurídico futuro desafiam a academia na preparação de profissionais aptos a atuar nessa nova realidade. Se diversas atividades repetitivas estão sendo automatizadas, o profissional de Direito do futuro é aquele que trabalhará com a máquina, e não contra a máquina. Para tanto, é preciso que os cursos de Direito se comprometam a formar egressos com competências e habilidades necessárias para as demandas sociais atuais. O ensino também deve se atualizar, inovar e se reinventar.

Esse não é um desafio que somente o Direito enfrenta. Cada vez mais encontramos materiais enfatizando competências e habilidades que os estudantes devem desenvolver para se adequarem ao século XXI. Nas palavras da Unesco (2016, p. 53-54), as "habilidades do séc. XXI" são "conhecimentos, habilidades e atitudes de que os cidadãos precisam para poder participar totalmente e contribuir para a sociedade do conhecimento", dos quais são exemplares "colaboração, comunicação, alfabetização em tecnologias de informação e comunicação (TIC) e competências sociais e/ou culturais (incluindo cidadania)". Todas as áreas do conhecimento estão sendo desafiadas a formar profissionais conscientes de si, de seus valores, de suas atitudes, de seus pontos fortes e de seus planos de vida; profissionais capazes de pensar no desenvolvimento social, na sustentabilidade das soluções, no diálogo entre culturas e perspectivas de mundo diferentes; profissionais que possam trabalhar com pessoas diversas, com a interdisciplinaridade inerente a problemas complexos, com o processo de tentativa e erro, com a inovação e a reflexão crítica.

No Direito não é diferente. O profissional jurídico do futuro deve ser apto a compreender e interpretar informações de outras áreas para poder dialogar com os demais profissionais e, então, encontrar uma solução. Mais do que um operador do Direito, devemos pensar na formação de **arquitetos do Direito**, pessoas que sejam capazes de idealizar institutos e instituições jurídicas para solucionar problemas sociais – discurso empregado por Oscar Vilhena Vieira na FGV Direito SP e na criação da Graduação em Direito na FGV Direito Rio (FALCÃO; DELFINO, 2019, p. 3). Em oposição ao "portador do não", devemos conceber o "viabilizador de soluções práticas", uma pessoa capaz de possibilitar negócios e formular soluções.

Assim, a responsabilidade dos cursos de Direito deve ser maior do que tradicionalmente se via como papel da universidade. Transmitir informação já não é mais necessário, pois os alunos possuem acesso aos dados mais atualizados possível ao alcance de um celular. O grande desafio é conseguir auxiliar os alunos a desenvolver essas competências e habilidades para atuarem no mundo moderno, tecnológico e complexo.

Somado a isso, é fundamental que, além de uma visão interdisciplinar, o profissional jurídico tenha competências interpessoais e inteligência emocional. E isso é papel, sim, do curso de Direito. Cabe também aos professores auxiliar os estudantes a desenvolver essas competências e habilidades, porquanto trabalhar em grupo, gerenciar pessoas e conflitos ou, ainda, lançar mão da criatividade para resolver situações, técnicas ou não, serão qualidades cada vez mais exigidas. Portanto, os professores de Direito devem facilitar esse aprendizado, trazendo à consciência, debatendo e ajudando no desenvolvimento dessas *soft skills* – que, na verdade, devem ser consideradas como *hard skills*, tanto quanto os conhecimentos técnicos da área.

A isso se soma nosso terceiro argumento. **Um ensino que confere maior protagonismo aos estudantes é mais adequado para lidar com a heterogeneidade do ensino superior após a chegada de outros perfis de alunos aos cursos jurídicos.**

O argumento se sustenta numa afirmação e numa negação. A afirmação consiste na ideia de que a heterogeneidade é uma riqueza em sala de aula. A diversidade de estudantes é fundamental para que cada um desafie sua interpretação de mundo em contraste com a interpretação de outras pessoas, com outras experiências de vida, para que coloque à prova seus pontos de vista, argumente e contra-argumente, tenha contato com problemas e realidades que, de outra forma, no seu círculo social, não teria. A faculdade ainda é um dos poucos espaços em que pessoas com trajetórias de vida tão diferentes são colocadas frente a frente no mesmo lugar – ao contrário, por exemplo, das redes sociais, cada vez mais fechadas na própria bolha.

Infelizmente, o ensino jurídico tradicional nos acostumou a ignorar a importância da diversidade de alunos na sala de aula. Num ambiente em que apenas uma pessoa fala, é a interpretação dela sobre a realidade que conta. As consequências vão além de simples resultados pedagógicos: parte da discussão sobre "escola sem partido" e proselitismo em sala de aula nas universidades vem do fato de que os estudantes não têm oportunidade para expor sua opinião e contrapor a perspectiva do docente. Um educador que realmente leva em consideração o que os alunos têm a dizer não poderá ser acusado de agir dessa forma, especialmente porque acolher o debate público e horizontal entre pessoas é próprio de uma democracia saudável e pulsante.

A negação consiste na ideia de que o ensino tradicional não é capaz de dar conta da diversidade de estilos de aprendizagem dos estudantes. Vários estudos procuram mostrar que as pessoas aprendem de maneiras diferentes. Alguns enfatizam a relação entre os sentidos e a capacidade de apreensão e retenção de conhecimento, distinguindo o desempenho dos alunos conforme eles sejam melhores ouvindo, lendo, escrevendo, falando, agindo com as mãos etc. (FLEMING; MILLS, 1992). Outros classificam os estudantes de acordo com a facilidade de aprender a partir de experiências e da conexão de conteúdos, particularizando alunos conforme criem mais ideias ou sintetizem mais associações e consoante precisem lidar mais com a realidade ou com abstrações.

Kolb (2015, p. 67-68) diferencia os estilos de aprendizagem (*learning styles*) conforme as inclinações dos estudantes em dois eixos: como eles "capturam" uma experiência e como eles "transformam" essa experiência em conhecimento. No eixo da captura, aponta duas formas: a apreensão pelos sentidos e pelos sentimentos ("apreensão") e a compreensão por interpretação conceitual e representação simbólica da realidade ("compreensão"). No eixo de transformação, também há duas maneiras: por reflexão interna ("intenção") ou por manipulação externa ("extensão"). Com base nesses aspectos, classifica aprendizes em quatro categorias, esquematizadas na Figura 1 (KOLB, 2015, p. 105; 114-116):

» **Acomodadores:** são aquelas pessoas que têm uma inclinação por aprender por meio da apreensão direta da experiência (inclinação pela experiência concreta) e que transformam o conhecimento ao estenderem essa experiência para outras situações (inclinação pela experimentação ativa). Essas pessoas aprendem ao "fazerem coisas" (*doing things*) e aplicar soluções de uma situação para outra, numa operação de tentativa e erro que as permitem **acomodarem** o conhecimento, bloco por bloco de experiência;

» **Divergentes:** são aquelas pessoas que têm uma inclinação por aprender por meio da apreensão direta da experiência concreta, mas que transformam essa experiência em conhecimento ao tentarem conferir uma intenção, um sentido, uma interpretação para o que observaram (inclinação pela observação refletida). Essas pessoas também gostam de ter contato com situações concretas, mas aprendem mais ao tentarem atribuir-lhes diferentes perspectivas e sentidos, refletindo internamente sobre como vivenciou aquilo. Elas procuram entender algo por **perspectivas divergentes**, pelas diferentes vivências de uma ou mais situações;

» **Assimiladores:** são aquelas pessoas que têm uma inclinação por aprender por meio de conceitos e teorias, pela lógica e pelas relações entre ideias (inclinação pela conceitualização abstrata) e que transformam o conhecimento ao tentarem conferir uma interpretação ou um sentido para o que acontece no mundo. Em outras palavras, elas observam situações distintas e procuram representá-las num sistema coerente e integrado de ideias, encaixando-as em teorias ou explicações. Elas **assimilam** diferentes ideias relacionando-as entre si;

» **Convergentes:** o último grupo abrange aquelas pessoas que têm uma inclinação por capturar a experiência pela conceitualização abstrata, mas que transformam esse conhecimento por meio da manipulação do mundo exterior. Imagine os cientistas que procuram testar suas teorias fazendo experimentos reais. Essas pessoas procuram **convergir** todo o seu conhecimento numa solução, numa decisão para um problema ou num teste de hipótese.

Figura 1   Estilos de aprendizagem de David Kolb (2015)

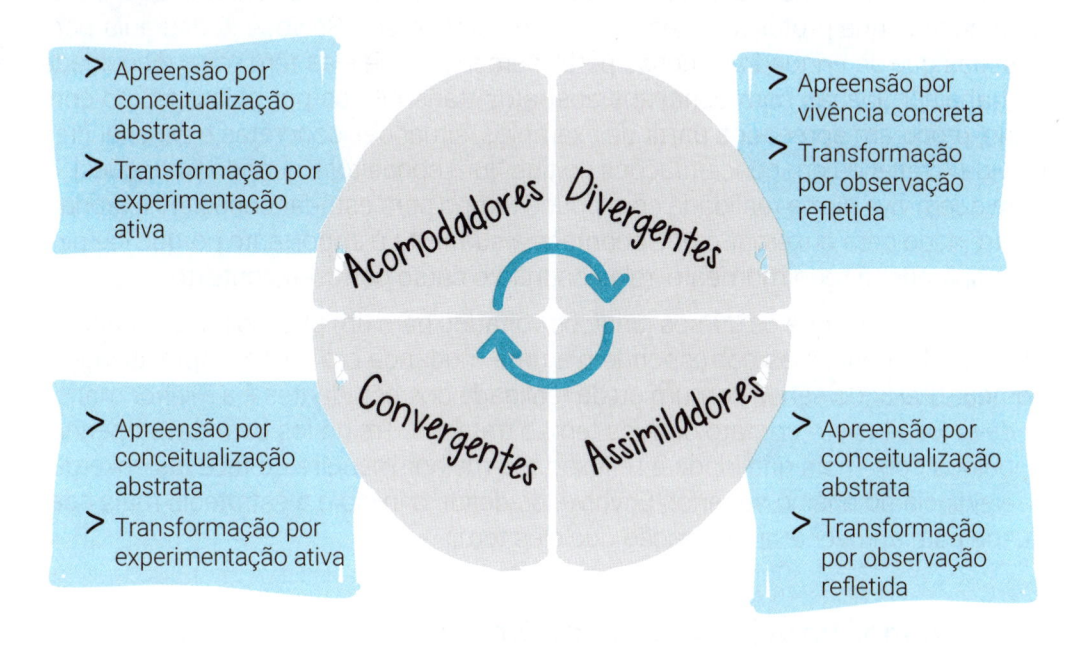

Fonte: elaboração própria com base em Kolb (2015, p. 114-116).

Assumindo-se que a aprendizagem ocorre por meio da experiência, o ensino jurídico tradicional, baseado em palestras e apresentações de *slides*, oferece oportunidades de aprendizagem muito limitadas. Desde logo, ela aliena do processo todas aquelas pessoas que precisam de experimentação ativa para transformar a experiência em conhecimento, especialmente os acomodadores, que precisam vivenciar situações e colocar a mão na massa. Vistos como pessoas "inquietas" e "impacientes" (KOLB, 2015, p. 115), eles talvez sejam os mais prejudicados pela falta de emoções, sensações e concretude das aulas de Direito. Provavelmente, apenas um grupo de assimiladores, que aprendem pela observação e pela conceitualização, seja capaz de absorver alguma coisa nesse tipo de ensino – os demais verão mais significado em atividades de extensão, estágio ou clínicas de prática jurídica, na pesquisa ou ainda largarão as faculdades de Direito em busca de outra formação.

Aqui também vale uma palavra sobre desigualdades sociais. Uma reclamação constante nos cursos jurídicos ataca o nível dos estudantes que chegam ao ensino superior. Se o Direito é a área de conhecimento com maior número de alunos – 862.972 em 2018 (INEP, 2019) –, é de esperar que apareçam estudantes com diferentes objetivos próprios, trajetórias de vida, interpretações da realidade, graus de engajamento e até relações na sociedade. Há um crescente perfil de alunos que buscam qualificar-se para o mercado de trabalho e ascender socialmente (BIGGS; TANG, 2007, p. 8-11). Muitos deles são vítimas de preconceito e discriminação e tiveram trajetórias de vida permeadas por dificuldades, inclusive criados por outras pessoas. Frequentemente, não passaram por uma educação básica que tenha sido capaz de treiná-los para o ensino tradicional e, principalmente, tenha dado a bagagem cultural que professores esperam que apresentem. Se você já deu aula para pessoas que se enquadram nesse perfil, perceberá que elas têm mais dificuldade de trabalhar apenas com conceitos abstratos transmitidos por palestras. Ao contrário, procuram aprender a partir de exemplos, situações concretas e experiências de vida – refletida em conceituações do tipo "[um conceito] é quando [situações]...". Para quem vive numa realidade com pouco tempo para estudar conceitos e teorias, ser treinado para enxergar o que acontece a sua volta é importante porque lhe permite aprender a todo momento, relacionando o curso com seu contexto.

Isso não significa que os cursos jurídicos voltados para um público mais variado se afastem da teoria, mas correspondem a uma mudança em como a aprendizagem começa. Partir do senso comum ou da realidade dos estudantes é a melhor maneira de colocá-los em contato com os temas tratados. Treiná-los para desempenhar trabalhos com mais qualidade e reflexão é a melhor maneira de fazê-los enxergar a relevância do ensino superior. Envolvê-los desde o início é a estratégia mais adequada para aproveitar a motivação que eles têm.

1.3 Ensinar para inovação em Direito

O ensino jurídico participativo também é melhor que o ensino tradicional para um mundo que demanda constante inovação. Ele modifica a relação dos estudantes com o ambiente universitário, ampliando as possibilidades de ação sobre a realidade, os contatos com o meio social e a interação entre os próprios atores entre si. Ele também altera a visão sobre o conhecimento, rompendo com o dogmatismo das soluções prontas e acabadas e possibilitando que os estudantes pensem novas soluções e novos conceitos. Finalmente, ele traz a inovação para sala de aula ao engajar os estudantes na produção de ideias e até na implementação de projetos.

Vamos detalhar um pouco cada um desses argumentos, mas, antes disso, por que falar em inovação? Existem uma pressão econômica e uma pressão social para que os profissionais jurídicos sejam inovadores.

Economicamente, isso não apenas é um diferencial competitivo para captação de clientes, mas também uma necessidade do mercado. Empresas precisam de redução de custos em atividades-meio, bem como da viabilização de novos negócios a partir de institutos existentes. Escritórios de advocacia, departamentos jurídicos, instituições públicas e privadas de todos os setores e portes se veem obrigados a se adequar a essa nova realidade. A automatização de atividades jurídicas, a gestão de dados, o uso de inteligência artificial e toda a intermediação das relações humanas por computadores são um caminho sem volta, porque permitem ganho de eficiência e aumento de produtividade por meio da redução de erros, da diminuição do tempo necessário para realização de tarefas e da capacidade de grande volume de trabalho.

Não se pode ignorar que esse mesmo raciocínio começa a ser aplicado às próprias organizações jurídicas, quando pensadas sob a lógica econômica. Enfatiza-se cada vez mais a necessidade de inovação dentro das organizações para que elas não "parem no tempo" em um contexto de mudanças sociais, como aquelas geradas pela tecnologia, e pressões externas do próprio mercado de serviços jurídicos, como aquelas provocadas pela criação de plataformas *online* para questões jurídicas.[4] A criação de áreas dedicadas especificamente à inovação nos escritórios (os cargos chamados de *"heads" de inovação*) é uma evidência de que algumas organizações procuram acompanhar as transformações alocando tarefas para profissionais com habilidades e competências específicas de criação, coordenação de pessoas e concepção de cenários futuros.

Socialmente, vale notar que processos de transformação não ocorrem somente no mercado jurídico, mas em todas as esferas da sociedade, o que cria situações de conflito que demandarão uma resposta do Direito. A sociedade requer profissionais capazes de inovar e lidar com situações inesperadas. Mais do que saberes jurídicos, é fundamental que tais profissionais tenham flexibilidade para enfrentar uma realidade cada vez mais interdisciplinar e mutável, para as quais simplesmente não há parâmetro ou jurisprudência que aponte uma solução já criada. Diante da ausência de legislação ou de mudanças constantes, não há como transmitir aos alunos um rol de saberes fixos, pois, ao final do curso, ele já estaria defasado e não seria mais aplicável.

Nessa linha, os conhecimentos técnicos seriam ferramentas para que o profissional consiga interpretar e propor soluções, aplicando instrumentos jurídicos ao contexto em questão. Por isso, o ensino também deve capacitar os estudantes

---

4 Essas soluções são variadas. O *site* Nãovoei.com, por exemplo, é um serviço de aconselhamento de passageiros de companhias aéreas que tiveram problemas, criado por pessoas naturais. Eles utilizam uma calculadora para indicar a chance de obter uma indenização e podem ajuizar ações nos casos de violação de direitos. Já o *site* Donotpay.com divulga ser "a casa do primeiro advogado robô do mundo" – por meio de um aplicativo, os usuários podem "acionar qualquer um a partir do toque de um botão". Finalmente, os sistemas de solução *online* de disputas (*online dispute resolution*) se destacam como ambientes virtuais, por vezes mediados por máquinas, que resolvem questões jurídicas entre usuários. Ao lado das câmaras virtuais de mediação e arbitragem (*alternative dispute resolution*), são sistemas que virtualizam e automatizam tomadas de decisão.

para inovarem o Direito, orientando-se por essa visão multidisciplinar, plural e não restrita apenas ao que é jurídico. Se o exercício da profissão e os problemas para os quais estamos sendo demandados são outros, a formação jurídica também deve ser renovada. Considerando as complexidades sociais do Brasil e do exterior, os profissionais do futuro devem estar aptos a lidar com demandas cada vez mais intangíveis, envolvendo questões mais e mais complexas, muitas das quais não há regulação ainda.

Mas como realizar um ensino direcionado à inovação? Embora haja diversos caminhos, existem algumas bases fundamentais. Essa educação deve se adaptar à nova realidade, integrar diferentes áreas do conhecimento, levar em consideração a tecnologia e desenvolver a pessoa como um todo, tanto em suas competências e habilidades quanto em suas atitudes e seus valores. Para isso, como mencionado, devemos mudar a maneira como o ensino jurídico lida com o ambiente universitário, o conhecimento jurídico e a prática pedagógica.

1.3.1 Aspectos que dificultam a inovação no ensino do Direito

Há vários aspectos, de ordem institucional e pedagógica, que podem dificultar a concretização de um ensino jurídico inovador. Consideramos que as principais barreiras que o ensino jurídico tradicional oferece são a rigidez do ambiente universitário, a visão do Direito como um saber dedutivo e a consideração do ensino como transmissão e reprodução de conhecimento.

Figura 2 Obstáculos do ensino jurídico tradicional a uma prática pedagógica para inovação

Fonte: elaboração própria.

O ambiente universitário tomado em sua inteireza (currículo, infraestrutura, relações pessoais) é rígido e pouco propício à inovação no ensino jurídico tradicional. Um currículo composto por disciplinas isoladas, a divisão de encontros presenciais a partir de horários estancados e a própria composição enfileirada das carteiras e mesas refletem o que está sendo valorizado no ensino universitário. Os cursos jurídicos norteiam-se por ideias como repetição, reprodução e seriação, típicas do ensino universitário de cientificismo moderno, que recorta e analisa partes constituintes de um objeto (GHIRARDI, 2015, p. 33).

As disciplinas são ensinadas de modo independente, como se os problemas que o profissional enfrenta pudessem ser isolados de outros saberes e compartimentalizados em níveis de dificuldade. Ninguém chegará a um profissional jurídico dizendo que esse é um problema de Direito Penal I, de Direito Penal II ou de Tópicos Avançados de Direito Penal. Nessa proposta, problemas que envolvem mais de um ramo jurídico, como Direito Penal, Constitucional e Digital, ou são ignorados (desconsideração), ou são tratados isoladamente por cada professor (sobreposição), ou são deixados para uma determinada disciplina (especialização). Em qualquer um dos casos, a falta de uma abordagem integradora resulta em estudantes que não estarão aptos a visualizar a questão sob prisma mais complexo e interdisciplinar. Sem isso, não são treinados para propor uma solução adequada.

Nesse currículo, o aluno não possui autonomia para escolher sua trajetória, ainda que haja eletivas ou projetos extracurriculares, pois o mínimo que ele precisa cumprir já está dado – todo o demais será algo simplesmente adicional e opcional. O que lhe está sendo dito o tempo todo é: siga o caminho que já lhe foi traçado e cumpra com obediência o período de permanência em sala de aula (local que, em tese, acontece a absorção do saber que o professor transmite). Caso sobre tempo, procure projetos extracurriculares facultativos que estejam de acordo com seu interesse. As escolhas são feitas por outros sujeitos e impostas para os estudantes baseadas numa crença do que é melhor para eles. Cabe-lhes, por sua vez, acreditar que esse é o melhor caminho – a faculdade se torna um exercício de fé (GHIRARDI, 2016, p. 63-64).

A própria estruturação da sala de aula é um reflexo da formação seriada que estamos proporcionando aos estudantes. Carteiras enfileiradas voltadas para um "palco" evidenciam que o foco da atenção reside na lousa e no professor. O conhecimento não é construído pelos estudantes entre si. Essa configuração do ambiente também mostra que enxergamos as pessoas como se fossem todas iguais, que aprendem da mesma maneira e no mesmo ritmo, simplesmente absorvendo o conteúdo do docente e invalidando o trabalho grupal aluno-aluno e aluno-professor. Os egressos devem ter perfil único, como se a faculdade fosse uma fábrica de moldar cérebros.

Outra barreira ao ensino inovador no Direito é a concepção da prática jurídica como uma tarefa dedutiva. **Se o saber jurídico se baseia em um raciocínio dedutivo, e se a profissão jurídica se limita à aplicação de saberes jurídicos, a missão do**

profissional do Direito torna-se simplesmente aplicar a premissa jurídica a um caso concreto.

O ensino jurídico tradicional faz uma associação que dificulta a inovação. Ele pressupõe que o saber jurídico é dedutivo, baseado numa operação de aplicação de uma premissa maior (a norma jurídica) a uma premissa menor (o caso). Ainda que se fale numa nova interpretação, observa-se que predomina na cultura jurídica brasileira a ideia de que o jurista deve ser capaz de construir a premissa legal e identificar corretamente os fatos do caso que chamam (ou não) a incidência da norma. Por si só, essa perspectiva não seria problemática. Quando associada à visão de que o profissional do Direito deve apenas opinar sobre a aplicação das normas, porém, ela limita a atuação jurídica somente à revelação de soluções que já existem no ordenamento.

A mudança em qualquer um dos elementos dessa relação já seria um passo para um ensino inovador. Uma alternativa é considerar diferentes possibilidades de raciocínio jurídico. A inferência abdutiva é uma delas e corresponde à operação lógica segundo a qual parte-se de uma conclusão e, considerando premissas conhecidas, tenta-se identificar se o caso em questão é de aplicação dessa premissa (MARANHÃO, 2012, p. 83-84). É basicamente o raciocínio criador de hipóteses – se observo que há pegadas de animal no chão, e se sei que onças transitam pelo território (premissa), posso imaginar que uma onça passou pelo local (caso) por considerar que aquela é uma pegada de onça (conclusão). O raciocínio abdutivo é aquele que imagina que a situação é um caso de uma regra geral, porque se observa uma conclusão provável e hipoteticamente verdadeira, se fosse o caso.

Raciocínio jurídico abdutivo aconteceria na medida em que o aplicador do Direito pode considerar que a norma jurídica é um caso de uma premissa moral mais ampla ou de um objetivo perseguido pelo legislador (MARANHÃO, 2012, p. 88). O aplicador do Direito procura o princípio que melhor explica o conjunto de dados normativos dentre aqueles que ele conhece. Entretanto, como não existe a garantia de que esse é um caso daquele princípio – justamente porque a regra não é deduzida do princípio –, então o raciocínio é disputável e pode ser contrariado. Nas palavras de Maranhão (2012, p. 88-89):

> A ampliação ou redução do conjunto de dados normativos altera a relação de preferência entre os princípios que melhor explicam o conjunto selecionado. Mas, como os parâmetros podem conflitar, pode haver mais de uma hipótese concorrente como explicação para o conjunto de dados normativos relevantes. Dessa forma, a conclusão de uma inferência abdutiva normativa é derrotável e pode ser subdeterminada (pode haver conclusões concorrentes), mas o que importa, em termos de garantia epistêmica, é o fato de que, dentro de cada interpretação pautada por uma hipótese resultante do processo comparativo de sua coerência, para aquela base de dados selecionada, a sua aceitação decorre da aceitação das premissas.

Para ilustrar com um tema que ganhou as manchetes em 2019, a discussão sobre a prisão em 2.ª instância pode ser vista como um exemplo de raciocínio abdutivo. Tem-se de início um conjunto normativo sintetizado basicamente pela norma do Código de Processo Penal que proíbe a prisão sem o trânsito em julgado de sentença condenatória. Se se parte da premissa mais geral de que o ordenamento jurídico não aceita a prisão de pessoas inocentes, pode-se entender esse conjunto normativo como um caso de aplicação desse princípio e, portanto, ninguém pode ser preso sem o trânsito em julgado pelo ordenamento brasileiro (conclusão). Contudo, se se parte da premissa mais geral de que o Direito deve lutar contra a impunidade, pode-se entender esse conjunto normativo como um caso de aplicação desse princípio e, portanto, deve-se prender alguém que já foi declarado culpado à luz das provas materiais existentes (conclusão).

Observe que a procura pela justificativa adequada, ou seja, saber se a norma é um caso de uma determinada premissa, dá origem a raciocínios concorrentes. A questão passa a ser como controlar racionalmente esses argumentos, afastando aqueles menos plausíveis em favor daqueles mais prováveis. E isso só pode ser obtido se a pessoa engajada no controle tem raciocínio crítico.

Não é à toa que se diz que o raciocínio para inovação é abdutivo. Ele gera hipóteses que serão posteriormente testadas. Isso vale para o cientista que testa uma explicação para um fenômeno, mas também vale para um empreendedor que antevê a possibilidade de disrupção num mercado de serviços, caso ele modifique algum elemento que, sabidamente, tem consequências.

Voltando para a situação do ensino jurídico, levar em conta outros tipos de raciocínio pode ter consequências, por exemplo, para a maneira como os profissionais enxergam sua relação com os clientes. Se o Direito é visto como um saber dedutivo e se as profissões jurídicas se resumem a aplicá-lo, então o cliente não faz parte do processo de elaboração da solução, que está inteiramente contida nas premissas normativas que servem de base para o raciocínio. O resultado é o famoso advogado "portador do não", ou seja, aquela pessoa que chegará com uma resposta pronta e acabada sobre o que se pode ou não pode fazer. Ao contrário, se o Direito é considerado um saber abdutivo (aberto a hipóteses e testes) e se as profissões jurídicas empregam as normas como mais um elemento na busca de soluções para problemas da sociedade, então os clientes são reputados como parte integrante do processo criativo. A percepção deles importa para a construção de justificativas normativas e para a consideração de outras áreas do conhecimento. Torna-se necessário ouvi-los, entender suas dores e suas demandas.

A ideia de que "o Direito corre atrás das inovações" só faz sentido para quem pensa a prática jurídica como uma operação lógica-dedutiva que parte do texto legal para a situação concreta. Consideramos, ao contrário, que ele caminha ao lado, de mãos dadas, com as inovações. Quando um negócio disruptivo como o Uber estabelece uma tarifa dinâmica para seus usuários baseada na oferta de motoristas e na demanda de passageiros em determinada região, ele parte de uma interpretação da fixação de preços num contrato de prestação de serviços. Ao surgir com força nas grandes cidades e desafiar os serviços de táxi, esse negócio deu origem a uma disputa que foi prontamente levada aos profissionais jurídicos – seja para defender sua interrupção, seja para defender sua viabilidade. A regulação por lei desses serviços, que somente se deu em nível federal em 2018 (Lei Federal nº 13.640), não significou a primeira resposta do Direito a esse problema, mas um momento dentre vários outros que começaram na própria concepção do negócio.

O ensino do Direito como se fosse algo dedutivo leva à ilusão de que o profissional é capaz de estabelecer as premissas a partir de códigos e da jurisprudência, aplicando-as a todas as situações cujos fatos se enquadram na premissa maior. Em vez de pensá-lo como um saber capaz de criar soluções sofisticadas a problemas cada vez mais complexos, ajustados à realidade de cada comunidade, ele vem sendo tratado como uma área de saber genérica, limitada e dedutiva-reprodutiva.

A tríade de obstáculos a um ensino jurídico inovador se fecha com a abordagem pedagógica aplicada aos cursos jurídicos. **O ensino jurídico tradicional se baseia em métodos que colocam os estudantes numa posição passiva, de receptores de conteúdo e informações, e não criam oportunidades para que eles sejam criativos e pensem sobre problemas inéditos.**

O ensino tradicional historicamente opta por métodos de ensino passivos, nos quais o foco é a transmissão de conteúdo e informações. Espera-se que o aluno absorva esses dados e seja capaz de reproduzi-los. Os problemas trabalhados em sala de aula são esterilizados de tudo o que não é considerado jurídico, são simplificados para excluir tudo o que poderia levar a divergências de interpretação e são descontextualizados para estimular o raciocínio com base em abstrações. Essa visão, inclusive, é trazida para a forma de avaliação dos estudantes. Geralmente, as provas são valoradas conforme o que os alunos conseguem reproduzir do conteúdo visto em sala de aula, sem a necessidade de apontar soluções criativas a problemas novos. Casos práticos, quando propostos, são modificações de exemplos apresentados nas palestras.

A conclusão é a seguinte: **o ambiente universitário rígido, descontextualizado e hermético se encontra com uma perspectiva do Direito como dedução e uma visão da prática profissional como aplicação das premissas normativas, e ambos convergem numa sala de aula que favorece a passividade dos estudantes, a memorização e a reprodução de informações e a simplificação da realidade**. Essa é uma receita de como não formar pessoas para a inovação.

1.3.2 Características que introduzem a inovação nos cursos jurídicos

Mas qual seria a alternativa? A construção de uma opção depende do perfil de egresso que se quer formar e que a sociedade e o mercado precisam. Esse é o parâmetro de referência para alinhamento de um curso de Direito inovador.

Com relação à **sociedade**, é necessário formar pessoas capazes de lidar com um contexto complexo, volátil, incerto e ambíguo. As dificuldades de um mundo VUCA, como ficou conhecida essa construção, decorrem da consideração de duas dimensões: primeira, o quanto se conhece de uma situação em matéria de causas e efeitos, fatores, associações etc.; segunda, o quanto se é capaz de prever os resultados das próprias ações e das mudanças que elas podem causar (BENNETT; LEMOINE, 2014a). Para cada uma delas haverá um antídoto:

» A **complexidade** existe quando a quantidade de consequências das ações é tão **volumosa** que o conhecimento da situação se torna reduzido.

» **Volatilidade** existe quando há conhecimento acessível sobre a situação e os fatores nela envolvidos, somado a uma capacidade de prever algumas mudanças. A dificuldade reside na frequência das transformações (instabilidade da situação), que não garantem que uma solução seja facilmente adotada. Seu antídoto é a **agilidade** na resposta (BENNETT; LEMOINE, 2014b, p. 313-314).

» **Ambiguidade** existe quando há poucas informações disponíveis acerca de relações de causa e efeito, não existem precedentes sobre os quais se apoiar e pouco se sabe a respeito de como as ações promoverão mudanças na situação. Basicamente, tudo é desconhecido, e essa é a dificuldade. Seu antídoto é a **experimentação** (BENNETT; LEMOINE, 2014b, p. 316).

» **Incerteza** existe quando se tem conhecimento sobre relações de causa e efeito em geral, mas não se sabe quais serão as consequências da ação no caso específico. A dificuldade está na falta de conhecimento sobre os desdobramentos da intervenção. Seu antídoto são a **pesquisa e a obtenção de mais informações** (BENNETT; LEMOINE, 2014b, p. 314-315).

No Direito não é diferente. Há uma série de situações próprias da prática jurídica e outras da realidade em geral. Ao se ajuizar uma ação, o resultado geralmente é incerto. A análise preditiva de resultados (jurimetria) é um ramo do conhecimento jurídico que vem tentando resolver esse problema. O aconselhamento de clientes para a realização de um novo negócio, por sua vez, normalmente apresenta o desafio da ambiguidade. Ele se estende à própria regulação e aos agentes estatais. A ideia de criação de *sandboxes* ("caixas de areia") regulatórios procura solucionar essa questão ao criar um ambiente limitado e com atores selecionados para testar soluções jurídicas (ou até mesmo a desregulamentação).

⚙ PARA REFLETIR...

Veja uma lista de problemas a que os egressos dos cursos jurídicos (e do ensino superior em geral) devem responder:

Choques interculturais em virtude de processos migratórios, imigratórios e do avanço da tecnologia de tradução de línguas.

Corrupção e **crime transnacional organizado**.

Desamparo de uma grande parcela populacional deslocada do mercado de trabalho pela introdução da tecnologia.

Desequilíbrios nos meios ambientes natural, urbano e digital.

Desinformação, notícias fraudulentas e o questionamento dos padrões de validação do conhecimento.

Desigualdades sociais profundas que marginalizam algumas pessoas e **pobreza** de grandes segmentos populacionais.

Dificuldades de acomodação da pluralidade de visões de mundo numa sociedade democrática.

Dilemas bioéticos, médicos e jurídicos da revolução biotecnológica que está por vir.

Diversificação do perfil de pessoas em posições de poder político, econômico e social.

Envelhecimento da população e pressão sobre os sistemas de seguridade social.

Epidemias e possibilidade de **surgimento de novas doenças**.

Esgotamento dos recursos naturais e **destinação** dos resíduos humanos, do fundo do oceano ao espaço.

Riscos derivados da circulação de novos ativos (criptoativos) para a economia real.

Tensões no uso de ferramentas tecnológicas cada vez mais onipresentes na vida e nas relações sociais das pessoas.

Transformações no mercado de trabalho por meio de plataformas de intermediação de serviços (plataformas de *matchmaking*).

Virtualização das relações sociais entre as pessoas e **intermediação** dessas relações por um ecossistema digital condicionado por algoritmos.

Algumas ferramentas para a proposição de soluções a esses problemas já existem, enquanto outras deverão ser criadas. Informações deverão se tornar acessíveis, ao passo que outras serão descobertas. O desafio é formar pessoas que sejam capazes de manejar conceitos, teorias e interpretações da realidade para lidar com problemas presentes, ao mesmo tempo que preparamos pessoas que possam antever desdobramentos futuros, seja para antecipar reações com as ferramentas atuais, seja para criar condições para que eles sejam enfrentados quando aparecerem. O Direito é apenas um desses instrumentos, ao lado da educação, das teorias econômicas, das inovações científicas, das teorias sociais e dos produtos provenientes de outras áreas do conhecimento.

No tocante ao **mercado profissional**, especialmente o mercado profissional jurídico, observa-se que as profissões jurídicas caminham, graças à tecnologia, para a inovação. Havendo a supressão ou automação de diversas tarefas jurídicas mecânicas e repetitivas, espera-se que a prática jurídica se volte para tarefas que realmente agregam valor à sociedade e à economia. Sem o gasto de tempo necessário para gerenciar prazos ou acompanhar processos nos cartórios, é de esperar que os profissionais se dediquem a trabalhos mais complexos e tenham possibilidade de se aprofundar mais na busca por soluções. Essas novas funções exigem pessoas capazes de mergulhar na identificação, no diagnóstico e na solução de um problema, de conversar com diferentes interlocutores, de pesquisar e metrificar possíveis respostas e, enfim, de mobilizar outras pessoas em torno da implementação de projetos ou soluções.

A atividade de advogados e profissionais jurídicos, então, exigirá maior capacidade reflexiva e criativa para a proposição de soluções a problemas modernos. Não serão profissionais que executam atividades repetitivas e mecânicas em série, mas pessoas com visão interdisciplinar, com habilidades e competências que não se resumem ao saber jurídico.

Nesse contexto, os cursos jurídicos precisarão se realinhar. Não significa que eles sejam incapazes hoje de formar pessoas com esse perfil, mas isso depende muito mais do acaso e das características individuais dos estudantes do que da configuração do curso. É mais comum que essas habilidades sejam desenvolvidas ao longo do tempo, por experiência, na prática profissional – do estágio aos postos mais sêniores nas organizações. Os problemas com essa "delegação" da faculdade para a prática profissional são dois: primeiro, a formação na realidade leva mais tempo para acontecer, porque depende justamente das atividades atribuídas a cada função numa organização – por exemplo, só se aprenderá a gerenciar equipes ao se chegar num nível de liderança de equipes; segundo, a formação na realidade não conta com o mesmo ambiente seguro e aberto ao erro e à pluralidade de visões que o ambiente universitário. Os cursos precisarão adotar um ensino para inovação.

O ensino jurídico direcionado à inovação procura proporcionar o desenvolvimento da capacidade analítica, crítica e autocrítica dos estudantes, formando, assim, profissionais aptos a criar soluções alternativas para problemas recorrentes ou enfrentar problemas inéditos. Despindo-se da visão tradicional de que o conhecimento jurídico é algo transmitido, essa perspectiva do ensino jurídico inovador entende que o estudante não pode ser ensinado a realizar uma tarefa ou resolver uma questão, mas apenas ser "ajudado a aprender como fazê-la" (SCHÖN, 2000, p. 182). Por isso, a inovação do ensino jurídico deve necessariamente passar pela transformação do papel docente, como será visto na Seção 1 do Capítulo 2. O aluno é considerado um ser pensante que aprende a partir de suas próprias vivências e de seu repertório de vida, sendo conduzido a refletir sobre suas práticas e construir seu conhecimento. Se no modelo tradicional as quase duas horas de aula são preenchidas por uma única solução – aquela apresentada pelo professor –, nesse novo modelo elas são ocupadas por diferentes vozes – não apenas a do professor, mas aquelas dos 15, 20, 40, 60 estudantes que fazem parte da turma e procurarão responder a desafios.

É importante frisar que isso não significa a ruptura completa do conhecimento consolidado, como se vigorasse um relativismo metodológico em que qualquer resposta vale. A dogmática ainda tem seu papel estabilizador de expectativas e de respostas para problemas jurídicos (FERRAZ JR., 2003, p. 49-50) – caso contrário, viveríamos num mundo em que realmente "cada cabeça seria uma sentença". No entanto, um profissional reflexivo é capaz, em primeiro lugar, de identificar quando está decidindo de acordo com uma rotina de pensamento, com consciência sobre quando usar ou não uma solução estabilizada e evitar o dogmatismo e a adoção de respostas automáticas, mas irracionais (MICHELON, 2010, p. 24). Em segundo lugar, consegue diferenciar características das situações concretas que recomendam a relativização, a adequação ou a completa superação das respostas existentes. Finalmente, esse profissional não apenas é capaz de reconhecer e criticar o uso pouco criterioso ou cínico do Direito, como também sabe manejar as ferramentas que podem neutralizar esses movimentos que erodem a autoridade do Direito.

Essa proposta de ensino jurídico inovador transforma as barreiras em engrenagens de um sistema educacional voltado para a formação de pessoas capazes de pensar diferente. Em contraponto ao cenário anterior, **um ambiente universitário vívido, plástico e pulsante se encontra com uma perspectiva do Direito em sua multiplicidade de raciocínios e uma visão da prática profissional como procura por soluções por meio do Direito, mas não exclusivamente. Ambos convergem para uma sala de aula que favorece a manifestação dos estudantes, a crítica e a criação de conhecimento e interpretações da realidade** (Figura 3). A tríade se altera.

O ambiente universitário, antes restrito ao espaço de sala de aula, no qual o docente transmitia suas valiosas informações, amplia-se e extrapola barreiras físicas. O aprendizado não ocorre somente no período gasto em sala de aula na presença do professor. Estudantes, quando engajados e protagonistas da construção de seu próprio conhecimento, também aprenderão fora da sala de aula. Vale lembrar que já fazem isso quando se trata de seus interesses e *hobbies*, por meio de vídeos, *podcasts*, *blogs* e redes sociais. Com as novas tecnologias, é possível estudar onde quer que se esteja. A aula não é o único momento para se dedicar; aprender não é algo que pode ser terceirizado, somente facilitado.

Figura 3   Engrenagens para um ensino jurídico inovador

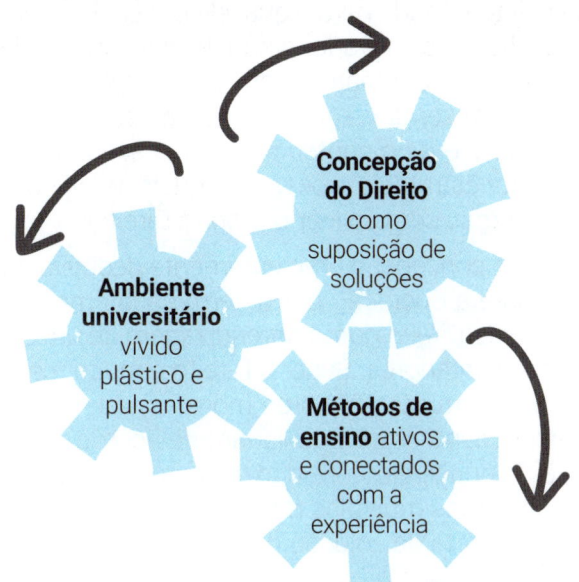

Fonte: elaboração própria.

O próprio ambiente físico, tradicionalmente formado por carteiras enfileiradas direcionadas à lousa e ao "palco" do professor, será pequeno demais para tanto conhecimento. Pequenos grupos, projetos e discussões atenderão melhor o saber que circula entre os participantes desse curso, que não se resume apenas a uma simples disciplina, mas rompe barreiras de ramos jurídicos e áreas de conhecimento. Os alunos descobrirão que se aprende mais discutindo, argumentando, construindo conhecimento coletivamente e lidando com conflitos com colegas do que sozinhos, como muitas vezes se espera que aconteça no mundo real, numa empresa, numa instituição pública ou privada.

Acompanhando essa transformação no ambiente universitário, há uma mudança de **concepção sobre o Direito**, sobre o raciocínio e a prática jurídicos. Os estudantes não aprendem um conjunto de conceitos e dispositivos legais que contêm em si todas as respostas, como se fossem realizar uma operação dedutiva de aplicação da norma ao fato. O ensino para inovação na área jurídica pressupõe desenvolver nos alunos outra lógica de aplicação do Direito, pela qual eles sejam capazes de experimentar soluções e interpretações em busca da melhor acomodação dos vários interesses envolvidos, que não são apenas individuais ou econômicos, mas também éticos e sociais.

A ideia principal que defendemos aqui é a seguinte: os profissionais inovadores na área jurídica não são apenas aqueles que deduzem o que está contido na lei e aplicam a um fato determinado, mas aqueles que são capazes de observar um conjunto maior de fatos, interesses, pessoas envolvidas e possíveis consequências e pensar, a partir disso tudo, "o que poderia ser se...". O primeiro profissional é aquele que prefere se situar no final de uma cadeia de decisões, sendo responsável por receber um fato mais determinado para o qual ele possa dar uma aplicação normativa. Ao contrário, o profissional inovador é aquele que está desde o início da tomada de decisões pensando em alternativas, em cenários e maneiras de estruturar a aplicação da lei que podem ser diferentes. E isso não se resume à área consultiva, como pode parecer – também no contencioso é necessário, desde o início, saber como configurar a melhor estratégia processual, quais caminhos evitar e como, por vezes, resolver os problemas sem aplicar o próprio Direito!

Ao se deixar de lado uma concepção eminentemente dedutiva da prática jurídica – apropriada, inclusive, para a operação por determinadas máquinas –, também se afasta a ideia do ensino do Direito como aprendizagem de um saber enciclopédico e reprodutor de decisões anteriores. Saber o Direito é muito mais do que ser capaz de memorizar todas as premissas maiores (normas) que podem ser aplicadas a certos fatos (premissas menores). Fatos variam de acordo com quem conta, com disputas de interesses e, principalmente, com as relações humanas. E é na complexidade da realidade, com suas múltiplas narrativas, que o profissional jurídico deve pensar as normas como parte da solução de um problema.

Se o ensino jurídico deve preparar para inovação, conectando o Direito à realidade dos estudantes, os **métodos** tradicionais devem ser repensados. Há diversas maneiras de propiciar atividades, dentro e fora da sala de aula, que desenvolvam o raciocínio criativo dos alunos. A aprendizagem baseada em projetos, os jogos e a gamificação, o *storytelling* e o *brainstorming*, o *design thinking*, são apenas algumas das estratégias de ensino adequadas a essa finalidade. Diferenças nas formas de avaliar, na interação entre aluno-aluno e aluno-professor também são transformações importantes. Se queremos formar cidadãos e profissionais aptos a realizar uma leitura e interpretação qualificada da realidade e a propor soluções criativas e inéditas para os problemas, não faz sentido, por exemplo, adotar uma avaliação escrita de situações já conhecidas com respostas reproduzidas.

Sabemos que trabalhar com métodos participativos de ensino não é o caminho mais fácil para quem está acostumado com uma prática consolidada. Ele demanda muito mais tempo e investimento por parte da instituição e do docente. Mas, veja, não é necessário "reinventar a roda". Este livro é um convite para ousadia e experimentação, para que você analise o que faz sentido, pesquisando, consultando os alunos, enfim, mensurando e avaliando todas as pequenas mudanças que você pode introduzir no seu curso. Faça aulas-teste ou cursos-piloto para verificar na prática o que poderá agregar a suas aulas, direcionando-as à inovação. Teste, analise, aprimore, teste novamente. Somente assim será possível proporcionar um ensino inovador, baseado numa concepção de Direito e educação verdadeiramente transformadores. Os resultados serão profissionais jurídicos com grande potencial inovador e com ótimas condições para contribuir para a sociedade.

2

Para começar... avaliando o que você já faz

 OBJETIVOS DO CAPÍTULO

Com este capítulo, pretendemos que você adquira mais atenção e consciência sobre o que faz no dia a dia. Ao final da leitura, esperamos que você seja capaz de:

→ Identificar os principais elementos da prática pedagógica (objetivos, métodos, avaliação etc.) no seu cotidiano docente.

→ Comparar elementos do ensino jurídico tradicional e do ensino jurídico participativo.

→ Avaliar sua própria prática docente com base nas características do ensino jurídico participativo.

→ Identificar e selecionar práticas que podem ser modificadas para se aproximar do ensino jurídico participativo.

Começaremos o desenvolvimento deste livro mostrando a você um dos principais pilares do ensino participativo: a ideia de que cada pessoa tem uma bagagem própria de vida e de contato com a temática, e que devemos partir desse aspecto para transformar o conhecimento. No ensino participativo, o foco é o estudante e aquilo que ele já sabe, ainda que seja senso comum. O objetivo do docente é criar oportunidades para que os estudantes possam desafiar essa interpretação própria do fenômeno e refiná-la. Isso é obtido, por exemplo, pelo aprendizado da linguagem técnica básica da área (terminologia, associação entre termos e conceitos etc.), pela colocação do estudante perante um caso concreto, pelo confronto da opinião dele com as dos colegas e do professor, pela tentativa e erro, entre outras estratégias.

Nada mais coerente, então, do que iniciarmos este guia explorando o que você já realiza em sala de aula. Se você leciona, precisamos despertar sua atenção e sua reflexão sobre o que você já faz. O trabalho docente é uma prática reflexiva antes de tudo, e há uma série de momentos de planejamento, execução e avaliação que devem ser observados. Entretanto, ainda que você não lecione, cada um de nós passou pela experiência de sala de aula e teve não apenas suas próprias críticas, mas também seus modelos de boas aulas e bons cursos. Em outras palavras, temos um conjunto de crenças e entendimentos sobre o que é ser professor, e isso importa para mudar a prática docente.

Queremos agir sobre seu conjunto de conhecimentos e crenças a respeito da docência. Seguindo o modelo de docência como prática de ação e justificação, proposto por Shulman (1986), esperamos alterar seu modo de pensar em algumas esferas.

Observe a Figura 4. Todos nós temos um processo de formação educacional e de vida que não apenas nos ajuda a criar representações sobre o que é ser professor e aluno, como também constrói nosso conhecimento sobre determinada área (o Direito, por exemplo).[1] Essa formação é determinante para que tenhamos uma compreensão (**momento 2**) acerca dessa área e o propósito de ensinar essa matéria. Não é à toa que ouvimos e brincamos tanto com a frase "o professor acha que a sua matéria é a mais importante de todas". Quem está imerso num conhecimento atribui vários propósitos a ele – ser um profissional melhor, um pensador mais completo ou até uma pessoa mais consciente de seus direitos.

No entanto, esse conhecimento não será desenvolvido integralmente em sala de aula, seja porque os estudantes não têm a mesma quantidade de informações acumuladas, seja porque alguns conceitos podem ser difíceis de ser trabalhados com eles, seja simplesmente porque não há tempo de discutir com a turma tudo o que o professor já leu na vida. Daí a importância de que esses conhecimentos sejam transformados num **objeto pedagógico** (**momento 3**), isto é, num conjunto de interpretações, representações, termos e conceitos apropriados para a aprendizagem pelos estudantes. Um exemplo jurídico elucidativo: a metáfora da pirâmide aplicada

---

1 Apresentando representações sociais dos cursos jurídicos, com impactos para o modo como enxergamos os professores em cada uma, cf. Ghirardi (2012b, p. 25-26).

ao ordenamento jurídico kelseniano nada mais é do que a tentativa de transformar um conceito complexo – a ideia de que a validade jurídica é dinâmica, e que as normas inferiores retiram sua validade de uma norma superior que confere um sentido objetivo jurídico ao ato da autoridade que as positiva – em um conceito mais simples, palatável e visível. Metáforas e associações, por exemplo, são boas maneiras de transformar um conhecimento num objeto pedagógico.

Esse objeto pedagógico será trabalhado com os estudantes dentro e fora de sala de aula na disciplina. Há uma interação entre docente e turma que é determinada em grande medida pelo que o professor conhece e como entende o ensino (**momento 4**). É nessa etapa que entendimentos como "o professor tem que apresentar o conteúdo mastigado para os alunos" afloram e se manifestam, por exemplo, em aulas inteiramente expositivas. Ao final, os estudantes serão avaliados para que se afira se apresentam o conhecimento ou não (**momento 5**). Essa avaliação não diz algo apenas para o aluno, mas também para o professor – se a proposta deu certo ou não (GHIRARDI, 2012a, p. 68-69).

Ao final dessa experiência, o docente poderá rever seu curso, avaliando o que deu certo, o que deu errado, o que pode melhorar e o que os próprios estudantes trouxeram a partir de suas indagações, opiniões, interpretações e experiências pessoais (**momento 6**). Com base nisso, novas compreensões emergirão não somente sobre a matéria, mas também sobre o que é ensinar (**momento 7**). Por essa razão, acreditamos que ser professor também é estar aprendendo constantemente pela reflexão sobre o que fazemos e quais as consequências dessa prática.

Então veja: você teve uma formação e tem um grande conhecimento sobre a matéria ou as matérias que leciona. Com este livro, queremos atuar sobre: a) a maneira como você transforma esse conhecimento em objetos pedagógicos – se, por exemplo, acredita que deva ensinar fórmulas dogmáticas ou maneiras de raciocinar sobre problemas jurídicos; b) a forma como você interage com seus alunos para trabalhar esses objetos pedagógicos em sala de aula; c) a sua disposição para avaliar e refletir sobre sua própria prática, para que você se sinta com vontade de inovar e renovar-se sempre.

Figura 4 Estrutura da prática docente como prática de ação, justificação e reflexão

Fonte: elaboração própria com base em Shulman (1987, p. 14-19).

2.1 O que significa ensino participativo?

Ao longo deste livro, escreveremos muito sobre o ensino jurídico participativo. Mas o que isso significa? Como dissemos antes, você já deve ter alguma noção ao ouvir essa palavra, mas precisamos apresentar nossa concepção de ensino participativo para que não haja problemas de entendimento sobre o que trabalharemos nas próximas seções. Precisamos harmonizar a terminologia.

Em termos gerais, o ensino jurídico participativo é um paradigma de ensino que se diferencia do ensino jurídico tradicional por colocar o estudante como foco no processo de aprendizagem.

O que é isso em termos mais concretos? Começamos com um exemplo de uso de tecnologia. Imagine uma professora de direito concorrencial utilizando um questionário em sala de aula. Ela apresenta a seus estudantes uma série de perguntas como "Pense na compra da empresa de aviação **X** pela empresa **Y** [ambas reais e presentes no dia a dia dos estudantes]. Você considera que o Cade deveria...". As alternativas indicam diferentes opiniões, como "Aprovar a compra, com restrições a *slots* de aeroportos e rotas aéreas" ou "Rejeitar a compra por inteiro, pelo risco de uso do poder de mercado contra a concorrência". Observe que a pergunta estimula que os alunos exponham uma opinião que poderá ser, posteriormente, fundamentada num debate.

Agora pense no exemplo de outro professor, também de direito concorrencial. Ele apresenta a seus estudantes um questionário com perguntas como "Atos de concentração de mercado são...". As alternativas trazem diferentes conceitos, sendo um deles o correto. Ao final da resposta, o professor revela a resposta adequada para a turma e explica por que esse é o conceito certo.

Os dois exemplos, embora simples, mostram as profundas diferenças na prática do ensino e como isso pode influenciar desde o objeto pedagógico (o que é melhor para aprender o conhecimento) até o modo como se emprega a tecnologia em sala de aula. Conceituando o ensino participativo a partir de suas características definidoras, apresentamos aquele que talvez seja o aspecto mais fundamental: **no ensino participativo, o conhecimento é visto como algo subjetivo** (GHIRARDI, 2012a, p. 37-39).

O que significa quando se diz que o conhecimento é subjetivo? Pensamos que é subjetivo o conhecimento que consiste em interpretações de fenômenos e da realidade, em oposição àquele que decorre de um critério de verdade metafísico e externo ao sujeito. No Direito, acreditamos não existirem conceitos que sejam verdadeiros no mundo, mas conceitos que são defendidos por meio de argumentação e diferentes visões de mundo.[2] A objetividade que existe é intersubjetiva, ou seja, aquela que existe em razão do compartilhamento de sentidos entre as pessoas.[3]

---

2 Para uma visão do Direito como prática argumentativa, cuja verdade depende inteiramente das justificativas oferecidas para sustentar uma proposição, cf. Dworkin (2007, p. 55-59) (argumento do aguilhão semântico).

3 Para uma discussão sobre objetividade no Direito, com foco nos positivistas, cf. Michelon Júnior (2004).

No ensino participativo, então, trabalhamos com as interpretações que os estudantes têm da realidade. Elas antecedem a sala de aula, por mais complexos que sejam os conceitos. Os alunos podem nunca ter ouvido falar sobre direito concorrencial e atos de concentração de mercado, mas, se perguntarmos a eles o que acham da fusão entre duas empresas de educação que dominam o mercado, eles terão uma opinião e poderão até mesmo articulá-la em função desses conceitos – ainda que não com o nome técnico. Isso vale também para questões de consumidor, direito civil, penal e até filosofia do direito.

A subjetividade do conhecimento reflete-se em vários pressupostos do ensino jurídico participativo, como:

» **Informação é diferente de conhecimento:** um professor pode passar horas falando conceitos para seus estudantes, mas isso consistirá apenas na transmissão de um conjunto de informações. Essas informações só se transformarão em conhecimento quando forem interpretadas e significadas pelos estudantes para a sua realidade e diante de sua experiência de vida.

» **Estudantes não são "tábula rasa":** os estudantes podem não ter uma determinada informação – por exemplo, saber que o nome que se dá à transferência temporária de direitos patrimoniais autorais é "licenciamento". No entanto, isso não significa que eles não sejam capazes de pensar uma possível solução, ainda que sem os termos jurídicos, para que uma lanchonete possa usar os personagens de uma história conhecida. Os estudantes têm preconcepções de senso comum e experiências de vida, inclusive com a Justiça.

» **Uso de manuais e obras dogmáticas é apenas uma forma de reduzir a complexidade:** no Direito, é importante notar que o uso de manuais ou obras dogmáticas é apenas uma forma de reduzir a complexidade das questões jurídicas, apresentando uma solução como se fosse verdadeira. Eles são uma fonte de informação (a resposta dogmática) como qualquer outra, não uma fonte de conhecimento – que somente será gerado pela significação daquilo que os estudantes leem.

» **A distinção entre teoria e prática é artificial:** se o conhecimento é subjetivo e depende da interpretação que se faz da realidade, então os estudantes devem estar sempre em contato com ela. A distinção entre teoria (conceitos, ideias) e prática (o que se faz) só faz sentido se diferenciarmos informações teóricas e informações práticas,[4] ou se usarmos um sentido muito restrito de prática (entendida como um fazer sem reflexão). Isso vale para a previsão de disciplinas de "prática jurídica" apenas no final do curso – devemos pressupor que até lá não viram a prática?

---

4 Inspirando-se, por exemplo, na distinção entre conhecimento conceitual e conhecimento procedimental feita por Krathwohl e Anderson (2001, p. 45-55). O primeiro é o conhecimento de conceitos, ideias, terminologias, princípios, classificações, categorizações etc. O segundo é o conhecimento dos procedimentos, de como fazer determinada coisa, das técnicas, dos processos etc. Informações teóricas seriam informações do primeiro tipo; informações práticas seriam do segundo tipo.

Vamos continuar pensando nas aulas mais clássicas do Direito. Provavelmente você já deve ter ouvido falar do método "cuspe e giz", no qual o professor passa 1h40, 3h20, palestrando para sua turma. O cuspe é a saliva de quem fala, o professor; o giz é o instrumento que ele utiliza para escrever pontos relevantes na lousa. Considere as relações entre alunos e professores criadas nessas aulas: uma pessoa fala, enquanto outras escutam; uma pessoa detém o "conhecimento", enquanto outras o absorvem; uma pessoa controla o início e o fim do processo, enquanto as outras seguem o percurso. As relações são construídas unilateralmente e unidirecionalmente (de quem detém o "conhecimento" para quem não o detém).

No ensino participativo, a relação entre professores e estudantes é horizontal (GHIRARDI, 2012a, p. 42-44). O que significa, na prática, uma relação horizontal?

Significa, em primeiro lugar, que o professor é intelectualmente igual aos estudantes. Situemos isso na sua devida medida: ele pode conhecer mais a linguagem técnica, os conceitos e as aplicações da área do conhecimento, mas sua interpretação da realidade é apenas uma dentre várias. Seu conhecimento pode ser inútil para a realidade de seus estudantes. É possível, inclusive, que seus alunos sejam mais experientes do que ele em algum assunto (num mestrado profissional, por exemplo) ou conheçam mais determinado tema (num doutorado, por exemplo).

Com base em Samuelowicz e Bain (2001, p. 306-307), poderíamos colocar essa horizontalidade numa escala que vai da relação mais vertical para a mais horizontal:

Figura 5   Diferenciação de tipos de docentes conforme o paradigma de ensino

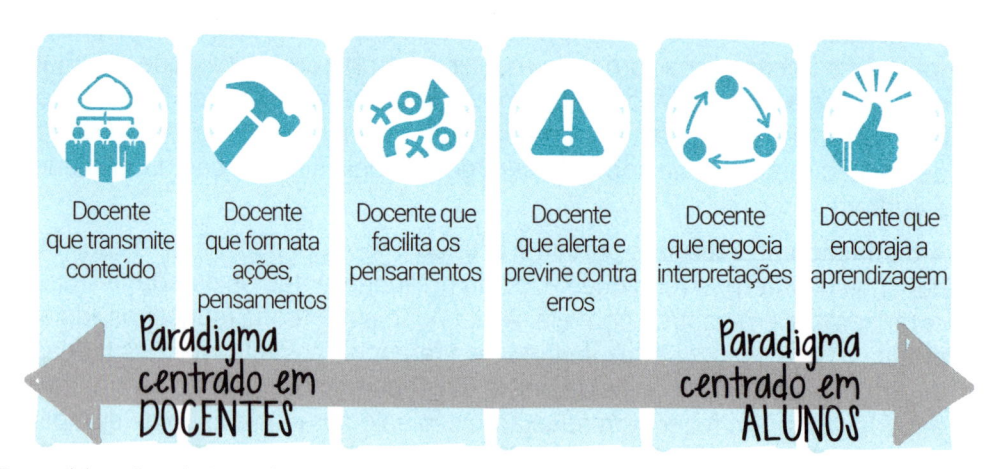

Fonte: elaboração própria com base em Samuelowicz e Bain (2001, p. 306-307).

Veja, o modelo mais vertical é o modelo de transmissão de conteúdo (o "ensino bancário" de Freire, 1996, cap. 1). O professor é quem detém todo o conhecimento, que será transmitido para estudantes que o adquirem nessa interação. Em seguida, há a ideia do professor que "molda" ou "formata" o pensamento de seus estudantes. Nessa hipótese, há uma pessoa que é capaz de condicionar como outra pensa ou age, ainda que fornecendo os instrumentos básicos do raciocínio – e aqui está a verticalidade da relação. Depois, há o facilitador, que é aquele que cria condições para que os estudantes cheguem mais rapidamente a uma ou mais respostas. Um desenvolvimento mais participativo desse tipo é o docente que previne e alerta erros comuns. A relação é mais horizontal porque se limita à desigualdade de experiência na área do conhecimento. Há uma pessoa mais experiente que, por conta de sua trajetória, é capaz de alertar outra sobre o que não fazer, mas que não diz o que o estudante deve fazer. A relação fica mais horizontal quando há negociação de interpretações de mundo, na qual as interpretações do professor se chocam com as dos estudantes. Nesse ponto, até mesmo erros podem ser reinterpretados como acertos. Finalmente, a maior horizontalidade existe na figura do docente que procura encorajar os estudantes a construir seu próprio conhecimento, trabalhando mais na motivação e na sustentação do processo do que no conteúdo em si.

Em segundo lugar, o professor nunca será capaz de determinar como seus estudantes vão apreender e aplicar o conhecimento. Nesse sentido, a relação é horizontal porque nenhuma das partes consegue dominar o pensamento e a ação da outra. O treinamento intenso pode fazer com que um estudante resolva situações como o professor faria, mas isso não significa que eles pensam da mesma forma. Por isso, a relação de aprendizagem é uma relação de negociação de sentidos, na qual cada um vai construindo e reconstruindo sua visão sobre os assuntos, a ponto de os próprios professores poderem rever suas posições em contato com as dos estudantes.

Em terceiro lugar, a relação horizontal significa igualdade de compromissos no processo de aprendizagem. Você já ouviu a reclamação de que professores devem estar todo dia na sala de aula, enquanto estudantes podem faltar se quiserem? Pois bem, numa relação horizontal existem obrigações e direitos de cada lado. Não basta que o professor seja excelente ou que o aluno seja excepcional. O importante é que ambos estejam comprometidos com o ensino e a aprendizagem.

Para reforçar, a relação horizontal não significa amizade com alunos, perda de autoridade ou falta de profissionalismo. Não é necessário, por exemplo, adicionar alunos à rede social pessoal para que se estabeleça uma relação de trocas de ideias e opiniões. Da mesma forma, a autoridade que o professor tem para ordenar (poder disciplinar), estruturar o processo (poder pedagógico) e aprovar ou reprovar os estudantes (poder certificatório) não fica comprometida numa relação horizontal. Ao contrário, é possível que o respeito mútuo aumente a legitimidade do exercício dessa autoridade. Finalmente, a horizontalidade faz parte do profissionalismo de um docente que pratica o ensino participativo.

A relação horizontal também se reflete em vários pressupostos do ensino participativo:

» **Ensinar é criar oportunidades de aprendizagem:** o professor deve criar oportunidades para que os estudantes façam suas próprias interpretações da realidade e gerem seu conhecimento. Ao dialogarem sobre essas interpretações entre si e com o docente, os estudantes podem abdicar de algumas ideias por serem absurdas ou simplesmente não convencionais, ou podem se convencer de que as próprias leituras são corretas.

» **O início e o fim do processo de aprendizagem não são determinados pelo docente:** o docente cria oportunidades de aprendizagem e, embora seja capaz de pensar em pontos mais importantes a serem trabalhados, é incapaz de prever todos os significados que os estudantes criarão e até mesmo aquilo que trarão para reflexão em sala de aula. É por esse motivo que se diz que o professor no ensino participativo tem controle do início da atividade, mas não até aonde ela vai – diferentemente de uma aula puramente expositiva, na qual ele molda a forma como o conhecimento será trabalhado em sala de aula do início ao fim.

» **A relação dos estudantes entre si importa:** ao contrário do que estudantes acostumados com um ensino tradicional pensam, a interação com os colegas é importante para o processo de aprendizagem no ensino participativo. Se ninguém é superior intelectualmente e os significados são negociados, os estudantes devem trocar opiniões entre si e superar o senso comum conjuntamente. Por isso, grande parte dos métodos participativos valoriza a relação dos estudantes entre si.

Mas não é só isso. Existe um terceiro pilar do ensino participativo que complementa os outros dois e embasa a prática docente. Pense em todas as disciplinas tradicionais que terminam com uma prova semestral com questões dissertativas sobre conceitos que não serão empregados na realidade ou, ao menos, não aparecerão da forma como utilizados nos enunciados. Ninguém chega ao escritório ou ao tribunal questionando o profissional qual é o conceito de contrato de locação, mas narrando uma situação que tem, ao mesmo tempo, elementos que permitem e que atrapalham a identificação do instituto jurídico em questão.

Você, assim como nós, provavelmente não via muito significado no que era trabalhado em sala de aula para além da necessidade de responder às questões da prova ao final do semestre. Tratando-se de jovens de 18 a 21 anos, os conteúdos jurídicos, da forma como são trabalhados na universidade, interessam apenas a uma ínfima parte de pessoas que apresentam uma ética do "bom estudante", ou seja, que têm a disponibilidade de tempo, o interesse e o senso de dever para se preparar e seguir as instruções dos professores.

Ao contrário, **no ensino jurídico participativo o curso deve ter um significado para o estudante, que transcende o mero interesse em ser aprovado, conectando-se com sua realidade**.

O significado do curso no ensino jurídico participativo implica, de um lado, que o processo não pode estar desconectado da realidade e, de outro, que deve ativar a motivação intrínseca e trabalhar com os planos de vida dos estudantes. A conexão com a realidade deve estar em cada detalhe do curso, desde a seleção do conteúdo trabalhado, até a própria relação com a comunidade que circunda o ambiente universitário. Se o estudante deve fazer interpretações da realidade, esta deve ser trazida até ele. Por outro lado, um curso participativo cria oportunidades para que o estudante se engaje naquilo que ele vê sentido e que, portanto, o motiva a aprender. Isso não quer dizer que os estudantes só aprenderão o que desejam, e que o ensino participativo é narcísico no sentido de que só trabalha com o que os alunos aceitam (GHIRARDI, 2016, p. 64-68), mas que somos capazes de conectar o ensino com algo da realidade deles que seja pertinente ao processo de aprendizagem.

O significado do curso para o estudante reflete-se em algumas ideias do ensino participativo:

» **O planejamento do processo de aprendizagem leva em conta o que será importante para a vida dos estudantes:** ao contrário de cumprir uma ementa de tópicos de informação ou de exigir que os estudantes tenham que se preparar para uma disciplina porque querem ser aprovados, o ensino jurídico participativo pressupõe que o curso será significativo porque se conecta com o que acontece na vida dos estudantes. O planejamento leva em consideração o que é ou será atual e importante para que os estudantes compreendam e interpretem sua própria realidade, seja pessoal, seja profissional.

» **Qualquer curso deve se conectar com a realidade, que não fica apenas para atividades de extensão ou para o estágio:** o ensino tradicional confina o contato do estudante com a prática em espaços específicos – as atividades de extensão ou o estágio. Não é à toa que muitos alunos dizem aprender mais em seus estágios do que em sala de aula, já que no escritório é mais provável que vejam sentido e aplicação do que estudam. No ensino participativo, todo curso é um pretexto para a ligação do estudante com a realidade. Por isso, muitos métodos enfatizam o contato com a comunidade ou com fontes de conteúdo externas à universidade.

» **Cursos participativos não lidam apenas com motivação externa, mas também com a motivação interna dos estudantes:** no tocante à motivação dos estudantes, o ensino tradicional tem três posturas básicas: primeira, impor um aprendizado ao estudante (indiferença); segunda, permitir ao estudante escolher o que deseja aprender (eleição ou opção); terceira, oferecer estímulos na forma de recompensa ou punição (motivação externa). O ensino participativo trabalha muito bem com as duas últimas e acrescenta a motivação interna à equação. Um currículo participativo que fomenta a autonomia dos estudantes possibilita-lhes escolher o que desejam aprender – daí por que, no limite, as instituições que seguem esse paradigma trabalham sem disciplinas, mas por projetos. Os estímulos estão presentes em métodos como jogos e gamificação ou na apresentação de relatórios detalhados de desempenho. Entretanto, esse paradigma também se destaca por enfatizar a motivação interna, isto é, a ação motivada pelo que o estudante valoriza e a que confere significado. Cursos participativos criam oportunidades para que os estudantes trabalhem com o que dão importância.

» **A interdisciplinaridade não é apenas estimulada, mas pressuposta:** se o curso deve significar alguma coisa para os estudantes, é impossível confiná-lo a apenas um conjunto de tópicos dentro da área do conhecimento. Da mesma forma que os problemas são complexos, a aprendizagem leva em consideração tudo o que faz sentido para o estudante. No ensino participativo, as fronteiras entre os ramos jurídicos se diluem e os estudantes lidam com a realidade em sua complexidade.

Os três pilares do ensino jurídico participativo, então, são a subjetividade do conhecimento, a horizontalidade da relação entre docente e estudantes e a atribuição de significado ao processo de ensino e aprendizagem (Figura 6). Todo o edifício do ensino jurídico participativo se estrutura a partir dessas fundações e se distingue do paradigma de ensino jurídico tradicional, centrado no professor. Isso se reflete em várias diferenças, sistematizadas no Quadro 1. É a partir dessas diferenças que desejamos que você analise sua prática.

Figura 6 Fundamentos do ensino jurídico participativo

ENSINO JURÍDICO PARTICIPATIVO

Subjetividade do conhecimento				Horizontalidade das relações			Significado da aprendizagem			
Informação difere de conhecimento	Estudantes não são "tábula rasa"	Dogmática apenas reduz complexidade	Distinção artificial entre teoria e prática	Ensinar é criar oportunidades	Processo não é determinado pelo docente	Relação dos estudantes importa	Planejamento do curso considera o que será importante para a vida	Qualquer curso deve se conectar com a realidade	A motivação interna dos estudantes também importa	A interdisciplinaridade é condição para interpretar a realidade

Fonte: elaboração própria.

Quadro 1 Distinção entre o ensino jurídico tradicional e o ensino jurídico participativo

	ENSINO JURÍDICO TRADICIONAL *(paradigma centrado no professor)*	ENSINO JURÍDICO PARTICIPATIVO *(paradigma centrado nos estudantes)*
Conhecimento	Objetivo e transmissível	Subjetivo e disputável
Fontes de informação	Professor ou materiais indicados por ele	Qualquer fonte, inclusive, mas não exclusivamente, o professor
Processo de construção do conhecimento	Iniciado e finalizado pelo docente (normalmente por exposição)	Dialogado entre docente (que dá o início) e estudantes (que dão o final)

	ENSINO JURÍDICO TRADICIONAL *(paradigma centrado no professor)*	ENSINO JURÍDICO PARTICIPATIVO *(paradigma centrado nos estudantes)*
Responsabilidade pelo planejamento	Totalmente pelo professor	Professor cria oportunidades de aprendizagem; no paradigma mais extremo, o planejamento é todo dos estudantes
Uso esperado do conhecimento	Aprovação ou reprovação na disciplina	Interpretação e ação na realidade
Representação do estudante	Pessoa sem conhecimento ("tábula rasa")	Pessoa com conhecimentos e experiências prévias
Responsabilidades do estudante	Registrar, memorizar e reproduzir conteúdo	Assumir o protagonismo do processo, organizando-se estrategicamente para tal
Representação do docente	Pessoa com conhecimento ("sábio", "lente")	Pessoa com experiência e interpretações mais testadas da realidade
Responsabilidades do docente	Dominar o conteúdo para estruturar e executar uma boa palestra	Contribuir para o processo de aprendizagem dos estudantes
Relações no ensino	Verticais e unidirecionais (docente para estudantes)	Horizontais e multidirecionais (professor com estudantes, estudantes entre si, estudantes com comunidade, professores entre si etc.)
Significado da sala de aula	Momento para transmissão de conhecimento	Oportunidade para trocas e desafios de leituras da realidade
Resultados desejados	Relacionados com a reprodução das informações transmitidas	Relacionados com a mudança na forma de entender o mundo e agir nele
Avaliação da aprendizagem	Relacionada com a aferição de quanto conhecimento o estudante reproduz	Relacionada com a aferição de quanto o estudante se desenvolveu

	ENSINO JURÍDICO TRADICIONAL *(paradigma centrado no professor)*	ENSINO JURÍDICO PARTICIPATIVO *(paradigma centrado nos estudantes)*
Relação com a realidade	Mediada pelo professor (incluída como exemplo)	Imediata (por contato direto ou simulação) ou mediada pelo professor
Relação com o interesse e a motivação dos estudantes	Ensino indiferente à motivação ou movido por estímulos externos (geralmente punição)	Ensino movido por estímulos externos (recompensa) e, principalmente, motivação interna, por meio do alinhamento de objetivos próprios com objetivos do curso
Objetivo do curso	Transmitir maior repertório possível	Desenvolvimento profissional, pessoal ou intelectual

Fonte: elaboração própria a partir de McManus (2001, p. 425-426); Samuelowicz; Bain (2001, p. 306-307); Ghirardi (2012a); Barr; Tagg, (1995).

2.2 Reflexões: passo a passo

Apresentamos nesta seção um conjunto de reflexões para que você avalie o que já tem feito em suas disciplinas.

2.2.1 Primeira reflexão: o que já existe?

Vamos assumir que você deseja adotar o ensino jurídico participativo em seus cursos. Por onde começar? Agora que você já conhece os principais fundamentos desse paradigma, desejamos que os aplique para avaliar a própria prática. Apresentaremos um conjunto de listas de checagem nesta e nas próximas seções que ajudará esse processo. Ao final, acreditamos que você será capaz de identificar o que pode mudar mais rapidamente e o que levará mais tempo.

Todo professor tem um espaço de decisão sobre como será seu curso, ainda que deva alinhar algumas escolhas às diretrizes da instituição. Somos constantemente questionados sobre elas, seja pela coordenação, seja pelas turmas – "o que cai na prova?", "por que temos que estudar isso?", "por que você não cobriu o tópico da ementa?" etc. As respostas a cada uma dessas questões talvez sejam o principal resultado das crenças que formam o paradigma de ensino sob o qual ensinamos. Professores que aderem ao ensino jurídico tradicional responderão essas perguntas de maneira diferente de professores adeptos ao ensino jurídico participativo. Conduziremos a reflexão sobre sua prática docente a partir dessas perguntas fundamentais (Quadro 2).

Quadro 2 Perguntas e respostas fundamentais da prática docente

O QUE OS ALUNOS VÃO APRENDER? *(ou... o que vou ensinar?)*

Ex.: Fatos e informações; conceitos e teorias; competências e habilidades; processos e práticas; atitudes e sentimentos.

ONDE E QUANDO OS ALUNOS VÃO APRENDER? *(ou... onde e quando vou ensinar?)*

Ex.: Na aula/fora da aula; na primeira/segunda/terceira/quarta aula (e assim por diante); no início do semestre/no meio do semestre/no final do semestre; no ambiente físico/no ambiente virtual; na sala de aula/fora da sala de aula.

COMO OS ALUNOS VÃO APRENDER? *(ou... como vou ensinar?)*

Ex.: Assistindo a palestras; participando de simulações da realidade; resolvendo casos ou problemas reais; resolvendo casos ou problemas fictícios; resolvendo exercícios; pesquisando no campo; elaborando projetos de intervenção na realidade; lendo textos, notícias etc.

O QUE OS ALUNOS VÃO FAZER? *(ou... o que vou pedir para eles fazerem?)*

Ex.: Ouvir e escrever o que digo; ler um caso e encontrar a solução jurídica apropriada; ler uma notícia de jornal e debater seu conteúdo; comparar diferentes soluções de um problema e avaliar qual foi a melhor; definir um problema e pensar formas de solucioná-lo por meio do preenchimento de um roteiro de instruções.

COMO OS ALUNOS VÃO DEMONSTRAR O QUE APRENDERAM?
(ou... como vou avaliar o que eles aprenderam?)

Ex.: Escrevendo numa prova; escrevendo um trabalho; demonstrando na prática; falando em sala de aula.

O QUE OS ALUNOS PODERÃO CONSULTAR PARA SE APROFUNDAR?
(ou... o que vou sugerir que eles consultem para se aprofundar?)

Ex.: Livros e artigos; notícias de jornais, revistas; vídeos, *Podcasts*, *sites*, infográficos; apostila de exercícios; pessoas, instituições, atores relevantes.

Fonte: elaboração própria inspirada em Ghirardi (2012a, p. 16).

Vamos começar o primeiro *checklist*. Para cada item que você marcar, some **um ponto**. Para cada item desmarcado, nada será computado. Para isso, **selecione uma disciplina** dentre as que você lecionou no último período letivo que represente seu modo de ensinar ou que você deseja modificar. Ela será avaliada nesta e nas próximas etapas.

Iniciemos pela comunicação das decisões docentes para a turma. Essa tarefa não apenas demonstra reflexão sobre a própria prática, mas também permite que os estudantes questionem o ensino nas escolhas fundamentais.

Quadro 3 Primeira lista de checagem: comunicação das decisões docentes do meu curso

NA DISCIPLINA...

☐ **Entreguei para meus alunos, no início do semestre, um programa da disciplina com objetivos, cronograma de aulas e seus temas e instrumentos de avaliação.** Observe que não basta a existência de um programa institucional. Os estudantes devem receber um documento que sintetize suas escolhas para a disciplina.

☐ **No meu programa os estudantes encontraram o que se esperava que eles fossem capazes de fazer ao final do semestre.** O programa deve mostrar para os estudantes a transformação que se espera promover neles.

☐ **No meu programa os estudantes encontraram uma justificativa da importância do curso para a vida deles (profissional ou pessoal).** O documento procura dialogar com o interesse e a realidade dos estudantes.

☐ **Eu previ oportunidades para que os estudantes construíssem conjuntamente meu programa de disciplina, seja por meio de aulas "a serem preenchidas por eles" ou por sugestões de temas, bibliografia, métodos ou instrumentos de avaliação.** Uma relação horizontal pressupõe a possibilidade de que ambas as partes participem do planejamento da disciplina.

☐ **No meu programa eu previ oportunidades de conversa com a turma sobre o curso antes do término do período letivo, seja por encontros físicos, seja por contato virtual.** Um professor atento ao processo de aprendizagem permite que seus alunos opinem sobre o curso enquanto ele se desenvolve, além de estar atento para a necessidade de flexibilizá-lo.

☐ **Apresentei e justifiquei escolhas de curso (como bibliografia, temas, métodos, instrumentos de avaliação) no início do período letivo.** A apresentação do curso não é apenas um momento protocolar, mas uma ocasião importante para demonstrar aos estudantes que ele foi montado de forma refletida para que eles possam aprender.

☐ **Permiti que os estudantes questionassem profundamente meu programa de disciplina, exigindo justificativas sobre, por exemplo, a sequência de aulas, os temas escolhidos ou os instrumentos de avaliação.** Observe que a apropriação do programa pelos estudantes não é apenas uma questão de leitura, mas de efetivo questionamento das decisões docentes.

Resultados:

4 ou menos pontos – no curso que você selecionou, as decisões parecem não ter sido adequadamente apresentadas aos estudantes. Isso pode ter acontecido porque elas não foram apresentadas (ex. ausência de programa) ou porque não houve oportunidade para que eles interagissem com as escolhas feitas (ex. ausência de questionamento).

5 ou mais pontos – no curso que você selecionou, as decisões parecem ter sido adequadamente apresentadas para os estudantes. Alguns elementos podem ser aprimorados, mas você já tem preparo para lidar bem com o "momento zero" de planejamento do ensino participativo (seção "Momento zero": a estrutura de um programa de ensino bem redigido)!

2.2.2 Segunda reflexão: quais objetivos de aprendizagem meu curso fomenta?

O segundo aspecto que desejamos que você avalie em seu curso são os objetivos de aprendizagem que ele fomenta. Objetivos de aprendizagem são transformações de comportamentos dos estudantes desejadas. Essas transformações ocorrem por mudanças no modo de pensar e agir, nos valores e nas atitudes ou ainda na maneira de lidar com sentimentos por parte dos alunos. A avaliação é o instrumento que permite identificar se essa mudança de comportamento foi obtida.

Quadro 4 | Segunda lista de checagem: objetivos de aprendizagem do meu curso

NA DISCIPLINA...

☐ **Indiquei o que esperava que os estudantes fossem capazes de saber, fazer ou pensar ao final do período letivo, em vez de apontar apenas os conteúdos que seriam trabalhados.** Haja ou não programa, o docente enumera para a disciplina objetivos que vão além dos meros tópicos de conteúdo que será trabalhado. Por exemplo: ao final do curso, vocês serão capazes de diferenciar o ensino tradicional do ensino participativo.

☐ **Indiquei que o objetivo de aprendizagem era dos estudantes, não do curso ou do professor.** Programas de disciplina que utilizam a expressão "o curso apresentará" ou "o curso formará" enfocam o curso e o professor como agentes de aprendizagem. Veja que, na primeira expressão, curso é uma figura de linguagem que substitui "professor", porquanto é o professor quem apresenta algo aos estudantes. O item é marcado se você pensa no desenvolvimento dos estudantes, não no que você desenvolverá no curso.

☐ **Indiquei objetivos de aprendizagem concretos e identificáveis na realidade.** Se seus objetivos de aprendizagem preveem comportamentos específicos que serão transformados pelo curso, atitudes que se espera que os estudantes demonstrem ou valores que se espera identificar na ação deles, o item está contemplado. Se os objetivos são abstratos ou vagos, não especificando condutas, então está ausente. Exemplo de vagueza: "curso formará profissionais para atuarem na defesa dos direitos das pessoas mais vulneráveis".

☐ **Indiquei objetivos de aprendizagem mensuráveis de alguma forma por instrumentos de avaliação.** Os instrumentos de avaliação devem servir para identificar se houve aprendizagem. Uma prova escrita, por exemplo, não servirá para verificar se o estudante desenvolveu sua habilidade de articular argumentos jurídicos oralmente. O item deve ser marcado se, de alguma forma, você pensou em instrumentos de avaliação que aferissem a obtenção desses objetivos.

☐ **Indiquei objetivos de aprendizagem que seriam trabalhados pelos métodos de aula utilizados.** Uma aula apenas expositiva será incapaz de desenvolver a expressão oral dos estudantes simplesmente porque eles não falam. O item deve ser marcado se você pensou em atividades de sala de aula que pudessem concretizar os objetivos que você fixou para a disciplina.

↦

NA DISCIPLINA...

☐ **Dei oportunidade para que os estudantes pensassem em e indicassem objetivos de aprendizagem para eles mesmos durante o curso.** No ensino participativo, o planejamento não fica totalmente a cargo do professor. Uma dimensão muito importante é o "aprender a aprender", o que significa também criar metas e objetivos de aprendizagem próprios.

☐ **Dei oportunidade para que estudantes pudessem perseguir diferentes objetivos segundo seus projetos de estudo.** Embora o planejamento dos objetivos possa ter como referência um único padrão, é preferível conceber diferentes conjuntos de estudantes com objetivos próprios.

☐ **Indiquei objetivos de aprendizagem que estão alinhados com os objetivos de aprendizagem estabelecidos pela instituição em seus documentos internos.** Qualquer instituição de ensino tem seus objetivos estabelecidos em documentos internos, como o projeto pedagógico do curso. É recomendável que os objetivos da disciplina estejam alinhados com os objetivos institucionais.

Resultados:

5 ou menos pontos – no curso que você selecionou, é importante revisitar os objetivos de aprendizagem. Vale lembrar que objetivos são diferentes de conteúdos e que o professor deve começar a disciplina com uma ideia, ainda que flexível, do que deseja que os estudantes sejam capazes ao final.

6 ou mais pontos – no curso que você selecionou, os objetivos de aprendizagem parecem ser um ponto de apoio sólido. Você verá que ainda é possível melhorar, mas você já tem preparo para pensar os objetivos do planejamento de sua disciplina (Seção 3 do Capítulo 3)!

2.2.3   Terceira reflexão: o que os estudantes fazem no meu curso?

Muitas pessoas acreditam que para praticar o ensino participativo basta aplicar atividades e dinâmicas em sala de aula. Embora não seja apenas isso, é verdade que um dos elementos mais evidentes da prática do ensino jurídico participativo seja a maneira como a aula é conduzida. Quanto maior a participação dos estudantes, mais participativo presume-se o curso.

Veja, porém, que a interação entre professor e turma não indica que a disciplina se sustenta nos pilares do ensino participativo. Um exemplo muito simples ilustra o argumento: imagine uma aula na qual um professor faz várias perguntas para a turma, todas elas com uma resposta certa esperada pelo docente. Por mais que os estudantes respondam e interajam com o professor, ou seja, que o curso seja superficialmente participativo, não estaríamos diante de uma relação horizontal e do tratamento do conhecimento como algo subjetivo. A mera participação de alunos em sala de aula não é um atestado de que o curso é participativo (MCMANUS, 2001, p. 423).

Você verá que esta lista de checagem é a mais extensa de todas, pois o modo de ensinar é um dos principais aspectos do ensino jurídico participativo.

Quadro 5 Terceira lista de checagem: método de condução do meu curso

NA DISCIPLINA...

☐ **Em mais da metade dos encontros, os alunos faziam outras coisas em sala de aula, além de ouvir e registrar o que o professor falava e tirar dúvidas de conteúdo.** A primeira observação a ser feita é se os estudantes fazem algo na disciplina – identificar as tarefas dos estudantes. Mesmo durante uma exposição existem tarefas a serem realizadas que se relacionam com objetivos de aprendizagem – ouvir e anotar relaciona-se com memorização e reprodução de informações.

☐ **Em média, os estudantes falaram mais em sala de aula do que o professor, seja entre si, seja com ele, seja com convidados externos.** Uma boa medida do protagonismo em sala de aula é identificar quem ocupa a maior parte do tempo. Observe que, numa exposição para uma turma de 60 alunos, uma pessoa (professor) fala mais do que 60 outras (turma). Não é à toa que se diz que o protagonismo é do docente nessa situação.

☐ **Os estudantes puderam solucionar problemas ou casos jurídicos em sala de aula, excluindo-se o momento da prova.** Diferentemente do estudo de caso feito pelo professor, no qual ele apresenta os fatos, destaca os problemas e propõe soluções, procuramos saber se os estudantes fizeram essas operações em sua disciplina.

☐ **Os estudantes chegaram a discutir entre si, referindo-se diretamente uns aos outros sem intermédio do professor.** Um forte indicativo da relação horizontal num curso participativo é a possibilidade de que os estudantes falem diretamente uns com os outros, seja para corroborar, seja para refutar opiniões.

☐ **Os estudantes trabalharam em grupos dentro da sala de aula em algum momento da disciplina.** A fragmentação da turma em grupos menores permite uma maior interação entre os alunos, favorecendo a horizontalidade e a troca de interpretações.

☐ **Os estudantes realizaram atividades apenas com suas opiniões pessoais (senso comum ou senso técnico inicial), seus conhecimentos prévios ou com preparação prévia para sala de aula.** Um aspecto importante do ensino jurídico participativo é o trabalho de refinamento do senso comum, da utilização de sua experiência de vida ou de aprimoramento da leitura de material de preparação prévia.

☐ **Os estudantes se locomoveram pela sala de aula em razão de alguma atividade.** A apropriação do ambiente de sala de aula também é um elemento do ensino participativo.

☐ **Os estudantes tiveram contato direto ou simulado com algum fenômeno da realidade relacionado à área do conhecimento.** Como dito, um elemento importante do ensino participativo é o objetivo de alterar maneiras de interpretar a realidade. Para isso, é essencial que os estudantes interpretem a realidade. Daí a importância do contato com o concreto.

☐ **Os estudantes tiveram contato com pessoas de fora do curso em razão de alguma atividade.** A relação com a comunidade externa não precisa se restringir às atividades de extensão. As trocas com o público externo ao curso são parte do contato com a realidade.

|→

NA DISCIPLINA...

☐ **Os estudantes foram avaliados por outros instrumentos que não apenas as provas escritas.** A utilização de outros instrumentos de avaliação é um forte indicativo de que outros objetivos de aprendizagem são fomentados pelo curso, além da simples memorização. Vale notar que há instrumentos que se beneficiam da horizontalidade da relação, como a avaliação por pares, e do significado do curso para o estudante, como a autoavaliação.

☐ **Os estudantes manusearam materiais didáticos em atividades durante a aula, excluindo o livro de curso.** Narrativas de caso, trechos de texto e até mesmo imagens, quadrinhos, charges etc. são materiais didáticos que podem ser utilizados em atividades participativas.

☐ **Os estudantes utilizaram celulares ou *notebooks* para desenvolver atividades em sala de aula, excluindo anotações e pesquisa durante exposições.** As tecnologias de informação e comunicação são ferramentas importantes para estimular a interação entre estudantes, especialmente em turmas maiores, e deles com o meio circundante.

☐ **Os estudantes utilizaram materiais externos ao curso, e não indicados pelo professor, em atividades durante o curso.** Como no ensino participativo o processo de aprendizagem é protagonizado pelos estudantes, eles podem trazer materiais externos ao curso, como fontes de informação (textos, *podcasts*, vídeos etc.), para realizar atividades. Quando solicitamos que eles resolvam um determinado problema, por exemplo, é muito provável que eles recorram a outros materiais que não apenas aqueles que indicamos no curso.

☐ **Os estudantes ofereceram uma resposta com a qual o professor não concordou, mas que não estava errada.** Lembrando que um dos fundamentos do ensino participativo é a subjetividade do conhecimento, de que há a ideia de negociação de sentidos, e um indício da prática do ensino participativo é a troca sincera de opiniões e justificativas entre os atores na sala de aula.

☐ **Os estudantes produziram algum produto (artefato, texto, *performance* etc.) em sala de aula.** Uma forte evidência de curso participativo é a utilização do tempo do encontro presencial para a criação de produtos, especialmente quando eles decorrem de uma escolha dos alunos por um projeto próprio.

Resultados:

5 ou menos pontos – seu curso contou com poucos elementos de horizontalidade e subjetividade do conhecimento. Podemos assumir que os estudantes interagiram pouco entre si formalmente durante as aulas – o que não significa que eles não interagiram informalmente, por exemplo, por meio das redes sociais. Eles também devem ter tido uma referência clara de conteúdo a ser absorvido.

6 a 12 pontos – seu curso está numa posição intermediária. Não podemos dizer que os estudantes estejam totalmente alheios ao processo de aprendizagem, mas certamente há espaço para aumentar o protagonismo deles. Isso pode acontecer em razão da baixa frequência de participação (ex. poucas aulas participativas) ou da baixa intensidade de participação (ex. aulas com pouca troca entre alunos). O importante é que você está no caminho para o ensino participativo!

NA DISCIPLINA...

Resultados:

Mais de 12 pontos – seu curso tem uma abordagem de participação dos estudantes consistente. É claro que não esperamos que você englobe todas as interações possíveis, incorpore tecnologia e ainda possibilite oportunidades para debates e produção em sala de aula – uma grande exigência! Sabemos, porém, que você já está no caminho para lidar com a definição dos métodos de aula (Seção 2 do Capítulo 4)!

2.2.4 Quarta reflexão: como o contexto interfere no meu curso?

Não podemos chegar a este ponto sem considerar as possíveis barreiras para o emprego do ensino participativo (BONWELL; EISON, 1991, p. 59-63; ERTMER, 1999). Poderíamos cometer uma injustiça com professores que simplesmente estão incapacitados de executar um ensino jurídico participativo em virtude de constrangimentos institucionais que criam obstáculos à participação dos estudantes ou ao maior contato com a realidade.

Um exemplo ilustrativo. Estudos mostram a relação entre o leiaute (*layout*) de sala de aula e o tipo de aprendizagem que ele fomenta (GUNEY; AL, 2012). A sala tradicional, com a qual estamos acostumados, é o perfeito exemplo do paradigma centrado no professor: os estudantes sentam-se enfileirados, voltados para o foco da sala (professor e sua lousa), com mínimo contato visual com seus colegas, especialmente quem se senta mais à frente. Veja que diferentes configurações poderiam favorecer outras visões de aprendizagem: uma sala dividida em grupos propiciaria a interação entre poucas pessoas, enquanto um grande círculo permitiria um debate entre todos; uma sala com um foco no centro viabiliza a observação por todos sem prejudicar a interação, enquanto uma sala com diferentes ambientes possibilita a mudança de atividades. E por que não pensar em uma sala de aula sem nenhum mobiliário, totalmente disponível para o que os estudantes necessitam? Observe todas essas possíveis configurações na Figura 7 e perceba como o ambiente pode impactar diretamente o ensino.

Primeira configuração: paradigma centrado no docente; demais configurações: instâncias de manifestação do paradigma centrado no estudante.

Figura 7   Diferenças de leiaute de sala de aula e indicação de foco de atenção

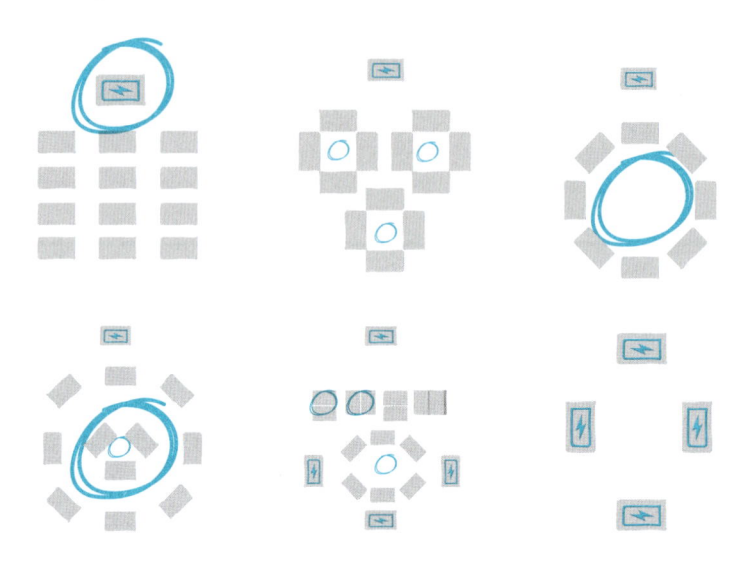

Fonte: elaboração própria com base em Guney; Al, 2012, p. 2335-2337.

Perceba que o ambiente de sala de aula é um elemento que depende em grande medida da infraestrutura da instituição de ensino, da quantidade de estudantes em sala de aula e da possibilidade de uma equipe de apoio que possa configurar ambientes segundo necessidades específicas. O contexto, então, interfere diretamente na maneira como o curso é oferecido.

A *checklist* a seguir procura estimular você a refletir sobre esses constrangimentos institucionais.

Quadro 6   Quarta lista de checagem: restrições contextuais do meu curso

NA DISCIPLINA...

☐ **Pude ou poderia alterar livremente o leiaute da sala de aula, sem restrições físicas.** Vale notar que existem restrições que impedem o emprego de diferentes configurações para a sala de aula, como cadeiras fixas, tamanho da sala ou formato das cadeiras.

☐ **Havia uma quantidade de alunos na turma que me permitiria, na minha opinião, aplicar qualquer tipo de atividade.** Uma reclamação constante para a aplicação do ensino participativo é a dificuldade de aplicá-lo para turmas muito grandes, especialmente no momento da avaliação.

☐ **Pude ou poderia selecionar o conjunto de tópicos a serem tratados no curso livremente.** Muitas instituições impõem uma ementa de conteúdo que deve ser observada pelo docente no momento de planejar a disciplina.

↦

NA DISCIPLINA...

☐ **Pude ou poderia compor a matriz de avaliação do curso livremente.** Muitas vezes, as instituições estabelecem restrições à matriz de avaliação, seja pela imposição do uso de alguns instrumentos específicos (como as provas escritas), seja pela limitação da nota que pode ser atribuída a cada instrumento, seja pela necessidade de prever uma quantidade de notas.

☐ **Pude ou poderia indicar qualquer referência bibliográfica para preparação prévia dos estudantes no meu curso.** Previmos essa possibilidade para não excluir a existência de cursos baseados em apostilas, principalmente depois da expansão dos grupos educacionais. Isso também vale para cursos que devem ser feitos com base em ementas que já trazem a bibliografia básica obrigatória – inclusive por razões regulatórias (bibliografia do curso). Finalmente, também há as limitações do próprio corpo discente: falta de inglês, por exemplo, impede que o professor possa sugerir textos estrangeiros.

☐ **Dispunha de tempo de aula que me permitiria, na minha opinião, aplicar qualquer tipo de atividade em sala.** Outra restrição contextual importante é o tempo em sala de aula. Muitas vezes, deixamos de realizar atividades mais complexas por falta de tempo para finalizá-la ou para uma reflexão adequada.

☐ **Pude ou poderia aplicar qualquer atividade com a infraestrutura física e tecnológica da minha instituição.** A infraestrutura não afeta apenas o leiaute da sala de aula. Atividades com tecnologia, por exemplo, dependem de acesso à internet (*wi-fi*, por exemplo) ou de laboratório de informática para a turma.

☐ **Os estudantes, o corpo docente e/ou o corpo dirigente da minha instituição são simpáticos ou ao menos não resistem ao ensino participativo.** Restrições por outros atores importantes podem impactar desde a cooperação entre disciplinas até a aceitação de atividades mais ousadas pelos estudantes.

Resultados:

5 ou menos pontos – seu contexto não é fácil! As dificuldades de estrutura, tempo, turma e cooperação podem oferecer barreiras para a mudança, mas elas não são intransponíveis! Ao longo do livro, você conhecerá técnicas que podem contribuir para superá-las.

6 ou mais pontos – seu contexto é um facilitador da mudança. Há vários elementos que permitem que você ouse e tente realizar atividades mais participativas. O juízo sobre o que fazer vai depender de outras escolhas, claro, mas isso já é um bom começo!

2.2.5   Quinta reflexão: o que eu posso mudar?

As seções anteriores procuraram conferir um mapa de elementos que podem facilitar ou dificultar a transformação de sua prática. Pensamos que, quanto mais pontos você fez no cômputo geral das listas, mais próxima está a sua prática de uma adesão integral ao ensino jurídico participativo. Se, ao contrário, você pontuou pouco, mais esforço e persistência serão necessários para realizar a desejada mudança.

Quais tipos de mudança podem ser feitos?

Em primeiro lugar, há **mudanças de crenças**. Elas são ao mesmo tempo mais fáceis e mais difíceis de fazer. Por um lado, elas não dependem de outras pessoas nem da infraestrutura institucional. De outro, elas envolvem mudar aquilo em que você sinceramente acredita, seja por uma intuição inicial, seja por experiência de vida. Um exemplo de crença é a ideia de que o ensino expositivo é suficiente para preparar bons profissionais, porque os atuais profissionais foram formados dessa maneira – inclusive você. Observe que esse juízo está ancorado em justificativas baseadas na experiência e no senso comum. Para cada profissional bem-sucedido podemos identificar dezenas de pessoas que ainda estudam para concurso, não passaram no Exame da Ordem ou simplesmente desistiram do Direito. A questão é enfocar quem deu certo e se esquecer de quem foi expelido desse sistema.

Você pode começar a mudança tentando alterar seu conjunto de crenças. Aqui apresentamos algumas frases que ouvimos muito e que podem servir de exemplo:

» "Os alunos não podem fazer atividades sem uma base antes": essa frase pressupõe que as atividades devem ser realizadas com base em um senso técnico dado pelo docente, mas é possível partir do senso comum e até do conhecimento formado por eles na preparação prévia para a aula.

» "Os alunos não gostam de aprender com outros alunos": essa frase pode ser aplicada quando a referência é a transmissão de informações, mas não quando se trata de troca de opiniões e interpretações sobre o mundo – a questão é criar as oportunidades para que as trocas entre os estudantes sejam as melhores e mais úteis possível.

» "Eu preciso cumprir a ementa do curso": essa frase só é uma restrição ao docente, se for uma imposição institucional; caso contrário, ela não serve para orientar o planejamento do curso porque é falsa desde o início – normalmente, é impossível cumprir a ementa do curso e escolhas devem ser feitas.

» "Uma aula expositiva bem dada é capaz de substituir atividades com os alunos": essa frase só faz sentido se pensarmos que a aula expositiva seja capaz de cumprir todos os objetivos de aprendizagem; caso contrário, precisamos admitir que alguma dose de participação é necessária num curso.

Um segundo tipo de alteração são **mudanças de escolhas**. Como visto, elas envolvem desde os objetivos de aprendizagem até a maneira como se ensina e se avalia. Você pode selecionar uma disciplina que ministra há muito tempo e acrescentar-lhe um objetivo novo. A partir desse objetivo, pode pensar em incluir atividades que fomentem sua obtenção. Também pode escolher mudar as atividades de um curso que já é mais ou menos participativo, alterando os métodos de ensino. Pode escolher uma matéria e trabalhar os conteúdos de outra forma – por exemplo, a partir de problemas mais atuais, como mostraremos no próximo capítulo.

É claro que essas escolhas deverão ser norteadas por um juízo de risco e benefício a curto e a longo prazo. Tomemos o exemplo dos métodos de ensino. Bonwell e Eison (1991, p. 66) diferenciam estratégias de ensino de baixo e de alto risco:

| Quadro 7 | Uma comparação de estratégias de ensino de baixo e de alto risco |

DIMENSÃO	ESTRATÉGIAS DE BAIXO RISCO	ESTRATÉGIAS DE ALTO RISCO
Tempo de aula exigido	Relativamente pequeno	Relativamente longo
Nível de estruturação	Mais estruturadas	Menos estruturadas
Nível de planejamento	Planejadas meticulosamente	Espontâneas
Matéria	Relativamente concreta	Relativamente abstrata
Potencial para controvérsia	Menos controverso	Muito controverso
Conhecimento prévio dos estudantes sobre a matéria	Mais bem informados	Menos informados
Conhecimento prévio dos estudantes sobre a técnica de ensino	Familiarizados	Não familiarizados
Experiência prévia do instrutor com a técnica de ensino	Considerável	Limitada
Padrão de interação	Entre docente e estudantes	Entre estudantes

Fonte: tradução livre de Bonwell e Eison (1991, p. 66).

Observe que, de acordo com as dimensões indicadas pelos autores, um debate sobre se o Brasil é um Estado de Direito ou não é mais arriscado, como estratégia de ensino, do que uma simulação de um julgamento do Supremo Tribunal Federal sobre algum processo da "operação Lava Jato", que é mais arriscada, por sua vez, do que um exercício de aplicação das regras sucessórias a um caso concreto de um homem com duas potenciais uniões estáveis. Associando com o nível de participação e atividade dos estudantes, os autores consideram que a exposição por um convidado é uma estratégia de alto risco e alta inatividade, enquanto um conjunto de *quizzes* ou atividades de *brainstorming* são de baixo risco e alta atividade dos estudantes (BONWELL; EISON, 1991, p. 69).

Um terceiro tipo de alteração que pode acontecer são **mudanças na execução** da docência. Procuramos enfatizar esse ponto na Seção 6 por meio de dicas que podem significar uma modificação na maneira como as atividades são conduzidas. Vários problemas no uso do ensino participativo surgem da má aplicação das atividades, razão pela qual a adoção de outros tipos de comportamentos – por exemplo, elaboração de perguntas mais abertas ou apresentação de *feedbacks* mais construtivos – pode ser a diferença entre o sucesso e o fracasso do ensino participativo em seu curso.

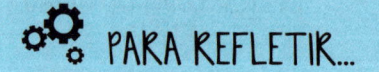

PARA REFLETIR...

Chegou o momento de você colocar a mão na massa e transformar um curso! Como fazer? Planejamos um passo a passo para você não se perder:

> **Escolha** uma disciplina que você vá ministrar e que queira incrementar com o ensino participativo.

> **Acompanhe** os passos que indicamos para você nos próximos capítulos: planejamento do curso, planejamento das aulas, execução das atividades e avaliação dos estudantes. Talvez você não precise passar por todos esses passos para fazer a transformação que deseja, mas seria interessante ver tudo o que preparamos para você.

> Procure **registrar** suas escolhas, a execução, os sucessos e os fracassos das atividades. Como a prática docente é reflexiva, o registro é fundamental para que você possa pensar sobre o que planejou e executou.

> **Formule e reformule**. Depois de passar por todas as etapas da disciplina, volte e tente pensar novamente sobre o que não deu tão certo para ajustar, adaptar às novas turmas ou reformular.

3

Primeiro passo: elaborar um programa participativo – 1ª parte: aonde chegar

 OBJETIVOS DO CAPÍTULO

Com este capítulo, esperamos que você se transforme em docente que se importa em apresentar programas de curso a partir dos princípios do ensino participativo. Ao final da leitura, desejamos que você seja capaz de:

→ Apresentar uma atitude de valorização de programas de curso.

→ Elaborar programas de curso a partir de objetivos de aprendizagem, não de conteúdo.

→ Redigir programas de curso de maneira clara e precisa para seus estudantes.

Talvez o início do semestre seja o momento em que mais trabalhamos para nossos cursos darem certo. Gastamos algumas horas planejando o que acontecerá ao longo do período, encontro por encontro. Criamos atividades, selecionamos materiais e pensamos em formas de avaliar as turmas.

Esse planejamento é fundamental para que o ensino participativo dê certo, especialmente na área jurídica. Muitos colegas nos perguntam como vencer a resistência dos estudantes ao ensino participativo nos cursos jurídicos. A solução para esse problema envolve muitos fatores, e um deles é a efetiva comunicação de como seu curso vai contribuir para que eles se desenvolvam. A exigência de participação tira os alunos da zona de conforto com mais intensidade do que as palestras. Por isso, eles devem saber claramente por qual motivo estão fazendo um trabalho em grupo ou de que forma a atividade (um debate, por exemplo) vai colaborar mais para a sua formação do que uma aula expositiva.

O planejamento é importante para convencer estudantes de que o curso vale a pena. O programa de ensino é o documento que lhes comunicará esse plano, detalhando as escolhas do professor e como elas se materializarão nas aulas e fora delas.

PROBLEMA: falha de comunicação

Um motivo para alunos descontentes é a *falha na comunicação*. Estudantes geralmente estão acostumados com outro tipo de ensino e podem se sentir angustiados ou ansiosos. Quanto mais claras as expectativas de lado a lado, melhor!

Outra pergunta que nos fazem com frequência é como gerenciar a carga de trabalho que acompanha um curso participativo. Sentimos na pele esse problema. É muito mais fácil e rápido estruturar uma palestra do que uma dinâmica de ensino participativo que funcione bem. Para a primeira, basta estudar e estruturar a apresentação – isso quando a preparação não se resume a atualizar *slides* ou notas utilizadas em anos anteriores. Para a segunda, é necessário não apenas se preparar, mas também pensar em materiais didáticos, tempos, reações de estudantes etc.

O programa de ensino é um aliado importante para o gerenciamento da carga de trabalho. A preparação prévia do curso facilita o levantamento e a produção dos materiais necessários para os encontros. Pense nos benefícios de disponibilizar uma pasta com todos os textos no início do curso, em vez de enviá-los a cada semana para os estudantes, ou na vantagem de saber de antemão quais atividades serão aplicadas em cada semana e ter o material todo pronto para o momento em que se acumulam obrigações do curso (avaliação), da instituição e até de fora da faculdade. Além disso, o programa pode ser aproveitado na edição seguinte, diminuindo o gasto de tempo necessário para pensar o curso.

Entretanto, sem dúvida, o melhor argumento em favor da elaboração de um programa de ensino é a reflexão que ele proporciona sobre o que se quer fazer e a contribuição do curso para os estudantes. Ele é o mapa que traça a rota seguida por professores e alunos. E, já que a docência envolve escolhas e a apresentação de justificativas para elas, como diz Shulman (1987, p. 13), ter um documento que explicita as opções é uma boa prática de ensino. Planejamento é a chave para a efetiva aprendizagem – ou, ao menos, para se questionar o que deu errado.

Em conclusão, comece seu curso com a elaboração de um programa. Ele ajudará a sua comunicação com os estudantes, o planejamento do processo de aprendizagem e a sua carga de trabalho.

3.1 Uma palavra sobre os programas no ensino jurídico tradicional...

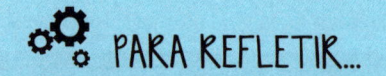

PARA REFLETIR...

Quantas vezes você recebeu um programa de ensino no curso de Direito? Em quantos deles havia o detalhamento do que os estudantes fariam em cada aula? Nossa impressão é de que a entrega de programas não é uma prática difundida no Direito ou, quando acontece, se volta apenas para uma apresentação dos temas da ementa que serão trabalhados em cada aula..

Acesse nosso formulário em https://uqr.to/ic5o (ou pelo QR CODE), responda a essas duas perguntas e veja o que outras pessoas que leram este livro responderam!

No ensino jurídico é muito comum encontrar a seguinte situação: o professor entra em sala de aula, apresenta-se e começa a falar sobre o que será a disciplina e quais os conteúdos que serão tratados ao longo do curso. Os estudantes perguntam qual será o livro do curso. A apresentação termina, geralmente, com uma pincelada sobre as datas da prova ou de entrega de trabalhos (como seminários ou trabalhos escritos). Ao longo do curso, cada aula se torna uma surpresa. Somente o professor sabe onde ele começará, onde terminará e por quais conteúdos passará – embora ainda possamos ouvi-lo perguntar onde parou na aula anterior para saber de que ponto retomar. Estudantes que se preparam pelo manual do curso podem antecipar o que será dito, mas o que acontece normalmente é que peçam os *slides* ao final do encontro.

Na maior parte das vezes, o professor tem, sim, um planejamento no ensino jurídico tradicional. Existe uma sequência de temas a serem tratados, uma ideia de tempo necessário para abordá-los, datas para as provas etc. A preocupação em não cobrir a matéria ou com a falta de aulas em razão de feriados é um indicativo de que professores se importam com seu plano.

Esse planejamento, no entanto, apresenta dois problemas: a falta de comunicação e o enfoque na matéria.

1. **Falta de comunicação:** o planejamento não é apresentado detalhadamente para a turma.

2. **Enfoque na matéria:** o planejamento é feito com base na matéria que deve ser transmitida para a turma.

Com relação ao primeiro problema, programas de ensino não apenas comunicam escolhas docentes para os estudantes, mas também estabelecem um compromisso de parte a parte. Sem o documento, o professor tem a vantagem da flexibilidade e da falta de cobrança. Contudo, os alunos podem ficar angustiados, desmotivados e frustrados, especialmente quando as expectativas forem diferentes. No tocante ao segundo, várias estratégias refletem o ensino orientado pelo conteúdo, como a definição das aulas a partir da ementa ou de um manual de curso. Dessa forma, o professor tem as vantagens da menor carga de trabalho e da replicação do plano. No entanto, esse é o tipo de planejamento que reflete o ensino tradicional criticado anteriormente e que dá origem, por exemplo, a perguntas de estudantes sobre se a matéria dada no primeiro semestre cairá na prova do segundo semestre.

A concretização do planejamento num programa de ensino detalhado, então, é um passo importante para a adoção do ensino participativo. Ele é um sinal de profissionalismo, porque apresenta as escolhas pedagógicas do professor e as submete à crítica e ao controle dos estudantes e da instituição, mas não é suficiente para a adoção do ensino participativo. Se este desloca o foco do conteúdo para o sujeito, é esperado que a elaboração de um programa nesse paradigma não comece pela matéria. Os tópicos da ementa, a bibliografia do curso ou mesmo a definição de um livro-base continuam relevantes. A diferença é que o professor não começará a pensar sua disciplina por aí.

3.2　"Momento zero": a estrutura de um programa de ensino bem redigido

Comecemos a elaborar um curso participativo na prática, então.

O primeiro elemento é o programa de ensino, que servirá de registro de todo o planejamento pedagógico. Ele é, ao mesmo tempo, um roteiro para o professor e uma peça de comunicação com os estudantes, com a instituição e, eventualmente, com os órgãos reguladores. Por essa razão, ele deve ser capaz de fornecer as informações necessárias para cada um desses atores, além de guiar o professor durante o semestre.

Um programa pode ser mais ou menos completo. Para dividir as informações em essenciais e acessórias, utilizamos três princípios básicos que devem nortear a sua produção:

1. **Transparência:** o programa de ensino deve expor e justificar, na medida do possível, as principais escolhas do curso para os estudantes.

2. **Informação:** o programa deve apresentar para os estudantes as informações necessárias para que eles possam efetivar sua aprendizagem e reduzir a ansiedade.

3. **Clareza:** o programa deve apresentar as informações e as escolhas de forma clara.

A Figura 8 apresenta as informações que sugerimos que constem num programa de ensino, das mais para as menos essenciais.

Figura 8 Elementos de um programa de ensino segundo sua importância

Fonte: elaboração própria a partir de Nilson (2010).

3.2.1 Elementos essenciais num programa de ensino

Os elementos essenciais num programa de ensino são aqueles que envolvem as decisões mais importantes sobre o curso: por que oferecê-lo? Para que oferecê-lo? O que oferecer? Como saber que ele deu resultado?

O primeiro elemento essencial num programa é a **qualificação do curso**, que compreende: a) nome de quem ministra; b) nome da disciplina; c) identificação da turma; e d) dias da semana, horários e local dos encontros. Essas informações servem para os estudantes se situarem no curso e identificarem a disciplina, inclusive se desejarem arquivar e resgatar posteriormente o documento.

O segundo elemento é a **justificativa do curso**. Normalmente, observamos na ementa apenas o conjunto de tópicos da matéria que serão cobertos pelo professor. Ela é mais do que isso. O docente deve, em poucas palavras, cativar seus estudantes para a importância do curso e mostrar de que forma ele é atual, relevante para sua formação e motivador. A justificativa apresenta o que será trabalhado e por que estudá-lo.

O terceiro elemento são os **objetivos de aprendizagem**. Apresentá-los aos estudantes é essencial para que saibam que tipo de transformação se espera deles ao final do curso. Toda a disciplina deve estar orientada por esses objetivos. Sua exposição estimula os alunos a ver significado no que estão fazendo e lhes permite debater as escolhas do professor.

O quarto elemento é o **conteúdo** que será desenvolvido ao longo do curso. Ele compreende as informações, as práticas e as atitudes que o professor trabalhará com seus estudantes. Normalmente, ele seguirá a ementa da disciplina constante no Projeto Pedagógico institucional.

O quinto elemento é a **estrutura do curso**. Ela detalha quantos encontros ocorrerão ao longo do período da disciplina e os temas que os norteiam. Aqui vale notar que o tema não precisa corresponder aos conteúdos trabalhados na aula, mas a uma manchete que atraia e desperte a turma para o que será desenvolvido nela.

O sexto e o sétimo elementos têm a ver com **avaliação**. O programa deve apresentar desde logo para os estudantes quais os instrumentos de avaliação, o peso das notas e os critérios utilizados para avaliá-los. Não é à toa que a principal pergunta que eles desejam fazer no primeiro dia de aula seja "como será a avaliação?". Alunos que não são apáticos tendem a ser estratégicos, seja para saber o mínimo necessário a fim de serem aprovados, seja para organizar sua rotina de estudos e extrair o melhor que puderem do curso. A avaliação é, ao mesmo tempo, um item de preocupação, motivação e inspiração da turma, porque mostra tanto o que se espera dos alunos como a barreira que eles devem superar para progredir na sua formação.

3.2.2 Elementos importantes num programa de ensino

Outros elementos são importantes, mas não essenciais. Eles servem, em primeiro lugar, para apresentar mais detalhadamente escolhas do docente e, em segundo lugar, para reduzir a ansiedade dos alunos e aumentar sua possibilidade de organização. Esses elementos envolvem decisões pedagógicas relevantes: como a aprendizagem será efetivada? Qual o recorte do curso no que diz respeito a materiais e bibliografia? Quais os aspectos operacionais do curso?

O primeiro elemento é a **preparação prévia**. Um curso pode ser oferecido sem a preparação prévia – por exemplo, se o nivelamento do conhecimento é feito em sala de aula antes das atividades. Caso haja preparação, é importante que os estudantes saibam de antemão o que se espera deles e possam, desde o início do período letivo, adquirir os materiais necessários para tanto. É muito comum que a turma se organize desde o primeiro dia para disponibilizar materiais em meio eletrônico ou nas copiadoras. Essa organização é especialmente importante para diminuir a angústia dos estudantes mais dedicados, que aguardam a indicação ou o envio do material, e não desengajar os estudantes que "compraram" a ideia do curso.

Associada com a preparação prévia, a **bibliografia** é o segundo elemento. Não se trata aqui dos materiais que serão utilizados para que os alunos se preparem para a aula, mas dos textos e outros materiais (como leis, vídeos, *podcasts* etc.) que a turma pode obter para acompanhar o curso e suas discussões. É o conjunto de fontes que dão uma visão geral dos temas, papel normalmente atribuído aos manuais.

Ainda na linha do que os estudantes precisam utilizar para aprender melhor, o terceiro elemento é o **repositório** dos materiais do curso. Assumindo que haja preparação prévia, é importante que se comunique para os alunos onde eles podem obter os textos e demais e fontes de informação. Esse repositório pode ser desde uma pasta na copiadora até um diretório virtual na nuvem (ex. Dropbox, Google Drive, One Drive, entre outros).

Finalmente, o quarto elemento diz respeito ao **detalhamento dos encontros**. Veja, é essencial que o professor tenha uma estratégia para a formação dos estudantes, que é materializada num conjunto de métodos de ensino de que lança mão no curso. É inevitável que escolha métodos, ainda que sua prática se resuma às aulas expositivas. É importante, embora não seja fundamental, que o programa apresente essas escolhas para os alunos. Eles não apenas saberão quais atividades serão realizadas nas aulas, mas poderão observar a linha condutora que une essas atividades à luz dos objetivos de aprendizagem.

3.2.3 Elementos complementares num programa de ensino

Finalmente, existe um conjunto de elementos que são indicados no programa de ensino para facilitar a vida dos estudantes ou guiá-los, caso queiram se aprofundar na temática da disciplina.

O primeiro desses elementos são as **informações complementares** do curso. Elas consistem, por exemplo, na indicação dos canais de contato com o docente, dos nomes dos monitores ou assistentes do docente, dos locais e das datas de cada um dos encontros, dos dias em que não haverá aula por conta de feriado ou recesso etc. Perceba que esses dados apenas facilitam a vida dos estudantes, possibilitando que se programem sem necessidade de buscar informações fora do programa – como seria o caso dos feriados.

Um segundo elemento complementar são as **regras do curso**. Aqui o conjunto de normas pode variar bastante. Particularmente, identificamos um conjunto de preocupações dos estudantes que pode ser antecipado por meio de regras apresentadas no programa. São, por exemplo: a) regras sobre abono de falta; b) regras sobre aplicação de avaliação substitutiva ou trabalho; c) regras sobre arredondamento de nota ou atribuição de nota a mais para aprovação; d) regras sobre chamada, atraso e horário de entrada em sala. As regras também podem versar sobre outros assuntos, desde a condução das aulas (combinados sobre ordem de fala num debate, por exemplo) até um código de etiqueta sobre como se comportar no curso com o professor e os próprios colegas.

Um terceiro elemento são as **leituras de formação**.[1] Diferentemente da bibliografia, as leituras de formação servem para os estudantes se aprofundarem no tema, caso o queiram, durante ou após o curso. Se na bibliografia a ideia é selecionar materiais que permitam ao estudante ter uma visão geral do curso, nas leituras de formação o propósito é ser exaustivo e fornecer um rol de materiais que propiciariam aos alunos, por exemplo, realizar um trabalho de conclusão de curso sobre o tema.

O último elemento no programa são as **informações institucionais.** Esses dados ajudam os estudantes a se localizar na instituição. É o exemplo de informações sobre onde fica a biblioteca, como acessar a base de textos *on-line*, qual a média para ser aprovado na disciplina, quais os canais de dúvidas institucionais (desde matrícula até trancamento de matrícula), entre outras.

Exploraremos alguns desses elementos com mais detalhes nas próximas seções, mas aproveite para dar uma olhada no modelo de programa que disponibilizamos para você. Veja os elementos essenciais, importantes e complementares e como cada um deles desempenha um papel para dar conforto, confiança e informação aos estudantes.

Quadro 8   Estrutura de um programa de ensino bem redigido

PROGRAMA DE ENSINO

Disciplina: Filosofia do Direito
Turma 51 – 2º ano
Segundas-feiras | 9h às 12h20 | Sala 701
Professora: Fulana de Tal
Contato: fulana.tal@faculdade.br

Plantão de dúvidas: segundas-feiras, 12h30 às 13h30, Sala dos Professores
Monitora: Sicrana de Tal
Contato: sicrana.tal@faculdade.br

---

1   A distinção entre preparação básica obrigatória, preparação complementar e leitura de formação foi feita pelo professor José Garcez Ghirardi em nossas reuniões no Núcleo de Metodologia de Ensino da FGV Direito SP. A preparação básica é o mínimo que a turma precisa para desenvolver com qualidade as dinâmicas de sala de aula; a preparação complementar contribui para que ela vá além nas atividades; e a leitura de formação é um conjunto de referências que servem para que os estudantes aprofundem o tema ao longo da vida.

Ementa

A relação entre cidadãos e autoridade é central nos debates jurídicos contemporâneos. A chegada ao poder de governos contestados por parcela expressiva da população leva a perguntas importantes: por que obedecer a uma ordem com a qual não concordo? Por que respeitar direitos de pessoas que vivem na mesma comunidade, mas me desrespeitam? Como posso me sentir cidadão em uma sociedade polarizada? Neste curso, os estudantes serão preparados para compreender algumas situações críticas da relação entre governo e cidadãos na atualidade, com intuito de tomar atitudes políticas conscientes e entender os limites do direito.

Objetivos de aprendizagem:
Ao final do curso, você será capaz de:
» Compreender as características da relação entre autoridade e cidadãos.
» Articular argumentos escritos e fundamentar suas conclusões.
» Dar respostas a casos a partir de opiniões embasadas em justiça e direito positivo.

Conteúdo:
A relação entre cidadãos e a autoridade. Concepções de Estado de Direito: Estado de Direito formal e substantivo. Diferença entre direito e justiça. Teorias sobre obediência e desobediência ao direito. Normatividade do direito nos pensamentos positivista e antipositivista.

PROGRAMAÇÃO

Aula 1
17.02.2020 – Sala 701
Tema: *Apresentação do curso e integração entre os participantes da disciplina.*
Atividade de exploração e problematização do programa de curso; atividade de integração entre os estudantes.
Não há preparação prévia.

Feriado
24.02.2020 – Não haverá aula

Aula 2
02.03.2020 – Sala 701
Tema: *Por que nos sujeitamos ao poder do Estado? A relação entre autoridade e cidadãos.*
Aula expositiva dialogada e leitura crítica da Declaração Universal dos Direitos Humanos.
Preparação prévia:
» Preâmbulo da Declaração Universal dos Direitos Humanos.
» ARENDT, Hannah. *Origens do totalitarismo.* 1. ed. 3. reimp. São Paulo: Companhia das Letras, 1989. p. 324-336.

Aula 3
09.03.2020 – Sala 701
Tema: *O que é o Estado de Direito? O Brasil é um Estado de Direito?*
Aula expositiva dialogada e trabalho em pequenos grupos com exercício de comparação cega entre países à luz do *Rule of law index.*
Preparação prévia:
» VIEIRA, Oscar Vilhena. Estado de Direito. *Enciclopédia jurídica da PUC-SP.* Celso Fernandes Campilongo, Alvaro de Azevedo Gonzaga e André Luiz Freire (coord.). Tomo: Teoria Geral e Filosofia do Direito. Celso Fernandes Campilongo, Alvaro de Azevedo Gonzaga, André Luiz Freire (coord. de tomo). São Paulo: Pontifícia Universidade Católica de São Paulo, 2017. Disponível em: https://enciclopediajuridica.pucsp.br/verbete/78/edicao-1/estado-de-direito
[...]

Avaliação
A avaliação da disciplina será de 0 a 10, sendo distribuída da seguinte forma:
1. Exercícios em sala de aula *(0 a 3 pontos)*
2. Participação em sala de aula *(0 a 3 pontos)*
3. Prova semestral *(0 a 4 pontos)*

As notas serão atribuídas de acordo com os critérios de "excelente", "bom", "regular" e "insuficiente", da seguinte forma: [...]

Regras importantes
» A chamada será feita depois de 15 minutos do início da aula. Os abonos só serão realizados nas hipóteses regimentais.
» A pessoa que precisar de até 0,5 para não ficar de exame terá a nota arredondada para 7,0.
» O curso se funda na ideia de respeito e cumplicidade. Atitudes desrespeitosas acarretarão atribuição de nota zero na participação.

Bibliografia complementar do curso
BOBBIO, Norberto. *Liberalismo e democracia*. São Paulo: Brasiliense, 2000.
LAFER, Celso. *A reconstrução dos direitos humanos*: um diálogo com o pensamento de Hannah Arendt. 1. ed. 1. reimp. São Paulo: Companhia das Letras, 1988.

Bibliografia de formação
ARENDT, Hannah. *Crises da República*. Tradução José Volkmann. São Paulo: Perspectiva, 1999.
ARENDT, Hannah. *Origens do totalitarismo*. 1. ed. 3. reimp. São Paulo: Companhia das Letras, 1989.
DYZENHAUS, David (ed.). *Recrafting the rule of law*: the limits of legal order. Oxford: Hart Publishing, 1999.

[...]

Interessou-se pelo programa? Baixe um template (modelo) do documento pelo link http://bit.ly/ejptemplateprograma ou pelo QR Code.

3.3 Escolher objetivos de aprendizagem adequados

A essa altura, esperamos que você já tenha convicção da importância de basear o seu curso no protagonismo dos aprendizes e no ensino participativo. Essa é a abordagem mais adequada para permitir aos alunos que desenvolvam habilidades essenciais e se tornem profissionais diferenciados. Apresentar um programa de ensino é um primeiro passo para esse propósito. Mas como preenchê-lo? O pilar fundamental dessa proposta é focar o aluno como pessoa ativa no processo de aprendizado, transformando-o no protagonista da construção de seu próprio conhecimento. Isso significa ir além de transmitir o conteúdo.

À primeira vista, pode parecer complicado elaborar um curso participativo, uma vez que estamos habituados ao ensino tradicional unicamente expositivo. No entanto, você verá que não é tão complexo assim. Não será necessário reinventar a roda, pois há várias técnicas e métodos reconhecidos por sua efetividade. É preciso, porém, que você, docente, realize algumas etapas para, então, decidir qual abordagem será mais eficaz para determinado contexto ou grupo.

Quando concebemos nossos cursos, frequentemente ficamos diante de várias alternativas possíveis e viáveis. Como escolher entre pedir para a turma fazer uma peça para um caso ou realizar um julgamento simulado sobre a mesma situação? Como definir os tópicos da matéria que serão enfatizados e aqueles que serão deixados de lado? Como decidir por um trabalho escrito ou a resposta a exercícios em sala de aula?

Nesses momentos em que tudo aponta para um empate entre as opções, procuramos sempre voltar para uma informação simples, mas essencial: o que queremos que nossos estudantes aprendam? Essa transformação que provocamos nas pessoas que fazem o curso é o que chamamos de objetivos de aprendizagem (KRATHWOHL; ANDERSON, 2001, p. 3). No momento "zero", o estudante não sabia, não fazia ou não refletia sobre algo que saberá, fará ou refletirá ao final do curso. Essa é a transformação que todo professor deve procurar com sua atividade.

O planejamento do ensino e, consequentemente, a elaboração do programa começam pelos objetivos de aprendizagem, porque são eles que norteiam os métodos, os instrumentos de avaliação e as microdecisões que nós, professores, devemos tomar a todo momento dentro e fora de sala de aula. Mas como conceber objetivos de aprendizagem?

Primeiramente, é importante diferenciar os objetivos gerais dos objetivos específicos.[2] O **objetivo geral** diz respeito ao perfil profissional ou pessoal que desejo incutir em meus estudantes. Ele corresponde a um agregado de conhecimentos, habilidades, competências, atitudes, emoções que espero da pessoa que fez meu curso. Os **objetivos específicos** são justamente essas competências, habilidades e atitudes que desejo fomentar.

3.3.1 Começando pelos objetivos gerais...

Sugerimos que a criação do curso comece, então, a partir do exercício fundamental de construção do objetivo geral.

---

2 Diferenciando objetivos globais ("complexos, multifacetados resultados de aprendizagem que requerem tempo substancial e instrução para serem obtidos"), objetivos educacionais ("descrevem um comportamento dos estudantes [...] e algum tópico de conteúdo [...] sobre o qual o comportamento será performado") e objetivos instrucionais ("restritos, partes de aprendizagem de dia a dia em áreas específicas de conteúdo") (cf. KRATHWOHL; ANDERSON, 2001, p. 15-17).

⚙ PARA REFLETIR...

Um exercício interessante para construir seu objetivo geral é pensar em seus estudantes após seu curso. Procure descrever mentalmente o que você espera para eles. É até melhor que essa descrição seja vaga, porque permite englobar alunos com projetos de vida profissional bastante diferentes entre si. Considere os exemplos a seguir como inspirações para você imaginar o que deseja da sua turma. As possibilidades são variadas e você pode criar as suas.

O profissional empreendedor e criador de sua própria carreira – Imagino que ao final do meu curso meus alunos estarão preparados para gerenciar negócios próprios ou em sociedade, especialmente um escritório de advocacia ou uma *legaltech*. Penso em pessoas que sejam capazes de desenvolver estratégias para captar clientes, organizar processos, gerenciar pessoas, identificar oportunidades de mercado, entre outras.

O profissional técnico, inovador e arrojado – Imagino que ao final do meu curso meus alunos serão pessoas que identificam os aspectos jurídicos mais relevantes de um problema concreto e, em vez de criarem obstáculos para que ele seja solucionado, procuram superá-los por meio de novas teses a partir de interpretações existentes. Não importa se eles atuarem no Poder Público, na advocacia privada ou nos departamentos jurídicos, eles serão peças fundamentais para viabilizar negócios e decisões de outros departamentos.

O profissional que trabalha em equipe e é interdisciplinar – Imagino que ao final do meu curso meus alunos serão capazes de trabalhar em qualquer equipe, inclusive com profissionais de diferentes áreas. Serão pessoas preparadas para traduzir jargões jurídicos para empregados de outros departamentos, ao mesmo tempo que entendem um pouco da linguagem de outras áreas do conhecimento.

O profissional que enxerga o direito não como processo, mas como solução de conflitos – Imagino que ao final do meu curso meus alunos não enxergarão no processo judicial a solução para todos os problemas. Espero que sejam pessoas que pensem nos diferentes aspectos de um problema (não apenas no jurídico e muito menos no judicial). Quero que eles procurem solucionar realmente os conflitos, pacificando relações sociais e abdicando de ingressar no Judiciário sempre que outra forma de solução for mais atraente.

A pessoa que tem consciência de seus direitos e pode agir com base neles – Imagino que meu curso não tenha como principal objetivo formar profissionais para o mercado jurídico, e sim cidadãos, pessoas com consciência de seus direitos. Desejo que eles saiam do curso não apenas dispostos a defender mais seus próprios direitos, mas com vontade de atuar sempre que encontrarem uma violação.

Observe que enfocamos perfis profissionais, mas nada impede de considerarmos outros perfis – inclusive porque nem sempre professores de Direito ministram suas disciplinas em graduações de Direito.

E você, que tipo de perfil você deseja formar?

Essa operação não pode se desvincular de uma **reflexão sobre o perfil das pessoas** que iniciarão seu curso. Professores não dão aulas em abstrato, mas para alunos que muitas vezes chegam cansados do trabalho ou para turmas altamente heterogêneas, com alunos recém-formados do colégio ao lado de outros em sua segunda ou terceira graduação. Também deve estar alinhada com os propósitos defendidos pela instituição e com o contexto social em que se insere. Muitas vezes, uma pequena transformação que almejamos para nossos estudantes pode ser uma grande diferença em suas vidas.

A esse respeito, vale notar uma questão muito importante: quem define o perfil dos egressos do curso? Em outras palavras, a partir do que devemos pensar os objetivos gerais, da nossa visão de mundo e da realidade ou do próprio projeto de vida dos estudantes?

Acreditamos que seja necessário um equilíbrio entre ambos. De um lado, há uma escolha do docente e da instituição sobre o que é melhor para os estudantes. Assume-se que os professores são pessoas mais experientes e inseridas não apenas no mercado profissional, mas também na área do conhecimento. Por compreender essa realidade, pode fixar bons objetivos. O conjunto de professores enumera os objetivos da instituição, que são materializados no plano de desenvolvimento institucional e no projeto pedagógico do curso. Alunos escolhem a instituição onde querem se graduar com base nesses compromissos.

Entretanto, também achamos necessário observar o que os estudantes desejam desenvolver. Cada pessoa tem seu projeto de vida, e o perfil desejado para o estudante ao final do curso deve levar em consideração esse fato. Em consequência, recomendamos que os professores abram oportunidades para que os alunos também fixem objetivos para eles mesmos, reflitam sobre o tipo de pessoa que desejam ser ao final da disciplina e como poderão atingir esse propósito, além de traçarem seu próprio plano de ensino paralelo ao plano oficial da disciplina.

Em suma, a ideia aqui é a seguinte: **de onde meus estudantes partem, aonde quero que cheguem e aonde eles querem chegar?**

Um exemplo dessa mentalidade. É muito comum que os estudantes de Direito tenham uma certeza "cega" na interpretação dada por um doutrinador ou por seu professor. Se está no manual x ou se foi dado em aula, então é assim que deve ser. Um possível objetivo geral, constatada essa situação, seria formar pessoas que reflitam sobre o papel da doutrina no Direito e sejam estimuladas a questionar qualquer solução jurídica dada, inclusive em precedentes vinculantes. Se, porém, os estudantes já apresentarem essa capacidade de julgamento crítico, porque desenvolvido em outras disciplinas, esse objetivo poderá ser menos importante. Nessa situação, formar pessoas capazes de consolidar rotinas de trabalho e de pensamento talvez seja um objetivo geral mais interessante.

3.3.2 Concebendo objetivos específicos

Pois bem, digamos que você já pensou em um ou alguns perfis de estudante que você gostaria de ver saindo do seu curso – por exemplo, uma pessoa voltada para a pesquisa científica e para a vida acadêmica. O próximo passo é desdobrar essa imagem em diferentes objetivos de aprendizagem mais específicos. A pergunta é: o que faz "uma pessoa voltada para a pesquisa científica e para a vida acadêmica"?

Aqui existe uma técnica muito simples e elegante de pensamento. O objetivo específico deve ser redigido a partir das seguintes instruções:[3]

» **O objetivo sempre se refere a um momento futuro:** o objetivo específico é um ponto de chegada ao processo de aprendizagem. Um bom jeito de começar a redação do objetivo específico é trabalhar com a expressão "ao final do curso, a pessoa será capaz de...".

» **Formulação de uma oração direta, com sujeito, verbo e predicado:** o objetivo específico de aprendizagem reflete uma transformação no modo de agir, pensar ou sentir do estudante. Isso significa que sempre deverá retratar uma ação ou estado (verbo) e um determinado conteúdo (predicado).

» **O sujeito sempre será o estudante:** quem transforma seu modo de agir, pensar ou sentir é o estudante, não o professor. Por isso, é um erro escrever os objetivos sob a perspectiva docente, ainda que implicitamente. É o exemplo do curso "que tem por objetivo apresentar os principais debates contemporâneos" – não é o curso que apresenta, é o professor, a menos que se queira treinar os estudantes para que eles sejam capazes de dar palestras ou reproduzir esses debates.

» **A transformação é sempre algo reconhecível e identificável:** o objetivo específico sempre reflete algo reconhecível. Um exemplo: não é um objetivo válido pensar que ao final do curso o aluno "sentirá mais empatia por pessoas em situação de vulnerabilidade". Contudo, é um objetivo fixar que ao final do curso o aluno será capaz de "demonstrar uma postura empática na relação com clientes por meio da escuta ativa". Por mais que seja possível transformar o jeito como as pessoas pensam ou sentem, professores precisam observar manifestações dessas mudanças para confirmar o sucesso do curso.

Uma das obras mais influentes da pedagogia é a taxonomia dos objetivos de aprendizagem de Benjamin Bloom (1956). O autor trabalhou com objetivos em três dimensões: cognitiva, psicomotora e afetiva. A dimensão cognitiva tornou-se, sem dúvida, a mais influente. Com base na ideia de que nosso cérebro funciona a partir da agregação de operações mais simples em mais complexas, Bloom categorizou os objetivos numa pirâmide de complexidade que ficou famosa. A Figura 9 demonstra como a ideia de pirâmide tem a ver com uma soma de pequenas operações cognitivas em operações mentais mais complexas.

---

3   Construídas com base em Krathwohl e Anderson (2001, p. 12-14) e Fink (2003, p. 74-79).

Figura 9   Operações mentais e a pirâmide de objetivos de aprendizagem de Bloom

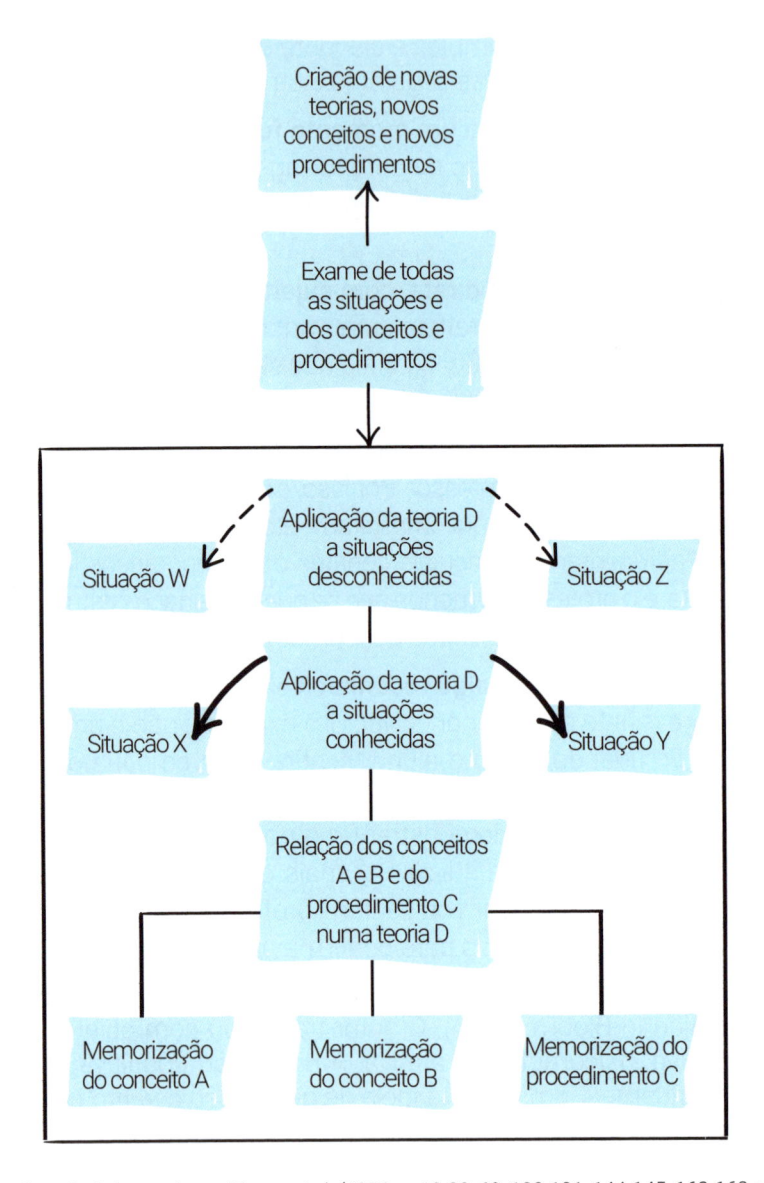

Fonte: elaboração própria baseada em Bloom et al. (1956, p. 18-20, 62, 120-121, 144-145, 162-163 e 185).

A taxonomia de objetivos de Bloom insere a ideia de **complexidade dos objetivos de aprendizagem**. Veja se você reconhece a situação: o professor entra em sala de aula e explica, durante 1h40, os conceitos de tipo penal e os elementos da tipicidade, ilicitude e culpabilidade. Em seguida, dá o exemplo da luta de boxe como uma situação em que há tipicidade (lesão corporal), mas não há ilicitude por ser uma conduta socialmente aceita (esportiva). Repare que os estudantes não foram estimulados a aplicar esses conceitos a casos, mas a memorizar a terminologia, os conceitos abstratos e as soluções de casos (fatos). Pois é, um dos problemas do ensino jurídico tradicional é enfocar objetivos muito simples – geralmente a memorização e reprodução de conceitos, leis, precedentes, fatos e outras informações, e, quando muito, memorizar a solução de problemas e aplicá-las a casos semelhantes.

Essa construção teórica, embora ainda muito influente, foi desafiada por outras formas de enxergar a aprendizagem. Um exemplo é a aprendizagem pela experiência (*learning by doing*), entendida como uma maneira de enxergar como as pessoas aprendem (não como método), que derruba qualquer hierarquia entre as operações mentais. Na vivência prática, o estudante é capaz de, ao mesmo tempo, entender o conceito, fixá-lo em sua memória, relacioná-lo com outros conceitos, aplicá-lo a uma situação que está ocorrendo ali e agora e ainda pensar novas soluções. Vale mencionar a construção de Fink (2003, p. 29-33), que afirma que a atividade significativa para os estudantes é aquela que é capaz de simultaneamente atender ao maior número de dimensões dentre as seguintes:

» Dominar o conhecimento de base (*grosso modo*, o conteúdo, a teoria).

» Dominar a aplicação do conhecimento (*grosso modo*, a prática).

» Relacionar o conhecimento à sua realidade concreta.

» Conferir importância ao conhecimento para sua vida e a dos outros ao redor, alterando sentimentos, interesses e valores.

» Aplicar o conhecimento para as relações humanas, entendendo melhor a si mesmo e aos outros.

» Aprender a aprender, desenvolvendo mais os outros elementos a partir da própria curiosidade e do próprio estudo.

Uma boa atividade de ensino é capaz de estimular o aluno a fixar o conhecimento de base por meio de uma aplicação. Essa aplicação desperta nele a consciência da importância da matéria para sua vida e suas relações humanas, além de mostrar sua relevância na realidade concreta em que o estudante se insere. Por conta disso, é possível que ele se sinta curioso e motivado a conhecer mais, porque assim poderá resolver outros problemas que não foram tratados, mas que ele vê acontecerem em sua realidade. O ciclo continua abrangendo as várias dimensões repetidamente.

E como traduzir tudo isso em objetivos específicos num programa de ensino?

Retomemos o exemplo do desenvolvimento de estudantes que sejam "voltados para a pesquisa científica e para a vida acadêmica". O que uma pessoa com esse perfil precisa saber, fazer, pensar ou sentir? Poderíamos apontar alguns objetivos específicos ilustrativos. O estudante deve ser capaz de: a) identificar os impactos de pesquisas científicas na realidade; b) selecionar boas fontes de informação; c) desenvolver perguntas e hipóteses de pesquisa; d) relacionar métodos com perguntas de pesquisa; e) avaliar a viabilidade de uma pesquisa; f) demonstrar resiliência perante tarefas de longo prazo (como mestrado e doutorado); g) ter uma atitude de constante questionamento de afirmações fáticas e teóricas; entre outros.

Veja que a ideia é partir do objetivo geral (perfil) para objetivos específicos. Quanto mais específicos os objetivos, mais fácil será para pensar atividades e desenvolver instrumentos de avaliação.

Figura 10   Representação esquemática dos objetivos de aprendizagem

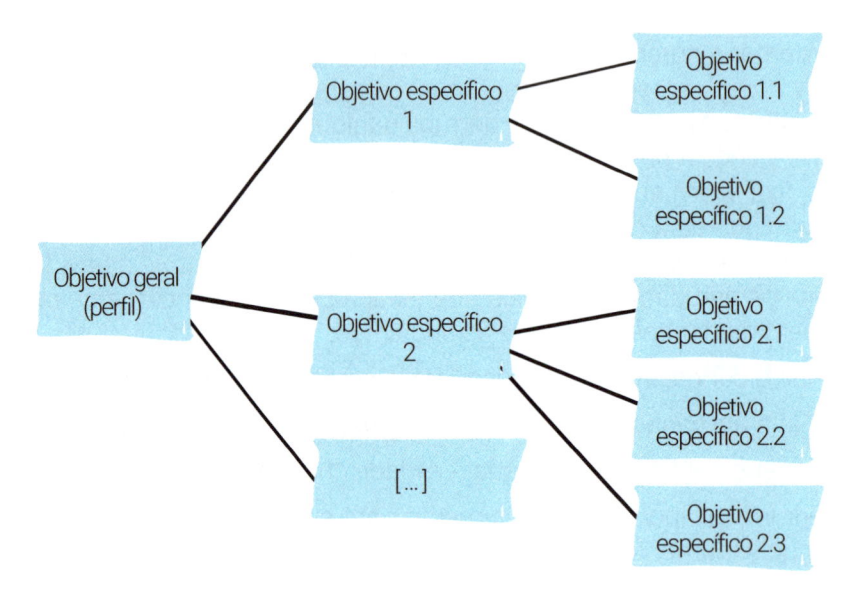

Fonte: elaboração própria.

Para contribuir na elaboração de objetivos específicos de aprendizagem, vários autores oferecem listas de verbos que servem de inspiração (e controle de qualidade). A seguir, apresentamos uma que julgamos mais próxima da realidade do Direito, com sugestões de objetos de aprendizagem que os acompanham.[4]

Analisar... decompor um problema, um conceito, uma teoria em diferentes partes ou aspectos. Ex.: analisar um caso.

Aplicar... enquadrar as características de uma situação a uma teoria, a um conceito ou a um material jurídico. Ex.: aplicar a lei "tal".

Arguir... questionar, inquirir. Ex.: arguir uma testemunha num julgamento.

Avaliar... dar valor, julgar algo com base em algum critério. Ex.: avaliar a melhor estratégia jurídica à luz de critérios como tempo, gastos e chance de sucesso.

Comparar... identificar semelhanças e diferenças entre dois objetos. Ex.: comparar instrumentos processuais.

Convencer... mudar a opinião de alguém a respeito de algo. Ex.: convencer

---

4   Inspirado em Nilson (2010, p. 22-23).

um júri com base em fatos e técnicas de retórica.

Criar... reconfigurar conceitos, teorias, aplicações a partir de um rearranjo dos elementos. Ex.: criar uma tese de direito digital a partir de conceitos do direito ambiental.

Criticar... apontar problemas (inconsistências, incoerências etc.) ou possibilidades de melhoria em algo. Ex.: criticar uma construção doutrinária.

Decidir... tomar um curso de ação diante de uma situação. Ex.: decidir pela condenação ou absolvição de um réu numa dada situação.

Definir... estabelecer os limites de aplicação de um conceito. Ex.: definir o conceito de posse para o Código Civil de 2002.

Empregar... utilizar algum recurso para fazer algo. Ex.: empregar o raciocínio econômico para resolver situações jurídicas.

Escolher... tomar um curso de ação, em vez de outro, à luz de critérios próprios. Ex.: escolher a ação mais adequada para obter provimento judicial rapidamente.

Explicar... apresentar relações de causalidade ou relação entre fenômenos. Ex.: explicar a relação entre direito e poder.

Gerenciar... estabelecer uma relação de supervisão e acompanhamento de tarefas. Ex.: gerenciar uma equipe de escritório.

Imaginar... criar situações hipotéticas. Ex.: imaginar quais serão os problemas jurídicos envolvendo biotecnologia em 2030.

Interpretar... atribuir um sentido a um texto. Ex.: interpretar a legislação à luz da vontade do legislador *ou* interpretar a legislação à luz da "vontade da lei".

Julgar... atribuir um valor a alguém (ex. certo ou errado) ou a alguma situação (ex. lícita ou ilícita). Ex.: julgar a constitucionalidade de normas do Código Civil à luz de normas da Constituição Federal.

Justificar... apresentar razões para uma determinada opinião ou ação. Ex.: justificar opiniões jurídicas com base na jurisprudência dos tribunais superiores.

Organizar... estabelecer critérios para criar uma ordem, uma separação, um agrupamento de itens. Ex.: organizar uma rotina de aprendizagem.

Ponderar... fazer um balanço entre razões, justificativas, entre cursos de ação. Ex.: ponderar a conveniência de sugerir medidas protetivas em casos de violência doméstica.

Produzir... criar um artefato, um objeto, um produto. Ex.: produzir uma peça judicial.

Simplificar... reduzir a quantidade de aspectos de uma determinada ideia, situação etc. Ex.: simplificar a redação.

Traduzir... converter um texto de uma linguagem para outra. Ex.: traduzir jargões jurídicos para linguagem leiga.

Em síntese, **pense em qual objetivo você quer atingir**. Essa fase deve ser realizada com bastante atenção, pois impactará todas as demais etapas do planejamento das aulas, especialmente os parâmetros para atingimento do objetivo e a avaliação. Converse com a instituição, coordenadores do curso e demais envolvidos para conhecer previamente o perfil do grupo de alunos: escolaridade, faixa etária, área de formação e atuação, razões de querer participar dessa aula ou curso.

É importante anotar ou esquematizar sequencialmente essas ideias e os objetivos. Assim, à medida que você for avançando na estruturação das aulas e se aprofundando, vai aprimorar seu planejamento e poderá visualizar quais partes serão mantidas, quais deverão ser alteradas e quais precisam ser melhoradas.

4

Segundo passo: elaborar um programa participativo – 2ª parte: como chegar lá

Com este capítulo, esperamos que você consiga planejar uma trajetória para a concretização de objetivos de aprendizagem. Ao final da leitura, desejamos que você seja capaz de:

→ Montar uma sequência de aulas que seja adequada à obtenção dos objetivos de aprendizagem, ainda que haja restrições institucionais.

→ Adotar métodos de ensino e de avaliação adequados aos objetivos de aprendizagem, ainda que haja restrições institucionais.

→ Redigir programas de curso de maneira clara e precisa para seus estudantes.

Até o momento, você terá apenas uma vaga ideia do que deseja fazer para seu curso. Também passamos por isso ao imaginar algumas coisas que gostaríamos de fazer, mas sem visualizá-las no fluxo do curso como um todo. A segunda etapa é a concretização do método e dos objetivos em uma estrutura encadeada de aulas com uma proposta de trabalho do conteúdo com os estudantes. Se o primeiro passo define **aonde desejamos chegar**, o segundo se propõe a responder sobre **como chegar lá**.

4.1 Primeira etapa: encadear os momentos e os tópicos do curso para fomentar os objetivos

Há várias formas de encadear as aulas de um curso. A mais comum no Direito, seguindo o paradigma centrado no professor, é a organização da disciplina a partir de uma ordem de informações a serem transmitidas. Geralmente, essa ordem está fixada na própria ementa e pode seguir critérios diferentes – por exemplo, uma sequência de complexidade (das informações mais básicas para as mais complexas), de desenvolvimento histórico (das informações mais antigas para as mais novas), ou até de disposição legal dos institutos jurídicos (de acordo com a ordem de um código ou de uma lei). Você já deve ter visto um programa de direito penal que começa com aplicação da lei penal no tempo e no espaço, tipo penal e tipos de crimes, excludentes de ilicitude e atenuantes, imputabilidade penal, concurso de pessoas etc. É o típico programa que segue a ordem do Código Penal.

Convidamos você a pensar diferente. Na linha de um ensino participativo baseado em objetivos de aprendizagem, o curso se estrutura a partir de marcos, como se houvesse alguns pontos de referência para saber se o desenvolvimento dos estudantes está adequado ou não.

4.1.1 Organizando o curso a partir de arcos de desenvolvimento

Voltemos para a estrutura da Figura 10 e vamos concretizá-la um pouco mais. Digamos que você queira formar em seu curso pessoas que resolvam conflitos sem recorrer ao Judiciário (objetivo geral, perfil profissional desejado). Para preparar pessoas com esse perfil, acreditamos que elas precisem ao menos ser capazes de identificar os conflitos presentes numa situação (objetivo específico 1), de pensar estrategicamente no melhor caminho para resolvê-lo (objetivo específico 2) e de se comunicar efetivamente com as pessoas envolvidas (objetivo específico 3). É claro que isso deve vir acompanhado do objetivo de proficiência na matéria envolvida (objetivo específico 4).

Todos esses objetivos específicos podem ser detalhados ainda mais. Saber reconhecer conflitos numa situação envolve identificar todas as pessoas inseridas numa determinada relação social (objetivo específico 1.1), diferenciar seus interesses (objetivo específico 1.2) e relacioná-los, estabelecendo aqueles que são conflitantes e aqueles que são convergentes (objetivo específico 1.3). Para pensar estrategicamente a adequação dos meios de solução de conflitos, podemos considerar que a pessoa deve estar apta a diferenciar meios de solução de conflitos (objetivo específico 2.1) e analisar suas vantagens e desvantagens tendo em vista o conflito (objetivo específico 2.2). Finalmente, digamos que para conseguir de se comunicar efetivamente com as pessoas em conflito deve ser versada em escuta-ativa, ou seja, uma escuta livre de preconceitos, aberta para o diálogo e para entender o que a outra pessoa deseja dizer (objetivo específico 3.1), além de ser capaz de traduzir os jargões jurídicos para pessoas leigas (objetivo específico 3.2). A proficiência na matéria envolve a capacidade de identificar as fontes do direito aplicável (objetivo específico 4.1), interpretá-lo e aplicá-lo adequadamente (objetivo específico 4.2) e avaliar a qualidade das aplicações com intuito de alterá-la diante do caso concreto (objetivo específico 4.3).

Figura 11 Esquema de objetivos de uma disciplina jurídica que procura formar profissionais capazes de resolver conflitos sem recorrer ao Judiciário

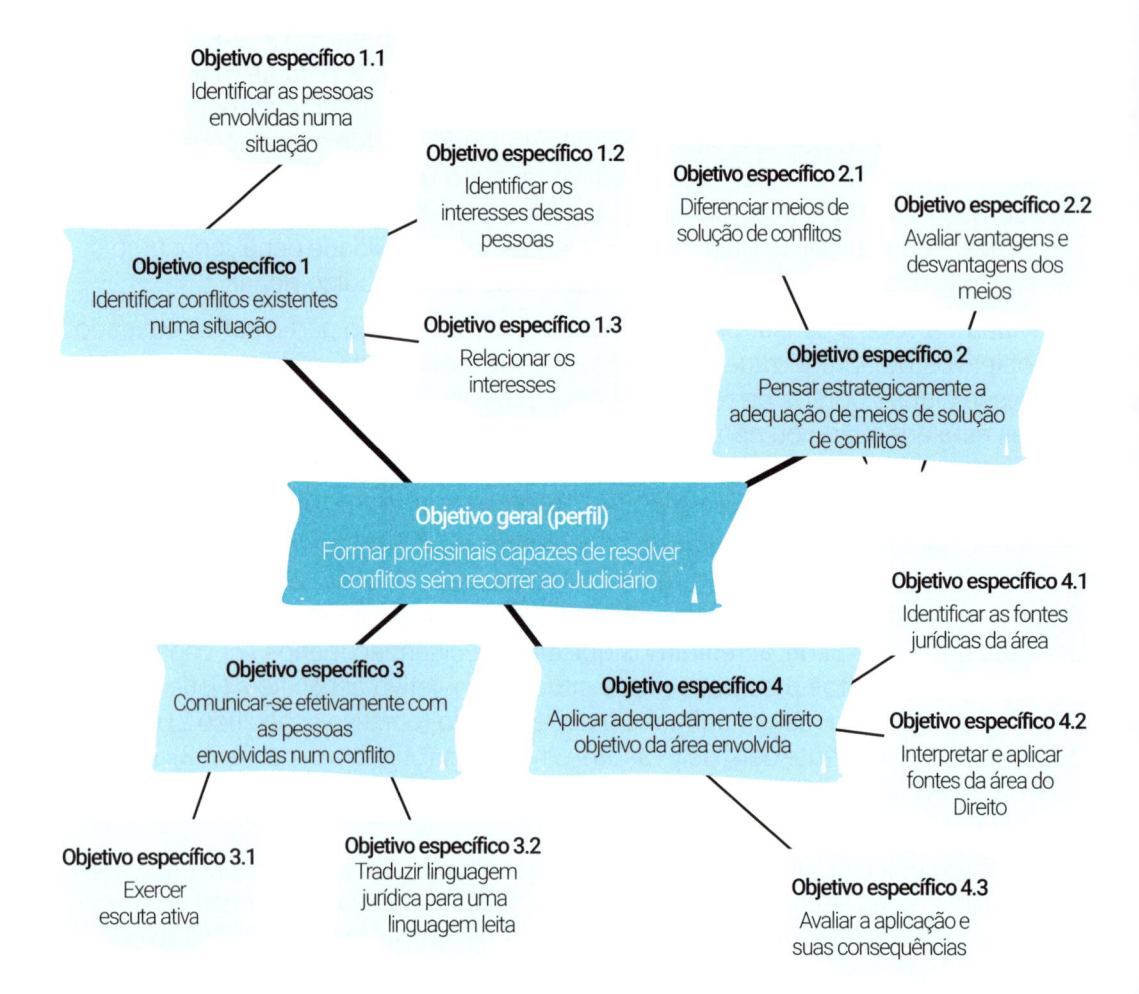

Fonte: elaboração própria.

Partindo da definição do objetivo geral (perfil), dos objetivos intermediários e dos objetivos detalhados, o próximo passo é enxergar o curso como um grande arco que procura desenvolver o objetivo geral por meio da concretização dos objetivos intermediários, que, por sua vez, se concretizam mediante a obtenção dos objetivos detalhados. A metodologia se inspira na ideia de arcos de aprendizagem desenvolvida pela Escola dinamarquesa Kaospilot (KAVANAGH, [201?]).[1]

Segundo essa visão do encadeamento das aulas de um curso, elas serão organizadas em sequências que permitem concretizar arcos de desenvolvimento dos estudantes.

É claro que cada estudante terá seu ritmo de formação, mas a definição de um conjunto de metas, marcos de passagem e arcos de desenvolvimento permite estabelecer um parâmetro contra o qual podemos comparar o que esperávamos e o que acontece na realidade.

PROBLEMA: restrições institucionais

Há professores que trabalham em contextos institucionais que desafiam nossa proposta de construção do ensino participativo. Imagine um curso que estabeleça avaliações institucionais no formato de provas de múltipla escolha. Essas provas não são aplicadas pelo professor, mas pela instituição. Ainda assim, elas fazem parte da nota do aluno e de como o professor será avaliado.

Não há como desconsiderar o contexto institucional. Se é opção do currículo do curso que os alunos memorizem e reproduzam informações e sejam avaliados por isso por meio de testes, então o curso deve obrigatoriamente levar em consideração esse objetivo de aprendizagem. Transmitir a maior quantidade de informações no menor tempo pode ser uma exigência institucional – e as exposições são o método por excelência para isso (combinadas com a memorização feita pelos alunos para a prova).

Isso não impede, porém, o professor de inserir outros objetivos e algumas atividades que fomentem sua obtenção. Se você está nessa situação, pense que é possível modificar parte de seu curso, ainda que o restante permaneça igual.

Este é o momento em que caberá a você escolher como prefere conduzir o curso. A estruturação dos arcos de desenvolvimento significará a priorização de alguns objetivos em detrimento de outros. No exemplo do esquema da Figura 11, poderíamos organizar a disciplina de maneira a priorizar, primeiro, a formação de alguém capaz de escutar as pessoas, para que ela possa, em seguida, identificar conflitos e, em terceiro lugar, avaliar os meios de solução dos conflitos levando em consideração os direitos envolvidos.

---

1   Para mais detalhes sobre a Kaospilot, cf. Lähdemäki (2019).

Planificando isso nos arcos de desenvolvimento, teríamos uma estrutura parecida com a da Figura 12. Vamos destrinchá-la. O **arco geral** representa o desenvolvimento dos estudantes. A ideia é que eles vão sofrer uma transformação a partir do curso do qual participam. No nosso exemplo, a proposta é que se tornem profissionais capazes de solucionar conflitos sem recorrer ao Judiciário. Perceba que o arco geral não corresponde ao período de uma disciplina – ainda não estamos tratando do enquadramento da proposta em um tempo e um espaço definidos. Pensamos que é importante ressaltar esse aspecto para que você observe os momentos prévio e posterior à disciplina como parte da formação.

Esse arco geral assume que os estudantes chegam ao curso com a mentalidade de que tudo deve ser levado ao Judiciário – por isso a proposta é formar profissionais capazes de resolver os conflitos de outra forma. Contudo, a turma poderia ter tido uma formação prévia que a tivesse feito pensar dessa maneira. Poderíamos escolher outro objetivo para a disciplina ou aprofundar esse desenvolvimento, indicando, por exemplo, que queremos preparar profissionais que prefiram resolver conflitos sem recorrer ao Judiciário.

Os **arcos intermediários** correspondem ao desenvolvimento de objetivos específicos e fixam alguns marcos de formação da turma. No exemplo da Figura 12, delimitamos dois grandes arcos intermediários. O primeiro enfocará a formação de estudantes que sejam capazes de identificar os conflitos. Esse arco deverá priorizar os objetivos 1, 3 e 4. Por quê? Para identificar e entender conflitos, é importante saber escutar as pessoas envolvidas (objetivo 3). O reconhecimento dos interesses e dos direitos relacionados só conduz a uma completa identificação do conflito (objetivo 1) se vier acompanhado de um olhar sobre os direitos envolvidos (objetivo 4). O segundo enfocará a formação de estudantes capazes de diferenciar meios de solução de conflitos e escolher os mais adequados à situação. Ele deverá priorizar os objetivos 2, 3 e 4. Por quê? Sabendo um cardápio de formas de solucionar conflitos e como elas funcionam (objetivo 2), a pessoa poderá selecionar a melhor a partir do diálogo com as partes envolvidas (objetivo 3), à luz dos direitos envolvidos (objetivo 4).

Os **arcos específicos** são ainda mais concretos, pois priorizam objetivos detalhados. Observe que os arcos não são estanques. Isso é proposital, uma vez que há um período de transição do foco de um objetivo para outro. Uma dica é conjugar esses momentos de transição com alguns momentos de avaliação – o que não significa necessariamente atribuição de nota. Esses momentos de avaliação servirão não apenas para os estudantes perceberem até aonde chegaram, mas também permitirão ao docente estender um pouco mais a transição (ou o próprio arco que se encerra), caso entenda que a turma ainda não está no ponto mínimo necessário.

Veja que a quantidade de arcos é definida livremente pelo professor de acordo com o que considera capaz de fazer e necessário para a formação dos estudantes. Não é preciso que haja até mesmo um único arco geral – imagine uma disciplina que procura formar dois ou três perfis diferentes de estudante. Claro que isso aumenta a complexidade e a dificuldade em "rodar" o curso com tantos elementos. No entanto, é importante que você se sinta livre para testar, desde que saiba justificar as escolhas e executá-las. Isso vale para os arcos intermediários e detalhados: você não precisa fixar um arco por objetivo.

Os arcos não correspondem a objetivos ou a aulas, mas a marcos de formação dos estudantes.

ARCO GERAL: Formar profissionais capazes de resolver conflitos sem recorrer ao Judiciário

1º ARCO INTERMEDIÁRIO: foca na formação de estudantes capazes de identificar bem conflitos

2º ARCO INTERMEDIÁRIO: foca na formação de estudantes capazes de escolher os melhores métodos de solucionar conflitos

1º ARCO ESPECÍFICO: foca na formação de estudante capaz de se comunicar efetivamente

2º ARCO ESPECÍFICO: foca na formação de estudante capaz de identificar e analisar conflitos

3º ARCO ESPECÍFICO: foca na formação de estudante capaz de diferenciar meios de solução de conflitos

4º ARCO ESPECÍFICO: foca formação de estudante capaz de selecionar o melhor meio de solução de conflitos

ARCO GERAL: concretiza o objetivo geral
ARCOS INTERMEDIÁRIOS: concretizam os objetivos intermediários
ARCOS ESPECÍFICOS: concretizam os objetivos detalhados

Fonte: elaboração própria com base em Kavanagh ([201?], p. 6-7).

4.1.2 Trabalhando com tópicos de informação da disciplina com referência aos arcos

Até agora você pode estar sentindo angústia por não termos falado sobre conteúdo. Onde estão os tópicos da ementa que na maioria das instituições o docente deve cumprir? Onde estão os tradicionais conteúdos das disciplinas? Veja que a definição dos arcos de desenvolvimento é o primeiro passo na definição do **como ensinar**. Ainda precisamos dar um conteúdo concreto para o que será feito. Para isso, é necessário definir os tópicos de informação a serem trabalhados e os métodos de ensino que serão utilizados para tanto.

A ausência do nome da disciplina utilizada como exemplo na Figura 11 e na Figura 12 foi proposital. Você deve ter imaginado que o perfil, os objetivos específicos e os arcos foram pensados para uma disciplina de métodos alternativos de solução de conflitos. Contudo, queremos trabalhar com a ementa de um curso de Direito Civil. Pense, por exemplo, naquela disponibilizada pela Faculdade de Direito da Universidade de São Paulo do Largo de São Francisco para a disciplina de Teoria Geral das Obrigações:

I – Conceito de obrigação. Fontes das obrigações. Espécies

01. Noção geral de obrigação. Conceito de obrigação. Elementos constitutivos.

02. Evolução histórica. O vínculo jurídico: débito e responsabilidade.

03. Obrigação civil e obrigação natural. Casos de quebra da igualdade entre débito e responsabilidade. Ação e sanção.

04. Distinção entre obrigação (= dever de prestar objetivado), dever em geral, ônus e situação de sujeição.

05. Distinção entre direitos reais e pessoais. Obrigação *propter rem*.

06. Fontes das obrigações: as várias classificações. Responsabilidade negocial e extranegocial. As tentativas de unificação ("contrato social"). Obrigações e contratos: comparação entre o sistema romano-germânico e o anglo-saxão.

07. Visão atual quadripartida das fontes das obrigações.

08. Fontes voluntárias negociais. Negócio jurídico: contratos e atos unilaterais.

09. Fontes voluntárias não negociais. Os "quase contratos". As "relações contratuais de fato" ou "relações paranegociais"; exemplos do Código de Defesa do Consumidor.

10. Fontes involuntárias consistentes em ato ilícito. Pressupostos da responsabilidade civil.

11. Fontes involuntárias de fato ilícito. A responsabilidade objetiva. Legítima defesa e estado de necessidade. Responsabilidade pelo risco do negócio.

12. Classificação das obrigações.

13. Obrigações de dar, entregar e restituir coisa certa. Obrigações de dar coisa incerta. Obrigações pecuniárias.

14. Obrigações de fazer e não fazer.

15. Obrigações de prestar declaração de vontade.

16. Obrigações de meio e de resultado. Obrigações fungíveis e infungíveis.

17. Obrigações divisíveis e indivisíveis.

18. Obrigações solidárias. Conceito de solidariedade. Solidariedade ativa. Solidariedade passiva. Extinção da solidariedade.

19. Obrigações alternativas. A escolha.

20. Obrigações condicionais e a termo.

21. Obrigações principais e acessórias.

22. Cláusula penal. Natureza e caracteres da cláusula penal. Pena convencional moratória e compensatória. Efeitos da cláusula penal.

II – Adimplemento, inadimplemento e outras formas de extinção das obrigações.

23. Pessoas vinculadas à obrigação. Situação dos herdeiros. Promessa de fato de terceiro e estipulação em favor de terceiro.

24. Distinção entre pagamento, adimplemento e cumprimento da obrigação. Quadro geral das figuras de "pagamento sub-rogado" e das figuras de extinção da obrigação sem pagamento.

25. O pagamento. De quem deve ou pode pagar.

26. Daqueles a quem se deve ou se pode pagar. Pagamentos eficazes feitos a um não credor e pagamentos ineficazes feitos ao credor.

27. Objeto do pagamento. Obrigações pecuniárias. O princípio do nominalismo. Cláusula de escala móvel.

28. Prova do pagamento e presunções de pagamento Quitação.

29. Lugar e tempo do pagamento. Antecipações de vencimento.

30. O pagamento indevido.

31. Noção geral de inadimplemento. Distinção entre mora e inadimplemento absoluto. O que é "violação positiva do contrato"?

32. A regra da boa-fé objetiva e o descumprimento de obrigações secundárias ou de deveres acessórios.

33. Mora: conceito. Espécies. Consequências da mora do devedor.

34. Termo inicial da mora. Constituição em mora. Casos de exceção ao princípio *dies interpellat pro homine*.

35. Mora do credor. Consequências. Purgação da mora em geral.

36. Inadimplemento absoluto. Caso fortuito e força maior. Perdas e danos. Os juros legais.

37. Quatro figuras relativas ao inadimplemento e subordinadas à regra da boa-fé objetiva: *substantial performance, tender of performance,* fato do produto ou serviço e pós-eficácia em sentido amplo.

38. Transação: conceito, natureza jurídica, forma, objeto, efeitos.

39. Compromisso: natureza jurídica, espécies, forma. A cláusula compromissória.

40. Confusão.

41. Remissão de dívidas.

42. Consignação em pagamento.

43. Sub-rogação.

44. Dação em pagamento.

45. Imputação em pagamento.

46. Novação.

47. Compensação.

III – Transmissão das obrigações.

48. Cessão de crédito.

49. Cessão de débito.

50. Cessão do contrato.[2]

Desde logo, apontamos para você a quase inviabilidade de trabalhar com todos esses temas em 14 aulas, mesmo no paradigma de ensino tradicional. Escolhas devem ser feitas sobre o que priorizar e como priorizar. Normalmente, essas escolhas seguem uma lógica de preferência de tema pelo professor, importância da matéria ou quantidade de subtópicos envolvidos. Vamos seguir um caminho diferente: a priorização dos tópicos levará em conta os objetivos de aprendizagem e os arcos de desenvolvimento de um curso voltado a formar profissionais que pensem em maneiras alternativas de solucionar conflitos jurídicos.

Cada tópico de informação pode ser enquadrado de diferentes modos num curso. Essa é a ideia de "conhecimento pedagógico do conteúdo", uma maneira específica de lecionar um conteúdo de acordo com noções de método de ensino, conhecimento, perfil dos estudantes, currículo do curso, entre outros elementos.[3]

---

2   Disponível em: https://uspdigital.usp.br/jupiterweb/obterDisciplina?sgldis=DCV0226&verdis=1.

3   A ideia de conhecimento pedagógico do conteúdo foi desenvolvida por Lee Shulman, professor emérito da Escola de Educação de Stanford. Ele procura salientar como a visão dos educadores sobre o que ensinar e como ensinar está formatada por um conjunto de crenças e conhecimentos que temos acerca de vários elementos da educação (cf. SHULMAN, 1986, p. 9-10; 1987, p. 7-8; HASHWEH, 2005, p. 279-283).

O desafio aumenta. Queremos desenvolver a disciplina pensada na Figura 12 para um curso de Teoria Geral das Obrigações com o conteúdo da ementa indicada. Nosso objetivo geral passa a ser: "formar profissionais capazes de resolver conflitos envolvendo obrigações sem recorrer ao Judiciário". Essa reorientação do objetivo geral leva a uma maior ou menor especificação dos demais – por exemplo, "comunicar-se efetivamente com as pessoas envolvidas num conflito" permanece o mesmo, mas "identificar conflitos presentes numa situação" se torna "identificar conflitos presentes numa situação de relação obrigacional".

Seguimos com a definição dos tópicos de ensino a serem trabalhados. Em cada arco de desenvolvimento, ela é feita segundo alguns critérios:

» Priorizar tópicos que sejam mais adequados para a obtenção dos objetivos de aprendizagem dos arcos (**critério do objetivo**).

» Priorizar tópicos que sejam pré-condições para a compreensão de outros tópicos (**critério da fundamentalidade**).

» Priorizar tópicos que sejam mais importantes e significativos para o presente e o futuro dos estudantes (**critério do significado**).

A ideia é que os tópicos estejam sempre orientados para os objetivos, não o contrário. Além disso, eles devem ser capazes de despertar o interesse e a curiosidade dos estudantes, o que é mais facilmente obtido por problemas e situações que eles vivenciam em seu dia a dia. Por essa razão, um curso participativo de Teoria das Obrigações numa instituição do interior de um Estado nordestino será diferente do mesmo curso numa instituição de São Paulo. Os objetivos e o que é significativo para os estudantes alteram-se conforme o contexto.

Uma dica importante é pensar nos tópicos como **problemas concretos** e avaliar como eles podem ser inseridos para fomentar os objetivos do curso. Assim, por exemplo, a cessão de crédito pode ser uma solução para um problema de inadimplência – ceder o meu crédito para um terceiro em troca de um deságio pode ser uma solução para que eu receba o valor imediatamente, em vez de precisar recorrer ao Judiciário para obter a satisfação da dívida. Repare que essa perspectiva sobre o conteúdo confere-lhe mais significado para os alunos do que a exposição dogmática e conceitual difundida na maior parte dos cursos jurídicos brasileiros.

Vamos fazer agora o exercício de reorganizar a ementa do curso, então, de acordo com nossos arcos específicos expostos na Figura 12. Nessa primeira organização, não definimos ainda as atividades e, por isso, trazemos todos os tópicos que poderiam figurar no arco.

Quadro 9 Apresentação de uma correspondência entre arcos de desenvolvimento e tópicos de informação numa disciplina de Teoria Geral das Obrigações

ARCO ESPECÍFICO	TÓPICOS QUE PODEM SER PRIORIZADOS...
1º arco específico: foca a formação de estudante capaz de se comunicar efetivamente. Objetivos 3 e 4 – exercer escuta-ativa, traduzir linguagem jurídica para linguagem leiga e proficiência no conhecimento necessário de Direito.	**I – Conceito de obrigação. Fontes das obrigações. Espécies** » 01. Noção geral de obrigação. Conceito de obrigação. Elementos constitutivos. » 02. Evolução histórica. O vínculo jurídico: débito e responsabilidade. » 03. Obrigação civil e obrigação natural. Casos de quebra da igualdade entre débito e responsabilidade. Ação e sanção. » 04. Distinção entre obrigação (= dever de prestar objetivado), dever em geral, ônus e situação de sujeição. » 05. Distinção entre direitos reais e pessoais. Obrigação *propter rem*. » 06. Fontes das obrigações: as várias classificações. Responsabilidade negocial e extranegocial. As tentativas de unificação ("contrato social"). Obrigações e contratos: comparação entre o sistema romano-germânico e o anglo-saxão. » 07. Visão atual quadripartida das fontes das obrigações. » 08. Fontes voluntárias negociais. Negócio jurídico: contratos e atos unilaterais. » 09. Fontes voluntárias não negociais. Os "quase contratos". As "relações contratuais de fato" ou "relações paranegociais"; exemplos do Código de Defesa do Consumidor. » 10. Fontes involuntárias consistentes em ato ilícito. Pressupostos da responsabilidade civil. » 11. Fontes involuntárias de fato ilícito. A responsabilidade objetiva. Legítima defesa e estado de necessidade. Responsabilidade pelo risco do negócio.

Justificativa: O primeiro arco é fundamental para a integração dos participantes. Também foi escolhido para ser aquele que prioriza a comunicação efetiva dos estudantes. Para estimular esses objetivos e concretizar o programa da disciplina, o arco pode trabalhar com os conceitos fundamentais que serão necessários para os tópicos posteriores (critério da fundamentalidade). Esse momento do curso abordará basicamente as fontes e a noção de obrigação.

⊢→

ARCO ESPECÍFICO	TÓPICOS QUE PODEM SER PRIORIZADOS...
2º arco específico: foca a formação de estudante capaz de identificar e analisar conflitos. **Objetivos 1 e 4 – identificar pessoas envolvidas em situações de conflito, seus interesses e como eles se relacionam, além de ter proficiência na área do Direito.**	» 12. Classificação das obrigações. » 13. Obrigações de dar, entregar e restituir coisa certa. Obrigações de dar coisa incerta. Obrigações pecuniárias. » 14. Obrigações de fazer e não fazer. » 15. Obrigações de prestar declaração de vontade. » 16. Obrigações de meio e de resultado. Obrigações fungíveis e infungíveis. » 17. Obrigações divisíveis e indivisíveis. » 18. Obrigações solidárias. Conceito de solidariedade. Solidariedade ativa. Solidariedade passiva. Extinção da solidariedade. » 19. Obrigações alternativas. A escolha. » 20. Obrigações condicionais e a termo. » 21. Obrigações principais e acessórias. » 22. Cláusula penal. Natureza e caracteres da cláusula penal. Pena convencional moratória e compensatória. Efeitos da cláusula penal. II – Adimplemento, inadimplemento e outras formas de extinção das obrigações. » 23. Pessoas vinculadas à obrigação. Situação dos herdeiros. Promessa de fato de terceiro e estipulação em favor de terceiro. » 24. Distinção entre pagamento, adimplemento e cumprimento da obrigação. Quadro geral das figuras de "pagamento sub-rogado" e das figuras de extinção da obrigação sem pagamento. » 31. Noção geral de inadimplemento. Distinção entre mora e inadimplemento absoluto. O que é "violação positiva do contrato"? » 32. A regra da boa-fé objetiva e o descumprimento de obrigações secundárias ou de deveres acessórios. » 33. Mora: conceito. Espécies. Consequências da mora do devedor. » 34. Termo inicial da mora. Constituição em mora. Casos de exceção ao princípio *dies interpellat pro homine*. » 35. Mora do credor. Consequências. Purgação da mora em geral. » 36. Inadimplemento absoluto. Caso fortuito e força maior. Perdas e danos. Os juros legais. » 37. Quatro figuras relativas ao inadimplemento e subordinadas à regra da boa-fé objetiva: *substantial performance*, *tender of performance*, fato do produto ou serviço e pós-eficácia em sentido amplo.

| ARCO ESPECÍFICO | TÓPICOS QUE PODEM SER PRIORIZADOS... |

Justificativa: O segundo arco enfocará conflitos e sua identificação. Verificando a ementa do curso, é possível observar alguns temas muito propícios para trabalhar conflitos (critério do objetivo). Cada tipo de obrigação proporciona uma visão diferente de conflitos – obrigações de meio e resultado, por exemplo, são excelentes para isso, como ilustram os casos de responsabilidade médica. Isso também vale para o inadimplemento, que dentre os temas do curso é certamente aquele que estará mais presente no dia a dia do profissional (critério do significado).

3º arco específico: foca a formação de estudante capaz de diferenciar meios de solução de conflitos.

Objetivos 2 e 4 – diferenciar meios de solução de conflitos e ter proficiência na área do Direito.

» 25. O pagamento. De quem deve ou pode pagar.
» 26. Daqueles a quem se deve ou se pode pagar. Pagamentos eficazes feitos a um não credor e pagamentos ineficazes feitos ao credor.
» 27. Objeto do pagamento. Obrigações pecuniárias. O princípio do nominalismo. Cláusula de escala móvel.
» 28. Prova do pagamento e presunções de pagamento Quitação.
» 29. Lugar e tempo do pagamento. Antecipações de vencimento.
» 30. O pagamento indevido.
» 38. Transação: conceito, natureza jurídica, forma, objeto, efeitos.
» 39. Compromisso: natureza jurídica, espécies, forma. A cláusula compromissória.
» 40. Confusão.
» 41. Remissão de dívidas.
» 42. Consignação em pagamento.
» 43. Sub-rogação.
» 44. Dação em pagamento.
» 45. Imputação em pagamento.
» 46. Novação.
» 47. Compensação.

III – Transmissão das obrigações
» 48. Cessão de crédito.
» 49. Cessão de débito.
» 50. Cessão do contrato.

Justificativa: O terceiro arco se volta para a diferenciação de meios de solução de conflitos. Observe que, nessa linha de raciocínio, o pagamento é um dos métodos de solução de conflitos que surgem a partir do inadimplemento. As outras formas de extinção das obrigações e os institutos de transmissão se inserem no mesmo quadro – todos podem encerrar conflitos (critério do objetivo).

ARCO ESPECÍFICO	TÓPICOS QUE PODEM SER PRIORIZADOS...
4º arco específico: foca a formação de estudante capaz selecionar o melhor meio de solução de conflitos. **Objetivos 2, 3 e 4 – além de pensar estrategicamente sobre as melhores escolhas, voltamos a enfatizar a importância da comunicação efetiva com as partes em conflito, sem deixar de enfocar a proficiência na área do Direito.**	» Continuação do arco anterior. » Sugestão: seria possível retomar algumas obrigações específicas para, dessa vez, mostrar como a criação de obrigações e sua previsão podem solucionar conflitos sem que se recorra ao Judiciário.

Justificativa: O quarto arco continua o arco anterior, mas enfatizando não mais diferentes maneiras de solucionar conflitos, e sim os critérios de avaliação que permitem ao profissional escolher uma em detrimento de outra. A manutenção dos tópicos anteriores permitirá aos estudantes trabalhar dessa vez com maior possibilidade de escolhas. A ideia será fomentar que eles decidam por soluções e analisem as consequências.

Fonte: elaboração própria.

Ressaltamos que esse exercício procura simular o que você deverá encontrar na realidade – uma ementa preexistente e a necessidade de justificar seu curso com base nela. Veja que apenas transferimos os tópicos de informação para arcos que, a nosso juízo, se beneficiariam mais deles. O exercício seria ligeiramente diferente se você estivesse começando uma disciplina do "zero", como ocorre em muitas disciplinas eletivas (optativas). Nessa hipótese, a lista de tópicos pode ser construída levando em consideração os arcos de desenvolvimento.

4.1.3 Enquadrando os arcos na estrutura temporal de um curso

Dissemos anteriormente que os arcos não correspondem a um conjunto definido de aulas. Também não é necessário que eles sejam iguais em extensão. Mesmo o arco geral não precisa ocupar apenas as aulas disponíveis para a disciplina – podendo iniciar antes do período letivo, inclusive. No entanto, se essa definição é livre, como traduzi-la para a estrutura temporal de um curso? E como atribuir os tópicos às aulas?

Antes de tudo, devemos alertar que essa transposição não é necessária para o modelo que estamos apresentando. Hoje em dia, há instituições que eliminaram a divisão do curso em disciplinas, e destas em aulas, como a École 42, uma escola de programação que divulga abertamente a ausência de aulas e professores como um diferencial de sua formação.[4] Contudo, imaginamos que será pouco provável que

---

4   Veja o *site* da filial brasileira da escola em: https://www.42sp.org.br/. Acesso em: 21 set. 2019.

você dê aula nessas circunstâncias. O mais comum é que haja restrições de tempo e a necessidade de prever módulos e aulas para o curso.

O primeiro movimento é **delimitar uma quantidade de aulas** que você julga necessárias para lidar com cada arco específico e detalhado do curso. Essa decisão levará em conta a complexidade do arco (quantidade e qualidade dos objetivos), a perspectiva de desempenho da turma (facilidade ou dificuldade) e a importância dele para o restante do curso (para o engajamento e a motivação dos alunos, por exemplo).

Em seguida, recomendamos **definir um tema para cada aula** de cada arco, tendo em vista os tópicos priorizados e os objetivos a serem perseguidos. É nesse processo que os 50 tópicos da ementa serão reduzidos a um pequeno conjunto de temas que serão:

» **Problematizadores:** levarão a questionamentos pelos estudantes.

» **Transversais:** cobrirão múltiplos tópicos da ementa de uma vez.

» **Atuais:** dirão respeito a discussões atuais ou futuras da prática jurídica.

» **Significativos:** corresponderão a situações que os estudantes vivenciam ou vivenciaram e, portanto, já produziram neles uma opinião ou um juízo (senso comum) que poderá ser refinado (senso técnico).

» **Úteis:** serão úteis para a obtenção de um objetivo de aprendizagem, não pelo seu valor em si.

Da mesma forma que o objetivo geral conduz a objetivos intermediários, e estes podem ser segmentados em objetivos específicos, existe um tema geral do curso que se desdobra em temas intermediários e é detalhado em temas específicos.

Figura 13   Representação esquemática dos temas de um curso

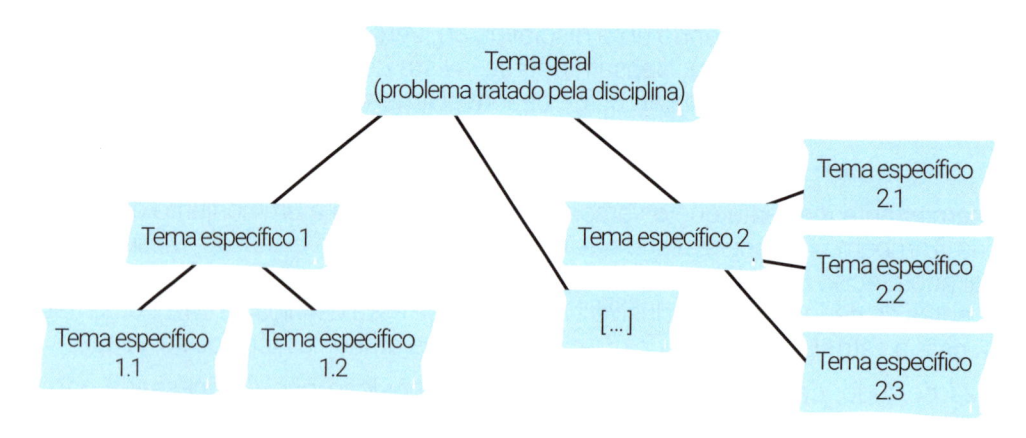

Fonte: elaboração própria.

A combinação de estrutura de temas e de arcos de desenvolvimento da disciplina será traduzida numa sequência de aulas, garantindo-se dessa forma o encadeamento orgânico e lógico das aulas em busca de objetivos de aprendizagem.

O programa assim estruturado fará sentido para os estudantes, que poderão vislumbrar como se pretende que eles saiam do curso ao final do período letivo. Continuemos com o exemplo de nosso curso de Teoria Geral das Obrigações. Um tema geral para o curso poderiam ser as grandes mudanças geradas na economia – e, portanto, nas relações obrigacionais – em decorrência da tecnologia. A partir desse tema geral, podemos fazer uma lista de temas específicos relacionados com teoria geral das obrigações. Apenas para exemplificar: obrigação jurídica das plataformas de *matchmaking* (plataformas que colocam as partes em contato entre si), responsabilidade jurídica em casos de decisões tomadas por máquinas, uso de *big data* para quantificação do prêmio de seguros, realização de pagamentos por meio de aplicativos (e outros meios de pagamento, como *bitcoins*) etc.

Cada tema específico, por sua vez, estaria mais ou menos relacionado com os temas detalhados na ementa de nossa disciplina. A obrigação jurídica das plataformas de *matchmaking*, como *sites* de viagem ou aplicativos de *delivery*, mobilidade urbana e hospedagem, envolveria pelo menos tópicos como "Noção geral de obrigação. Conceito de obrigação. Elementos constitutivos", "distinção entre obrigação (= dever de prestar objetivado), dever em geral, ônus e situação de sujeição", "fontes das obrigações: as várias classificações. Responsabilidade negocial e extranegocial", entre outros.

Pensando num curso de um semestre com 14 aulas de 3h20, dividido em quatro arcos como apresentado anteriormente, poderíamos distribuir os temas específicos pelas aulas de maneira a contemplar os temas detalhados (tópicos da ementa). Veja o exemplo no Quadro 10, que retrata a construção do primeiro arco do curso, correspondente a quatro aulas.

Quadro 10 Correspondência entre temas específicos, temas detalhados e tópicos de ementa numa disciplina de Teoria Geral das Obrigações

ARCO	TEMA ESPECÍFICO	TEMAS DETALHADOS	TÓPICOS DA EMENTA ABRANGIDOS
1º arco específico: foca a formação de estudante capaz de se comunicar efetivamente. Objetivos 3 e 4 – exercer escuta-ativa, traduzir linguagem jurídica para linguagem leiga e proficiência no conhecimento necessário de Direito.	**Noções de obrigação jurídica: como funciona o modelo de negócio de uma plataforma de *matchmaking*?**	Quem são os sujeitos que se relacionam numa plataforma de *matchmaking*?	01. Noção geral de obrigação. Conceito de obrigação. Elementos constitutivos. 04. Distinção entre obrigação (= dever de prestar objetivado), dever em geral, ônus e situação de sujeição.

ARCO	TEMA ESPECÍFICO	TEMAS DETALHADOS	TÓPICOS DA EMENTA ABRANGIDOS
	O problema é atual e está presente no dia a dia de qualquer estudante que chega à sala de aula.	O que acontece numa plataforma de *matchmaking*?	07. Visão atual quadripartida das fontes das obrigações. 08. Fontes voluntárias negociais. Negócio jurídico: contratos e atos unilaterais.
1º arco específico: foca a formação de estudante capaz de se comunicar efetivamente. Objetivos 3 e 4 – exercer escuta-ativa, traduzir linguagem jurídica para linguagem leiga e proficiência no conhecimento necessário de Direito.	**Noções de fontes das obrigações jurídicas: quem responde por um serviço ruim de aplicativo de transporte?** O problema é didático e deve estar presente na vida de cada estudante – que já deve ter tido uma experiência de transporte no aplicativo mencionado.	Quem são os sujeitos que se relacionam numa plataforma de *matchmaking*? O que acontece numa plataforma de *matchmaking*? Quais riscos ou problemas podem existir no negócio? O que acontece quando alguém sai prejudicado ao usar essa plataforma?	01. Noção geral de obrigação. Conceito de obrigação. Elementos constitutivos. 06. Fontes das obrigações: as várias classificações. Responsabilidade negocial e extranegocial. As tentativas de unificação ("contrato social"). Obrigações e contratos: comparação entre o sistema romano-germânico e o anglo--saxão. 07. Visão atual quadripartida das fontes das obrigações. 08. Fontes voluntárias negociais. Negócio jurídico: contratos e atos unilaterais. 11. Fontes involuntárias de fato ilícito. A responsabilidade objetiva. Legítima defesa e estado de necessidade. Responsabilidade pelo risco do negócio.
	Obrigações reais e pessoais: quem oferece serviços nas plataformas de *matchmaking*? Ainda na linha das plataformas de *matchmaking*, seria possível explorar o fenômeno dos motoristas de carros alugados, entregadores com bicicletas de empresas ou pessoas que locam casas no AirBnB.	Quem são os sujeitos que se relacionam numa plataforma de *matchmaking*? Distinção entre proprietário e locatário do bem empregado para prestação de serviço. Quem está prestando? Quais riscos ou problemas podem existir no negócio?	01. Noção geral de obrigação. Conceito de obrigação. Elementos constitutivos. 04. Distinção entre obrigação (= dever de prestar objetivado), dever em geral, ônus e situação de sujeição. 05. Distinção entre direitos reais e pessoais. Obrigação *propter rem*.

ARCO	TEMA ESPECÍFICO	TEMAS DETALHADOS	TÓPICOS DA EMENTA ABRANGIDOS
1º arco específico: foca a formação de estudante capaz de se comunicar efetivamente. Objetivos 3 e 4 – exercer escuta-ativa, traduzir linguagem jurídica para linguagem leiga e proficiência no conhecimento necessário de Direito.	**Classificação das obrigações: plataformas de vídeo e *streaming* – o que elas fazem?**	Questão de qual é a obrigação das plataformas de vídeo ou *streaming* (dar ou fazer). Questão dos novos modelos de plataforma que permitem o *download* de músicas ou de filmes (fazer ou dar). Questão da regulação das plataformas de *streaming*.	12. Classificação das obrigações. 13. Obrigações de dar, entregar e restituir coisa certa. Obrigações de dar coisa incerta. Obrigações pecuniárias. 14. Obrigações de fazer e não fazer.

Fonte: elaboração própria.

A partir da definição de temas para as aulas e da distribuição delas entre os arcos do curso, você começará a enxergar seu curso tomando forma. A Figura 14 representa a estruturação do curso nesse formato, com enfoque no primeiro ciclo. Observe que a quarta aula já começa a transição para o segundo arco, introduzindo uma questão importante sobre qual o tipo de obrigação de plataformas de *streaming* a partir do momento que elas possibilitam o *download* do conteúdo.

Em síntese, **estruture o curso a partir dos temas (problemas) mais adequados** para lidar com os vários tópicos de informação demandados pela ementa institucional, levando em consideração os objetivos de aprendizagem fixados para o curso e como eles se distribuem ao longo do período letivo. Essa primeira organização ficará completa com um primeiro esboço das atividades, que dependerá da escolha dos métodos de ensino mais apropriados. É o que veremos a seguir.

Figura 14 Estruturação de aulas segundo os arcos numa disciplina de Teoria Geral das Obrigações

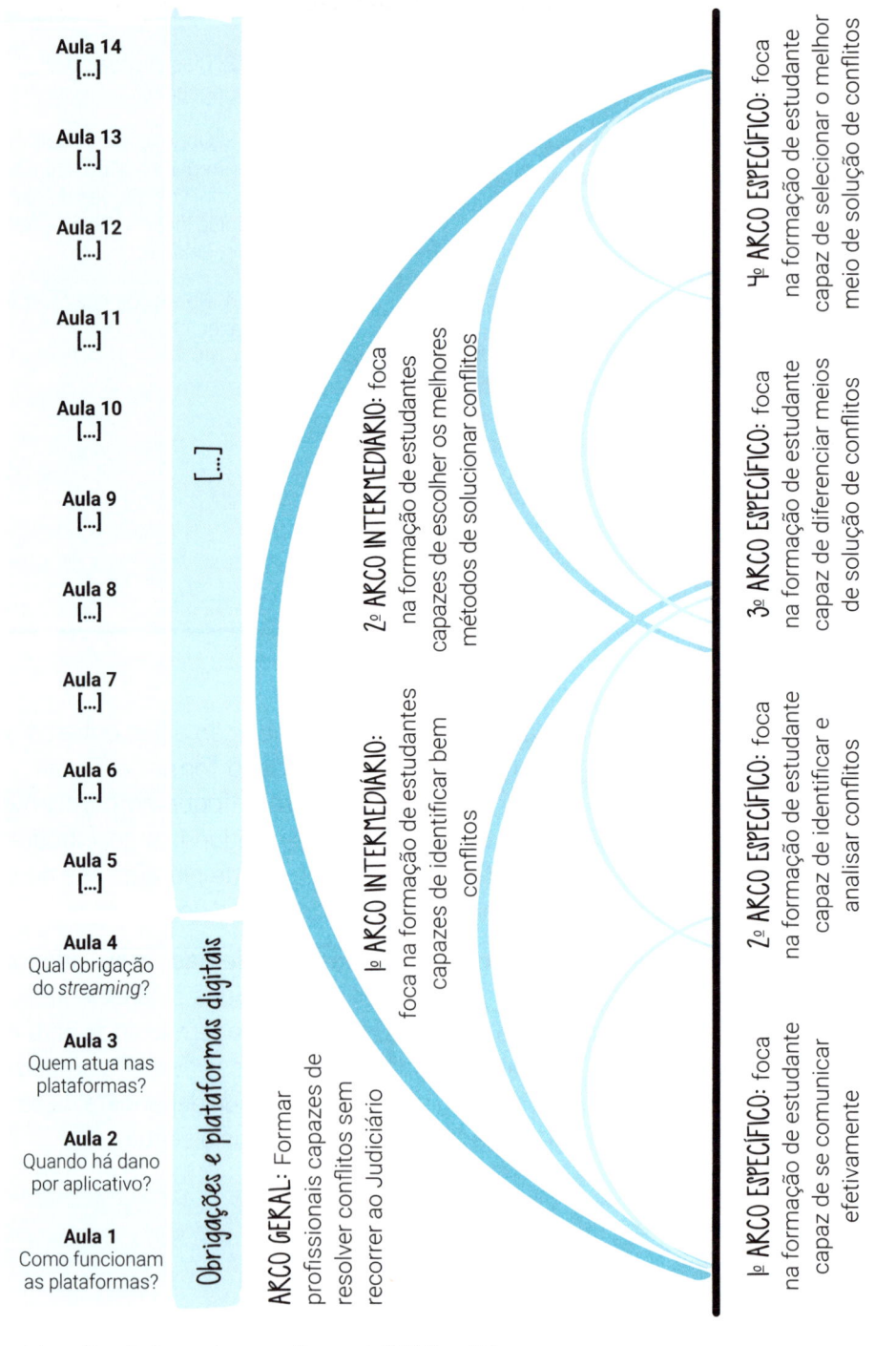

Fonte: elaboração própria com base em Kavanagh ([201?], p. 6-7).

4.2 Segunda etapa: escolher os métodos de ensino adequados para fomentar os objetivos

Para aprofundar a reflexão sobre como ensinar, devemos falar sobre os métodos de ensino. Eles são fundamentais para a definição de atividades que concretizem as metas de aprendizagem do curso.

Muitas pessoas nos contatavam no Núcleo de Metodologia de Ensino da FGV Direito SP acreditando que discutíamos metodologia de pesquisa. Apesar de ser um engano, a associação não é ruim. Na comunidade acadêmica, somos treinados a escolher e defender nossos métodos de pesquisa, que são aqueles procedimentos que nos permitem responder à nossa pergunta. Pode-se dizer que o mesmo acontece com os métodos de ensino:

Métodos de ensino são procedimentos que, estruturados de uma maneira lógica e baseada em evidências de sucesso, são utilizados na prática de ensino, dentro e fora da sala de aula, para a concretização de objetivos de aprendizagem.

Por conta dessa ideia de que há um caminho que leva ao sucesso, os métodos de ensino participativo talvez sejam o tópico que mais desperta curiosidade nos professores de Direito. Muitos querem saber quais os métodos que existem para que possam utilizá-los em seus cursos. Acreditamos, porém, que há uma crença generalizada de que basta saber um "cardápio" que tudo estará resolvido. Infelizmente, não é assim que ocorre.

Muitos aspectos da prática docente influenciam a efetiva aplicação dos métodos. O principal foi visto anteriormente: um pensamento alinhado com os fundamentos do ensino participativo. Dele decorrem os outros: a aplicação deve ser adequada para atingir objetivos; a estratégia deve ser bem aplicada em sala de aula; o contexto e o corpo discente devem estar engajados e cientes do que se espera; e o conteúdo deve ser apropriado para a atividade.

Nesta seção, começamos a trabalhar um primeiro fundamento para a boa aplicação dos métodos de ensino participativo: o alinhamento deles com os objetivos de aprendizagem.[5]

4.2.1 Uma lista de métodos de ensino

Depois dos objetivos do curso bem definidos, devemos pensar sobre como atingi-los. Vamos apresentar diversos métodos, cada qual com uma descrição e dicas. A escolha sobre qual ou quais métodos usar em seu curso dependerá do seu objetivo.

---

5   Para um conceito de alinhamento, veja-se Krathwohl e Anderson (2001, p. 10): "alinhamento se refere ao grau de correspondência entre objetivos, instrução e avaliação". Mencionando a "integração do curso", com opinião semelhante, cf. Fink (2003, p. 64): "[...] três decisões iniciais devem ser integradas: os objetivos de aprendizagem, as atividades de ensino e aprendizagem e o *feedback* e a avaliação, todos devem refletir e dar suporte um para o outro".

Por exemplo, se você pretende que o grupo desenvolva habilidades de argumentação e debate, pode ser melhor escolher o *role-play*, o *fishbowl* ou a simulação, pois essas técnicas permitirão aos envolvidos discutir, expor seus pontos de vista e defendê-los. Se faz parte dos seus objetivos que os alunos desenvolvam o lado mais criativo, convém optar pelas técnicas do *design thinking*, do "toró de ideias" (*brainstorming*), do *storytelling* ou do *world café*, pois assim eles terão a oportunidade de trabalhar ideias, a relação entre elas, a troca de opinião, a empatia e a previsão de vários cenários, habilidades importantes para a tomada de decisão na resolução de problemas.

Fizemos uma lista, não exaustiva, de técnicas de ensino participativo, com uma indicação de suas principais finalidades (Quadro 11). Escolhendo o(s) método(s) certo(s), o sucesso da aula e o aprendizado dos estudantes estarão encaminhados.

As finalidades não se resumem apenas a formar **competências cognitivas**, isto é, aqueles que desenvolvem operações mentais, como se lembrar, compreender, aplicar, analisar, avaliar e criar, na linha da taxonomia do domínio cognitivo de Bloom revisada (KRATHWOHL; ANDERSON, 2001, p. 30). É importantíssimo saber que existem outros tipos de objetivos, como:

» **Competências procedimentais**: dizem respeito a um aspecto mais prático da ação humana, no domínio do "fazer" como "produzir algo" (GHIRARDI, 2012a, p. 50). É o exemplo da habilidade de usar um computador ou, no campo jurídico, de falar com domínio da retórica.

» **Competências atitudinais**: dizem respeito a um aspecto mais valorativo e emocional, situando-se menos nos domínios do "pensar" ou do "fazer" e mais do "ser" (FINK, 2003, p. 80). Estão associadas ao desenvolvimento de valores, emoções e sentimentos. É o exemplo do sentimento de resiliência diante de desafios ou, no campo jurídico, da empatia ao lidar com um cliente que expõe um problema.

» **Competências sociais**: dizem respeito a um aspecto mais interpessoal do desenvolvimento dos estudantes, referente ao "relacionar-se". Embora fosse possível considerá-los como partes do domínio atitudinal (como enxergar o outro) e do domínio procedimental (como agir socialmente), preferimos separá-los didaticamente para enfatizar a importância da dimensão *social* na formação de estudantes de Direito. É o exemplo da capacidade de gerenciar equipes ou conversar com uma pessoa que acabou de passar por uma situação de violação de direitos.

Acreditamos que agora seja possível identificar as limitações de uma exposição como método de ensino predominante nos cursos jurídicos. Ao não estimular que os estudantes interajam entre si, enfrentem desafios e os dilemas da tomada de decisões, tenham contato com o meio ao redor ou mesmo solucionem problemas concretos, as palestras não cumprem com uma variedade de objetivos de aprendizagem necessários para uma boa formação do jurista.

PROBLEMA: egressos da graduação que não se sentem preparados para a prática

É muito comum que alunos recém-formados nos cursos jurídicos apresentem uma angústia e receios de não estarem preparados para a prática. Contribui para isso o fato de que as profissões jurídicas são fonte de muitas pressões, desde a necessidade de preparação para um concurso público, até o controle e a ansiedade de clientes e a interação com autoridades (como juízes, promotores, delegados etc.).

Essa percepção de que não se está preparado para o mercado de trabalho é o maior sinal de como o ensino jurídico não coloca os estudantes em contato com o que verão pela frente. Observe que um piloto de avião deve voar dezenas de horas acompanhado para que possa pilotar um avião. Estudantes de medicina simulam cirurgias e a resolução de casos clínicos. Os alunos de Direito, ao contrário, só têm contato com a prática nas aulas de clínica ou prática jurídica ou no estágio.

O problema com o ensino dogmático e expositivo é que ele só fomenta a memorização, compreensão e reprodução de conceitos, interpretações da lei e soluções de casos anteriores. Sem desenvolver a capacidade de aplicar o direito, os alunos se sentem despreparados quando lidam com pessoas e ouvem narrativas que fogem das questões de prova que tiveram que responder durante a graduação.

PROBLEMA: sensação de que a aula é dada por alunos

Uma reclamação frequente nas avaliações de cursos participativos é que o "professor não dá aula" e que não querem "aulas dadas por alunos". Quando pedimos para avaliar a contribuição dos colegas, o *feedback* normalmente não é animador. Vários fatores concorrem para essa resistência.

A representação de uma "verdadeira aula" pelos alunos é um primeiro fator: é necessário romper com a crença de que aula é uma exposição. A aprendizagem pelos pares tem algumas vantagens, como a maior proximidade dos estudantes e a chance de que entendam melhor as dúvidas uns dos outros. Tudo isso deve ser explicado para a turma.

Entretanto, não é apenas isso. Por vezes, o problema está na preparação prévia. Se no ensino participativo o importante é que os estudantes troquem interpretações sobre um fenômeno e coloquem em xeque o conhecimento acumulado uns dos outros (e do professor), então é importante que isso seja feito com qualidade. Os momentos em que os estudantes mais sentem que aprenderam uns com os outros são aqueles em que todos possuem mais ou menos o mesmo nível de conhecimento e podem argumentar e contra-argumentar com base nele. Para isso, nivelar o conhecimento deles antes de uma atividade, por meio de uma exposição, de uma leitura em sala ou de uma pesquisa prévia pode ser positivo.

Outras vezes, o problema está na condução do método. Veja-se o exemplo do seminário. Nos cursos jurídicos, este é um método muito utilizado. No entanto, é comum verificarmos salas esvaziadas, enquanto um grupo apresenta sua pesquisa para um professor e poucos colegas. Nessa cena, percebe-se claramente que o seminário se torna uma exposição por alunos. Monitores dificilmente dão retorno sobre o desempenho do grupo. A crítica de que o seminário se torna uma "aula piorada conduzida por alunos" é feita por quem acredita que o professor saberia transmitir mais informações – inclusive porque o seminário serve para que alunos aprendam a dar aulas, ou seja, para pessoas que ainda não sabem dar aulas. A solução nesse caso? Acompanhamento da preparação do seminário para que ele seja uma verdadeira preparação de aula, boa condução dos debates e escolha de problemas polêmicos.

Outro exemplo são os debates. Se as falas são desconexas, alunos não se referem às opiniões uns dos outros para concordar ou discordar, os comentários são muito longos e o professor não faz uma sistematização ao final, e a sensação é de que se está numa "conversa de bar" que pouco acrescenta. A solução está numa aplicação adequada do método.

No final, tudo se resume a isto: os estudantes devem perceber que há objetivos perseguidos na atividade e que eles estão sendo atingidos.

Quadro 11 — Lista de métodos de ensino e principais objetivos de aprendizagem

TÉCNICA	DESCRIÇÃO	BOM PARA ESTUDANTE APRENDER A...
Aprendizagem baseada em experiências	Consiste em fazer que os estudantes aprendam diretamente com a experiência. Eles refletem sobre o que fazem, pensam ou sentem durante uma situação que vivem ou observam (experiência). Munidos desses elementos, os aprendizes contrastam os eventos com a teoria e vivenciam uma nova experiência. Algumas observações: » Como forma de conceber o ensino, a aprendizagem baseada em experiências pode ser observada em vários outros métodos, como a simulação, os jogos ou a aprendizagem por meio de pesquisa, além de atividades de extensão, prática jurídica etc. Como método, a aprendizagem pautada por experiências traz para sala de aula uma experiência não relacionada diretamente com o que acontece na realidade (caso contrário, seria uma simulação) para levar os estudantes a aprender pela observação ou pela vivência dessa situação. » É imprescindível que a experiência seja acompanhada de um momento de reflexão. A experiência sem reflexão é apenas experiência; quando aliada com um olhar retrospectivo, ela permite a aprendizagem. » Como esse método pode parecer muito abstrato, vale a pena indicar os exemplos do desafio do LEGO e do desafio do Marshmallow, conforme descrito no *Toolbox* da instituição sueca *Hyper Island*.[6] **Para saber mais:** KOLB, 2015, especialmente p. 37-50; MOON, 2004, especialmente p. 121-130.	» Relacionar conceitos entre si e com teorias. » Aplicar conceitos e materiais jurídicos (legislação, jurisprudência etc.) a situações concretas. » Integrar conceitos e interpretações de materiais jurídicos com exemplos da realidade. » Identificar seus próprios sentimentos, atitudes ou emoções numa situação. » Transformar sentimentos e emoções negativos em positivos. » Avaliar o próprio desempenho em situações concretas (aprender a aprender). » Identificar e compreender razões para comportamentos de outras pessoas em situações concretas.

6 HYPER ISLAND. *Lego Challenge*. HI Toolbox, [201?]. Disponível em: https://toolbox.hyperisland.com.br/lego-challenge. Acesso em: 8 set. 2019; HYPER ISLAND. *Desafio do Marshmallow*. HI Toolbox, [201?]. Disponível em: https://toolbox.hyperisland.com.br/marshmellow-challenge. Acesso em: 8 set. 2019. Cf. também uma análise do desafio do Marshmallow em Wujec (2010).

TÉCNICA	DESCRIÇÃO	BOM PARA ESTUDANTE APRENDER A...
Registro de entrada / Registro de saída (*check-in/check-out*)	Utilizado no programa da Kaospilot, consiste num método para estimular o desenvolvimento de objetivos sociais e atitudinais. O *check-in* serve para gerar foco e engajamento nos estudantes no início da atividade, servindo como "quebra-gelo" para outras dinâmicas participativas. O *check-out* é usado para estimular a reflexão sobre como eles saem da aula. Eles são conduzidos por meio de perguntas simples, a partir das quais os alunos trocam entre si sentimentos, experiências ou expectativas e se sentem parte integrante do grupo. Algumas observações: » As perguntas não precisam estar necessariamente associadas com o que será feito na aula, mas é recomendável que já estimulem os estudantes a orientar seu olhar para isso. Ex.: numa aula sobre aplicação da lei penal, pode-se pedir aos estudantes "falem uma regra, jurídica ou não, que vocês nunca desobedecem". » O *check-in* e o *check-out* podem ser utilizados em momentos específicos do curso para que os estudantes expressem o que sentem sobre as aulas e a turma. » As perguntas de *check-in* e *check-out* devem ser simples, rapidamente respondidas, passíveis de múltiplas respostas e, de preferência, remeter a algo pessoal dos estudantes. Também podem envolver o uso de metáforas (ex.: "se o ensino jurídico fosse uma comida, qual ele seria?"). **Para saber mais:** VILLI, 2018.	» Motivar-se a aprender. » Identificar e compreender sentimentos e emoções. » Integrar conceitos e interpretações de materiais jurídicos com exemplos da realidade. » Identificar aprendizados pessoais e refletir sobre eles.

TÉCNICA	DESCRIÇÃO	BOM PARA ESTUDANTE APRENDER A...
Debate	Consiste na troca de argumentos entre os estudantes de maneira horizontal. Pode ser mais estruturado (competição de debates) ou mais livre (roda de conversa). O professor participa somente para moderar, sintetizar e focar a discussão. Algumas observações: » Um grande problema dos debates é a postura dos participantes. O maior entrave é a transformação do debate em pequenas minipalestras, com longas falas (três minutos ou mais). Outras posturas problemáticas são: não estar disposto a mudar de ideia (postura adversarial); não focar o tema do debate ou não dialogar com o que foi dito anteriormente; referir-se a argumentos de autoridade, especialmente quando os demais participantes desconhecem-na; além de comportamentos hostis. » A configuração do ambiente é fundamental para um bom debate. Os estudantes devem poder olhar uns para os outros, especialmente para regular a sequência de falas. Disposição das cadeiras em círculo ou "u" são boas soluções. » A pergunta norteadora do debate deve ser polêmica e aberta a múltiplas respostas. » O mediador deve ser capaz de apontar contradições ou contraposições entre falas, sintetizar pontos em comum e em divergência, além de provocar novas falas a partir de extrapolações, exemplos, contraexemplos etc. **Para saber mais:** GIL, 2007, p. 76-84; PEIXOTO, 2009, p. 23-30; GALL; GILLETT, 1980.	» Argumentar, inclusive utilizando materiais jurídicos (legislação, jurisprudência etc.). » Contra-argumentar opiniões alheias apontando contradições, inconsistências, falácias etc. » Falar em público e escutar ativamente. » Expor opiniões de maneira concisa, clara e direta. » Relacionar conceitos entre si e com teorias. » Refletir e problematizar conceitos, teorias e interpretações a partir de múltiplos pontos de vista.

TÉCNICA	DESCRIÇÃO	BOM PARA ESTUDANTE APRENDER A...
Design Thinking	Consiste num método de solução estruturada de problemas a partir de processos de abertura e fechamento de possibilidades. A melhor metáfora para se referir ao processo é a de dois losangos. Eles refletem dois momentos: (i) identificação de necessidades e contextualização do problema; e (ii) ideação, prototipação e avaliação de uma solução. O primeiro momento envolve a abertura de possibilidades por meio da identificação de múltiplos problemas para pessoas e das diversas razões para esses problemas, e o fechamento dessas possibilidades por meio da seleção de um problema e da definição das razões mais importantes para ele. O segundo momento envolve a abertura de possibilidades por meio da construção de ideias de solução para esse problema e o fechamento por meio da prototipação de uma dessas soluções, com posterior avaliação e implementação, caso bem-sucedida. Algumas observações: » O *design thinking* é um método que será mais eficaz quanto mais profunda for a pesquisa dos estudantes, seja para explorar as percepções do público-alvo, seja para identificar razões para o problema, seja para buscar outros projetos inspiradores ou formas de solucionar dificuldades no protótipo. » É imprescindível estimular os estudantes a definir um problema muito bem delimitado para que o processo seja bem-sucedido, sob pena de perda de foco no projeto. » É imprescindível criar uma moldura de expectativas sobre o projeto e o processo, de modo que os estudantes saibam o que se espera do protótipo e do produto. » O processo de *design thinking* baseia-se fortemente na ideia de tentativa e erro, razão pela qual é importante ter pontos de controle para que seja possível testar e errar, além de oportunidades de revisão do processo e até mesmo reinício. **Para saber mais:** VIANNA *et al.*, 2012a; INSTITUTO EDUCADIGITAL, [201?]; LUPTON, 2013.	» Identificar problemas. » Analisar problemas e suas causas, principalmente à luz das percepções das pessoas afetadas. » Propor soluções para problemas baseadas em pesquisas. » Relacionar conceitos entre si e com teorias. » Ter uma postura de resiliência e aprendizagem com erros. » Ter empatia com os problemas e as "dores" de outras pessoas. » Inovar na solução dada para um problema a partir da relação com outros projetos e de múltiplas perspectivas sobre ele. » Aplicar métodos de pesquisa de opinião (*survey*, grupo focal, entrevista etc.).

TÉCNICA	DESCRIÇÃO	BOM PARA ESTUDANTE APRENDER A...
Diálogo socrático	Consiste num processo de perguntas e respostas conduzido entre professor e estudante. Trata-se da construção do conhecimento pelo próprio estudante, a partir de uma sequência de perguntas feitas pelo docente. Algumas observações: » O diálogo socrático pode enfatizar a consolidação de uma resposta, quando as perguntas feitas pelo professor direcionam o estudante a chegar a um ponto determinado (diálogo socrático fechado), ou pode enfatizar a construção do raciocínio em si, quando as perguntas estressam e questionam as respostas dadas. » O diálogo socrático diferencia-se de um debate por algumas características. O diálogo é mais vertical (professor-turma), enquanto o debate é mais horizontal (turma-turma); o professor adota uma postura mais ativa no primeiro (inquiridor), enquanto mais passiva no segundo (mediador); o primeiro estimula mais a reflexão sobre o próprio raciocínio, enquanto o segundo estimula mais a contraposição de opiniões e a troca de múltiplas perspectivas sobre o mesmo assunto. Na prática, o diálogo socrático é identificado quando os estudantes se dirigem ao professor, que pergunta de volta (para um estudante ou para a turma), ao passo que um verdadeiro debate pode ser visto quando um estudante fala diretamente com o outro. » A verticalidade do diálogo socrático é um ponto de atenção, pois pode ser um fator de intimidação e incômodo, tendo em vista a posição de inquiridor do professor. **Para saber mais:** GHIRARDI, 2012a, p. 54-57; CARVALHO, 2009; LIMA, 2010, p. 29-33; STUCKEY *et al.*, 2010.	» Argumentar, inclusive utilizando materiais jurídicos (legislação, jurisprudência etc.). » Problematizar opiniões consolidadas e soluções para um problema. » Identificar elementos de um raciocínio (premissas, conclusões, argumentos empíricos, teóricos etc.). » Identificar falhas em raciocínios (questionar premissas, inconsistências, incoerências etc.). » Falar em público e escutar ativamente. » Expor opiniões de maneira concisa, clara e direta. » Relacionar conceitos entre si e com teorias.

|→

TÉCNICA	DESCRIÇÃO	BOM PARA ESTUDANTE APRENDER A...
Dramatização	Consiste na aprendizagem por meio da representação artística, geralmente teatral, mas também musical. Algumas observações: » A dramatização não precisa ser, obrigatoriamente, a reprodução de uma peça teatral ou de uma obra literária ou audiovisual. É possível solicitar aos estudantes que realizem cenas ou *performances* musicais a partir de problemas, temas ou situações concretas. » A dramatização deve ser treinada e avaliada com cuidado, já que envolverá necessariamente o uso de habilidades corporais, criativas e de representação de papéis. Uma cena pode ser artisticamente ruim, mas conceitualmente perfeita, e vice-versa. Por isso, é importante explicar para os estudantes o nível de *performance* que se espera deles. » A dramatização é uma espécie de *role-play* (interpretação de papéis), mas com ele não se confunde porque apresenta uma dimensão artística que não precisa existir nele. Também se diferencia da simulação por não envolver necessariamente a semelhança com o que acontece na realidade, enfatizando mais os aspectos dramáticos e artísticos. **Para saber mais:** ANASTASIOU; ALVES, 2005, p. 89.	» Falar em público e desenvolver a linguagem corporal. » Ter uma postura de desinibição e apreço por manifestações criativas de temas complexos. » Aplicar conceitos e materiais jurídicos (legislação, jurisprudência etc.) a situações concretas. » Cooperar e trabalhar em equipe para a realização de tarefas.
Exercícios	Consistem na atribuição de uma tarefa aos estudantes, com uma ou mais soluções desejadas. Os afazeres geralmente são repetitivos ou apresentam respostas consolidadas, o que permite a produção e a reprodução da técnica (ex. elaboração de peças). Algumas observações: » Exercícios podem ser aplicados dentro ou fora de sala de aula, como dinâmica de aprendizagem ou preparação prévia para uma dinâmica. » É imprescindível que os exercícios sejam acompanhados por uma proposta de solução. Ela deve contemplar a possibilidade de soluções não previstas pelo docente. » Os exercícios se diferenciam de aprendizagem baseada em problemas por envolverem resposta a problemas pouco complexos ou com sua complexidade reduzida pelo professor, e, principalmente, por envolverem aplicação de conhecimento consolidado.	» Aplicar procedimentos técnicos ou rotinas de trabalho. » Aplicar conhecimento consolidado. » Avaliar o próprio desempenho em situações concretas (aprender a aprender). » Memorizar soluções para problemas concretos.

TÉCNICA	DESCRIÇÃO	BOM PARA ESTUDANTE APRENDER A...
Exposição com atividades de retorno	Consiste em fragmentar a exposição em minipalestras e intercalá-las com atividades curtas que estimulem os estudantes a dar um retorno da aprendizagem. Algumas observações: » Estudos aplicados ao ensino a distância mostram que seis minutos é o tempo normal de atenção, a partir do qual o engajamento na palestra diminui (GUO; KIM; RUBIN, 2014, p. 4-5). Embora estar na frente de uma tela contribua para o desengajamento, não há por que não pensar que o mesmo fenômeno ocorra com palestras ao vivo. Por isso, é recomendável que as minipalestras empreguem recursos que retomem a atenção por volta desse tempo e empreguem atividades depois de um curto espaço de tempo – Cooper, Robinson e Ball (2003, p. 9) sugerem atividades a cada 15 a 20 minutos. » As atividades de retorno podem ser variadas. Algumas ideias: + aplicação de um teste para ser respondido individualmente, em duplas ou em grupo; + elaboração de um FAQ sobre o que foi dito, com levantamento das principais perguntas a partir da releitura do que foi falado; + rápido debate em torno de um vídeo, uma notícia, um quadro, uma *charge*, enfim, um material que aplique o que foi dito. **Para saber mais:** BONWELL; EISON, 1991, p. 7-14; COOPER; ROBINSON; BALL, 2003, especialmente p. 3-5.	» Memorizar e reproduzir informações ou interpretações de materiais jurídicos. » Memorizar soluções para problemas concretos. » Relacionar conceitos entre si e com teorias. » Aplicar conceitos e materiais jurídicos (legislação, jurisprudência etc.) a situações pouco complexas.

TÉCNICA	DESCRIÇÃO	BOM PARA ESTUDANTE APRENDER A...
Exposição dialogada	Consiste em uma palestra cuja linha condutora não é estabelecida exclusivamente pelo docente. A definição do tema da aula e do percurso da palestra também é dada pelos estudantes, que propõem perguntas e exemplos e ordenam os tópicos de interesse. Algumas observações: » Entendido de maneira mais ampla, o tema da aula não é a lista de conteúdos a serem trabalhados, mas o problema maior a que ela se propõe a resolver. Por isso, é possível deixar a cargo dos estudantes escolher qual será o mote da palestra. Ex.: a discussão sobre validade de negócios jurídicos pode ser feita a partir de problemas como cláusulas abusivas, compras *on-line* feitas por menores de idade com o cartão dos pais até compra de carro seminovo com defeito. » A condução da aula se dá em diálogo entre professor e estudantes. É possível pontuar momentos de bifurcação na aula, na qual os estudantes podem escolher o tópico que julgam querer saber mais. Ex.: para mostrar e discutir uma aplicação prática de um conceito, o docente pode indicar que tem três opções de vídeo ou pode pedir que os estudantes apresentem três exemplos para que ele escolha um para detalhar. » O uso de tecnologia incorporada à apresentação pode facilitar os momentos de interação, especialmente com turmas grandes. **Para saber mais:** ANASTASIOU; ALVES, 2005, p. 79; GONÇALVES, 1984, p. 120-122.	» Memorizar e reproduzir informações ou interpretações de materiais jurídicos. » Relacionar conceitos entre si e com teorias. » Integrar conceitos e interpretações de materiais jurídicos com exemplos da realidade. » Aplicar conceitos e materiais jurídicos (legislação, jurisprudência etc.) a situações pouco complexas.

TÉCNICA	DESCRIÇÃO	BOM PARA ESTUDANTE APRENDER A...
Exposição guiada	Assim como a exposição com atividades, consiste na fragmentação da palestra em minipalestras, durante as quais os estudantes não anotam nada. Ao final, a turma deve tomar nota e reconstruir, em grupo, o que foi dito pelo professor. O propósito é, primeiro, desenvolver nos estudantes a capacidade de tomar notas durante a palestra e, segundo, estimular o acesso ativo à memória para facilitar o processo de consolidação, além de possibilitar a identificação de pontos que não foram bem absorvidos pelos estudantes. Algumas observações: » A reconstrução pode ou não ser precedida de um momento para escrita individual pelos alunos. » É recomendável que o docente tenha um roteiro da minipalestra (por escrito ou nos slides) para poder comparar com o que a turma trouxe. **Para saber mais:** BONWELL; EISON, 1991, p. 7-14; KELLY; HOLMES, 1979.	» Memorizar e reproduzir informações ou interpretações de materiais jurídicos. » Memorizar soluções para problemas concretos. » Desenvolver a capacidade de ouvir, entender e tomar notas sobre o que se está ouvindo. » Relacionar conceitos entre si e com teorias.
Exposição tradicional	A aula expositiva tradicional é o método mais difundido nos cursos jurídicos. Ainda assim, é possível identificar diferentes formas pelas quais ela se manifesta. A palestra pode não ter espaço nenhum para participação, um espaço restrito para dúvidas e questionamentos ou mesmo oportunidades de interação entre alunos antes da retomada pelo professor (NEDER CEREZETTI *et al.*, 2019, p. 85-91). Algumas observações: » Uma exposição tradicional pode servir a vários propósitos dentro de um ensino participativo. Ela pode ser útil, por exemplo, para dar o mesmo nível de informação para a turma antes de uma dinâmica, sistematizar as reflexões e relacioná-las com o tema do curso ou até mesmo apresentar informações únicas que não poderão ser obtidas facilmente em outro lugar, como uma sistematização original da doutrina, um relato de experiência ou a narrativa de um caso. » É fundamental que a exposição contemple diferentes estilos de aprendizagem por meio, por exemplo, de disponibilização de roteiro estruturado para que os alunos acompanhem ou apresentação de *slides*. **Para saber mais:** GONÇALVES, 1984; BLIGH, 1998, p. 70-222; TAGLIAVINI, 2013, p. 113-142.	» Memorizar e reproduzir informações ou interpretações de materiais jurídicos. » Memorizar soluções para problemas concretos. » Relacionar conceitos entre si e com teorias.

TÉCNICA	DESCRIÇÃO	BOM PARA ESTUDANTE APRENDER A...
Aquário (fishbowl)	Consiste num método de debate estruturado que separa debatedores em dois grupos: um que participa e outro que assiste ao debate. A sala é estruturada em um grande círculo de observadores e, dentro desse círculo, são dispostas cadeiras (quatro ou cinco). Essas cadeiras começam ocupadas (com exceção de uma) por pessoas que se voluntariam a debater o tema que o professor (mediador) propõe. Os observadores podem, a qualquer momento, tocar num dos debatedores e entrar no lugar deles. Algumas observações: » O *fishbowl* diferencia-se de um grupo de verbalização e observação em razão da mobilidade entre os dois grupos: não há um momento definido para que observadores entrem no debate. » O *fishbowl* envolve dois grandes riscos: intimidação de quem vai para o centro do debate e desengajamento de quem está fora. Para evitar essa situação, é recomendável que os observadores sejam estimulados a fazer alguma tarefa que será aproveitada posteriormente (como registrar os debates), seja para dar uma alternativa às pessoas mais tímidas, seja para estimular os estudantes a prestar atenção no que acontece no centro. » O *fishbowl*, por tornar visual a dinâmica do debate, é uma ferramenta para discutir a própria condução do debate – quem entrou, quando entrou, quanto ficou etc. **Para saber mais:** SMART; FEATHERINGHAM, 2006; SCRAMIN, 2018.	» Argumentar, inclusive utilizando materiais jurídicos (legislação, jurisprudência etc.). » Contra-argumentar opiniões alheias apontando contradições, inconsistências, falácias etc. » Falar em público e escutar ativamente. » Expor opiniões de maneira concisa, clara e direta. » Relacionar conceitos entre si e com teorias. » Refletir e problematizar conceitos, teorias e interpretações a partir de múltiplos pontos de vista. » Ter uma postura melhor em debates (observar momentos e pertinência de fala). » Avaliar o próprio desempenho e o de outras pessoas em debates.
Grupo de verbalização e grupo de observação (GV-GO)	Consiste numa forma de aprendizagem por observação. Um círculo interno de alunos debate um tema, enquanto o círculo externo fica em silêncio. Em seguida, as pessoas do círculo externo vão para o círculo interno, e vice-versa. Depois, a turma toda discute o que registraram. Algumas observações: » Vale para o GV-GO a mesma observação feita sobre os riscos do *fishbowl*, com o atenuante de que não se exige dos estudantes a postura ativa de ingressar no debate interior, o que confere maior conforto.	» Argumentar, inclusive utilizando materiais jurídicos (legislação, jurisprudência etc.). » Contra-argumentar opiniões alheias apontando contradições, inconsistências, falácias etc. » Falar em público e escutar ativamente. » Expor opiniões de maneira concisa, clara e direta. » Relacionar conceitos entre si e com teorias.

TÉCNICA	DESCRIÇÃO	BOM PARA ESTUDANTE APRENDER A...
Grupo de verbalização e grupo de observação (GV-GO)	» O GV-GO possibilita o aprofundamento de questões no debate e, assim como o *fishbowl*, o questionamento sobre o próprio desempenho da turma. **Para saber mais:** ANASTASIOU; ALVES, 2005, p. 88; GIL, 2007, p. 83.	» Refletir e problematizar conceitos, teorias e interpretações a partir de múltiplos pontos de vista. » Avaliar o próprio desempenho e o de outras pessoas em debates.
Jogos e gamificação	Jogos são atividades regradas que envolvem a superação de algum desafio (com ou sem competição) e uma forma de *feedback* imediato de desempenho do jogador (pontuação, vidas, fases etc.). Os jogos são compostos por uma mecânica (o que move os jogadores), um contexto (*lore* ou história envolvida no jogo) e um conjunto de regras. Exemplo é o *Jogo da Política*, do grupo Politize!, que cria um conjunto de regras para que os jogadores atinjam objetivos simulando a prática dos três Poderes.[7] Gamificação é a incorporação de alguns desses elementos de jogos a outras atividades. Exemplo de gamificação é a realização de uma atividade em grupos, na qual a cada exercício resolvido, os alunos habilitam um novo, mais desafiador. Algumas observações: » A competição é um elemento necessário de jogos, se entendida como desafio, mas não se for entendida como competição entre jogadores. Um jogo pode exigir a cooperação entre todos os jogadores para superar um desafio comum (joga-se contra o jogo). A observação é importante porque jogos competitivos podem ter vantagens e desvantagens importantes, especialmente com relação à motivação ou à desmotivação de algumas pessoas.	» Avaliar o próprio desempenho em situações concretas (aprender a aprender). » Aplicar conceitos e materiais jurídicos (legislação, jurisprudência etc.) a situações concretas. » Cooperar e trabalhar em equipe para a realização de tarefas. » Ter uma postura mais resistente a frustrações e fracassos, utilizando-os para melhorar o desempenho (aprendizagem por erros). » Tomar decisões em contextos de pressão por resultados.

---

7 Veja o *Jogo da Política* no site do grupo: http://biblioteca.politize.com.br/curadoria-jogo-da-politica. Acesso em: 9 set. 2019.

TÉCNICA	DESCRIÇÃO	BOM PARA ESTUDANTE APRENDER A...
Jogos e gamificação	» O sistema de recompensas e *feedback* que faz parte de um jogo e pode fazer parte de uma atividade gamificada deve acompanhar a capacidade dos estudantes para fazer as atividades. Se a recompensa for muito pequena para o esforço que eles precisam, haverá desmotivação; se a recompensa for muito alta para o esforço, a atividade será menos eficiente do que poderia. » O uso de tecnologia pode ajudar a aplicação de jogos, desde a criação de jogos no formato de *visual novel* (jogos que envolvem textos e imagens para contar uma história, colocando o jogador para tomar decisões) até o cálculo dos pontos e a criação de *rankings*. **Para saber mais:** VIANNA *et al.*, 2013.	
Leitura crítica	Consiste na leitura de um documento em sala de aula com o objetivo de problematizá-lo. Para isso, além da mera compreensão do texto, são importantes outras operações, como o exame dos argumentos e de sua estruturação, das influências sobre o(a) autor(a) e das interpretações existentes a respeito do texto. Algumas observações: » Como método para orientar uma dinâmica de sala de aula, a leitura crítica envolve o cuidado com o tempo necessário para a leitura. Por isso, é recomendável que o material didático seja curto (uma notícia, um trecho de um livro, uma parte de uma lei ou de uma decisão judicial etc.). » É conveniente que a leitura crítica seja acompanhada por outros métodos de ensino, como o debate, a pesquisa na internet (*webquest*), o trabalho em pequenos grupos, entre outros, para que os estudantes não sintam que estão "perdendo aula" para fazer a leitura de um texto. » A atividade também pode consistir na comparação entre documentos – não há um limite de quantidade de documentos para uma leitura crítica na mesma atividade. **Para saber mais:** ANASTASIOU; ALVES, 2005, p. 84-85; MACEDO JUNIOR, 2007.	» Ler, compreender e interpretar textos de diferentes níveis de complexidade (identificar autoria, argumentos, estrutura de argumentação, exemplos, adversários, influências, contexto etc.). » Relacionar conceitos entre si e com teorias. » Relacionar conceitos e teorias com características de seus criadores ou do contexto em que se inserem. » Contra-argumentar opiniões alheias apontando contradições, inconsistências, falácias etc.

TÉCNICA	DESCRIÇÃO	BOM PARA ESTUDANTE APRENDER A...
Mapeamento	Consiste na elaboração e criação de mapas de relação entre diferentes elementos. Não falamos da apresentação de mapas, mas da construção desses produtos pelos alunos. Os mapas mentais, que relacionam ideias, podem ser: mapas conceituais (estabelecem relações entre conceitos), mapas de argumentação (relações entre argumentos), mapas de autores (relações entre obras e autores) e até fluxogramas (estabelecem o encadeamento de etapas de pensamento). Algumas observações: » O mapeamento não precisa ser feito individualmente, embora, no geral, as pessoas possam fazer relações diferentes entre as mesmas ideias. O mapeamento pode ser coletivo e ser avaliado coletivamente. » A elaboração de fluxogramas e mapas de tomada de decisão é uma boa ferramenta para orientar uma prática estabelecida. » O uso de tecnologias pode ser muito benéfico para a realização do mapeamento, inclusive pelo uso de *softwares* de colaboração em tempo real. **Para saber mais:** MOREIRA, 2006; CORREIA; SILVA; ROMANO JUNIOR, 2010; NOVAK, 2010, p. 118-123; FGV/EAESP; FGV/DIREITO SP, 2015, p. 28; LUPTON, 2013, p. 22-25.	» Memorizar e reproduzir informações ou interpretações de materiais jurídicos. » Relacionar conceitos entre si e com teorias. » Identificar elementos de um raciocínio (premissas, conclusões, argumentos empíricos, teóricos etc.). » Identificar falhas em raciocínios (questionar premissas, inconsistências, incoerências etc.). » Tomar decisões a partir de conhecimento consolidado ou novo conhecimento. » Desenvolver a capacidade de aprender e formular estratégias próprias de aprendizagem ("aprender a aprender").
Método do caso (ou estudo de caso)	Tradicionalmente, consiste na análise de decisões judiciais, mas pode se referir a qualquer situação na qual houve uma solução. Os estudantes são estimulados a identificar os fatos relevantes, as normas jurídicas aplicadas e avaliar as decisões tomadas. Algumas observações: » Usamos a ideia de método do caso de uma maneira ligeiramente diferente do sentido atribuído na Administração, por exemplo. Esse sentido englobaria o nosso método do caso e a nossa aprendizagem baseada em problemas.	» Aplicar conceitos e materiais jurídicos (legislação, jurisprudência etc.) a situações concretas. » Identificar problemas jurídicos. » Avaliar soluções jurídicas e a interpretação de materiais jurídicos. » Identificar e avaliar as consequências de decisões. » Integrar conceitos e interpretações de materiais jurídicos com exemplos da realidade.

TÉCNICA	DESCRIÇÃO	BOM PARA ESTUDANTE APRENDER A...
Método do caso (ou estudo de caso)	» O método do caso diferencia-se da nossa aprendizagem baseada em problemas porque se volta para situações pretéritas e já resolvidas, estimulando os estudantes a avaliar as decisões tomadas e suas consequências à luz de um recorte específico; ao contrário, o problema se volta para situações ainda não resolvidas, estimulando os estudantes a buscar soluções levando em consideração múltiplos aspectos (jurídicos, sociais, econômicos etc.). » A narrativa de caso é um material didático que pode ser utilizado para a aplicação de diversos métodos. O método do caso corresponde a um uso específico desse material com intuito de discutir a solução dada. **Para saber mais:** RAMOS; SCHORSCHER, 2009; GHIRARDI, 2012a, p. 57-59; STUCKEY *et al.*, 2010; ANASTASIOU; ALVES, 2005, p. 91.	
Observação	Consiste em criar oportunidades para que os estudantes aprendam a partir da observação do comportamento dos outros ou de situações concretas. O método também pode ser aplicado em sala de aula, com a definição de um grupo de estudantes que observará outro. Algumas observações: » Há sempre uma parcela de estudantes que aprendem bem observando outras pessoas agindo (aprendizagem vicária), mas nem todos são assim. Por isso, é importante conjugar a observação com outras dinâmicas que estimulem outras formas de aprendizagem. » Um risco que sempre está presente na observação é a desmotivação dos alunos. Para evitá-lo, é recomendável não apenas escolher experiências úteis e significativas, como também criar alguma tarefa de registro, como cadernos ou relatórios de observação. **Para saber mais:** ANASTASIOU; ALVES, 2005, p. 97.	» Aplicar conceitos e materiais jurídicos (legislação, jurisprudência etc.) a situações concretas. » Identificar problemas. » Avaliar o próprio desempenho e o de outras pessoas em situações concretas. » Identificar e compreender razões para comportamentos de outras pessoas em situações concretas. » Integrar conceitos e interpretações de materiais jurídicos com exemplos da realidade.

|→

→|

TÉCNICA	DESCRIÇÃO	BOM PARA ESTUDANTE APRENDER A...

Problematização (problem-based method problem-based learning)	Tradicionalmente, o *problem-based method* (ou método baseado em problemas) consiste em estimular os alunos a responder um problema sem solução definida, considerando-o em toda a sua complexidade, e não apenas em seus elementos jurídicos. Dessa forma, ele não envolve etapas predefinidas, embora seja possível dizer que deve haver momentos de identificação do(s) problema(s), pesquisa de possíveis soluções e debate sobre a conveniência das soluções. Algumas observações:
	
	» Com fundamento em Berbel (1998), Anastasiou e Alves (2005), Pereira (2009) e Rodrigues (2010), é possível diferenciar ao menos três tipos de métodos baseados em problemas:
	  + no primeiro, o professor apresenta um problema (completo ou incompleto) para os alunos, que devem usar os materiais disponíveis para solucioná-lo (nesse conceito, equivale ao *case study* dos cursos de Administração);
	  + no segundo, o professor apresenta uma situação para os alunos, que devem pesquisar e identificar os problemas, propondo soluções (*PBL* na sua acepção mais difundida);
	  + no terceiro, os alunos são estimulados a observar a realidade e a identificar problemas relacionados ao tema indicado pelo docente, trabalhando causas e buscando hipóteses de solução (problematização).
	» A aprendizagem baseada em problemas (*PBL*) envolve, na sua acepção mais difundida (segundo sentido), os seguintes passos: apresentação do cenário, identificação dos fatos mais relevantes, complementação das informações faltantes, aprendizagem individual, debate sobre os materiais encontrados em grupo tutorial, aplicação da informação ao problema, avaliação dos resultados. Isso não impede, porém, a utilização de outros métodos de solução de problemas com outras etapas.
	» Diferentemente do caso, o problema pode ser apresentado até mesmo sem uma narrativa. Ex.: "turma, quero que vocês resolvam o seguinte problema: como calcular a indenização devida pela empresa de mineração **X** pelos danos causados pelo rompimento da barragem **Y**?".
		» Identificar problemas.
		» Analisar problemas e suas causas.
		» Propor soluções para problemas baseadas em pesquisas.
		» Relacionar conceitos entre si e com teorias.
		» Demonstrar uma postura investigativa e de problematização de fatos.
		» Aplicar conceitos e materiais jurídicos (legislação, jurisprudência etc.) a situações concretas.

|→

TÉCNICA	DESCRIÇÃO	BOM PARA ESTUDANTE APRENDER A...
Problematização (problem-based method problem-based learning)	» Diferentemente do caso, o problema pode não ter apenas soluções jurídicas, mas contemplar outras áreas do conhecimento. **Para saber mais:** GHIRARDI, 2012a, p. 61-63; PEREIRA, 2009; ANASTASIOU; ALVES, 2005, p. 86; BERBEL, 1998; RODRIGUES, 2010.	
Pesquisa	Consiste em levar os estudantes a aprender a partir da busca ativa por alguma informação. Algumas observações: » Pode haver diferentes graus de complexidade na pesquisa. Qualquer busca será uma pesquisa, mas ela poderá ser mais complexa, se for exigida a aplicação da metodologia de pesquisa (definição de problema, indicação de hipótese, seleção de métodos etc.). » Os estudantes podem ser estimulados a usar métodos de pesquisa científica, como observação de campo, etnografia, entrevistas, aplicação de questionários, experimentos etc. Isso vale para a análise dos dados coletados.	» Selecionar fontes de pesquisa. » Identificar e analisar problemas e suas causas. » Comparar e selecionar métodos de pesquisa à luz da sua adequação à pergunta de pesquisa. » Construir banco de dados. » Demonstrar uma postura investigativa e de problematização de fatos. » Argumentar com base em evidências.

TÉCNICA	DESCRIÇÃO	BOM PARA ESTUDANTE APRENDER A...
Aprendizagem baseada em projetos (project-based learning)	A aprendizagem baseada em projetos (PjBL) estimula estudantes a elaborar seus próprios produtos para dar resposta a uma necessidade específica. Diferentemente do *problem-based learning*, no qual os estudantes propõem uma solução, mas não criam nenhum produto (ex.: propor uma ação judicial para solucionar um problema), no *project-based learning* os estudantes efetivamente elaboram um produto concreto que será testado e implementado na realidade. Algumas observações: » Na aprendizagem baseada em projetos, é recomendável que caiba aos estudantes escolher os problemas que desejam resolver. Isso não impede que o professor confira uma moldura mais ou menos definida dentro da qual escolhem. » A aprendizagem baseada em projetos geralmente vem acompanhada da aplicação de metodologias de concepção, gerenciamento e execução de projetos. O *project model canvas* é apenas um dos vários exemplos de ferramentas destinadas a contribuir para que as pessoas criem projetos.[8] » O projeto é um produto que soluciona um problema. Assim, esse método pode ser aplicado numa aula ou num semestre inteiro, a depender da complexidade do produto e do problema. O produto pode ser complexo ou simples – compare-se, por exemplo, a elaboração de um memorial para a guerra civil numa cidade da Carolina do Sul (BENDER, 2014, p. 102-103) com a redação de um verbete na Wikipédia (QUEIROZ, 2012). » A elaboração do projeto normalmente também vem acompanhada da apresentação dos projetos e da realização de protótipos. **Para saber mais:** BENDER, 2014.	» Identificar problemas. » Analisar problemas e suas causas. » Propor soluções para problemas baseadas em pesquisas. » Relacionar conceitos entre si e com teorias. » Ter uma postura de resiliência e aprendizagem com erros. » Aplicar métodos de pesquisa de opinião (*survey*, grupo focal, entrevista etc.). » Planejar e executar projetos. » Gerenciar equipes (distribuir tarefas, controlar execução, cobrar desempenho, motivar outros integrantes do grupo etc.).

---

8 Para conferir um resumo da metodologia *project model canvas*, veja o site de José Finocchio Junior: http://pmcanvas.com.br/. Acesso em: 9 set. 2019. Para um comparativo de várias metodologias, cf. Carlos Junior (2017).

TÉCNICA	DESCRIÇÃO	BOM PARA ESTUDANTE APRENDER A...
Interpretação de papéis (role-play)	Consiste na atribuição de papéis (ex. julgador, promotor, governante etc.) aos estudantes, que devem pensar, opinar, atuar ou se portar de acordo com o papel durante a realização da atividade. Algumas observações: » O *role-play* não exige a atribuição de múltiplos papéis; basta um papel, ainda que seja para a turma toda. » O *role-play* é um método de ensino que geralmente se conjuga com outros – por exemplo, atribuição de papéis num debate ou num diálogo socrático (ex. "turma, como promotor, o que vocês fariam?"), método do caso ou no trabalho em grupo. » Um dos grandes riscos do *role-play* é a possibilidade de que os estudantes não levem a sério o papel que lhes foi atribuído. Para contorná-lo, é importante, de um lado, provocar os alunos a pensar no papel, questionando-os sempre a partir dessa perspectiva (ex.: "certo, você defende que a Defensoria não deve defender o acusado de roubo. Mas você continuaria defendendo essa posição se soubesse que a Corregedoria poderia punir você?"); de outro, é importante avaliar se a sua turma está preparada para defender pontos de vista diferentes ou se é melhor deixá-la se acomodar de acordo com as ideias que já defendem. **Para saber mais:** GHIRARDI, 2012a, p. 59-60; GABBAY; SICA, 2009.	» Identificar, analisar e problematizar interesses, atitudes, opiniões e ações de atores no exercício de papéis sociais. » Problematizar opiniões consolidadas e soluções para um problema. » Argumentar, inclusive utilizando materiais jurídicos (legislação, jurisprudência etc.). » Contra-argumentar opiniões alheias apontando contradições, inconsistências, falácias etc. » Refletir e problematizar conceitos, teorias e interpretações a partir de múltiplos pontos de vista. » Desenvolver empatia.

→|

TÉCNICA	DESCRIÇÃO	BOM PARA ESTUDANTE APRENDER A...
Sala de aula invertida (*flipped classroom*)	Consiste na inversão de momentos tradicionalmente definidos no ensino: a palestra em aula e as atividades fora de sala. Só faz sentido pensar na "aula invertida", se entendermos que a aula serve para palestra – afinal, preparação prévia sempre foi algo que existiu. O docente disponibiliza sua palestra ou seu texto-base para os estudantes se prepararem fora de sala de aula. O momento de encontro serve para aprofundar os conceitos e as informações transmitidas por meio da utilização de outros métodos de ensino participativo. Algumas observações: » A sala de aula invertida perde seu propósito se o momento do encontro físico for utilizado para repetir o que foi indicado para preparação prévia. Isso não impede o docente de retomar pontos da preparação que julgar importantes. » O encontro físico torna-se momento não apenas para aplicação prática ou reflexão sobre as informações transmitidas na palestra prévia, mas também para o desenvolvimento de outros objetivos sociais, procedimentais, atitudinais. » O uso de tecnologia para a disponibilização da palestra é recomendável, seja por meio de ambientes virtuais de aprendizagem ou redes sociais. **Para saber mais:** FGV/EAESP; FGV/DIREITO SP, 2015, p. 14-17.	» Memorizar e reproduzir informações ou interpretações de materiais jurídicos. » Relacionar conceitos entre si e com teorias. » Desenvolver outros objetivos de aprendizagem de acordo com o método empregado no momento do encontro (aplicação, problematização, criação de soluções etc.).
Seminário de leitura	Nos seminários, a aula passa a ser conduzida pelos estudantes. O seminário de leitura consiste na exploração de um texto. Os estudantes podem confrontar diferentes leituras, aprofundar o argumento da obra e relacioná-la com outras. Algumas observações: » O seminário como método em si implica apenas a mudança do sujeito que conduz a aula. Por isso, ele vem acompanhado da aplicação de outros métodos. Como as aulas expositivas são mais tradicionais nos cursos jurídicos, é comum que os alunos reproduzam essa forma de ensinar nos seminários e a conjuguem com um debate. Nada impede, porém, que seja aplicado com caso, diálogo socrático etc.	» Ler, compreender e interpretar textos de diferentes níveis de complexidade (identificar autoria, argumentos, estrutura de argumentação, exemplos, adversários, influências, contexto etc.). » Relacionar conceitos entre si e com teorias. » Relacionar conceitos e teorias com características de seus criadores ou do contexto em que se inserem.

|→

TÉCNICA	DESCRIÇÃO	BOM PARA ESTUDANTE APRENDER A...
Seminário de leitura	» Um dos grandes riscos do seminário é a desmotivação dos estudantes que não são escalados para a apresentação. Por isso, é importante conjugá-lo com mecanismos de engajamento dos outros alunos – desde atividades avaliativas até a aplicação de outros métodos. **Para saber mais:** MACEDO JUNIOR, 2013; MACHADO; BARBIERI, 2009.	» Contra-argumentar opiniões alheias apontando contradições, inconsistências, falácias etc. » Comparar diferentes interpretações de um texto. » Preparar uma aula.
Seminário de pesquisa	Nos seminários, a aula passa a ser conduzida pelos estudantes. No seminário de pesquisa, os estudantes apresentam e debatem propostas ou resultados de pesquisas acadêmicas. Algumas observações: » O seminário como método em si implica apenas a mudança do sujeito que conduz a aula. Por isso, ele vem acompanhado da aplicação de outros métodos. Como as aulas expositivas são mais tradicionais nos cursos jurídicos, é comum que os alunos reproduzam essa forma de ensinar nos seminários e a conjuguem com um debate. Nada impede, porém, que seja aplicado com caso, diálogo socrático etc. » Um dos grandes riscos do seminário é a desmotivação dos estudantes que não são escalados para a apresentação. Por isso, é importante conjugá-lo com mecanismos de engajamento dos outros alunos – desde atividades avaliativas até a aplicação de outros métodos. » Seminários de pesquisa são especialmente úteis para programas de pós-graduação, mas também servem para apresentação de resultados de pesquisas não científicas. **Para saber mais:** ANASTASIOU; ALVES, 2005, p. 93; MACHADO; BARBIERI, 2009.	» Selecionar fontes de pesquisa. » Comparar e selecionar métodos de pesquisa à luz da sua adequação à pergunta de pesquisa. » Demonstrar uma postura investigativa e de problematização de fatos. » Argumentar com base em evidências. » Criticar uma pesquisa a partir de critérios, como metodologia, adequação dos resultados e relevância.
Seminário temático	Nos seminários, a aula passa a ser conduzida pelos estudantes. O seminário temático consiste na exploração de um tema. Os estudantes procuram responder perguntas sobre ele ao pesquisar materiais acerca do assunto. Algumas observações:	» Selecionar fontes de pesquisa. » Relacionar conceitos entre si e com teorias. » Integrar conceitos e interpretações de materiais jurídicos com exemplos da realidade. » Preparar uma aula.

TÉCNICA	DESCRIÇÃO	BOM PARA ESTUDANTE APRENDER A...
Seminário temático	» O seminário como método em si implica apenas a mudança do sujeito que conduz a aula. Por isso, ele vem acompanhado da aplicação de outros métodos. Como as aulas expositivas são mais tradicionais nos cursos jurídicos, é comum que os alunos reproduzam essa forma de ensinar nos seminários e a conjuguem com um debate. Nada impede, porém, que seja aplicado com caso, diálogo socrático etc. » Um dos grandes riscos do seminário é a desmotivação dos estudantes que não são escalados para a apresentação. Por isso, é importante conjugá-lo com mecanismos de engajamento dos outros alunos – desde atividades avaliativas até a aplicação de outros métodos. **Para saber mais:** MACHADO; BARBIERI, 2009.	
Simulação	Consiste na colocação dos estudantes em situações que se assemelham à realidade. É uma espécie de *role-play*, já que envolve atribuição de papéis, mas se particulariza por enfocar a interação deles entre si, como ocorreria em concreto. Algumas observações: » Se no *role-play* enfatizam-se os interesses dos atores e como eles pensam, na simulação evidencia-se o que eles fazem na realidade. Os principais pilares da simulação são a sua capacidade de se aproximar ao máximo da realidade (fidelidade), fazer os estudantes sentirem isso (imersividade) e prepará-los para agir em situações futuras semelhantes (treinamento). » Em razão da fidelidade, e para dar maior imersividade, a simulação pode exigir alterações no ambiente da aula (inclusive aulas fora da universidade), nas pessoas envolvidas (convidados) e até mesmo nas vestimentas utilizadas. » É imprescindível um momento de reflexão sobre o desempenho na simulação. É possível, até mesmo, gravar a atividade para que os estudantes analisem sua atuação e a dos demais. **Para saber mais:** GHIRARDI, 2012a, p. 60-61; GIL, 2007, p. 85-91.	» Aplicar procedimentos técnicos ou rotinas de trabalho. » Aplicar conhecimento consolidado. » Avaliar o próprio desempenho e o de outras pessoas em situações concretas. » Antecipar cenários de realidade, como eventos críticos, interesses dos atores etc. » Ter uma postura mais próxima da exigida na situação real.

TÉCNICA	DESCRIÇÃO	BOM PARA ESTUDANTE APRENDER A...
Storytelling	Consiste no uso de histórias, especialmente narrativas, para a aprendizagem. Como este é um livro sobre ensino participativo, consideramos importante que a história seja feita e apresentada pelos estudantes – o *storytelling* pelo professor nada mais é do que um elemento dentro de uma exposição. Essa construção pode ser coletiva ou individual e usar ou não materiais (ex.: construção de HQ, cordel, fábulas etc.). O *storytelling* permite aos alunos conceberem cenários fictícios ou usarem situações reais e trabalharem com papéis, enredo e contexto. Algumas observações: » A contação de histórias é um método milenar de ensino que tem na capacidade de engajar quem escuta (ou cria a história) no processo de aprendizagem ao aguçar a curiosidade, simplificar mensagens e aplicar conteúdo em concreto. » O *storytelling* ganhou proeminência diante da visão de que o conhecimento e a realidade são construídos por várias perspectivas e narrativas diferentes. Por meio de diferentes histórias, constrói-se um panorama mais diverso dos fenômenos. » É imprescindível que a dinâmica de contar histórias seja acompanhada de um momento de reflexão sobre o que se falou ou ouvir, caso contrário será apenas um exercício literário. **Para saber mais:** FGV/EAESP; FGV/DIREITO SP, 2015, p. 32; ALTERIO; MCDRURY, 2003; ROBIN, 2006.	» Antecipar cenários de realidade, como eventos críticos, interesses dos atores etc. » Integrar conceitos e interpretações de materiais jurídicos com exemplos da realidade. » Traduzir conceitos e linguagem jurídica para uma linguagem mais acessível. » Conceber cenários futuros. » Identificar, analisar e problematizar interesses, atitudes, opiniões e ações de atores no exercício de papéis sociais.
"Toró de ideias" (brainstorming ou tempestade cerebral)	O toró de ideias (tempestade cerebral) consiste num método de criação e seleção de ideias. Ocorre por meio do oferecimento livre e sem restrições de ideias com posterior priorização e seleção daquelas mais significativas. Colegas não podem rejeitar, criticar, restringir, emoldurar ou bloquear de qualquer forma o processo criativo no primeiro momento. Em seguida, as ideias podem ser hierarquizadas, selecionadas etc. Algumas observações: » Existe uma etiqueta do *brainstorming* que envolve diversas atitudes, além da falta de bloqueios mencionada anteriormente. É importante que os alunos se sintam à vontade para escrever e indicar ideias, mesmo as que pareçam mais incabíveis. Uma ideia "ruim" pode levar a outras ideias boas construídas a partir dela.	» Propor soluções, explicações, perguntas e qualquer outra espécie de ideia. » Relacionar ideias para criar outras. » Problematizar opiniões consolidadas e soluções para um problema. » Hierarquizar e priorizar ideias. » Ter uma atitude de acolhimento de ideias, abertura para novos pensamentos e tentativa e erro.

TÉCNICA	DESCRIÇÃO	BOM PARA ESTUDANTE APRENDER A...
"Toró de ideias" (brainstorming ou tempestade cerebral)	» O *brainstorming* pode ser feito em grupo ou individualmente. Em ambos os casos, começa com a produção do máximo de ideias possível (foco na quantidade), seguida por uma hierarquização daquelas mais relevantes segundo algum critério estabelecido e seleção das melhores ideias (foco na qualidade). **Para saber mais:** BENDER, 2014, p. 109-110; LUPTON, 2013, p. 16-19.	» Ter uma postura de respeito às ideias dos outros e de construção coletiva de projetos. » Colaborar em equipe no processo criativo.
Aprendizagem baseada em times (team-based learning)	Consiste na divisão da turma em "times" para a realização de uma tarefa. Essa tarefa pode abranger desde a solução de exercícios ou de um problema até a elaboração de um projeto. Algumas observações: » No *team-based learning* clássico, os estudantes realizam um teste individualmente e depois em grupo para, em seguida, resolver um caso coletivamente. Formas mais recentes de *team-based learning* levam em consideração a divisão da turma em grupos que trabalharão em conjunto ao longo do ou dos semestres para resolver desafios, como na Kaospilot (LÄHDEMÄKI, 2019). » A ideia do *team-based learning*, assim como a do trabalho em pequenos grupos, é estimular a aprendizagem pelos pares, de modo que um estudante contribua para o aprendizado do outro. » O *team-based learning* e o trabalho em pequenos grupos exigem a aplicação de outros instrumentos de avaliação para que seja possível acompanhar o desenvolvimento dos estudantes, uma vez que raramente será possível contar com um assistente para acompanhar de perto cada grupo. **Para saber mais:** BRAME, c2019; TBLC, c2019; MICHAELSEN, 2002.	» Compreender conceitos e fatos. » Relacionar conceitos entre si e com teorias. » Aplicar conceitos e materiais jurídicos (legislação, jurisprudência etc.) a situações concretas. » Cooperar e trabalhar em equipe para a realização de tarefas. » Refletir e problematizar conceitos, teorias e interpretações a partir de múltiplos pontos de vista.

TÉCNICA	DESCRIÇÃO	BOM PARA ESTUDANTE APRENDER A...

Trabalho em grupos	Consiste na divisão da turma em grupos menores para a aplicação de outro método de ensino. Algumas observações:
	
	» O trabalho em grupos é uma forma de gerenciamento de grandes turmas num espaço de tempo reduzido, já que permite a participação simultânea de várias pessoas.
	» A ideia do trabalho em pequenos grupos, assim como a do *team-based learning*, é estimular a aprendizagem pelos pares, de modo que um estudante contribua para o aprendizado do outro.
	» O trabalho em pequenos grupos e o *team-based learning* exigem a aplicação de outros instrumentos de avaliação para que seja possível acompanhar o desenvolvimento dos estudantes, uma vez que raramente será possível contar com um assistente para acompanhar de perto cada grupo.
	» O trabalho em pequenos grupos pode ser feito a partir de vários métodos. Indicamos dois:
	  + Phillips 66: tradicionalmente, grupos de 6 pessoas debatem uma questão em 6 minutos;
	  + Integração horizontal e vertical: trabalho em grupo em duas etapas – na primeira, formam-se os grupos entre alunos diferentes (integração horizontal); na segunda, um membro de cada grupo forma um novo grupo (integração vertical) para trabalhar com as reflexões que tiveram nos grupos originais.
	
	Para saber mais: DIAZ BORDENAVE; PEREIRA, 1995; ANASTASIOU; ALVES, 2005, p. 87 e 94.
		» Cooperar e trabalhar em equipe para a realização de tarefas.
		» Desenvolver outros objetivos de aprendizagem de acordo com o método empregado no momento do encontro (aplicação, problematização, criação de soluções etc.).

Um-dois-quatro-todos (1-2-4 ou "one-two-four-all")	Um-dois-quatro-todos (ou *one-two-four-all*) consiste em colocar gradualmente os estudantes em situações de maior divergência e contraste de ideias. A atividade começa individualmente, com cada aluno fixando sua opinião ou sua solução para a tarefa. Em seguida, os alunos se juntam em pares e comparam suas opiniões ou soluções, tentando chegar a uma posição comum. Depois, os pares se juntam em quartetos e fazem o mesmo processo. Finalmente, o debate chega à coletividade como um todo. Em cada fase, eles devem obter uma resposta comum ao par ou ao grupo. Algumas observações:	» Argumentar, inclusive utilizando materiais jurídicos (legislação, jurisprudência etc.). » Contra-argumentar opiniões alheias apontando contradições, inconsistências, falácias etc.

|→

→|

TÉCNICA	DESCRIÇÃO	BOM PARA ESTUDANTE APRENDER A...
Um-dois-quatro-todos (1-2-4 ou "one-two-four-all")	» O um-dois-quatro funciona melhor quando há a possibilidade de divergência e diferentes visões sobre o mesmo objeto ou o mesmo fenômeno. Um exemplo é a atribuição de notas (0 a 10) para uma solução ou um conjunto de soluções. » O 1-2-4 pode ser feito com outros números, mas é necessário atentar-se para o propósito disso. Começar individualmente é importante para que todos os participantes construam sua opinião individual antes de serem influenciados pelos demais. Com essa opinião, eles são capazes de argumentar ou contra-argumentar com outros para sustentá-la – por isso o método funciona melhor com questões polêmicas. Os números pares (duplas ou quartetos) facilitam não apenas a participação, permitindo maior tempo de fala para cada um, como também favorecem que a decisão seja tomada por consenso, e não por votação. Números ímpares propiciam a criação de maiorias e possibilitam que impasses sejam resolvidos no voto. **Para saber mais:** LIPMANOWICZ; MCCANDLESS, [201?].	» Refletir e problematizar conceitos, teorias e interpretações a partir de múltiplos pontos de vista. » Problematizar opiniões consolidadas e soluções para um problema. » Ter uma atitude de acolhimento de ideias, abertura para novos pensamentos.
Busca na web (webquest)	Consiste numa forma aprendizagem por meio de pesquisa que consiste em dar aos alunos um desafio (geralmente uma pergunta) e indicar fontes de pesquisa (geralmente na internet) para que procurem a resposta. Algumas observações: » A vantagem da *webquest* é a possibilidade de que o docente seja capaz de acompanhar o processo de pesquisa na internet de seus alunos, apontando de antemão boas fontes e contribuindo para que eles avaliem a qualidade das informações. **Para saber mais:** ADELL, 2004; DODGE, 1995.	» Selecionar e avaliar a qualidade de fontes de pesquisa. » Demonstrar uma postura investigativa e de problematização de fatos. » Argumentar com base em evidências.

|→

TÉCNICA	DESCRIÇÃO	BOM PARA ESTUDANTE APRENDER A...
World café (café-múndi)	Consiste num método de criação de ideias baseado na troca de opiniões. Ele funciona por meio do rodízio de pessoas entre grupos para aumentar a diversidade de contribuições e agregar diferentes pontos de vista para uma pergunta específica. No café-múndi, cada grupo conta com um anfitrião, que permanece no grupo até o final da atividade, e os demais membros do grupo, que circulam para outros em rodadas. O principal fundamento é o de que as pessoas que circulam "polinizam" outros grupos com ideias novas e trazem observações para agregar ao seu trabalho original. Algumas observações: » No *world café*, cada mesa enfoca uma pergunta sobre um tema comum a todas ou um projeto. É muito importante que haja uma tarefa bem determinada para as mesas, de modo que a contribuição entre elas possa ser efetiva. » O *world café* tem esse nome também por conta das mudanças no ambiente. Para que os participantes se sintam estimulados a criar ideias e contribuir com o trabalho dos outros, costuma-se deixar em cada mesa itens que possam aumentar o bem-estar, como café e doces. » Os participantes não precisam passar necessariamente por todos os grupos. Essa exigência dependerá dos constrangimentos de tempo e quantidade de grupos, além do grau de contribuição que eles poderão levar e trazer da participação em um novo grupo. Por vezes, duas rodadas já são suficientes para que haja troca de ideias e contribuições. » O anfitrião fica responsável por relatar a discussão do grupo original para os participantes que chegam (com os acréscimos das discussões posteriores), além de registrar todas as novas ideias para compartilhar com o grupo original – após as rodadas de trocas entre grupos. **Para saber mais:** BROWN; ISAACS; THE WORLD CAFÉ COMMUNITY, 2005, especialmente p. 47-247; HOLMAN; DEVANE; CADY *et al.*, 2008, p. 282-314.	» Refletir e problematizar conceitos, teorias e interpretações a partir de múltiplos pontos de vista. » Identificar e analisar problemas. » Demonstrar uma postura de colaboração e disposição para construir coletivamente soluções. » Aplicar conceitos e materiais jurídicos (legislação, jurisprudência etc.) a situações concretas. » Avaliar soluções jurídicas e a interpretação de materiais jurídicos.

Fonte: elaboração própria.

4.2.2 Algumas palavras sobre a escolha dos métodos de ensino...

Os métodos descritos no Quadro 11 são apenas um apanhado de um grupo maior de métodos que podem ser aplicados ao ensino. Alguns deles já são conhecidos nos cursos jurídicos, como o seminário e o método do caso. Outros são pouco utilizados, como o *design thinking* ou a aprendizagem baseada em projetos. Como saber quais métodos empregar em seu curso?

Se pudéssemos sintetizar os critérios que podem orientar sua escolha pelos métodos, eles seriam: conforto para o docente, conforto para a turma, restrições de contexto e objetivos perseguidos.

O *conforto para o docente* varia conforme:

» A *carga de trabalho de planejamento, execução e avaliação* demandada pelo emprego do método. Observe que conduzir um debate normalmente é menos demandante do que elaborar uma narrativa de caso para método do caso, que é menos demandante do que acompanhar os estudantes no processo de elaboração de projetos.

» O *grau de proficiência* do docente naquele método específico. Um diálogo socrático, que se aproxima mais de uma exposição, exige menos capacitação pedagógica do que a aprendizagem baseada em experiências.

» As *características pessoais* do docente. Há dinâmicas que exigem maior capacidade de improviso e tomada rápida de decisões, como o debate ou o *role--play*, enquanto outras são mais adequadas para quem prefere mais planejamento e acompanhamento permanente, como a pesquisa ou a aprendizagem baseada em projetos. Ao atribuir maior responsabilidade para os estudantes na construção do conteúdo e do percurso, porém, não há como o professor ter 100% de certeza sobre tudo o que acontecerá na aula.

O *conforto para a turma* varia conforme:

» O *grau de participação* demandado pelo método. Esse grau é aferido conforme seja exigida a participação de mais ou menos pessoas, a participação seja mais ou menos frequente, haja mais ou menos tarefas a fazer, necessite de mais ou menos movimentação, demande mais ou menos exposição dos estudantes. Num debate ou seminário, por exemplo, é possível manter-se quieto durante a discussão ou a apresentação; num *world café*, ao contrário, é preciso movimentar-se por várias vezes durante a atividade.

» O *grau de engajamento* da turma. Há grupos mais ou menos engajados em qualquer instituição. Se a turma não se sente à vontade para participar no coletivo – quando, por exemplo, há conflitos internos ou episódios de *bullying* –, é recomendável privilegiar métodos que valorizam pequenos grupos ou participação individual até que se rompa a resistência (como 1-2-4-todos ou *team--based learning*). Se falta engajamento, métodos que geram motivação (como jogos ou simulação) podem chamar a atenção dos alunos. Por outro lado, se a turma gosta de participar e trocar opiniões, debates e atividades de verbalização e observação podem ser interessantes.

» A *carga de trabalho* demandada pelo emprego do método. Se os estudantes devem se preparar para várias matérias ou se eles trabalham (especialmente nos cursos noturnos), métodos de ensino que demandam maior preparação podem ser desmotivadores, como pesquisa ou sala de aula invertida.

» A *relação da turma com o docente*. Se a turma se sente à vontade com o docente – por exemplo, por estarem juntos há dois anos –, então é possível "arriscar" mais e tentar métodos que exigem maior participação e exposição dos estudantes. Ao contrário, se o docente dá aula esporadicamente para a turma, especialmente nos casos em que se está substituindo outra pessoa ou não se dá todas as aulas do curso, então é mais prudente adotar métodos menos exigentes e mais "confortáveis" para a turma.

As *restrições de contexto* variam conforme:

» A *cultura institucional* do curso. Quanto mais distante da prática dos estudantes e dos professores da instituição for o ensino participativo, maior será o grau de estranhamento e o potencial de resistência dos atores relevantes, inclusive corpo dirigente. Nesse caso, métodos de ensino que demandam menos participação tendem a ser melhores.

» A *infraestrutura* e a *exoestrutura* da instituição. Quanto mais limitada a infraestrutura da instituição, maiores as constrições para o uso dos métodos, o que vale, por exemplo, para a mobilidade das cadeiras em sala de aula, tamanho do laboratório de informática etc. Quanto mais limitada a exoestrutura (estrutura da instituição deslocada para outros ambientes externos, como servidores de aplicativos em nuvem), maior será a limitação para conduzir atividades que exijam esse tipo de suporte.

» O *tamanho das turmas*. Quanto maiores as turmas, menor a possibilidade de adoção de alguns métodos. É importante frisar que isso não impede o ensino participativo, que pode ser feito por meio da fragmentação (*team-based learning* ou trabalho em pequenos grupos) ou por meio do uso de tecnologia (por exemplo, para construção colaborativa de mapeamentos, exposição dialogada, debates etc.).

» O *apoio institucional* e a exigência de *cooperação* com outros professores. Quanto mais a atividade depender de outros atores da instituição, maior o risco. Se a coordenação exerce um grande controle pedagógico sobre as atividades, seja por meio de provas institucionais ou por ouvir reclamações de alunos, maior a necessidade de que ela esteja de acordo com o que se faz; o mesmo vale no caso de colaboração com outros professores para a realização da atividade – por exemplo, em atividades interdisciplinares.

Finalmente, vale sempre lembrar a consideração dos *objetivos de aprendizagem*. Embora Bloom tenha criado sua taxonomia de objetivos baseada em níveis de complexidade das operações mentais (das menos para as mais complexas), é difícil associar métodos de ensino com objetivos mais ou menos complexos. Ainda assim, é possível apontar alguns métodos mais apropriados para o desenvolvimento de objetivos mais voltados para a criação (síntese), como *design thinking*, outros mais orientados para a aplicação, como caso e problema, e outros mais direcionados para a compreensão e análise, como diálogo socrático e um-dois-quatro.

Imagine, então, que para cada um dos fatores indicados o método pode ser mais ou menos seguro. Ele pode ser pouco confortável e muito demandante (0), menos ousado e exigir alguns cuidados (1), mais seguro e exigir poucos cuidados (2) ou confortável e nada demandante (3) no contexto (Figura 15). Atribuindo um conceito para cada um desses elementos, você terá uma possibilidade de comparação entre eles para sua realidade. É claro que esse é um exercício mental – não esperamos que antes de cada período letivo você faça isso, mas, ao compreender os fatores e tê-los em mente, você será capaz de selecionar os métodos com mais rapidez e adequação.

Figura 15 Radar de características do método de ensino

Com o objetivo de proporcionar uma maneira interativa e didática para você comparar os diferentes métodos, transformamos a tabela e o radar num conjunto de cartões que acompanham este livro e que podem servir de fonte rápida de consulta na hora de elaborar o seu curso! Eles também estão disponíveis em versão digital. Mas como não basta saber os conceitos para definir o que utilizar, também disponibilizamos uma ferramenta de escolha no ambiente virtual de aprendizagem. Nela você escolhe um objetivo e nós sugerimos os métodos que, na nossa opinião, são mais apropriados para fomentá-lo.

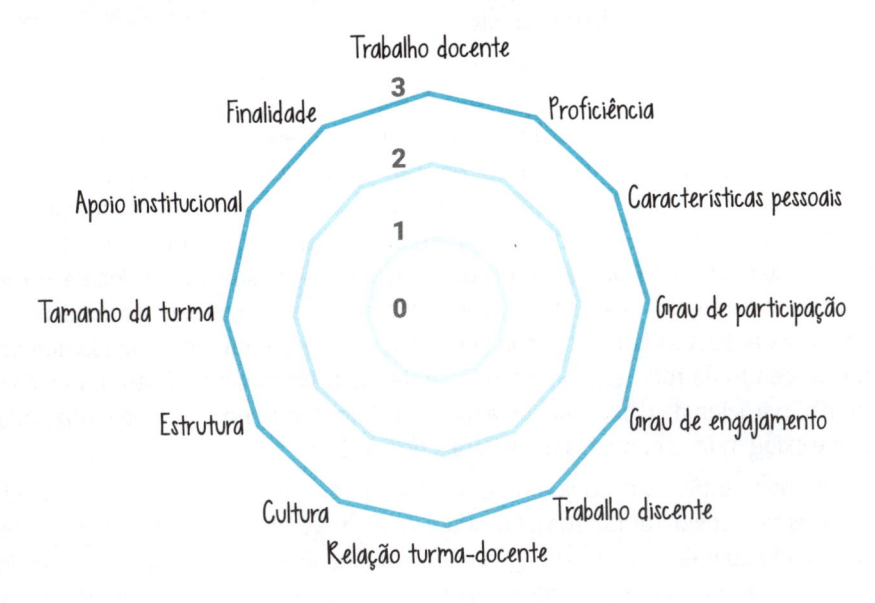

Fonte: elaboração própria.

PARA REFLETIR...

O Gráfico 1 apresenta uma comparação entre três métodos de ensino que envolvem alguma forma de discussão e apresentam objetivos semelhantes: debate, diálogo socrático e *fishbowl*.

Gráfico 1 Radar de segurança para aplicação dos métodos de ensino

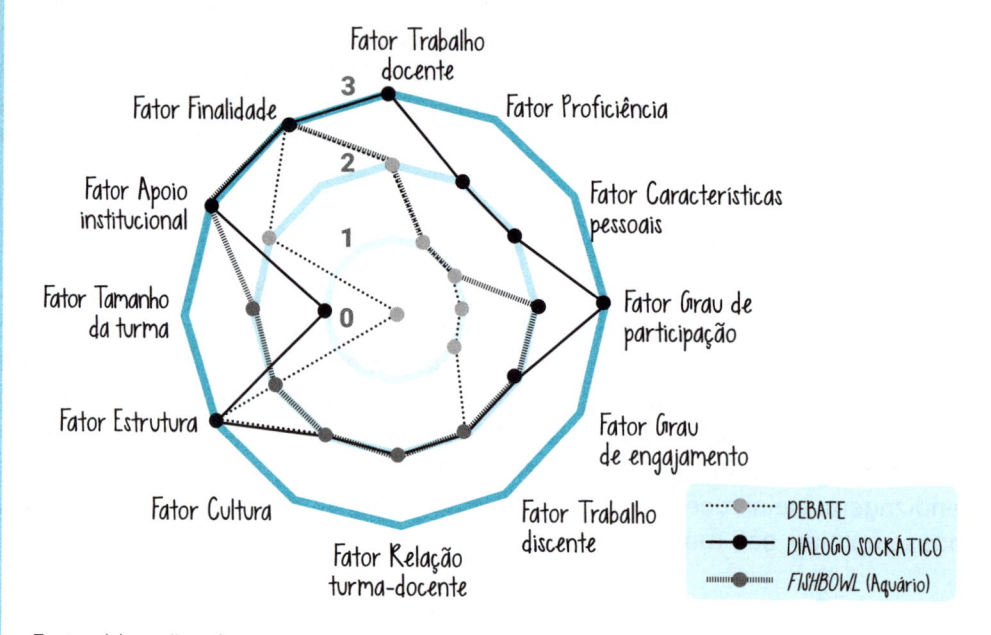

Fonte: elaboração própria.

Em nossa opinião, o debate e o *fishbowl* são métodos menos seguros e mais ousados do que o diálogo socrático e, por isso, ocupam uma área menor do radar. Observe que o debate e o aquário são menos confortáveis no que concerne a proficiência e características específicas do docente, porquanto o último centraliza um papel de mediador muito mais fundamental do que o diálogo. Por sua vez, o debate é mais arriscado que o aquário no quesito grau de participação e grau de engajamento, porque ele centraliza a discussão nas pessoas que estão no centro da roda – ainda que para chegar ao centro da roda seja necessário se deslocar fisicamente. Quem não está no centro não participa da discussão. Finalmente, o fator tamanho da turma é um grande risco que exige muitos cuidados no debate e no aquário.

Apresentamos, então, um conjunto de radares para diferentes métodos indicados anteriormente. Consideramos que a finalidade almejada é um objetivo de aprendizagem mais ajustado ao método, de modo que não demanda adaptação. Esse é um exercício de reflexão e, dessa forma, está sujeito a críticas. Caso tenha alguma divergência, não deixe de expressá-la para nós!

Gráfico 2   Conjunto de radares de adequação de métodos de ensino

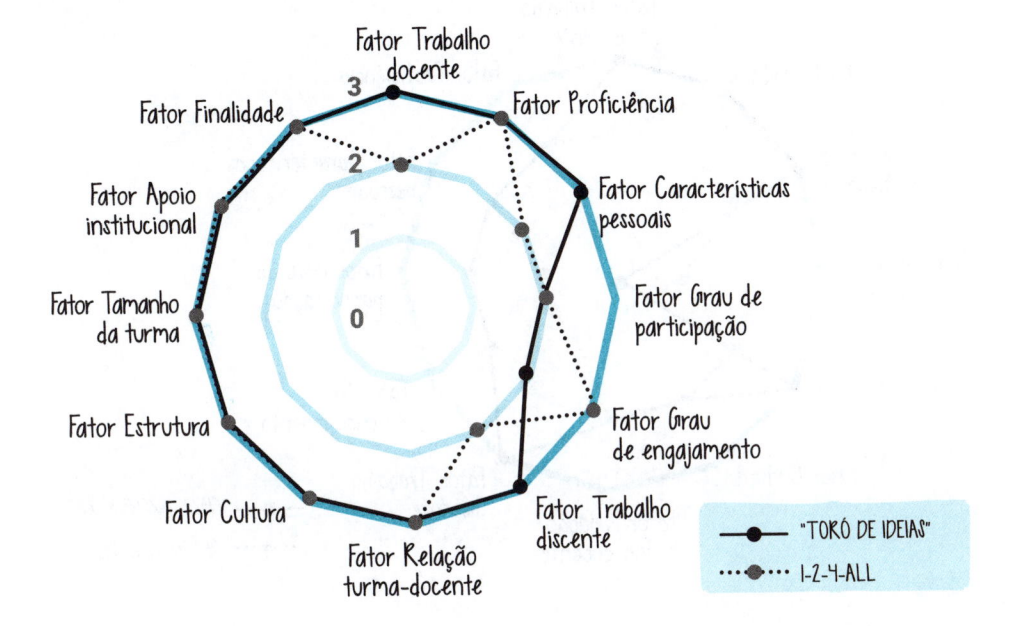

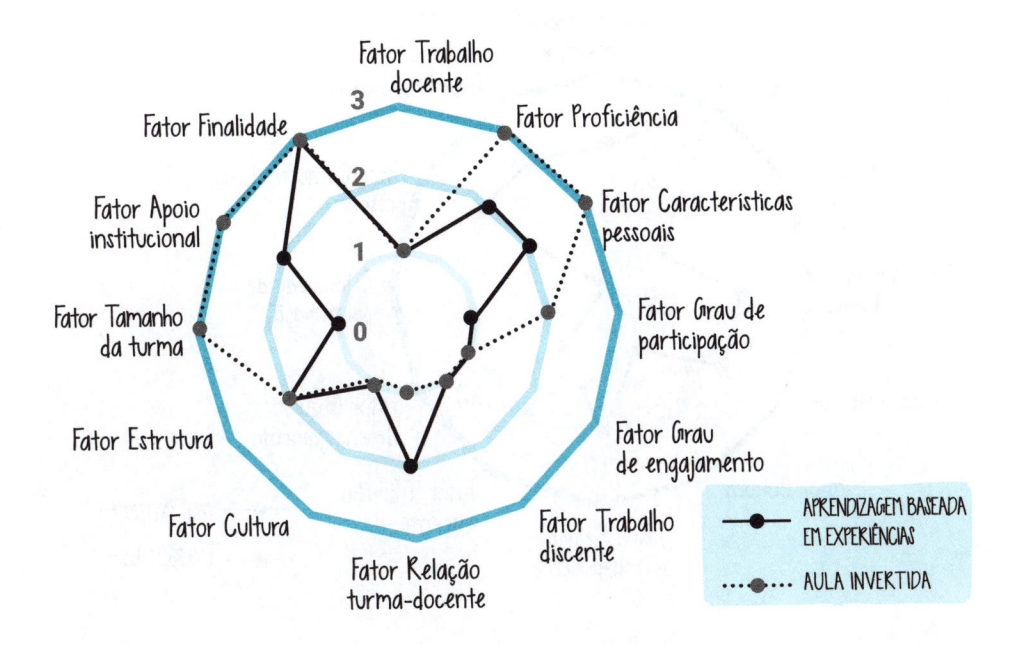

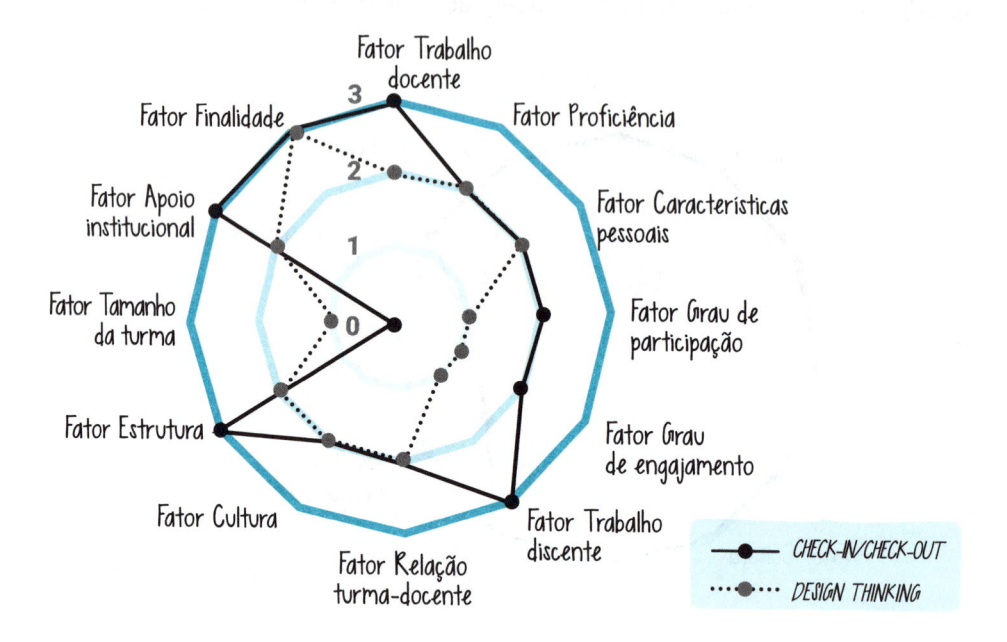

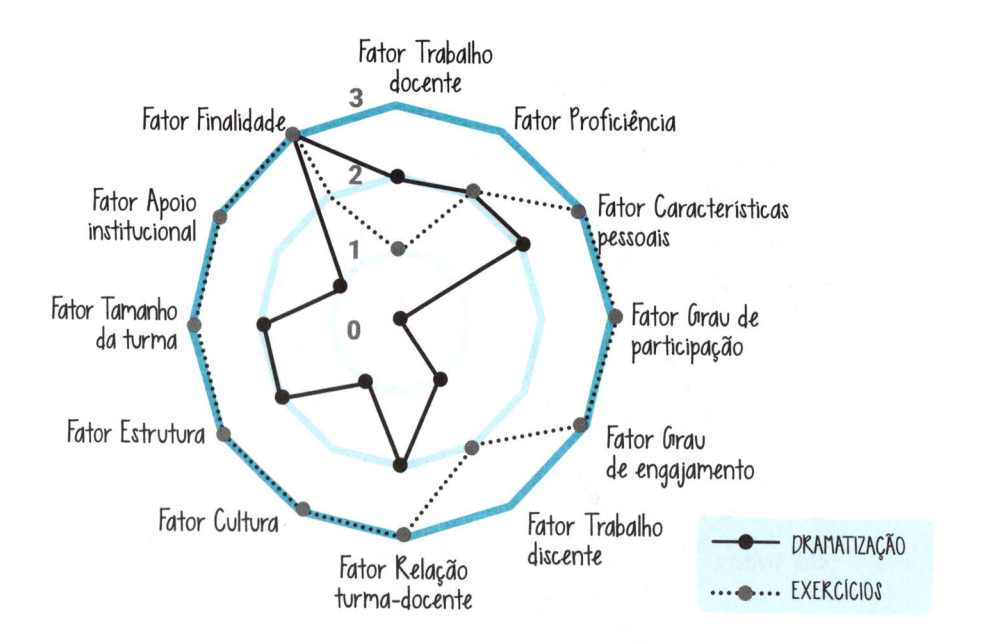

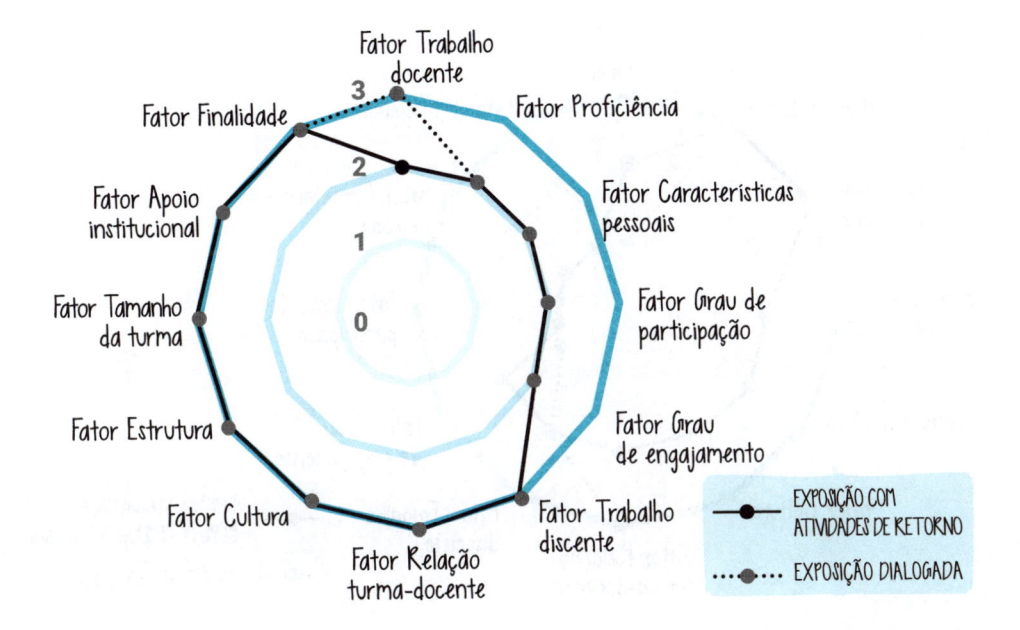

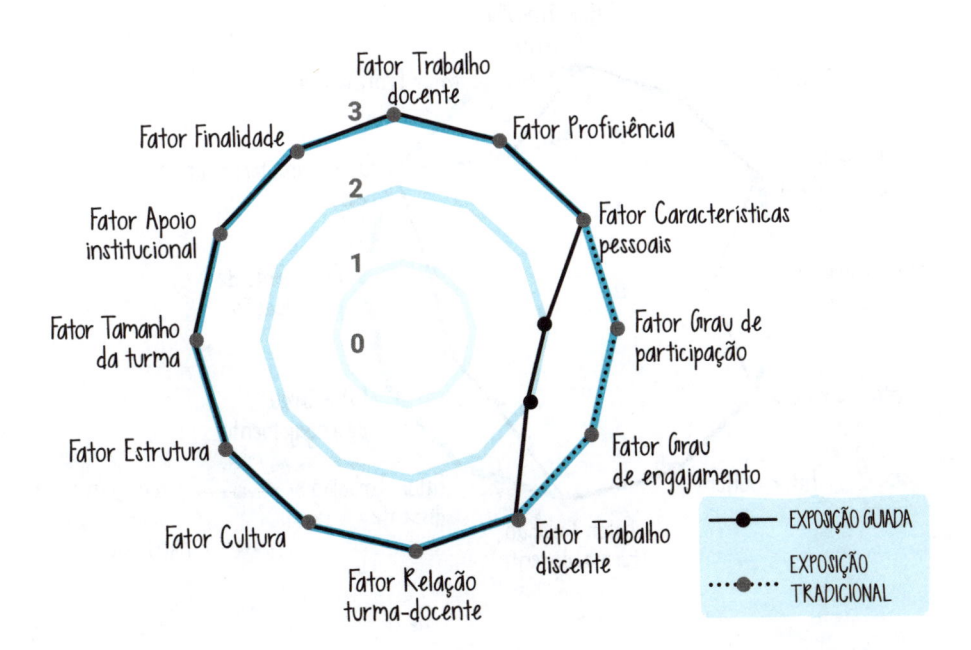

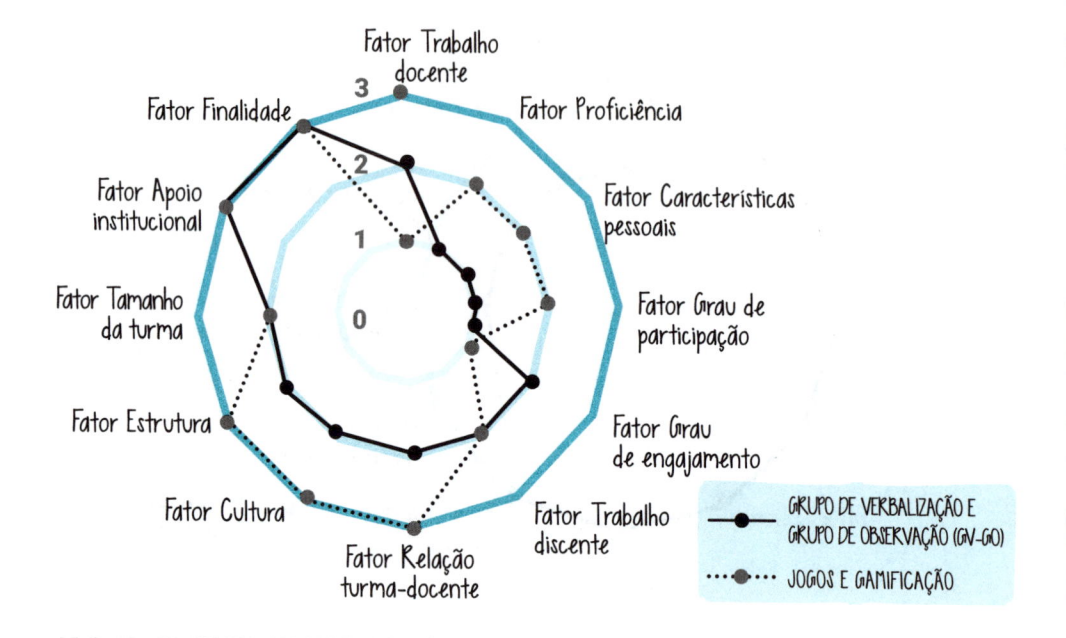

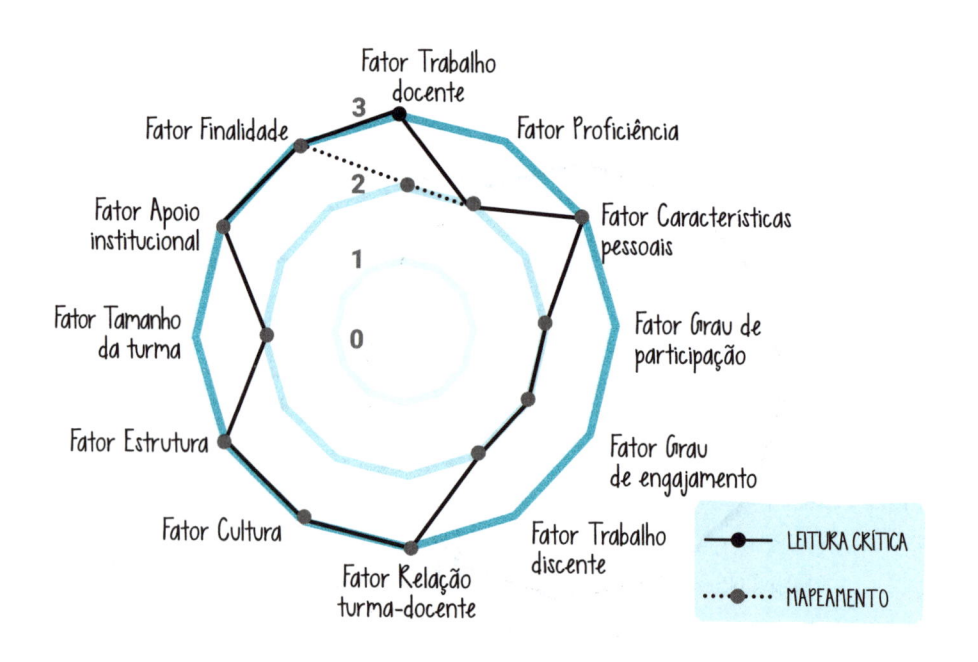

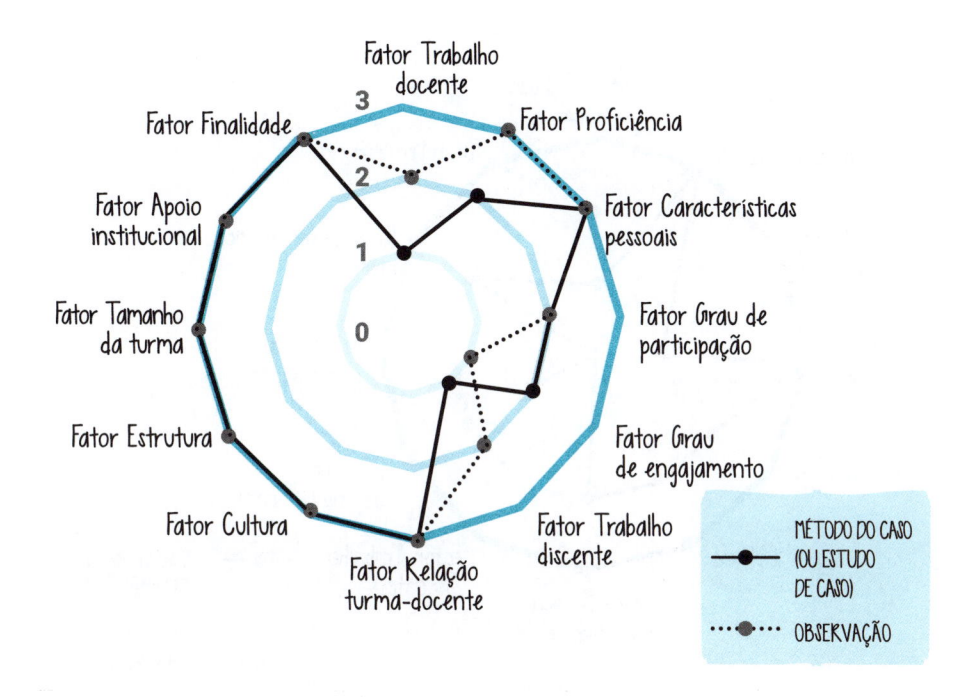

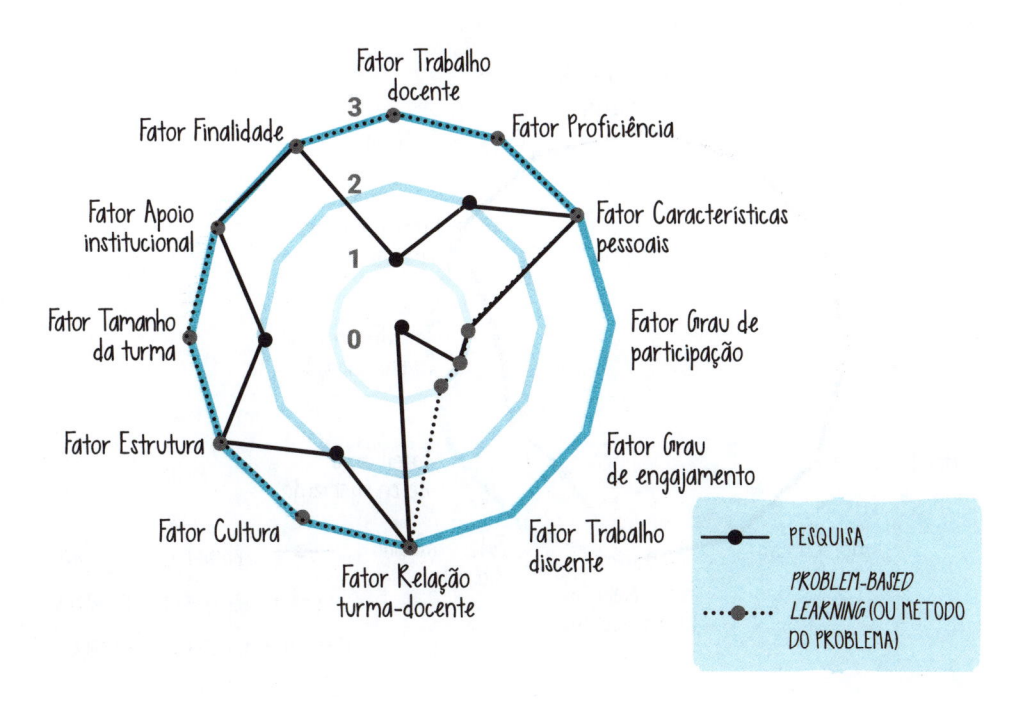

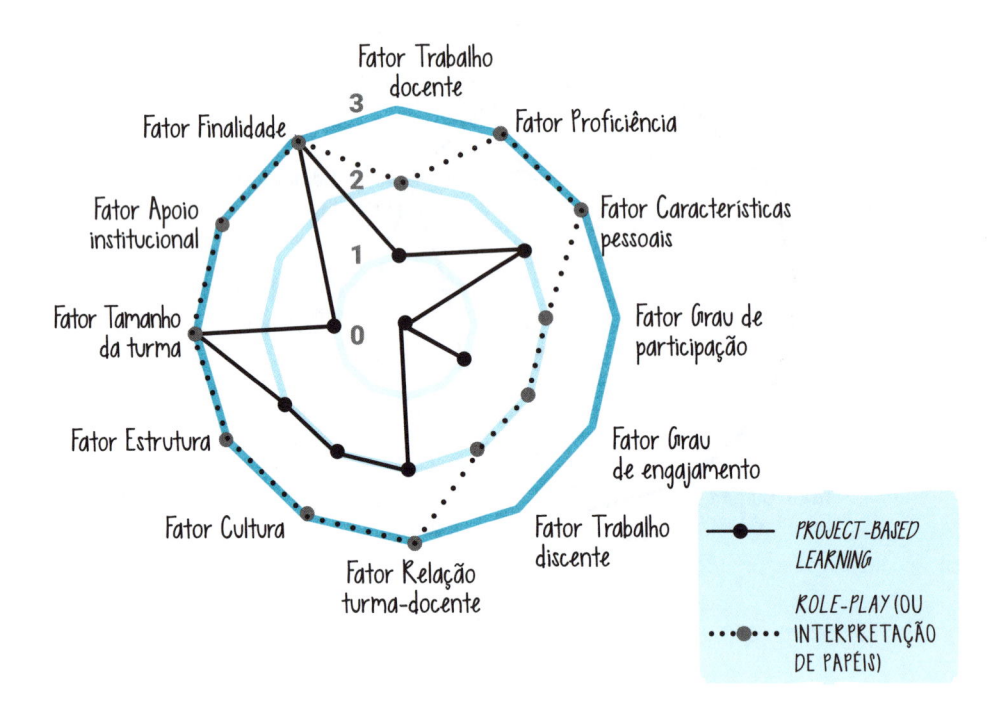

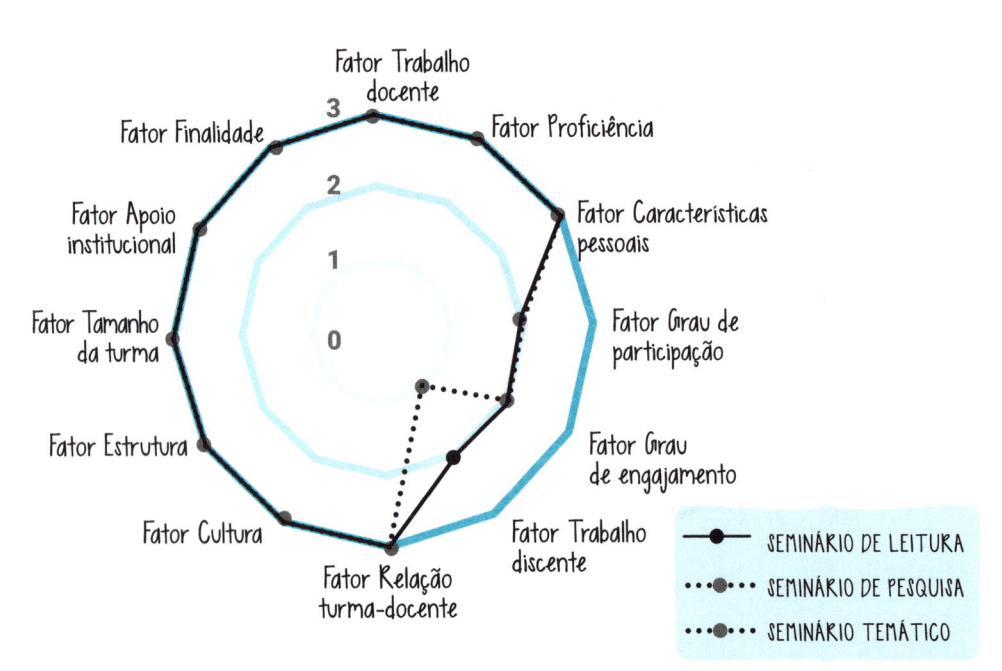

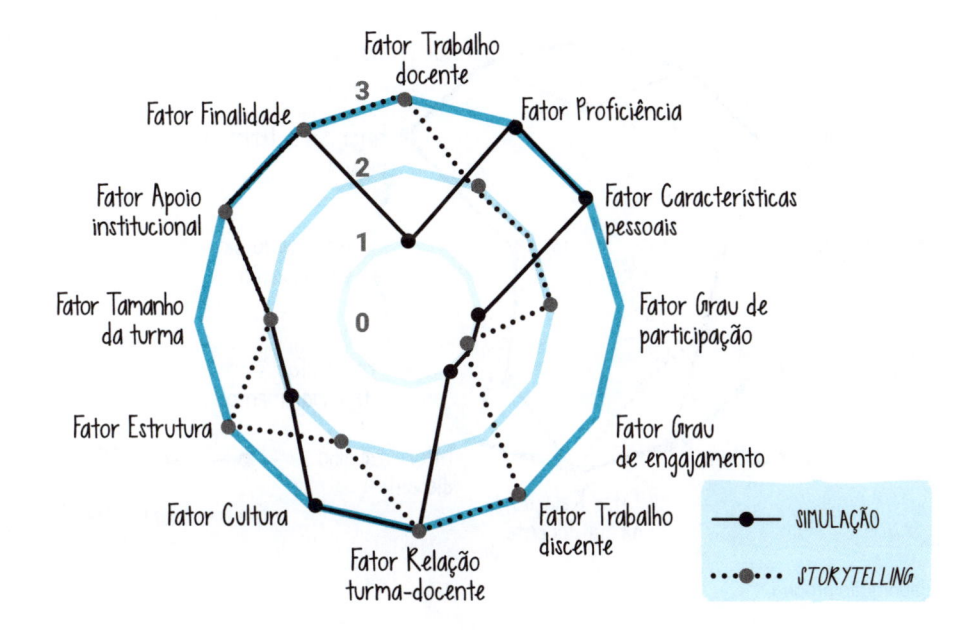

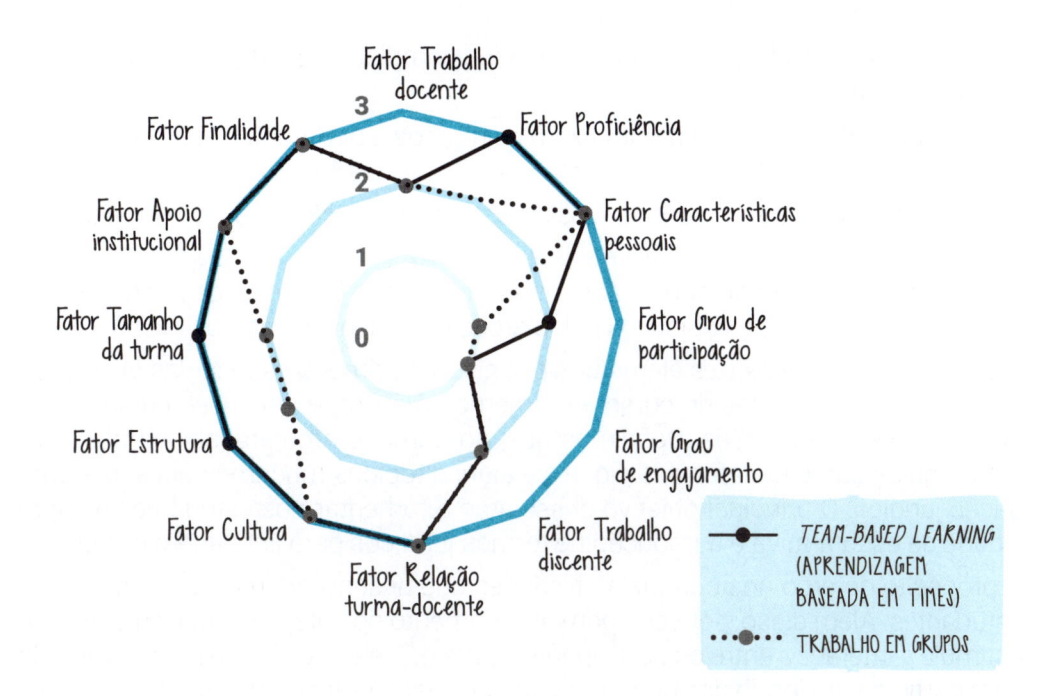

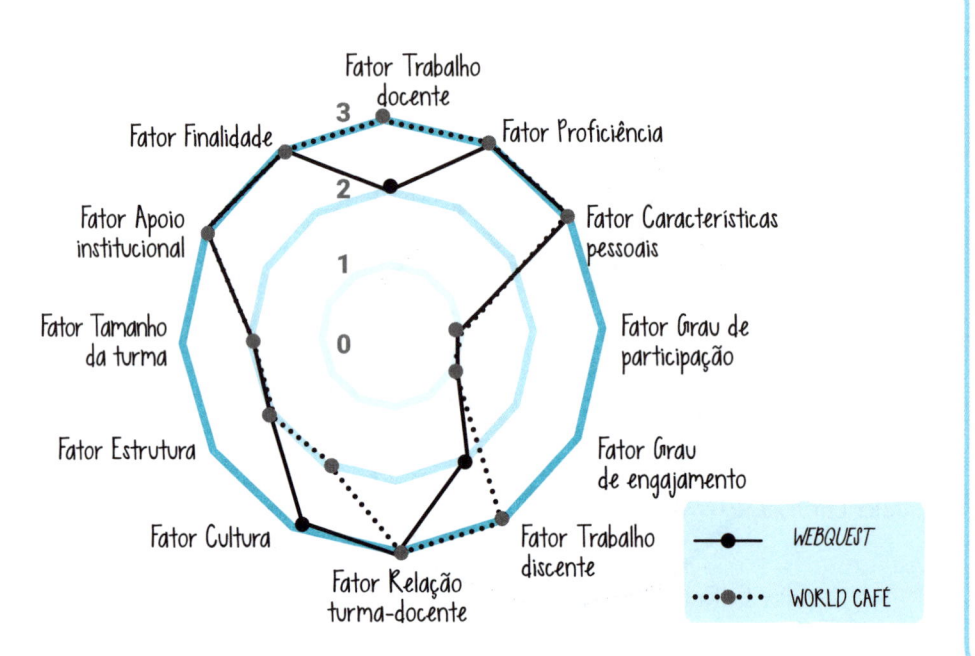

Fonte: elaboração própria.

4.2.3 Combinando os arcos de desenvolvimento com os temas de curso e os métodos de ensino

A escolha dos métodos de ensino apropriados completa o quadro de planejamento do **como ensinar**:

» Os **arcos de desenvolvimento** fixam os marcos a partir dos quais pensamos a formação dos estudantes do curso.

» Os **temas de curso** preenchem os arcos com a substância do que será desenvolvido no curso, sempre à luz dos objetivos.

» Os **métodos de ensino** formatam o tratamento dos temas tendo por referência a concretização dos objetivos e dos arcos de desenvolvimento.

A combinação entre os três elementos permite um primeiro esboço das atividades que serão desenvolvidas no curso. Retomemos o exemplo do nosso curso de Teoria Geral das Obrigações. Definimos que, no primeiro arco, trabalharíamos com quatro aulas sobre plataformas digitais e alguns tópicos fundamentais sobre obrigação jurídica. O principal objetivo desse arco é fomentar nos estudantes a capacidade de escuta-ativa e a tradução de termos jurídicos para linguagem comum.

O propósito do arco nos conduz a atividades que desenvolvem a escuta-ativa dos estudantes. Além disso, por ser o primeiro momento do curso, é importante que ele estimule a interação entre os participantes, para que eles se sintam mais à vontade para participar ao longo das demais aulas. O Quadro 12 traz uma proposta de atividades que poderiam formar esse primeiro arco.

Quadro 12 Correspondência entre tema, método e objetivos numa disciplina de Teoria Geral das Obrigações

ARCO	TEMA ESPECÍFICO	TEMAS DETALHADOS	POSSÍVEIS ATIVIDADES
1º arco específico: foca a formação de estudante capaz de se comunicar efetivamente. **Objetivos 3 e 4 – exercer escuta-ativa, traduzir linguagem jurídica para linguagem leiga e proficiência no conhecimento necessário de Direito.**	**Noções de obrigação jurídica: como funciona o modelo de negócio de uma plataforma de *matchmaking*?** O problema é atual e está presente no dia a dia de qualquer estudante que chega em sala de aula.	Quem são os sujeitos que se relacionam numa plataforma de *matchmaking*? O que acontece numa plataforma de *matchmaking*?	» **Trabalho em pequenos grupos:** exploração do programa e formulação de perguntas. » **Trabalho em pequenos grupos:** para integração, conversa sobre situações envolvendo algum problema que tenha tido com aplicativo – grupo pode ter que buscar elementos comuns nas histórias. » **Exposição dialogada:** modelos de negócio de plataformas de *matchmaking* e ideia de escuta-ativa. » ***Webquest:*** entendimento de como funcionam algumas plataformas, quem presta serviços e como presta.
	Noções de fontes das obrigações jurídicas: quem responde por um serviço ruim de aplicativo de transporte? O problema é didático e deve estar presente na vida de cada estudante – que já deve ter tido uma experiência de transporte no aplicativo mencionado.	Quem são os sujeitos que se relacionam numa plataforma de *matchmaking?* O que acontece numa plataforma de *matchmaking*? Quais riscos ou problemas podem existir no negócio? O que acontece quando alguém sai prejudicado ao usar essa plataforma?	» **Método do caso:** leitura de notícias ou narrativas de caso sobre acidentes envolvendo prestação de serviços por plataformas de hospedagem, mobilidade, *delivery* – identificação dos problemas. » **Aprendizagem baseada em problemas:** apresentação de um problema de acidente na prestação de serviço por um aplicativo e pedido para que resolvam. Em ambos os casos, para fomentar o objetivo de escuta-ativa, é possível que o caso seja dado por um estudante.

ARCO	TEMA ESPECÍFICO	TEMAS DETALHADOS	POSSÍVEIS ATIVIDADES
1º arco específico: foca a formação de estudante capaz de se comunicar efetivamente. **Objetivos 3 e 4 – exercer escuta-ativa, traduzir linguagem jurídica para linguagem leiga e proficiência no conhecimento necessário de Direito.**			» **Trabalho em pequenos grupos:** estudantes poderiam fazer atividade para treinar a escuta e fazer boas perguntas, lidando com situações de dano em serviço prestado por aplicativo. » **Debate ou diálogo socrático sobre responsabilidade de aplicativos.** » **Exposição dialogada ou com atividades de retorno:** diferença entre obrigação negocial e extranegocial. Responsabilidade civil e contrato de prestação de serviço por aplicativo. Escuta-ativa.
	Obrigações reais e pessoais: quem oferece serviços nas plataformas de *matchmaking*? Ainda na linha das plataformas de *matchmaking*, seria possível explorar o fenômeno dos motoristas de carros alugados, entregadores com bicicletas de empresas ou pessoas que locam casas no AirBnB.	Quem são os sujeitos que se relacionam numa plataforma de *matchmaking?* Distinção entre proprietário e locatário do bem empregado para prestação de serviço. Quem está prestando? Quais riscos ou problemas podem existir no negócio?	» **Mapeamento:** seria possível dividir os estudantes em grupos e pedir que eles criem um mapa de relações jurídicas existentes entre todas as pessoas num modelo de negócios como Uber, Cabify, 99Táxis, entre outros. Esse mapeamento deveria levar em consideração carros alugados. » **Exposição dialogada ou com atividades de retorno:** diferença entre direitos reais e direitos pessoais, discutindo o que cada pessoa teria de direito e dever nessa rede de relações.

ARCO	TEMA ESPECÍFICO	TEMAS DETALHADOS	POSSÍVEIS ATIVIDADES
1º arco específico: foca a formação de estudante capaz de se comunicar efetivamente. **Objetivos 3 e 4 – exercer escuta-ativa, traduzir linguagem jurídica para linguagem leiga e proficiência no conhecimento necessário de Direito.**	**Classificação das obrigações: plataformas de vídeo e *streaming* – o que elas fazem?**	Questão de qual é a obrigação das plataformas de vídeo ou *streaming* (dar ou fazer). Questão dos novos modelos de plataforma que permitem o *download* de músicas ou de filmes (fazer ou dar). Questão da regulação das plataformas de *streaming*.	» **Aprendizagem baseada em problema:** os estudantes poderiam ser estimulados a regular os serviços de *streaming*, discutindo se eles estabelecem relação de *fazer* ou de *dar* em relação ao usuário. O problema poderia ser restrito apenas, por exemplo, à regulação do corte no fornecimento de filmes, inclusive os baixados, por regressão no pacote ou falta de pagamento. » **Debate ou diálogo socrático:** colocar os estudantes para debater sobre as propostas de regulação, enfatizando a busca por pontos em comum e divergências. » **1-2-4:** os estudantes poderiam comparar propostas de regulação existentes sobre os serviços de *streaming*, com ênfase nos aspectos que tocam à questão da obrigação de fazer ou de dar. » **Exposição dialogada ou com atividades de retorno:** sintetizar as diferenças entre obrigações e apresentar outros tipos de obrigações, mostrando a importância das classificações.

Fonte: elaboração própria.

A concretização da terceira etapa por meio da definição de métodos de ensino que podem ser utilizados para desenvolver os temas dos cursos dá forma e substância para o curso. Neste momento já seria possível preencher **quase todos os elementos essenciais de um programa de ensino.** Veja, até agora definimos os objetivos de aprendizagem e as atividades que servirão para atingi-los, além dos temas trabalhados no curso.

4.3 Terceira etapa: definir a preparação prévia

Ainda na parte de **como ensinar**, não podemos deixar de dizer algumas palavras sobre a preparação prévia.

O que é a preparação prévia? Tal como se faz para participar, por exemplo, de uma entrevista de emprego ou de uma reunião profissional, as pessoas estudam antecipadamente a fim de chegarem preparadas para situações que irão ou poderão enfrentar. Para uma aula baseada no ensino participativo, não é diferente. Pode ser a leitura de um texto ou de um caso, a visualização de um vídeo, a resposta a um questionário, a indicação de algo da sua realidade, enfim, qualquer coisa útil ao aquecimento para a aula e que prepare os alunos para o momento do encontro.

Sua importância se reflete em vários fatores. Ela pode ser condição para a realização de algumas atividades (como uma simulação), ou algo que aprimora o aproveitamento dos estudantes na aplicação de alguns métodos (como o debate ou o diálogo socrático), ou, ainda, a essência do próprio método (como a sala de aula invertida).

Primeiramente, ela introduz os participantes ao que será abordado na aula, contextualizando a temática e permitindo a utilização do momento do encontro para trocas e discussões, não para atividades que podem ser realizadas individualmente – como a leitura de um texto. Essa etapa deixa o contato e a dinâmica da aula mais significativos e produtivos, tornando-a mais valorizada pelos alunos.

Além disso, como o ensino participativo parte do pressuposto de que o estudante tem uma interpretação da realidade que deverá ser alterada e refinada (inclusive em contraste com as interpretações dos colegas), é importante que ele venha para a sala de aula com um contato prévio com o tema, seja a partir de sua própria experiência de vida, seja a partir de sua preparação para a aula. Os alunos são confrontados com seu próprio saber. Sua bagagem de conhecimento é trazida à consciência. Eles poderão refletir, avaliar, contrapor e avançar, construindo e expandindo seus conhecimentos. As habilidades de raciocínio lógico e argumentação são desenvolvidas, uma vez que os alunos terão que contar ao grupo o que compreenderam e articular o conteúdo com as proposições de sala de aula e seus conhecimentos prévios. Se o grupo realiza a preparação, podemos contar com a troca de olhares e opiniões.

Vale lembrar que o docente também deve se preparar para cada aula, como os discentes. Se ambos desempenham um papel fundamental no processo de ensino e aprendizagem e possuem responsabilidades, por que somente o professor é quem deve se preparar para o momento da aula, não é mesmo? Trata-se realmente de um trabalho em equipe, e, se uma das partes não cumprir suas obrigações, todos os participantes serão afetados, tanto na dinâmica do processo quanto no resultado (aprendizado).

A partir dessa nova dinâmica entre docentes e discentes, o rendimento em sala de aula torna-se superior, pois não será esperada uma discussão superficial sobre um determinado assunto, mas sim opiniões e discursos mais bem fundamentados por estudantes motivados, ávidos por conhecimento. O engajamento dos estudantes, então, é fundamental para que a preparação prévia funcione.

No entanto, ouvimos inúmeras vezes o mesmo questionamento em nossas oficinas de formação docente: como fazer que os alunos se preparem para as aulas?

Percebemos que uma sensibilização deve ser feita para que essas pessoas, possivelmente acostumadas a apenas comparecer a uma aula e permanecer passivas, se preparem. O facilitador desse processo tem a responsabilidade de orientar os aprendizes sobre o que deve ser feito antes do encontro, como deve ser feito e quais os objetivos dessa preparação. Com tudo mais claro, as chances de a turma se empenhar é muito maior. E como uma coisa leva à outra, o estímulo gerado pela participação ativa do processo de aprendizado faz com que os aprendizes se sintam responsáveis e levem a sério a preparação para cada aula, o que, por sua vez, influi para que sejam desenvolvidas, mais do que o conteúdo, habilidades essenciais para uma atuação profissional diferenciada.

Entretanto, apenas a sensibilização não é suficiente para levar a turma a se preparar. Estudantes podem ser apáticos ou estratégicos. Os apáticos não respondem aos estímulos do curso e dificilmente farão qualquer coisa que for pedida. O desafio é tirá-los da apatia, o que pode ser feito se eles se sentirem estimulados a aprender – daí a importância de um programa bem planejado. Os estratégicos, por sua vez, estarão sempre procurando maximizar seus objetivos, seja o aprendizado (estratégicos que aprendem profundamente), seja a aprovação (estratégicos que aprendem superficialmente). Estudantes fixam prioridades entre as várias disciplinas e isso afeta a dedicação para se prepararem.

A diversidade também pode impactar diretamente a preparação prévia em razão do perfil econômico dos estudantes. A carga horária disponível para se preparar será inversamente proporcional à quantidade de compromissos que eles devem atender, o que é especialmente importante no caso de alunos que trabalham. Devemos considerar que, muitas vezes, a preparação prévia para esses estudantes se dá no transporte para a universidade ou nos poucos horários vagos que possuem, com consequências tanto para o tipo de material (por exemplo, textos para leitura ou *podcasts* para acompanhamento) quanto para a quantidade de material disponibilizado.

A sensibilização dos estudantes para a importância da preparação prévia é insuficiente para fazer com que a turma se prepare para aulas. O professor também deve saber como pedir e utilizar a preparação efetivamente.

4.3.1   Como prever a preparação prévia: quando e como pedi-la?

A primeira pergunta que você deverá se fazer ao elaborar o programa é: preciso prever uma preparação prévia **para a aula?** Veja, há uma diferença entre oferecer aos estudantes diretrizes de leitura para a formação intelectual presente e futura deles e demandar algo que será necessário para que eles façam a atividade em sala de aula – ou aproveitem mais a dinâmica. A **preparação prévia obrigatória** é diferente da **preparação complementar** ou do **material de formação**.[9] A primeira corresponde ao que o estudante deve fazer para construir uma interpretação mínima sobre o que vai ser trabalhado em sala de aula. Ela cria o senso comum da turma que será refinado por meio da aula. A preparação complementar serve para superar esse senso comum, permitindo que o estudante já chegue à aula com uma leitura refinada do tema. Finalmente, o material de formação é uma indicação de materiais de aprofundamento que servirão para o estudante mais interessado e curioso desenvolver o tema, inclusive futuramente.

Para definirmos se é necessária a preparação prévia, buscamos identificar o que os estudantes precisam para desenvolver a atividade em sala de aula e refinar seu senso comum.

Por vezes, a atividade envolverá opiniões disseminadas no senso comum ou conhecimentos sabidamente tratados anteriormente no programa da instituição. Nesses casos, a preparação prévia obrigatória pode ser dispensada, trazida para sala de aula (por meio de um texto ou de uma aula expositiva) ou, ainda, reduzida para um mínimo necessário para relembrar a turma desse senso comum ou do conhecimento anterior. No caso da nossa disciplina de Teoria Geral das Obrigações, por exemplo, poderíamos prever para a terceira aula (*quem oferece serviços nas plataformas*) uma notícia de jornal que falasse sobre a quantidade de motoristas de aplicativo que trabalham com carro alugado de outra pessoa – inclusive, comparando com a mesma situação entre os taxistas. Apenas a notícia já seria suficiente para despertar os estudantes para a necessidade de pensar que há outras pessoas envolvidas na prestação desse serviço que não apenas o motorista, a plataforma e o cliente. Isso seria útil para o mapeamento de relações jurídicas que poderia ser feito em sala de aula.

Outras vezes, a atividade envolverá uma interpretação de um texto, de um instituto jurídico ou de uma situação jurídica. Nessa hipótese, a preparação prévia obrigatória é imprescindível, mas ficará limitada a dar uma visão sobre o texto, o instituto jurídico ou a situação. A atividade também poderá exigir um conhecimento mínimo sobre os institutos jurídicos para que os estudantes não se percam na solução de um problema ou de um caso, mas consigam partir deles para desenvolver seu próprio conhecimento. Por uma questão de economia de tempo, pode valer prepará-los anteriormente. Finalmente, a atividade também pode envolver uma troca de opiniões entre os estudantes, como num debate ou numa aprendizagem baseada em times. A preparação prévia é recomendável, primeiro, para uniformizar o entendimento dos estudantes (evitando efeito carona, desigualdade de conhecimento); segundo, para permitir o efetivo questionamento de leituras e interpretações; terceiro, para possibilitar que os estudantes não se prendam a questões já consolidadas na prática jurídica.

---

9 A distinção entre preparação prévia obrigatória, preparação complementar e preparação de formação é uma reflexão do professor José Garcez Ghirardi, da Escola de Direito de São Paulo da Fundação Getulio Vargas.

Saber quando exigir preparação prévia é importante para que se possa usá-la efetivamente no curso e, em consequência, os estudantes se sintam motivados a se preparar. Em suma, **a preparação prévia obrigatória será recomendável** quando a atividade de sala de aula:

» Compreender interpretação de texto, instituto jurídico ou situação jurídica que será desestabilizada e refinada.

» Envolver troca de opiniões entre os estudantes.

» Não dispuser de sobra de tempo para que a preparação seja feita na própria sala de aula (por exposição ou por leitura, por exemplo).

» Abranger materiais didáticos muito extensos que serão mais aproveitados se os estudantes tiverem contato previamente.

A segunda pergunta diz respeito a: **como exigir a preparação prévia?** Antes de tudo, é importante que a preparação seja dada antes da aula e com tempo hábil para que seja feita. Com as novas tecnologias educacionais, fica bem fácil disponibilizar os materiais com instruções aos alunos com antecedência. No ato da matrícula também podem ser dadas orientações sobre as condições e a disponibilidade de tempo para realização da experiência completa de aprendizagem, considerando a dinâmica da preparação extraclasse. Ressaltamos, novamente, a relevância de um programa de ensino bem redigido e apresentado aos alunos.

Outras dicas sobre como selecionar e indicar a preparação prévia são:

» No tocante à **extensão da preparação**, deve-se levar em conta não apenas o que os estudantes são capazes de cobrir, mas também o que o próprio professor está apto trabalhar em sala de aula. Não é necessário dar todas as páginas de um artigo de periódico, se o enfoque da aula recairá sobre uma única seção – a íntegra pode ser indicada como material complementar.

» Com relação ao **tipo de material**, deve-se levar em conta não apenas o perfil econômico da turma, como dito anteriormente, mas também a diversidade de estilos de aprendizagem, além dos objetivos de aprendizagem da disciplina. Se a proposta é desenvolver nos estudantes a capacidade de leituras de textos complexos, por exemplo, a preparação deverá se basear em textos. Se for, por outro lado, desenvolver o senso de integração com a realidade, *podcasts* e notícias podem ser mais atuais e próximos do dia a dia. Vale a pena considerar também que algumas pessoas aprendem melhor lendo, enquanto outras aprendem ouvindo, por exemplo.

» Acerca do **modo de se preparar**, é recomendável que a indicação seja acompanhada de instruções claras sobre o que e como fazer, frisando a importância de todos estarem presentes no dia da aula com a atividade feita, de forma a atribuir responsabilidade aos alunos nesse processo.

⚬⚬⚬ PROBLEMA: descolamento entre preparação e aplicação

Um problema que desestimula a realização da preparação prévia obrigatória, mesmo pelos melhores estudantes, é o descolamento entre preparação e aplicação. Isso acontece normalmente quando o professor repete as mesmas informações da leitura de preparação, mas o descolamento também pode aparecer em razão da divergência de enfoques sobre o texto. Nessa situação, o estudante vem para a aula acreditando que o professor enfatizará determinados pontos do material, mas é surpreendido pelo fato de que as questões abordadas em sala eram outras.

Uma solução para esse problema de descolamento é o **estudo dirigido**. Trata-se de um conjunto de perguntas ou tarefas a serem feitas pelo estudante durante a preparação prévia e que serve como guia para orientá-lo a enfocar os pontos relevantes para a atividade em sala de aula (ANASTASIOU; ALVES, 2005, p. 84-85).

» Quanto à **forma de apresentação**, convém estabelecer prazos e oferecer um calendário, ainda que sujeito a mudanças, a fim de que todos possam se programar com certa antecedência para a realização das tarefas. Os resultados dessa disponibilização podem ser vistos, por exemplo, na impressão das "apostilas" de material de preparação no início do curso pelos alunos.

» No que concerne à **disponibilização**, é importante garantir que a preparação prévia esteja disponível e que seu acesso seja fácil, ainda que se peça aos alunos que busquem seu próprio material. Quanto mais inacessível o material, maiores as chances de que os alunos utilizem isso para justificar a falta de preparação – e com certa dose de razão, especialmente para aqueles que têm mais dificuldade de obter o material porque trabalham ou são alunos de dependência e não têm laços com o resto da turma.

4.3.2 Como usar a preparação prévia?

O encontro em sala de aula é fundamental para determinar se os estudantes se sentirão motivados ou não para realizar a preparação prévia. Pode ser difícil que os alunos, não acostumados ao ensino participativo, assumam essa responsabilidade fora da sala de aula. Então, independentemente de pedir ou não uma leitura prévia de algum material, é fundamental reservar um momento inicial dos encontros para sensibilizá-los sobre a importância de se prepararem antes para as atividades, além de se certificar de que todos estejam na "mesma página".

A regra de ouro da preparação prévia é utilizá-la em sala de aula a todo momento.

Pensando que você selecionou tarefas e conteúdos relevantes para o trabalho que será desenvolvido em sala de aula, é fundamental que seja dado o devido valor a esses materiais e ao esforço que os alunos tiveram para explorá-lo. A relação professor-aluno é um contrato que envolve as duas partes. Se foi pedido aos alunos que se preparassem responsavelmente para a aula, cabe ao docente cumprir com sua palavra e utilizar os materiais em sala de aula. Afinal, não pediríamos algo que não fosse relevante e imprescindível para o aprendizado e para a dinâmica da aula, certo?

Além disso, trabalhar o conteúdo de preparação em sala de aula permite verificar a qualidade, por exemplo, da leitura de um texto. Isso pode ser feito de maneira bem simples, com perguntas que levam a caminhos personalizados de acordo com as respostas. Conforme o nível das respostas dos alunos, o professor saberá se foi realizada uma leitura mais cuidadosa ou, digamos, uma preparação mais superficial, daquela feita minutos antes da aula para cumprir a tarefa.

No início da aula, então, é bom separar um tempo para trabalhar com esse material, individualmente ou em grupo, para que todos se posicionem e esclareçam eventuais dúvidas. Considerando que essa leitura não será inédita (em tese, os alunos já terão tido contato com o material quando estiverem se preparando para a aula), essa atividade pode ser acompanhada de perguntas-chave ou de questionamentos que pedem um posicionamento dos participantes, não apenas para verificar se todos de fato leram e compreenderam, mas também para reforçar conceitos ou situações que serão desenvolvidas durante a dinâmica do encontro.

O processo deve ser realizado a cada encontro, a fim de garantir que o grupo todo caminhe coletivamente, sanando dúvidas e tornando-o apto a avançar na programação das aulas, uma vez que elas pressupõem certo nível de familiaridade com os conceitos e conteúdos que serão trabalhados no dia. Isso não significa que se deve desconsiderar o trabalho dos alunos que se prepararam. O momento inicial é importante para tirar dúvidas ou uniformizar entendimentos básicos, mas não para suprimir interpretações ou pontos de vista sobre o material-base. Do contrário, se o momento for utilizado para repassar a preparação prévia (ou reproduzi-la), quem se preparou não enxergará necessidade nisso e priorizará outras disciplinas (ou atividades).

Conforme o docente for guiando os alunos, é interessante conhecer as impressões que eles tiveram do material, se acharam relevante ou não, quais associações fazem com a realidade em que vivem etc. Ter um retorno da turma é sempre importante para a relação professor-aluno e eventuais ajustes no curso.

Mas o que fazer quando estudantes não se preparam para a aula?

Antes de tudo, é importante dar um passo atrás e questionar a própria preparação prévia. Será que ela foi adequada ao perfil da turma ou foi excessiva? O material indicado estava acessível ou exigia esforço da turma para obtê-lo? O conteúdo era próximo ou distante da realidade dos estudantes? Esse episódio é consequência do mau uso da preparação prévia em encontros anteriores? Note, mais uma vez, que a prática docente é uma prática reflexiva, ou seja, exige constante esforço de justificação e reflexão.

Vamos assumir que nada disso tenha dado causa ao problema, que se deveu exclusivamente à falta de vontade dos alunos. Nessa hipótese, é importante frisar as responsabilidades de cada uma das partes, de como é fundamental seu cumprimento para si e para o grupo. É igualmente relevante entender se a falha decorre de imprevistos, razões pessoais, motivos profissionais etc. Caso tenha sido um episódio isolado decorrente de um imprevisto, mas ele possa vir a se repetir, pode ser interessante combinar o que será feito na nova oportunidade.

A negociação também é a base da resposta caso a falta tenha ocorrido sem qualquer imprevisto. Esse tipo de situação, dependendo da atividade planejada, pode inviabilizar a dinâmica da aula. Caso isso aconteça, convém que o docente reserve um tempo no início da aula para salientar o problema e questionar a turma sobre os motivos de não terem se preparado – quais alternativas oferecem. Essa espécie de pacto contribui para constranger os estudantes a se preparar das próximas vezes, pois, além de terem compreendido a importância do papel individual perante o grupo e as vantagens de comparecer à aula com os deveres cumpridos, terão participado diretamente do processo de definição.

Há uma série de estratégias que procuram lidar com alunos que não fizeram a preparação prévia. Algumas delas são as seguintes:

» Criar formas para que os estudantes apontem por si mesmos se fizeram ou não a preparação, por exemplo, a fixação de uma lista no mural da sala de aula para que indiquem se fizeram ou não. Além de chamar a responsabilidade para a turma, essa ferramenta serve para que o professor possa corrigir a rota antes da atividade. Ela pode vir acompanhada de combinados sobre o número de vezes em que se aceita a falta de preparação ou sobre a quantidade de pessoas que devem ter participar para que a atividade ocorra.

» Viabilizar oportunidades durante a aula para que os estudantes que não se prepararam possam tomar conhecimento do material de preparação prévia. Isso pode acontecer por meio de trabalho em pequenos grupos ou da disponibilização de uma versão resumida antes da dinâmica. O importante é que essas oportunidades não substituam a preparação, o que desestimularia as pessoas que a fizeram.

» Propiciar programas de estudo personalizados para os estudantes mais faltosos. Trata-se de uma estratégia mais apropriada para turmas com menos alunos ou para alunos específicos numa turma maior. Consiste na pactuação de um programa específico que contemple a rotina de estudos e as preferências do estudante. Pode ser, por exemplo, a designação de uma quantidade menor de páginas para aquela pessoa que trabalha e não tem tempo de ler o texto inteiro, ou então a indicação de um episódio de *podcast* para a pessoa que se engaja mais com mídia audiovisual do que com textos – assumindo que leitura de textos não seja um objetivo da disciplina.

Vale trazer uma última palavra sobre a relação entre preparação prévia e avaliação. É comum encontrarmos professores que utilizam os instrumentos de avaliação como estímulos para que os estudantes realizem a preparação. Os métodos variam desde um estímulo mais negativo – por exemplo, a perda da nota de quem não se preparou – até um estímulo mais positivo – por exemplo, possibilitar que os alunos consultem o material durante a realização da prova. No tocante à motivação, é importante ressaltar que o primeiro tipo de estímulo aumenta as chances de bloqueio na aprendizagem e contribui para que o estudante não veja sentido na preparação. Ao contrário, quando o desempenho na avaliação é fortalecido pela preparação prévia, os estudantes ganham uma motivação adicional e se sentem mais interessados em realizá-la. E já que falamos em avaliação...

4.4 Quarta etapa: escolher instrumentos de avaliação adequados

Se a primeira etapa envolve saber **aonde se deseja chegar** e se a segunda, a terceira e a quarta etapas concernem a saber **como chegar lá**, a quinta e última diz respeito a saber **quando se chegou aonde se desejava**. Uma vez fixados os objetivos de aprendizagem e esboçadas as atividades de ensino, pensamos em como avaliar o desempenho dos estudantes e em quais momentos do curso essa avaliação acontecerá.

A avaliação é uma forma de certificar o aprendizado, medindo e atestando que o aluno concluiu determinado processo. No entanto, vale a pena refletirmos brevemente sobre o significado da palavra *avaliar*. Quando usamos esse termo, estamos nos referindo à análise ou atribuição da importância de algo – o que tem valor e o que não tem (GHIRARDI, 2012a, p. 64-65). No processo de aprendizagem, portanto, o ato de avaliar envolve duas dimensões: de um lado, a indicação para os alunos do que será valorizado no curso; de outro, a mensuração do desenvolvimento dos estudantes. Por isso, antes de conhecer e escolher um ou mais tipos de avaliação, deve-se refletir sobre onde ela se encaixa no planejamento do curso e o que se pretende com ela.

Estamos acostumados com a avaliação certificatória, que é aquela que procura simplesmente certificar que o aluno concluiu um curso (GHIRARDI, 2012a, p. 67). Por meio do sucesso na avaliação, infere-se que o estudante tem todas as habilidades e o conhecimento que ela supõe testar. É o caso do Exame da OAB, do Enade ou, no nível das disciplinas, das provas de final de semestre.

O problema da avaliação certificatória é que ela não faz parte do processo de formação do estudante, pois é externa a ele. Voltando às duas dimensões mencionadas, ela indica para os estudantes que o importante é passar (não importa como) e mensura o desempenho do estudante em apenas um momento de sua trajetória (o momento de certificação). Se no ensino participativo estamos preocupados com a efetiva aprendizagem do estudante, que deve concretizar objetivos de aprendizagem, e se estruturamos nosso curso a partir de marcos de formação, precisamos de uma ferramenta melhor.

Essa ferramenta é a **avaliação formativa**. Ela não é meramente atestadora de que os alunos são capazes de reproduzir uma determinada resposta esperada. Ao contrário, ela é parte do processo de aprendizado, sendo algo contínuo, e não pontual. Ela não se reduz a um único momento ou produto, como um retrato momentâneo de um processo intenso e transformativo, pois faz parte do aprendizado a construção durante a caminhada, e não somente de que forma se cruzou a linha de chegada.

A avaliação formativa procura concretizar diversos fins: afere o desenvolvimento do estudante ao longo de vários momentos; indica como ele pode melhorar para atingir o objetivo esperado; motiva a pessoa a obter esse aprendizado; e permite ao professor corrigir rotas, se necessário, para que o curso seja bem-sucedido (GHIRARDI, 2012a, p. 68-69). Dito isso, a intenção de realizar uma avaliação dos alunos, por vezes tão temida, é gerar neles uma motivação constante de se aprimorar, se superar e ser reconhecido, não inibindo seu desempenho nem os induzindo a performar somente por uma nota, por exemplo.

Agora, puxe pela memória: você já ouviu alguém reclamar de como avaliar é um fardo? Ou de como é chato ouvir aluno tentando obter alguma nota, mínima que seja, para passar de ano? Reparamos que muitas vezes os professores não gostam da avaliação. Vários fatores podem contribuir para isso, como a carga de trabalho e a dificuldade de ter justiça na nota, mas também percebemos que existe uma grande insegurança em como realizá-la.

Nosso objetivo é suprir essa possível lacuna. Queremos mostrar que as escolhas avaliativas também têm relação direta com o método de ensino, uma vez que envolvem as escolhas metodológicas, seus objetivos e sua aferição. Antes, porém, consideramos fundamental fazer uma distinção entre **feedback** e atribuição de nota.

4.4.1   Avaliar não é somente atribuir nota! A distinção entre nota e *feedback*

Uma confusão comum no momento de pensar a avaliação é acreditar que estamos falando de atribuição de nota. Veja, a nota (geralmente de 0 a 10) ou o conceito (A, B, C ou bom, muito bom etc.) são medidas que permitem ao professor indicar aos estudantes como eles desempenharam determinada tarefa. Por ser um indicador numa escala (0 a 10 ou conceitos), a nota é uma sinalização objetiva e comparável, em torno da qual os estudantes podem se planejar para passar de ano ou se situar na média da turma.

Entretanto, você deverá concordar que dizer que uma resposta é "nota 10" é apenas um modo de falar. No mínimo, a resposta "nota 10" é aquela que conseguiu reproduzir todas as informações que o professor julgou relevantes para a pergunta. O "10" não significa nada, exceto que um objetivo foi plenamente alcançado. A diferença entre uma prova 10 e outra 8,5 não é 1,5 – medida que só poderia significar alguma coisa se estivéssemos mensurando, por exemplo, a quantidade de informações colocadas na resposta, ou se resultasse da soma de notas intermediárias, por exemplo 3,0 da primeira questão, 2,5 da segunda e 3,0 da terceira. Elas se distinguem porque numa o estudante conseguiu mostrar com excelência a concretização do objetivo, enquanto na outra faltou algo para atingi-lo.

Dar nota para os estudantes é apenas uma das formas de avaliá-los. A avaliação pode ocorrer sem esse elemento. É nesse momento que entra o *feedback*.

Entendemos por *feedback* não apenas o retorno de desempenho do estudante (tradução para o português aproximada da expressão), mas também as orientações para que melhore sua atuação ou reflexão futura (o que alguns chamam de *feedforward*).[10] Basicamente, consiste na apresentação de uma opinião fundada sobre o que o aluno fez, de maneira a indicar pontos positivos e negativos, com intuito de reforçar e aprimorar o que deu certo, além de corrigir o que deu errado para as próximas tentativas. Estamos sempre dando retorno para os estudantes sobre suas condutas (por exemplo, pela linguagem corporal), mas apenas quando verbalizamos isso para eles é que estamos contribuindo para a sua aprendizagem.

A avaliação e o *feedback* são etapas inseparáveis do processo de aprendizagem. É importante dar retorno constante aos alunos a fim de que, ao longo da aula ou do curso, eles mesmos desenvolvam um senso crítico e autoavaliativo, aprimorando eventuais pontos durante o processo – e não somente ao final, quando já não terá mais chance de errar e perceber ou explorar todo o seu potencial.

É por ser parte do processo de aprendizagem que Fink (2003, p. 95-96) sugere que o *feedback* deve seguir a regra FIDeLity:

» Deve ser **frequente** (*frequent*), para propiciar o acompanhamento do estudante durante toda a sua trajetória, possibilitando-lhe melhorar e motivar-se a aprender.

» Deve ser **imediato** (*immediate*), para que o estudante tenha tempo hábil para mudar seu comportamento ou sua reflexão.

» Deve ser **diferenciador** (*discriminating*), para que o estudante saiba distinguir o que é um desempenho excelente de um desempenho satisfatório ou insatisfatório, por exemplo.

» Deve ser **amável** (*loving*), para que ele seja aceito pelo estudante e consiga motivá-lo a melhorar.

Observe alguns exemplos de *feedback* que não envolvem nota: comentar a resposta de uma aluna em sala de aula, ressaltando os pontos positivos e negativos de sua participação; passar de grupo em grupo ouvindo as potenciais respostas e comentando sobre o que se está observando do trabalho deles; receber a pontuação

---

10 Cf., por exemplo, Quinton e Smallbone (2010).

de um jogo de perguntas e respostas ou de um questionário em sala; comentar a resolução de um exercício em sala de aula, a partir das respostas da turma.

É responsabilidade do professor dar *feedback* constante aos alunos, porque isso lhes permite conduzir seu processo de construção de conhecimento e desenvolvimento de habilidades. **Contudo, o *feedback* não é dado apenas pelo professor**. Formal ou informalmente, os alunos podem sempre trocar impressões entre si sobre seu desempenho; monitores e assistentes podem acompanhar mais de perto a realização de atividades; até mesmo os clientes de um escritório-modelo podem oferecer suas considerações sobre o desempenho dos estudantes. Nada disso precisa envolver nota, e ainda assim contribui para o processo.

No entanto, você deve estar se perguntando: então, qual é a melhor forma de dar o *feedback*?

Muito mais que um número ou conceito (aprovado/reprovado, regular/bom/excelente, entre outros), é importante que você tenha sempre em mente que esse ato também compõe a trajetória de aprendizado dos alunos, tanto quanto as atividades que realizará dentro e fora da sala de aula. O *feedback* é determinante para ativar os processos de aprendizagem, assim como para melhorar sua motivação e autoimagem (FERNANDES, 2009).

A melhor maneira de oferecê-lo é seguir algumas estruturas de comunicação da linguagem não violenta. Um *feedback* construtivo não ofende, oprime, violenta, humilha ou tira a confiança da pessoa. Infelizmente, precisamos afirmar isso, uma vez que ainda são comuns nos cursos jurídicos episódios em que o professor responde rispidamente a uma tentativa de resposta do aluno ou, pior, rebaixa a sua opinião diante de toda a sala. Ao contrário, é importante que o docente crie um ambiente acolhedor e estabeleça uma boa comunicação com o grupo, pois da sua atuação dependerá o alcance dos objetivos da aula.

A regra de ouro do *feedback* é pensá-lo como um presente que se dá para a outra pessoa se aprimorar. Outras dicas são:

» Ser o mais **concreto** possível, apontando um comportamento ou uma fala que tenha acontecido e demonstrar o desempenho ou a opinião que se deseja comentar. Exemplo: "naquele momento, você falou na frente de uma pessoa que estava com a mão levantada".

» Ser o mais **específico** possível, apontando para um comportamento ou uma fala delimitados no tempo e no espaço, em vez de indicar um conjunto de ações indeterminadas no tempo. Exemplo: "no início da atividade em grupo, reparei que você rebateu todas as ideias que contrariavam a sua".

» **Não rotular** as pessoas, o que é uma consequência natural das duas dicas anteriores. O problema com a rotulação é que ela não indica um comportamento a ser melhorado ou uma opinião a ser alterada. Exemplo a não ser seguido: "Você é tímido e precisa melhorar essa postura".

» Vir acompanhado de um **diagnóstico** ou, ao menos, fomentar a autorreflexão sobre o que levou a essa conduta. O *feedback* contribui para que o estudante busque as razões de como ele agiu. Exemplo: "Você não terminou a atividade a tempo. Observei que no início você pegou vários livros e demorou um pouco para identificar quais eram os mais relevantes. Talvez tenha sido isso, o que acha?".

» Vir acompanhado de uma **proposta de comportamento ou opinião**, com o objetivo de apresentar o que poderia ter sido feito. Exemplo: "Para terminar a atividade no tempo, você poderia ter deixado de lado a ideia de fazer um rascunho do texto e ter preenchido apenas tópicos".

Uma fórmula objetiva para realizar um bom *feedback* é: eu gostei... eu gostaria de ter visto mais...

Observe: essa fórmula começa com algo que você gostou de ter visto ou ouvido no que o estudante fez ("eu gostei quando você se referiu à fala do seu colega para discordar no debate" ou "eu gostei quando você se referiu ao texto de preparação prévia na sua resposta"). A segunda parte da fórmula é importante porque não enfatiza o problema, e sim a solução. Em uma única frase ela aponta o que faltou e o que poderia ter sido diferente ("eu gostaria de ter visto você se referindo mais ao que foi dito no debate" ou "eu gostaria de ter visto você se referindo mais aos conceitos técnicos na sua argumentação"). Também pode ser substituída por uma pergunta reflexiva ao estudante ("o que você acha que poderia ter feito de diferente?").

Em sala de aula, aconselhamos que reserve um momento ao final de cada dinâmica para dar um retorno aos alunos, ainda que coletivo. Também é possível fazer pequenas intervenções durante a dinâmica, por exemplo, após a fala de alguém. É muito mais positivo para o ambiente da sala dar um *feedback* positivo após uma boa participação (eu gostei...) do que ressaltar o que poderia ter feito depois de uma participação pior.

Finalmente, é importante que os estudantes também sejam treinados a receber *feedbacks*! É muito comum que respondamos a uma crítica construtiva de maneira negativa – Bregman (2019) aponta pelo menos 13 formas: vitimização, orgulho, minimização, rejeição, fuga, culpabilização, contraexemplos, ataque, desqualificação, desvio de foco, negação, ironia ou exagero. Eles devem saber que a melhor resposta possível quando recebem a observação é simplesmente agradecer e dizer que vão refletir a respeito. Posteriormente, após pensar sobre o que foi dito, poderão comentar.

4.4.2 Uma lista de instrumentos de avaliação

Assim como para ensinar, também existe uma lista de métodos de avaliação que utilizam instrumentos próprios para mensurar o desempenho e apresentar um *feedback* aos estudantes. E, como apresentado anteriormente, é fundamental associar essas formas de avaliação com os objetivos de aprendizagem do curso.

Quadro 13 Lista de métodos de avaliação e principais objetivos de aprendizagem

TÉCNICA	DESCRIÇÃO	BOM PARA AVALIAR...
Apresentação	A apresentação é um método de avaliação que cria para o estudante uma oportunidade para expor, individualmente ou em grupo, um conhecimento sobre determinado tema, alguma habilidade ou competência para desempenhar tarefas ou, ainda, algum valor ou atitude prezada. Ela é a forma por excelência para que os estudantes mostrem produtos ou resultados de trabalhos. Algumas observações: » A fixação de um tempo e de um formato para as apresentações permite aos estudantes se "ajustarem" a boas práticas. É possível, por exemplo, fixar que a turma deverá fazer apresentações no formato de *pitches*, que são breves falas (por volta de cinco minutos) que procuram "vender uma ideia", ou então pedir que os alunos se manifestem no formato de uma *TED talk*. » Por ser um momento específico de exposição dos estudantes, é importante considerar a existência de pessoas tímidas ou que sentem dificuldade de falar em público. Para prevenir essa situação, seguindo a linha de possibilitar o espaço para o erro e para o oferecimento de *feedbacks*, é possível pedir para que a pessoa envie um pequeno vídeo de sua fala ou faça uma apresentação prévia durante o plantão de dúvidas, ressaltada a ideia de que não se está atribuindo nota à pessoa. » **Dimensões de avaliação:** é importante levar em conta que as apresentações têm uma dimensão de *performance* (como se apresenta) e de conteúdo (o que se apresenta). Não é obrigatório que ambas sejam avaliadas, embora essa dupla avaliação possa ser decisiva para que se escolha a primeira, e não a segunda.	» Desempenho em objetivos como memorização, reprodução e compreensão de informações. » Desempenho em habilidades como oratória, concisão e clareza na fala. » Desempenho em habilidades específicas, quando as apresentações forem exibições dessas habilidades.

|→

TÉCNICA	DESCRIÇÃO	BOM PARA AVALIAR...
Autoavaliação	A autoavaliação consiste, como o próprio nome diz, na avaliação que o estudante faz de si mesmo. Ela pode ser realizada por meio de conversas ou aplicação de questionários de autoavaliação. Serve para que os estudantes avaliem seu próprio rendimento e, principalmente, fixem objetivos para si mesmos no curso e verifiquem se conseguiram ou não atingi-los. Os alunos também podem identificar pontos a serem melhorados e sucessos. Algumas observações: » É recomendável que a autoavaliação seja antecedida por treinamento ou por uma apresentação do que se espera que os estudantes façam. É muito difícil identificar os próprios problemas ou o que poderia ser melhorado. Uma dica é pedir que os estudantes criem critérios e hierarquizem aquilo que lhes é mais importante. » A autoavaliação pode enfocar desempenho, mas também pode se voltar para sentimentos, emoções, atitudes ou percepções da realidade que os alunos tenham tido. O fundamental é que ela é um método que consegue extrair aquilo que somente o estudante é capaz de saber – o que está em sua cabeça. » É preciso ter atenção a formas como a diversidade de perfil dos alunos se manifesta na autoavaliação. Alunos com baixa autoestima ou que se pressionam muito a ter desempenho tendem a se autoavaliar pior. Esse é o cuidado que se aponta, por exemplo, para a autoavaliação de mulheres, que tendem a atribuir conceitos piores a si mesmas. Por isso, a autoavaliação isoladamente considerada deve ser vista com cautela e ressalvas.	» Desempenho em aplicações, reflexões ou criações. » Reflexões sobre sentimentos, emoções ou atitudes do estudante. » Reflexão sobre a própria aprendizagem. » Interação do estudante com outros alunos.
Avaliação por pares	Na avaliação pelos pares, como o próprio nome diz, os estudantes avaliam o rendimento de seus colegas. Ela pode ser realizada por meio de conversas ou aplicação de questionários de avaliação dos pares. Supre a incapacidade do professor em observar todas as interações entre estudantes. Algumas observações: » Como avaliação não significa necessariamente atribuição de nota, os alunos não precisam dar notas para os colegas.	» Desempenho em aplicações e relações sociais, especialmente tratando-se de trabalho em pequenos grupos. » Desempenho de solução de problemas em situações concretas e reflexão sobre consequências. » Interação do estudante com outros alunos.

TÉCNICA	DESCRIÇÃO	BOM PARA AVALIAR...
Avaliação por pares	» É recomendável que a avaliação por pares seja bem explicada para a turma. Como deverá haver resistência ou receio, os alunos devem saber exatamente o que se espera numa avaliação desse tipo para que se engajem em fazer uma análise de desempenho efetiva. Assim como na autoavaliação, é importante que eles sejam treinados para realizar essa avaliação. » É recomendável que a avaliação por pares seja feita com base em um roteiro de perguntas ou, ao menos, tenha a estrutura de um *feedback* construtivo na fórmula apresentada anteriormente. » A avaliação por pares funciona muito bem para grupos que trabalharam juntos por muito tempo. Alinha-se bem à avaliação de atividades em grupo. Uma boa dinâmica de avaliação por pares é reuni-los nesses grupos e fazer rodadas de *feedback* por pessoa. » Sobre a anonimização da avaliação por pares, a nosso ver, ela não contribui para uma aprendizagem efetiva. Os estudantes devem saber que um bom feedback é fundamental. e que devemos acolhê-lo, não importa de quem vier. Mais importante do que o *feedback* anônimo é formar os estudantes para darem e receberem críticas de qualquer pessoa. Por outro lado, ela fomenta uma cultura negativa de comentários anônimos que pode ser vista, por exemplo, na internet. Desse modo, é uma prática que deve ser considerada com cuidado redobrado.	
Avaliação 360	A avaliação 360 se tornou muito comum no meio empresarial e veio para a sala de aula. Consiste na conjugação dos métodos de autoavaliação, avaliação pelos pares e observação pelo professor. Ela confere um panorama do "eu comigo mesmo" (*self*) e do "eu com os outros" (professor e colegas). É uma espécie de avaliação somativa (diferente da certificatória e da formativa), que conjuga várias avaliações diferentes para fazer um balanço geral do aprendizado. Algumas observações: » Assim como dito para a autoavaliação e para a avaliação pelos pares, também a avaliação 360 não precisa ser traduzida em nota.	» Desempenho em habilidades específicas, quando as apresentações forem exibições dessas habilidades. » Reflexão sobre o próprio desempenho, a própria aprendizagem e a percepção dos outros. » Reflexões sobre sentimentos, emoções ou atitudes do estudante. » Interação do estudante com outros alunos.

|→

TÉCNICA	DESCRIÇÃO	BOM PARA AVALIAR...
Avaliação 360	» Para que a avaliação 360 seja efetiva, não basta utilizar isoladamente cada um dos métodos que a compõem. É imprescindível que o estudante tenha um momento e o estímulo para refletir sobre o que ela diz em conjunto, enfatizando possíveis contradições, percepções diferentes e sua própria autoimagem perante o que os outros dizem. A aprendizagem surge da reflexão sobre esses elementos, e não da soma deles.	
Diário de bordo	Consiste no registro, pelos estudantes, de seus sentimentos, suas reflexões e suas percepções sobre o curso. Esse registro é feito ao longo do período letivo, com possibilidade de entregas pontuais para avaliação e *feedback*. Ele tem dois objetivos principais: estimular o estudante a refletir sobre seu próprio aprendizado e apresentar ao professor informações que não poderia obter de outro modo. Algumas observações: » O diário de bordo pode seguir vários modelos, dos mais simples ao mais complexos. Pode-se pedir que os estudantes apontem eventos críticos, analisem seu desempenho perante a situação e indiquem suas principais reflexões sobre o que fizeram ou o que aconteceu (o que fez de bom, o que poderia ter feito de diferente, como se sentiu durante o evento etc.). » O diário de bordo pode seguir vários formatos, dos mais padronizados aos mais personalizados. Os estudantes podem ter que preencher algo mais parecido com uma planilha de trabalho ou podem ter liberdade para formatá-lo e configurá-lo como quiserem, com imagens, artes etc. » Integrando tecnologia, o diário de bordo pode ser feito em suporte físico ou digital – nesse caso, pode ser feito em documento compartilhado para acompanhamento em tempo real ou por gravação de vídeo.	» Reflexão sobre o próprio desempenho, a própria aprendizagem e a percepção dos outros. » Reflexões sobre sentimentos, emoções ou atitudes do estudante. » Interação do estudante com outros alunos.

|→

TÉCNICA	DESCRIÇÃO	BOM PARA AVALIAR...
Diário de processo	Mais específico do que o diário de bordo, o diário de processo registra as etapas de execução de uma tarefa, como um projeto, um trabalho em grupo etc. Também tem dois objetivos: estimular o estudante a refletir sobre seu próprio aprendizado e apresentar ao professor um acompanhamento de ações. Algumas observações: » Aplicam-se ao diário de processo as mesmas observações de conteúdo e formato do diário de bordo – ele pode ser mais simples ou mais complexo, mais padronizado ou mais personalizado. Pode-se pedir que os estudantes apontem as principais decisões na tarefa, os eventos críticos, as contribuições de cada um e as reflexões sobre o que deu certo e o que deu errado, o que poderia ter sido diferente etc. » Se o diário de bordo é algo mais pessoal, o diário de processo pode ser individual ou em grupo. Nesta última hipótese, o grupo pode relatar como foi o processo como um todo. » Assim como o diário de bordo, pode ser feito em suporte físico ou digital.	» Reflexão sobre o próprio desempenho, a própria aprendizagem e a percepção dos outros. » Reflexões sobre sentimentos, emoções ou atitudes do estudante. » Interação do estudante com outros alunos.
Diário de realidade	Um terceiro tipo de diário pode enfocar situações ou materiais externos ao curso. O principal objetivo do diário de realidade é estimular os estudantes a enxergar a realidade a partir das lentes conceituais dadas pelo curso, de modo que sejam capazes de identificar manifestações da disciplina em sua realidade. Algumas observações: » Aplicam-se ao diário de processo as mesmas observações de conteúdo e formato do diário de bordo – ele pode ser mais simples ou mais complexo, mais padronizado ou mais personalizado. Os estudantes podem analisar filmes, livros, notícias, experiências pessoais etc. Pede-se que eles relacionem esses acontecimentos ou produtos com materiais ou aulas da disciplina. » O diário de realidade é menos íntimo do que os demais e, por isso, mais fácil de ser aplicado para turmas que não estão acostumadas com essa avaliação formativa. Ele auxilia a consolidação de conhecimentos e, principalmente, a integração da matéria com a realidade do estudante. » Pode ser individual ou em grupo. » Pode ser feito em suporte físico ou digital.	» Desempenho em objetivos como memorização, reprodução e compreensão de informações. » Capacidade dos estudantes para relacionarem a matéria com sua realidade (integração à realidade). » Preparação e engajamento no curso.

TÉCNICA	DESCRIÇÃO	BOM PARA AVALIAR...
Exercícios	Exercícios, entendidos como tarefas simplificadas (reduzidas em complexidade) a serem realizadas pelos estudantes, podem ser instrumentos de avaliação. Seu principal objetivo é aferir a capacidade deles de aplicar conhecimento consolidado. Algumas observações: » Exercícios podem assumir formatos variados, desde uma lista de perguntas até pedidos de experimentos. O que lhes caracteriza é a simplificação – os estudantes devem lidar com uma pergunta ou uma tarefa sem precisar levar em conta todas as dimensões e consequências delas. » A realização dos exercícios pode ser individual ou em grupo. » Os exercícios podem ser oferecidos com recurso à tecnologia, o que facilita, por exemplo, a atribuição de pontuação (questionários *on-line* podem atribuir nota automaticamente).	» Desempenho em objetivos como memorização, reprodução e compreensão de informações. » Desempenho em aplicações do conhecimento.
Jogos e gamificação	Jogos e gamificação também podem servir como instrumento de avaliação. O uso de pontuação, classificação, avanço de níveis e fases pode ser um instrumento de *feedback* imediato, frequente, contínuo e capaz de estimular o(a) aluno(a) a autoavaliar-se. Algumas observações: » Elementos de jogos são instrumentos de *feedback* por excelência (pontuação, classificação etc.), mas sua relação com a atribuição de notas deve ser feita com cuidado. Ao fazer a nota de um estudante depender de seu desempenho no jogo não apenas se aumenta a pressão na atividade (com repercussão na motivação), como também se liga a nota a elementos que fogem do controle dele (como sorte, competição e até trapaças dos outros). Recomendamos que a relação seja intermediada pelo professor, que deve combinar o resultado do jogo com outros instrumentos. » Outro motivo de cuidado no uso de jogos e gamificação como forma de avaliação são as diferenças entre os estudantes. Há pessoas que gostam mais de jogos do que outras. Além disso, as próprias regras dos jogos podem favorecer mais um grupo do que outro – por exemplo, quando o jogo reforça quem está ganhando a ganhar mais ainda (ex. jogo Banco Imobiliário).	» Desempenho em objetivos como memorização, reprodução e compreensão de informações. » Desempenho em aplicações do conhecimento. » Interação do estudante com outros alunos.

TÉCNICA	DESCRIÇÃO	BOM PARA AVALIAR...
Observação	A observação direta pelo professor é uma forma tradicional de avaliação de desempenho. Ela pode ser feita em fichas dirigidas de observação, *checklists* ou relatórios mais livres. Algumas observações: » Quando os professores se referem à "nota de participação", normalmente eles o fazem tendo em vista o uso da observação direta sobre comportamentos e engajamentos dos estudantes. A observação da participação dos estudantes pode seguir alguns critérios, como quantidade e qualidade das falas, rapidez na resposta a instruções, atuação nos grupos, relação com colegas, presença e atenção durante as aulas etc. » A observação é um componente mais objetivo na avaliação (o que se enxerga), mas é importante lembrar que ela não elimina a subjetividade ou as limitações do professor. Com relação à subjetividade, professores repararão mais em determinados comportamentos do que outros; no tocante às limitações, é fácil imaginar que os professores não são capazes de observar tudo o que acontece, seja porque algumas coisas não são observáveis (sentimentos ou reflexões não manifestados), seja porque eles não estarão em todos os lugares ao mesmo tempo (dificuldade para avaliar trabalho em grupo, por exemplo). Por isso, recomendamos que a observação seja conjugada com outros métodos. » Para que os estudantes possam entender o que foi observado e até mesmo contestar a avaliação, é importante manter algum registro do que foi visto. Veremos no capítulo sobre avaliação algumas formas de fazê-lo.	» Desempenho em objetivos como memorização, reprodução e compreensão de informações. » Desempenho em aplicações do conhecimento. » Desempenho em habilidades específicas. » Interação do estudante com outros alunos. » Manifestação de atitudes, valores, sentimentos, emoções etc. » Engajamento no curso.
Portfólio	O portfólio é um instrumento de apresentação dos trabalhos feitos por uma pessoa comum em setores artísticos (*design*, marketing etc.). Trazido para o contexto do ensino, consiste na avaliação de produtos concluídos pelos estudantes, que são sistematizados e apresentados de uma determinada forma. Algumas observações: » O portfólio é uma avaliação sobre o conjunto da produção do estudante. Para que isso aconteça, então, ele deve acompanhar oportunidades de elaboração de produtos. Por isso é mais facilmente associado com ensino por projetos, mas também pode contemplar o registro dos exercícios, das provas, enfim, das atividades do curso. No Direito pode se referir ao repertório de peças e pareceres elaborados, casos resolvidos, entre outros.	» Desempenho em aplicações do conhecimento. » Desempenho em habilidades específicas. » Evolução de desempenho. » Engajamento no curso.

TÉCNICA	DESCRIÇÃO	BOM PARA AVALIAR...
Portfólio	» O portfólio pode envolver uma parte do curso, o curso como um todo ou até mais de um curso (no limite, a graduação como um todo). » O portfólio pode ser organizado de diferentes formas. Ele pode ser sistematizado por data, organizado cronologicamente, o que facilitará a análise da evolução do desempenho; por relevância, organizado segundo os produtos mais relevantes para os estudantes ou pelas tarefas mais relevantes, o que viabilizará a verificação dos principais produtos; por complexidade, organizado segundo os produtos mais complexos, o que propiciará a comparação do desempenho em tarefas simples e complexas; entre outros critérios. » O portfólio pode ser feito num suporte físico (uma pasta de arquivo, por exemplo) ou no meio digital (um *blog*, um repositório *online* de arquivos etc.).	
Trabalhos	Como o próprio nome indica, consiste na realização de tarefas complexas que resultam num produto. Podem assumir diferentes formas e suportes. Podem ser coletivos ou individuais. Algumas observações: » Normalmente os trabalhos assumem a forma escrita (**trabalhos escritos**), contendo textos argumentativos, narrativos etc. Podem ser *papers*, artigos acadêmicos, cartilhas, entre outros. » Outra espécie de trabalho é o **trabalho artístico**, no qual os estudantes são estimulados a produzir alguma forma de arte, como uma pintura, um documentário, uma dramatização, uma colagem etc. » Uma prática muito comum no Direito é a transformação da avaliação sobre trabalhos numa avaliação pontual e diagnóstica, geralmente ao final do curso. O trabalho é visto como produto, não como processo. Visto, porém, sob uma perspectiva de avaliação formativa, enfatizamos a importância de que as etapas de realização do trabalho também sejam acompanhadas pelos professores, inclusive para correção de rotas, se necessário.	» Desempenho em objetivos como memorização, reprodução e compreensão de informações. » Desempenho em aplicações do conhecimento. » Desempenho em pesquisa e manejo de fontes de informações. » Interação do estudante com outros alunos.

⟶

TÉCNICA	DESCRIÇÃO	BOM PARA AVALIAR...
Trabalhos	» O acompanhamento do processo de elaboração do trabalho pode ser feito por meio de ocasiões para isso (como plantões ou apresentações) ou pela integração da tecnologia. Por exemplo, a realização de trabalhos escritos em documentos compartilhados permite que os estudantes compartilhem o documento com o professor, que poderá acompanhar o progresso do trabalho e até interagir com eles. » Um problema muito comum na avaliação por trabalhos no Direito é a falta de conexão entre o instrumento de avaliação e os objetivos do curso. Pede-se aos estudantes que elaborem um *paper*, mas não se ensinam habilidades de pesquisa em nenhum momento do curso. Por isso, lembramos a importância de que o trabalho esteja orientado com os objetivos do curso e com as atividades desenvolvidas nele, de forma a consolidar a aprendizagem, ao mesmo tempo que as aulas preparam os alunos para desenvolvê-lo.	
Provas	As provas são um instrumento de avaliação pontual e diagnóstica que procura aferir o desempenho do estudante em relação a algum objetivo de aprendizagem após um período do curso. Elas podem assumir vários formatos e ser úteis para diferentes objetivos. Algumas observações: » No tocante ao formato, podem ser **provas escritas** ou **provas orais**. A prova oral exige dos estudantes que respondam a perguntas ou realizem tarefas oralmente. É mais dinâmica por possibilitar interrupções, novos questionamentos e uma reação proporcional ao nível de conhecimento demonstrado pelo(a) aluno(a). Enquanto provas escritas são boas para aferir habilidades manifestadas em texto, as provas orais são adequadas para verificar habilidades relacionadas à oratória. » Quanto ao tipo de questionamento, podem ser **provas objetivas** ou **provas dissertativas**. As primeiras envolvem testes e são boas para aferir memorização, compreensão de conceitos, aplicações simples. As últimas compreendem respostas dissertativas. Por exigirem dos estudantes a articulação de uma resposta, essas provas são melhores para identificar habilidades relacionadas à produção de texto e à aplicação, análise e criação.	» Múltiplos objetivos do curso, segundo o formato e a configuração da avaliação (escrita ou oral, objetiva ou dissertativa, conceitual ou prática, com ou sem consulta, individual ou em grupo, previamente disponibilizada ou não).

TÉCNICA	DESCRIÇÃO	BOM PARA AVALIAR...
Provas	» No que diz respeito ao conteúdo desenvolvido nas provas, podem ser **provas conceituais** ou **provas práticas**. As primeiras lidam com conceitos, relações entre conceitos, teorias etc. As mais simples envolvem a memorização e a reprodução desses conceitos ou de informações, enquanto as mais complexas compreendem a crítica de teorias ou opiniões. As provas práticas trabalham com casos, problemas ou outras operações que abrangem a aplicação de conceitos e teorias. As mais simples incluem exercícios, enquanto as mais complexas englobam solução de problemas inéditos – não trabalhados anteriormente no curso, nem mesmo em exemplos. » A escolha por fazer uma **prova com ou sem consulta** dependerá do que se pretende com esse instrumento de avaliação. É comum nos cursos jurídicos que a legislação seja o único material consultável numa prova. Isso diz muito sobre o que se quer que os estudantes memorizem (conceitos, teorias, jurisprudência, textos doutrinários) ou não (legislação). Também indica sobre o tipo de pergunta que se faz na prova, uma vez que a consulta só se torna um problema para questões que exigem a reprodução de conceitos, teorias ou soluções de casos que constem em material externo. Veja que a "cola" é um problema se o que se está aferindo é a memorização do conteúdo, mas a consulta é útil (e até desejável) se o que se deseja é aferir outros objetivos, como a capacidade de manusear fontes jurídicas, solucionar problemas ou refletir sobre conceitos, teorias ou opiniões. A prova com consulta pode estimular a preparação prévia ao longo do curso. » A escolha por fazer uma **prova individual ou em grupo** dependerá do que se pretende estimular na avaliação e o que se deseja aferir. Uma prova individual mede o desempenho individual do estudante e é útil para objetivos como argumentar, articular respostas ou escrever bons textos. Uma prova em grupo, por sua vez, avalia o desempenho do estudante em relação aos colegas, e é útil para verificar objetivos sociais (interação, acomodação de preferências etc.). Ela estimula que o próprio momento da avaliação seja de aprendizagem por meio da troca com os outros, e é interessante se as questões envolverem troca de perspectivas ou situações polêmicas.	

TÉCNICA	DESCRIÇÃO	BOM PARA AVALIAR...
Provas	» A escolha por **disponibilizar a prova antes ou não** dependerá do que se pretende estimular na avaliação. A disponibilização prévia da prova pode servir para aferir objetivos como capacidade de pesquisa, seleção de fontes de informação, preparação e organização. Existe uma rejeição à disponibilização prévia que se relaciona com a aplicação de provas de memorização – se a prova afere memorização, mostrá-la previamente permitirá aos estudantes consultar material, burlando o objetivo. Também há uma rejeição à possibilidade de cópia entre alunos. No entanto, veja, o estímulo à interação entre os alunos é um ponto positivo da disponibilização da prova previamente – eles se preparam juntos, pesquisam juntos, dividem trabalho. Se a questão é aberta o suficiente para captar uma opinião que é própria de cada estudante (como a solução de um problema inédito), não haverá problema de cópia, já que cada um estará diante de sua própria solução.	
Relatórios de leitura	Relatórios de leitura são fichamentos, resenhas, *hand-out* e outros tipos de registros sobre a leitura de textos. Cada gênero destes tem suas peculiaridades e enfatiza um determinado aprendizado. Algumas observações: » **Fichamentos** são sínteses de um texto. Podem ser estruturados a partir de citações diretas ou resumo próprio. Eles realçam o poder de síntese e de identificação da estrutura do texto. » **Resumos** são uma espécie de fichamento de texto. Diferentemente do fichamento por citações, que segue as palavras e a lógica do autor do texto, os resumos são um novo texto produzido pelo estudante com os principais pontos do argumento, à luz do que ele está interessado em estudar. » ***Hand-out*** é uma espécie de fichamento de texto que, diferentemente do resumo, enfatiza a estrutura do texto e da sua organização. No *hand-out*, o estudante indica argumentos principais, subargumentos e, dentro destes, outros subargumentos, indicando-os por uma notação numérica (1., 1.1., 1.1.1.). A divisão do texto em novas seções tem por objetivo apresentar visualmente sua estrutura argumentativa, sinalizando para as partes em que há mais aprofundamento e para quantos e quais os argumentos. Cada *hand-out* é uma leitura única da estrutura do texto, o que favorece a comparação entre leituras dos alunos.	» Desempenho em objetivos como memorização, reprodução e compreensão de informações de textos e estruturas de argumento. » Desempenho em objetivos como leitura de textos e identificação de argumentos. » Capacidade de reflexão crítica sobre argumentos e textos. » Preparação prévia e engajamento no curso.

$\longmapsto$

TÉCNICA	DESCRIÇÃO	BOM PARA AVALIAR...
Relatórios de leitura	» **Resenha** é a síntese de um texto acompanhada de um comentário crítico sobre seu conteúdo. A resenha também pode ser temática, se o objeto sintetizado e criticado não é um único texto, mas um conjunto de textos sobre um tema. » O exercício com a leitura do texto também pode envolver a simples formulação de perguntas, como se a avaliação isolasse apenas a parte crítica da resenha. » Uma questão frequente com relação aos relatórios de leitura, para quem avalia, é a diferenciação dos resultados dos estudantes. Como o fichamento, por exemplo, é uma síntese do texto, é difícil aferir se os estudantes copiaram os fichamentos uns dos outros, já que eles partiram da mesma fonte. Por isso, ele pode ser menos interessante como ferramenta de aferição de preparação prévia.	

Fonte: elaboração própria com base em Alves (2003); Campos (2015); Depresbiteris e Tavares (2009); Fink (2003, p. 82-101); Ghirardi (2010; 2012a, p. 70-72); Gil (2007, p. 105-116); Macedo Junior (2007); Wallin, Adawi e Gold (2016); Woodward (1998).

4.4.3 Como escolher a avaliação para seu programa de ensino?

Nossa experiência com formação de professores levou-nos a identificar a avaliação como uma questão sensível nos cursos participativos. Muitos não gostam de avaliar, especialmente de corrigir provas e fazer revisão de nota. As restrições institucionais também se impõem aqui: como mudar a avaliação quando há provas institucionais ou instrumentos obrigatórios? Isso sem contar o sentimento de insegurança para não cometer injustiça ou, para outros, a sensação de que os estudantes estão tentando sempre levar vantagem na nota.

Ainda assim, a avaliação é um tópico que desperta muitas dúvidas: melhor avaliar por nota ou por conceito? Como atribuir pesos? Avaliação quantitativa ou qualitativa? Avaliar processo ou produto? Vamos trabalhar melhor essas dúvidas na seção 5, destinada especialmente para avaliação.

Neste momento, desejamos indicar **como inserir a avaliação num programa de ensino**. Voltemos ao que foi mencionado a respeito de a avaliação ser parte do processo de ensino-aprendizagem. Ela está necessariamente atrelada ao método escolhido, que, por sua vez, tem a ver diretamente com os objetivos da aula (Figura 16).

Figura 16   Relação entre objetivo, método de ensino e método de avaliação

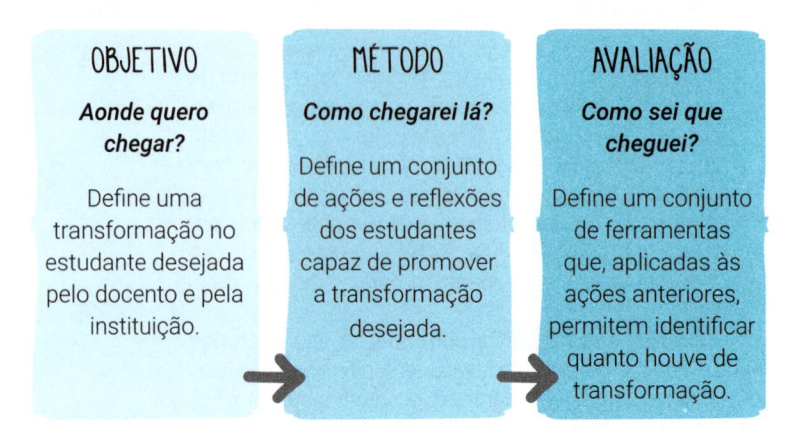

OBJETIVO

Aonde quero chegar?

Define uma transformação no estudante desejada pelo docente e pela instituição.

MÉTODO

Como chegarei lá?

Define um conjunto de ações e reflexões dos estudantes capaz de promover a transformação desejada.

AVALIAÇÃO

Como sei que cheguei?

Define um conjunto de ferramentas que, aplicadas às ações anteriores, permitem identificar quanto houve de transformação.

Fonte: elaboração própria.

Vamos imaginar que um dos objetivos de seu curso seja desenvolver a habilidade de argumentação com base em textos jurídicos. Para isso, você utiliza o método do caso conjugado com um *role-play*. As ações envolvidas são: análise de um caso, participação a partir de um papel (ou de um conjunto de papéis) e debate em torno das opiniões. Logo, considerando essa dinâmica, é interessante adotar métodos avaliativos que permitam identificar se o estudante argumentou com base nos textos jurídicos durante o debate para analisar o caso. Veja que alguns métodos de avaliação são melhores para esse propósito: a observação, o jogo ou a gamificação, os exercícios e o trabalho escrito individual ou grupal. A observação da participação durante o debate possibilitaria verificar se os estudantes estão se remetendo aos materiais jurídicos ao argumentarem sobre o caso; o jogo ou a gamificação poderia ser uma forma de aferir se eles usam argumentos jurídicos presentes no caso (pontuando por isso); os exercícios poderiam servir para constatar se eles conseguem argumentar com base no direito envolvido em casos semelhantes; o trabalho escrito evidenciaria o envolvimento dos alunos durante o trabalho em grupo, proporcionaria discussões sobre conceitos, análises e cenários, bem como mostraria o desenvolvimento da capacidade de entendimento do conteúdo e de argumentação com os colegas.

Esse foi apenas um exemplo para lhe mostrar como necessariamente há relação entre o método de ensino e os instrumentos avaliativos, e que o ato de avaliar faz parte do processo de aprendizado. Sempre aconselhamos os professores a escolher mais de um tipo de avaliação para ampliar a possibilidade de os alunos atuarem, individualmente e em grupo, experimentarem e conhecerem situações diversas, tornando mais fidedigna e cuidadosa a avaliação em várias dimensões e contextos. Assim, as habilidades e competências poderão ser identificadas e consideradas em contextos individuais e grupais, demonstrando mais claramente os avanços e os pontos de melhoria.

De modo geral, então, sugerimos que você siga esses passos quando estiver planejando seu curso:

» Pense qual objetivo você quer aferir com a avaliação.

» Escolha um ou mais instrumentos que possam mostrar que os estudantes atingiram o objetivo.

» Analise o perfil dos estudantes e sua carga de trabalho e procure alternativas que se ajustem a ambos.

» Estabeleça critérios de avaliação e crie sua matriz para o instrumento.

A quarta dica é muito importante. É recomendável que o programa já contemple os critérios de avaliação e apresente para os estudantes como eles serão avaliados por isso (matriz de avaliação). Trataremos mais das matrizes de avaliação na seção sobre avaliação, mas desde já deixamos o aviso de que elas fazem parte do programa de ensino.

Além disso, você deverá considerar para a escolha dos métodos de avaliação um conjunto de elementos semelhantes aos apresentados para os métodos de ensino, como carga de trabalho, grau de dificuldade, restrições institucionais e o conforto para a turma e para você. Um fator relevante para essa escolha, por exemplo, é a quantidade de alunos por sala. Aplicar uma avaliação de observação, por exemplo, é muito difícil para turmas de 60, 70 alunos, porque dificulta a memorização de nomes, reduz a chance de participação nos debates coletivos e exige 60 conjuntos de observação diferentes. Contudo, se o professor contar com um ou dois monitores que possam fazer esse acompanhamento, o método começa a se tornar factível.

A escolha do **momento da avaliação** também é decisiva. Em geral, há períodos específicos para aplicação de provas e exames. Nesses casos, é interessante ajustar o programa de aulas de modo que o arco de desenvolvimento termine no momento da avaliação. Em outras hipóteses, há maior liberdade para definição de quando ela acontecerá. A sugestão aqui é seguir a estrutura de arcos do programa, aproveitando os marcos de desenvolvimento para acompanhar a transformação da turma.

Como isso ficaria em nossa disciplina de Teoria das Obrigações? Adaptamos a Figura 14 para indicar as avaliações do primeiro arco e quando elas ocorrem (Figura 17). Lembra que o primeiro arco do curso contaria com atividades para desenvolver empatia e interação? Há um conjunto de atividades com pequenos grupos. A observação sozinha pode ser insuficiente para verificar se os estudantes desenvolveram mais empatia e atenção à importância de escutar seu público-alvo. Somá-la com a avaliação por pares pode ser interessante para incluir uma observação por quem trabalhou de perto ao longo das aulas. Além disso, o curso tem o objetivo de mostrar como os conceitos de teoria das obrigações se conectam com a realidade dos estudantes. A realização de um diário de realidade em grupo no decorrer do curso, com uma primeira entrega prevista para o final do primeiro arco, poderia sinalizar se a turma está integrando o conteúdo com sua realidade.

Figura 17 Estruturação de aulas segundo os arcos numa disciplina de Teoria Geral das Obrigações

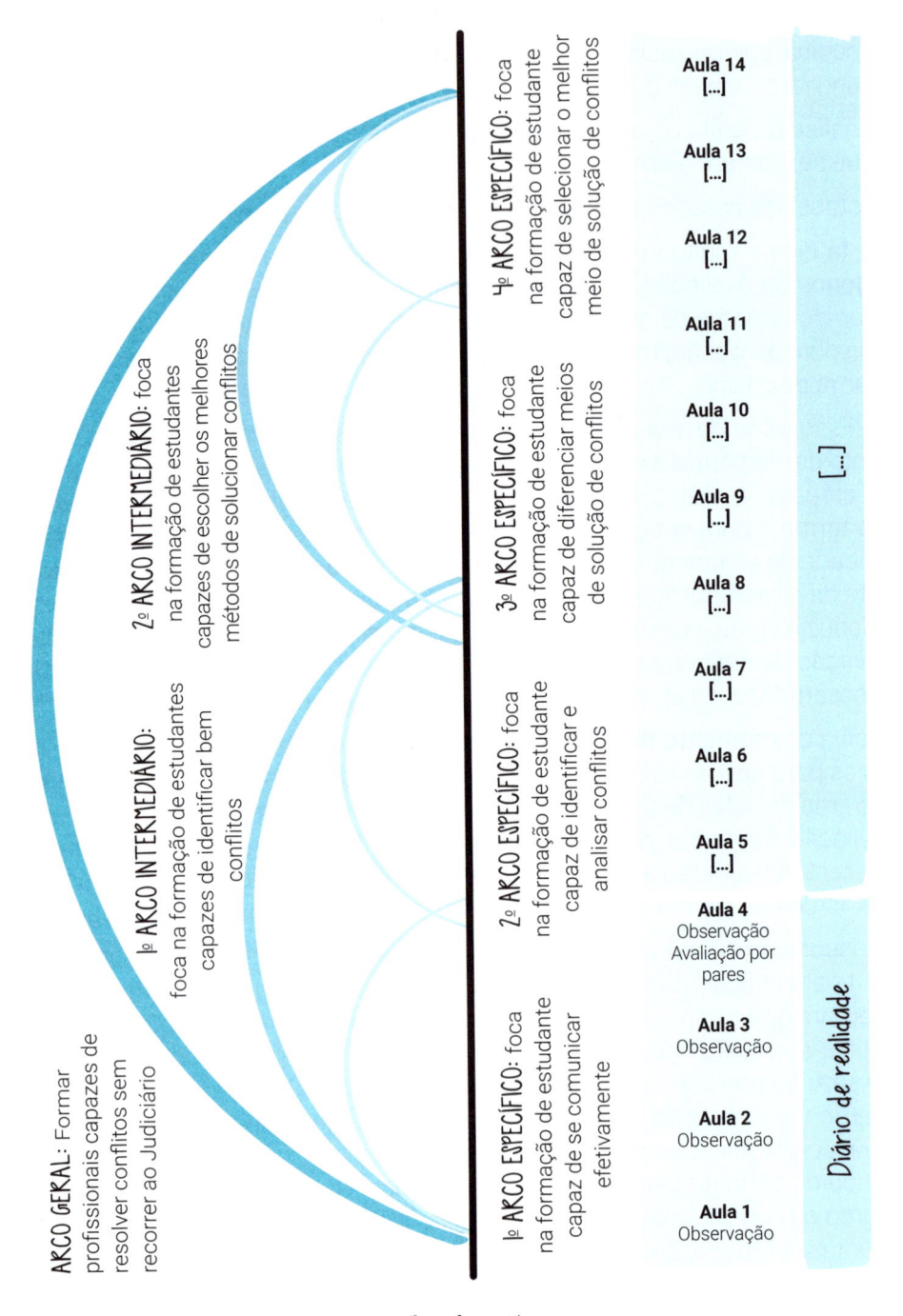

Fonte: elaboração própria com base em Kavanagh ([201?], p. 6-7).

Para o programa ficar pronto, falta apenas uma etapa: definir os pesos das notas. **Como definir os pesos das notas na avaliação?** Muitas vezes, as regras institucionais não são suficientes para determinar os pesos das notas.

A dica de ouro para essa definição é: **o peso das notas deve sempre levar em conta o que se considera como o mínimo necessário para que os estudantes sejam aprovados na disciplina**.

Como isso funciona? Voltando para o exemplo do curso que procura desenvolver habilidade de argumentação, o professor tem em mente um nível mínimo de competência para que o estudante seja considerado aprovado. Essa argumentação pode ser oral ou por escrito. Se a ênfase recai sobre a argumentação oral, poderá aumentar o peso da avaliação de participação (por observação, por exemplo), de modo que um aluno que tenha um desempenho excepcional nesse objetivo esteja a um passo da aprovação. Ao contrário, se a ênfase recai sobre a argumentação escrita, poderá aumentar o peso da prova escrita, facilitando a aprovação de quem vai bem nessa avaliação.

Mais concretamente, se a nota para ser aprovado na disciplina é 7, atribuir 70% da nota à prova escrita dá oportunidade para que o estudante seja aprovado na disciplina se for excelente ao argumentar por escrito na prova (nota 10). Se o objetivo é fomentar tanto a argumentação por escrito quanto a argumentação oral, então é possível atribuir 40% para uma e 60% para outra, por exemplo. Nesse caso, o aluno não pode simplesmente desconsiderar a participação em aula, porque não será aprovado apenas pelo desempenho na prova. O que não pode acontecer é uma divergência entre objetivo e peso das notas – por exemplo, enfatizar a argumentação oral e atribuir 70% da nota à prova escrita.

Como dissemos, a avaliação também apresenta uma escolha sobre o que o professor valoriza. Os pesos mostram a intensidade dessa valorização. Uma avaliação que não influencia tanto a aprovação final do aluno evidencia um objetivo do curso menos relevante (ou uma forma de aferir menos relevante). Essa mensagem também chega aos estudantes.

4.5 Preste atenção! Trazendo diversidade, interdisciplinaridade e parcerias externas para o programa

Na elaboração dos programas de ensino, sugerimos que você se atente a alguns aspectos sobre os quais ouvimos pouco, mas que demonstram maior sensibilidade e profissionalismo dos docentes.

O primeiro ponto é a importância da **diversidade** no programa. Ela abrange não apenas estilos de aprendizagem e projetos de vida, mas também outras características pessoais (cor de pele, gênero, orientação sexual, religião etc.). O tópico da diversidade ganha relevância em um ensino superior cada vez mais aberto a diferentes segmentos sociais, com resultado para classes mais heterogêneas, com pessoas que apresentam diferentes experiências de vida e contextos sociais.

Por que se preocupar com a diversidade? Vários argumentos sustentam uma defesa da consideração da diversidade no ensino jurídico. Uma linha poderia apelar para a eficiência: quanto mais preocupado com a diversidade estiver o docente, mais ele será capaz de fazer com que todos os estudantes se sintam motivados e capazes de aprender – além de efetivamente aprenderem, como no caso de diferentes estilos de aprendizagem. Uma exposição sem nenhum recurso audiovisual poderá ser boa para uma parcela da turma, mais acostumada a memorizar informações passadas oralmente; uma exposição com recurso audiovisual poderá abranger uma parcela maior de pessoas.

Para nós, o melhor argumento é a ideia de que o respeito à diversidade é importante por um imperativo moral no ensino. O ensino participativo baseia-se no respeito à autonomia das pessoas e na consideração de que a troca de experiências é fundamental. Existe um fundamento moral para o ensino participativo: ele é a forma de ensinar que leva em consideração todas as pessoas com igual respeito. Ninguém é melhor ou superior a ninguém, nem mesmo o professor. O ensino não pode ser participativo, se não respeitar e observar a diversidade.

E como lidar com ela na prática? Os grupos Direito, Discriminação e Diversidade (DDD) e GPEIA, da USP, inspiraram algumas dicas, às quais adicionamos outras reflexões:

» **Preste atenção às referências dadas aos alunos.** Ao definir a bibliografia, você está indicando a seus estudantes quem são as pessoas às quais eles devem recorrer para entender mais sobre o assunto. Uma lista de obras que sejam exclusivamente produzidas por homens, por exemplo, pode transmitir uma mensagem desestimuladora para as mulheres – "não há mulheres de referência na área". É importante ter diversidade de gênero, origem geográfica (questão do eurocentrismo), corrente de pensamento, entre outros elementos.

» **Preste atenção aos materiais de preparação.** Um docente que exige dezenas de páginas de preparação prévia ou textos complexos para um público que faz o curso depois de trabalhar está desconsiderando as condições sociais de seu público. Estar sensível a quem é a sua turma implica também avaliar quais os melhores materiais para que ela aprenda – por que não usar *podcasts* como preparação prévia para alunos que precisam pegar horas de transporte público? É importante ter diversidade de materiais de preparação e referência.

» **Preste atenção às exigências financeiras, linguísticas e de tempo do curso.** Uma das piores situações que já ouvimos foi a de alunos que não conseguiam imprimir todos os textos da disciplina por falta de dinheiro. Considerar a diversidade significa avaliar quais os custos que o curso impõe aos alunos (materiais? livros? deslocamentos extras?) e se eles conseguem arcar com essas despesas. Mas não é só. Também significa identificar se os estudantes têm domínio dos idiomas dos textos e tempo para realizar as atividades demandadas. É importante pensar no perfil do público também em termos econômicos.

» **Preste atenção à acessibilidade ao material e aos programas.** Levando em conta pessoas com deficiência, é fundamental não apenas que o programa seja legível por máquinas (para pessoas com deficiência auditiva), como também as atividades sejam acessíveis aos mais diversos grupos. Num futuro próximo, em razão das políticas de inclusão, os professores precisarão cada vez mais pensar nas pessoas com deficiência em sua programação.

» **Preste atenção aos métodos de ensino e avaliação.** Existem estudantes mais tímidos ou pessoas que se sentem desconfortáveis em participar de aulas. Um curso totalmente baseado em diálogo socrático seria um pesadelo para elas, não concorda? Pois bem, um professor preocupado com a diversidade procura conjugar diferentes métodos de ensino e de avaliação para contemplar essa diversidade de perfis. O simples fato de a avaliação não ser baseada na quantidade de vezes que alguém falou no debate em sala de aula já deixa alunos mais tímidos mais confortáveis na disciplina – um primeiro passo para que se sintam estimulados a superar a barreira à participação. É importante ter diversidade de métodos.

» **Preste atenção aos casos, exemplos, problemas e demais conteúdos do curso.** Um exemplo singelo mostra como a diversidade afeta a aprendizagem: professores adoram usar metáforas para explicar conceitos. Uma delas é a metáfora futebolística. No entanto, existe uma parcela expressiva da população que não acompanha o esporte e não sabe de times, regras nem competições. Explicar um conceito com referência a uma metáfora futebolística significa alijar essas pessoas do debate. Isso vale para casos, exemplos, problemas etc. Pode não ser conveniente usar uma série de exemplos de São Paulo para conduzir uma aula em Belém (Pará). É importante levar em consideração o contexto e o público no momento de escolher casos, exemplos e problemas.

» **Preste atenção aos temas do curso**. Uma forma de desconsiderar a diversidade no curso, em continuidade ao tópico anterior, é ignorar os problemas a ela relacionados ao tratar dos temas do curso. É possível tratar do sistema financeiro nacional nas aulas de Direito sem mencionar que uma parte expressiva da população mais vulnerável não tem acesso a contas bancárias? Ou discutir proteção de dados na internet sem levar em conta o público infantojuvenil que navega pela rede e é rastreado? Em outras palavras, é importante trazer o assunto da diversidade também para o momento de lidar com os temas do curso.

» **Preste atenção a como você redige o programa**. Retirar expressões preconceituosas ou discriminatórias da redação do programa é uma exigência. Recomendamos utilizar uma linguagem que não seja marcada por gênero ou outras características.

» **Lembre-se sempre de que outras questões podem surgir.** Às vezes, problemas podem surgir inesperadamente. Um exemplo: em autoavaliações, mulheres tendem a se avaliar com muito mais rigor (e notas mais baixas) do que homens. Aplicar esse método de avaliação sem essa reflexão pode levar a injustiças. É importante, então, manter uma postura de constante alerta para a questão da diversidade.[11]

O segundo tema para o qual chamamos atenção é o da **interdisciplinaridade**. Ela significa não apenas o tratamento de temas jurídicos com base em uma visão integrada dos vários ramos do Direito, mas também o tratamento desses temas a partir de uma perspectiva que relaciona o direito com outras áreas do conhecimento, como contabilidade, estatística, psicologia, economia, ciências sociais etc. A interdisciplinaridade pode acontecer, então, entre disciplinas do mesmo ano no curso; entre disciplinas de anos diferentes no curso; e entre graduações distintas.

Por que a interdisciplinaridade é importante? Num mundo em que os problemas são cada vez mais complexos, a solução passa por equipes cada vez mais interdisciplinares. Veja as questões de direito e tecnologia: é difícil discutir *bitcoins* ou segurança digital sem recorrer a pessoas que trabalham com informática e internet. A interdisciplinaridade também contribui para uma visão integrada do Direito, o que possibilita mais chances de inovação e criação de institutos jurídicos.

E como lidar com a interdisciplinaridade na prática? Seguem algumas dicas:

» **Preste atenção aos temas e aos problemas tratados em seu curso.** A escolha dos temas e dos problemas do curso já o encaminha para determinadas relações entre áreas do conhecimento em detrimento de outras. No nosso curso de Teoria das Obrigações, ao enfatizarmos dilemas de economia colaborativa, direcionamos a experiência dos estudantes sutilmente a uma discussão mais econômica, com interfaces no direito do trabalho e do consumidor. Essa direção poderia ser outra se, por exemplo, enfocássemos a diferença entre obrigações de direito privado e de direito público. É importante escolher problemas para as disciplinas que facilitem a interdisciplinaridade desejada.

» **Preste atenção aos métodos de ensino.** Há métodos que facilitam mais e menos a interdisciplinaridade. Exercícios tendem a enfocar a resposta em uma área do Direito, enquanto a aprendizagem baseada em problemas tende a abrir a perspectiva dos estudantes para outras áreas. É importante mesclar ou incluir métodos de ensino mais interdisciplinares no curso.

» **Preste atenção a oportunidades de integração com outros cursos.** Especialmente em universidades, é possível conjugar o curso com iniciativas de outras áreas do conhecimento. Incluir no programa aulas conjuntas com outras disciplinas, convites a eventos interdisciplinares ou, no mínimo, a referência a obras de outras áreas que estejam na biblioteca do *campus* são todas formas de trazer mais relação com outras áreas.

Um último aspecto diz respeito às parcerias externas. É possível trazer a comunidade para a disciplina, colocando os estudantes em contato com parceiros. Essa

---

11 Para um conjunto de dicas práticas, como uso do prenome, autorregulação de fala e outros combinados entre docente e turma, cf. Delmondes et al. (2016, p. 6).

relação pode ser concretizada de diferentes formas, desde um singelo vídeo de um especialista fazendo uma questão de prova para a turma, até a definição de um "cliente" de projeto dos alunos.

Por que parcerias externas são importantes? Em primeiro lugar, elas materializam a relação entre universidade e comunidade externa que vem sendo cada vez mais enfatizada no ensino superior. As faculdades não podem mais se isolar do meio a seu redor, e as parcerias são um meio para integrá-las. Em segundo lugar, elas trazem um componente de realidade para o curso que facilita não apenas a relação do conteúdo com o contexto pelos alunos, mas também contribui para o engajamento da turma nas atividades. A parceria permite que vejam significado no que fazem. Finalmente, elas trazem mais experiências, mais perspectivas e mais desafios para os estudantes. Um especialista ou alguém que enfrenta problemas no seu dia a dia é capaz de desafiar mais a turma.

E como concretizar parcerias externas na disciplina? Algumas dicas:

» **Busca por parceiros.** A ideia de parceiro é ampla. Pode ser qualquer pessoa ou entidade que tenha algo a contribuir para o curso. No entanto, você não precisa se limitar apenas às pessoas que conhece – embora esse seja um bom começo. Busque pessoas e entidades interessantes para o tema no curso na sua região, ou especialistas que possam participar a partir de outras regiões, ainda que por videoconferência. Ganha importância aqui recorrer aos "amigos dos amigos" e à rede de contatos da instituição (alunos, ex-alunos, professores, dirigentes etc.).

» **Definição de papéis para parceiros.** Uma vez definido que haverá parcerias, é fundamental estabelecer quais os papéis esperados para os parceiros. Essas pessoas virão apenas para relatar sua experiência aos alunos? Ou vão propor um desafio que eles deverão resolver? Ou, ainda, vão acompanhar uma atividade e participar no *feedback* com base em sua própria experiência? O importante é que os papéis e as expectativas estejam bem definidos, seja numa aula, num conjunto de aulas ou até mesmo na avaliação do curso.

» ***Briefing*** **dos parceiros**. É natural que pessoas de fora da disciplina não saibam o que foi desenvolvido ao longo do percurso. É fundamental avisar o parceiro sobre o que foi feito, o que se espera que faça, qual o perfil da turma que encontrará, enfim, que se prepare a pessoa para participar do curso.

» **Formalização da parceria.** Um aspecto que não pode ser negligenciado é a maneira de formalizar a parceria. Muitas vezes ela será informal, baseada na participação em uma ou outra aula ou na propositura e no acompanhamento de um desafio. Entretanto, haverá situações nas quais algum grau de formalização será desejável ou mesmo exigido (por exemplo, em situações específicas de relação com o Poder Público). É importante que você saiba os procedimentos de formalização e crie um modelo para futuras parcerias.

4.6   Recapitulando

Reveja os objetivos fixados no início do capítulo. Para consolidar o que tratamos aqui, esquematizamos a seguir o que você precisa ter em mente para elaborar e apresentar programas participativos para a sua turma:

1ª ETAPA: objetivos

> Pensar no **objetivo geral** do curso, ou seja, nos perfis de estudantes que sairão da disciplina. Poderá enfocar a profissionalização, a formação humanística, a formação integrada com a realidade etc.

> A partir do objetivo geral, pensar nos **objetivos específicos** do curso. Eles devem se referir ao que os estudantes serão capazes no final do curso.

2ª ETAPA: encadear momentos

> 1º passo de "como chegar lá": definir marcos de formação dos estudantes.

> Definição dos marcos envolve distribuir o trabalho com os objetivos específicos e os objetivos detalhados ao longo do período letivo.

> Distribuição dos tópicos de informação do curso no decorrer do período letivo, selecionando temas que sejam os melhores para trabalhar os objetivos de cada momento.

3ª ETAPA: definir métodos de ensino

> 2º passo de "como chegar lá": selecionar métodos de ensino adequados para trabalhar os objetivos de aprendizagem definidos.

> Definição dos métodos de ensino também envolve avaliação sobre outros elementos: conforto para o docente, conforto para a turma e restrições institucionais.

4ª ETAPA: definir a preparação prévia

> 3º passo de "como chegar lá": selecionar os materiais para a preparação prévia dos estudantes para as aulas, quando for necessária.

> Definição da preparação prévia para a aula deve levar em consideração o que será efetivamente trabalhado em sala de aula.

5ª ETAPA: definir os métodos de avaliação

> Pensar nos instrumentos que serão utilizados para aferir se os estudantes estão concretizando os objetivos de aprendizagem, selecionando também o que será mais valorizado no curso.

> Distribuição da aplicação dos instrumentos de avaliação ao longo do curso.

> Pensar na composição de nota do curso e nos critérios gerais de avaliação (ver seção 5 para mais detalhes).

Redigir e apresentar o programa

> Redigir o programa ao menos com os elementos essenciais: qualificação da disciplina, justificativa, objetivos, conteúdo, estrutura de aulas, avaliação.

> Se possível, acrescentar elementos importantes e complementares.

Agora é a sua vez de elaborar o programa. Lembre-se: no início poderá ser mais demorado e trabalhoso fazer o planejamento dessa forma, mas com a prática ficará mais rápido. A partir do momento que você tiver um repositório de programas, poderá tomá-los como pontos de partida para aprimoramentos.

💡 DICA: Criando uma comunidade de professores engajados...

Queremos que você se sinta parte de um esforço maior para mudar o ensino jurídico brasileiro. Tire uma foto ou disponibilize o arquivo e compartilhe seu programa de ensino nas principais redes sociais com a nossa *hashtag* "#MetodologiasAtivasEmDireito".

E, se você tiver curiosidade ou quiser se inspirar nos programas feitos por outros professores, poderá procurar postagens com a *hashtag* do livro nas redes sociais!

5

Terceiro passo: preparar e planejar as atividades

🎯 OBJETIVOS DO CAPÍTULO

Neste capítulo, você aprenderá a preparar e planejar as atividades. Ao final da leitura, esperamos que você seja capaz de:

→ Planejar aulas participativas, centradas no aluno, por meio de notas de ensino (ou planos de aula).

→ Justificar tais atividades para os alunos.

→ Definir objetivos específicos e questões a serem trabalhadas nas atividades.

→ Definir papéis para estudantes e professor em sala de aula.

→ Escolher momentos adequados para avaliar a atividade.

Após elaborar o programa, é momento de preparar e planejar as atividades. Essa etapa é fundamental por três motivos: aprimora o ensino, melhora a comunicação e aperfeiçoa a própria execução. Primeiro, aprimora o ensino porque o planejamento permite orientar ações para uma finalidade e aferir os resultados das atividades. Segundo, melhora a comunicação com os estudantes, por ser instrumento para que o professor justifique aos alunos o que estão fazendo, por que estão fazendo e por que as atividades são boas para eles. Terceiro, aperfeiçoa a execução das tarefas, porque foca a percepção no significado da atividade e no sentido do aprendizado, além de servir de memória para consulta ou replicação e até mesmo aplicação por outros docentes que venham a ministrar a mesma disciplina, constituindo um valioso acervo pedagógico.

Organização e realização de boas escolhas são fundamentais para a prática de um ensino jurídico participativo de qualidade. Com o objetivo de habilitar você a ambas, explicaremos cada etapa do planejamento de dinâmicas.

5.1 "Momento zero": a importância de uma nota de ensino bem redigida

A nota de ensino é o guia da atividade que detalha a aplicação e a condução de determinadas tarefas. A importância desse instrumento é estrutural para seu planejamento, porque contém as principais informações sobre os objetivos da aula, como serão as dinâmicas e como será a avaliação. Ela também estimula uma reflexão profunda, pelo docente, sobre cada um dos elementos da prática pedagógica. Adotar uma nota de ensino e pensar nos tópicos que indicaremos a seguir, então, é conveniente, ainda que a instituição não exija esse planejamento ou ofereça um plano de aula diferente.

A nota pode se referir a uma atividade ou à aula como um todo (conhecida como "plano de aula"). Quando ela detalha uma atividade, pode abranger mais de uma aula ou descrever algo que ocupará poucos minutos do encontro. Ao contrário, quando detalha uma aula, ela compreende tudo o que acontece naquele momento, seja uma ou mais atividades, seja uma parte de uma dinâmica mais extensa. Em outras palavras, deve-se enxergar esse documento como um instrumento flexível de planejamento de uma atividade ou de uma aula.

Bom, então vamos à nota de ensino. Para redigi-la, você deve se perguntar:

a. **Público-alvo.** Quais e quantos alunos participarão da atividade? O público-alvo geralmente é dado pelo curso e será o mesmo para todas as atividades ao longo do período letivo. Por vezes, você poderá pensar em modos alternativos de composição dos participantes da dinâmica – por exemplo, dividindo a turma e a aula em duas partes, para trabalhar com número menor de pessoas.

b. **Objetivos.** Quais são os objetivos gerais e específicos da atividade? Consideramos que os objetivos gerais indicam como a atividade se insere no curso, ou seja, de que forma ela se inclui nos arcos e como contribui para a formação daquele arco. Os objetivos específicos da aula são aprendizados mais concretos que a atividade em si proporciona – o que se espera que os estudantes tenham aprendido ao final da atividade (habilidades, competências, saberes, atitudes etc.) – e se alinham aos objetivos detalhados do curso.

c. **Método.** Qual ou quais métodos de ensino vou usar? O método empregado deve ser adequado para atingir os objetivos específicos da aula – que, por sua vez, servem para obter os objetivos específicos do curso.

d. **Materiais didáticos e preparação prévia.** Como os alunos e o professor se prepa- ram para essa atividade? A preparação do professor envolve os materiais didáti- cos que devem ser produzidos para a atividade, além, claro, do conhecimento que ele deve ter para conduzi-la. A preparação dos estudantes consiste nos materiais que eles devem consultar para estarem aptos a participar da aula – pode ser um li- vro, um artigo, uma notícia de jornal, um filme, um *podcast*, enfim, vários materiais.

e. **Introdução.** Como começar a atividade? Esse ponto é importante o suficiente para merecer uma atenção destacada. A introdução é o momento em que o professor gera foco e motivação nos estudantes.

f. **Desenvolvimento.** Como desenvolver a atividade? Quanto tempo durará cada etapa? Desde o início, é importante definir as ações que professores e estu- dantes farão ao longo da atividade – principalmente instruções, no caso dos docentes, e tarefas, no caso dos alunos. Elas devem ser acompanhadas dos respectivos tempos de começo e término e da duração. Esse guia servirá para que o professor possa identificar atrasos e, eventualmente, alterar a dinâmica durante a aula.

g. **Término.** Como vou encerrar a aula? O encerramento ganha importância para a consolidação do aprendizado e a sistematização do que foi desenvolvido ao longo da atividade. Também pode ser um "gancho" para uma atividade posterior.

h. **Avaliação.** Como vou avaliar se o objetivo foi atingido e dar *feedback*? Relem- bramos que avaliar não é sinônimo de dar nota – é possível apenas dar um retorno de desempenho para os estudantes sem que isso valha um conceito ou nota para aprovação ou reprovação.

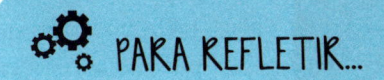

PARA REFLETIR...

As respostas a essas perguntas conferem estrutura à nota de ensino. Com base nelas, disponibilizamos para você dois modelos de notas de ensino – um para atividades, outro para aula.

Acesse pelo link https://uqr.to/ic5r (ou pelo QR CODE).

5.2 Etapas de planejamento de atividades

Certo, então como planejar e preparar suas atividades? A seguir, apresentamos como elaborar notas de ensino, etapa por etapa.

5.2.1 Primeira etapa: definir os objetivos específicos da atividade

A definição dos objetivos de aprendizagem é fundamental para delinear as atividades e suas escolhas. Eles devem ser adequados ao que se pretende desenvolver nos alunos (competências cognitivas, atitudinais, sociais ou procedimentais). Ter clareza sobre eles facilita a justificação sobre a adoção do ensino participativo aos alunos e à instituição. Logo, é necessário saber quais são esses objetivos e por qual motivo eles são importantes para a formação e desenvolvimento dos alunos.

PROBLEMA: falta de clareza para adoção do ensino participativo

Um problema muito comum para quem deseja começar a aplicar o ensino participativo é enfrentar resistência dos alunos. Por vezes, isso acontece porque o professor não comunica à turma o que pretende com a atividade. Essa ausência de comunicação pode decorrer da falta de clareza sobre os objetivos de ensino ou da desconexão entre o que professor e alunos querem. Pode acontecer de querermos que os alunos aprendam determinado conteúdo que não é útil para sua formação. Também é comum desejarmos que eles desenvolvam certo repertório e esse objetivo não é coerente com o perfil do egresso que se pretende formar.

No desenho de uma aula participativa, a escolha dos objetivos deve se basear em razões muito claras. Ao chegar à sala de aula com uma finalidade clara de formação, o professor deve ser capaz de explicar à turma o que pretende. Os alunos poderão, então, dialogar para alterar ou aceitar e acompanhar o propósito do curso. Redigir os objetivos de uma nota de ensino é um exercício de reflexão profunda sobre as razões de proporcionar a aprendizagem que você está oferecendo.

Assim como existem os objetivos do curso, também há objetivos das atividades (ou da aula como um todo). Com relação ao curso, os objetivos gerais equivalem ao perfil (ou perfis) de egresso que se deseja formar; os objetivos específicos correspondem a competências que compõem esse perfil; e os objetivos detalhados especificam essas competências em habilidades, domínios e atitudes. No tocante às atividades, os objetivos gerais indicam como ela se insere no arco de desenvolvimento e qual o papel dela no curso, enquanto os objetivos específicos da atividade correspondem aos objetivos detalhados do curso (Figura 18).

Figura 18 Esquema de objetivos de aprendizagem do curso e das atividades

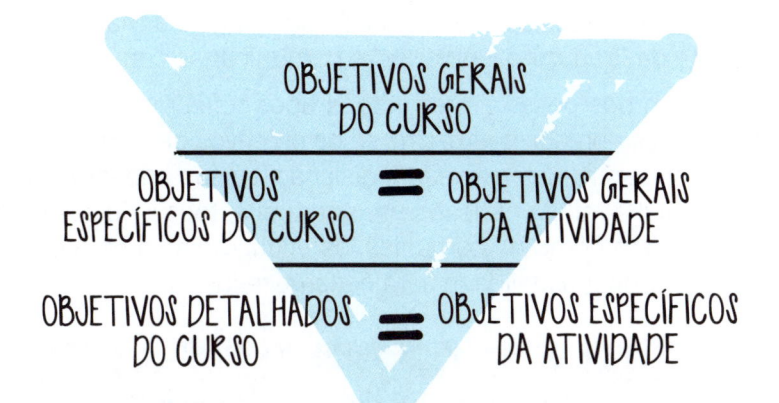

Fonte: elaboração própria.

Depois de ter clareza sobre como a aula ou a atividade se insere naquele momento do curso (objetivo geral), você deve definir seus objetivos específicos primordiais. Uma maneira simples de visualizá-los é usar a tríade **saber, fazer** e **olhar**, sugerida por Ghirardi (2012a).

Se quiser que os alunos **adquiram repertório de informações** (saber), primeiramente você precisa definir quais serão essas informações e por quê. Pode ser, porém, que você prefira priorizar o **desenvolvimento de práticas** específicas (fazer). Seja realizar pesquisas, seja redigir um documento, elenque quais são essas habilidades. No entanto, seu objetivo com a aula pode ser principalmente o de fazer com que os alunos aprendam a **refletir criticamente** sobre determinadas questões (olhar). Para isso, pense sobre quais são essas questões e qual é a importância de desenvolver essas reflexões críticas considerando o perfil egresso que você quer formar.

O estabelecimento desses objetivos também é importante para adequar o tempo disponível às atividades propostas. Sim, temos que ser realistas. Às vezes, não temos as condições ideais de tempo nem de estrutura. Por exemplo, dispor de apenas um encontro para desenvolver a habilidade de tomada de decisão é uma situação completamente diferente de poder contar com um curso de carga horária de 30 horas ou, ainda, de uma disciplina anual com encontros semanais. Daí a importância de um planejamento adequado e de um bom conhecimento da realidade da instituição e do grupo de estudantes, pois dessa forma você será capaz de construir uma proposta condizente com o contexto. Expectativas serão expostas com transparência e poderão ser cumpridas.

Vamos a um exemplo. Imaginemos que você queira introduzir aos alunos uma nova lei sobre tecnologia. Em vez de pedir para lerem a norma, previamente à aula ou em classe, e responderem perguntas, algo que no ensino tradicional é bastante comum, você pode pedir para explorarem e ampliarem a questão. Eles podem realizar uma apresentação ou um seminário em contexto real, tanto para um público do Direito como para uma população que tenha interesse no tema, mas que não possua conhecimentos técnicos, adicionando um desafio a mais aos estudantes, que terão a tarefa de "traduzir o juridiquês" e comunicar-se com eficácia.

Esse exemplo é um dos possíveis resultados após refletir sobre os objetivos e o processo de ensino e aprendizagem. Ora, se os objetivos de realizar uma aula para que os alunos conheçam determinada legislação e seus impactos na sociedade são de torná-lo hábil a refletir criticamente sobre questões jurídicas e consequências à sociedade, bem como de comunicá-las eficazmente a uma população não jurídica, podemos alinhar a atividade para concretizá-los.

 DICA: Exemplo de objetivo de aquisição de repertório

> Apresentamos um exemplo de formulação de objetivos de atividade que enfoca a aquisição de repertório: "espera-se que, ao final da aula, o aluno seja capaz de (i) identificar quais são os principais dispositivos relacionados a Direito e Tecnologia; (ii) compreender os impasses e brechas gerados pela legislação atual; (iii) formular questões técnicas sobre o dispositivo jurídico; (iv) avaliar o contexto socioeconômico e sua relação com o Direito; (v) apresentar o tema de maneira objetiva a públicos distintos, usando termos jurídicos e também com linguagem menos técnica; (vi) desenvolver habilidades de expressão oral; (vii) trabalhar em grupo".

5.2.2   Segunda etapa: definir os tópicos e as questões trabalhadas na atividade

Nessa etapa, você deve definir os tópicos que serão abordados e as perguntas que serão trabalhadas com os alunos. Há diversos tipos de atividades participativas que trabalham conteúdos, e as perguntas são ótimas para guiá-las.

No entanto, você deve estar se perguntando: como trabalhar tais conteúdos de curso ou aula? Bem, no ensino participativo, entre diversas técnicas, expostas no Capítulo 2, é fundamental que tais tópicos sejam motivadores aos alunos. Instigando sua curiosidade, as chances de se engajarem nas atividades e, consequentemente, na construção do conhecimento são grandes. Trata-se de usar a motivação interna dos estudantes e aliá-la com atividades que tenham significado para eles.

Por exemplo, é possível trabalhar um tema superinteressante, como direito, tecnologia e decisões automatizadas, tanto de maneira motivadora como de forma burocrática.

Imagine uma atividade que discute com os alunos a licitude ou ilicitude de um aplicativo que permite você submeter uma conversa que teve com terceiros para um *software*, que, mediante o pagamento em créditos para a empresa desenvolvedora, é capaz de dar uma porcentagem de quanto essas pessoas estariam interessadas romanticamente em você.[1] Certamente esse é um tema que desperta muito interesse entre adolescentes e até entre adultos. Mas uma coisa é você apresentar o aplicativo no projetor e outra é você possibilitar que os estudantes experimentem o programa.

Portanto, não se trata tanto do tema em si, mas dos tópicos e da abordagem. A maneira como o problema é colocado e como os alunos são sensibilizados para a temática fazem a diferença entre uma aula bem-sucedida e uma aula fracassada mesmo antes de começar. Conhecendo o perfil, os interesses, as motivações e a realidade dos estudantes, ficará mais fácil propor atividades que façam sentido a eles, aumentando a probabilidade de os objetivos serem alcançados.

Retomando o exemplo, se seu objetivo for trabalhar a temática de direito, tecnologia e decisões automatizadas, pense nas questões e nos pontos que não podem ficar de fora da atividade. Que tipo de impactos sociais e pessoais as decisões automatizadas podem ter? É possível treinar o robô com conteúdo de terceiros sem consentimento? Existe limite para a criação de perfis e o aconselhamento de pessoas por meio de robôs? E se o aconselhamento não dá resultados? A prestação do serviço é uma obrigação de meio ou de resultado?

 DICA: A regra da "questão relevante

Para planejar sua aula tenha em mente sempre a **questão relevante** que eles deverão ser capazes de responder ao final. Ninguém gosta de perder tempo, então temos que abordar temas relevantes e significativos. Às vezes, nem o próprio aluno reconhece a questão como importante para si, mas, com exemplos e condução das perguntas, a sensibilização e o engajamento, eles são estimulados a enxergá-la como tal, configurando o cenário ideal para a aprendizagem ativa.

Em resumo, são vários e infinitos os caminhos para se definirem questões importantes para a aula. Com criatividade, reflexão e conhecimento, você desenhará cursos desafiadores, guiados por questões relevantes e significativas aos seus alunos.

---

1 Esse é o caso do aplicativo MEI, que promete ser um assistente de análise de conversas por texto que indica se o interlocutor tem ou não interesse romântico. Sobre a questão, cf. PARDES, 2019.

É fundamental se dedicar a essa etapa, já que impactará o restante do planejamento de seu curso.

5.2.3   Terceira etapa: definir o que os estudantes farão na atividade e delimitar os tempos necessários

Seguindo o raciocínio do preenchimento de uma nota de ensino, chegamos à etapa da dinâmica. Você deve indicar, além das atividades que os alunos farão, a previsão do tempo que cada etapa tomará. Desenhar cuidadosamente essa etapa é essencial para poder cumprir as tarefas e os objetivos de aprendizagem. Para tanto, descreva o que os estudantes deverão fazer durante determinado tempo.

No ensino participativo, os alunos devem atuar de maneira bastante ativa. No entanto, é necessário estar preparado para turmas mais caladas, que podem levar menos tempo do que o previsto para uma mesma atividade, e para turmas mais falantes ou que tenham pessoas que monopolizem a fala, o que tomará a um tempo maior para conclusão da atividade.

Muitas vezes, a leitura prévia de algum conteúdo mais denso ou a visualização de um vídeo ou caso já prepara os estudantes para o tema que será trabalhado na aula. Se acompanhada de algumas perguntas, como num estudo dirigido, será possível abordar o assunto de modo mais objetivo em sala de aula, pois os alunos virão com dúvidas e opiniões formadas.

PROBLEMA: sensação de pouco tempo

Pode gerar certa angústia no docente planejar tão minuciosamente uma aula participativa, já que estamos acostumados com aulas tradicionais expositivas, muito mais fáceis de se calcular o tempo de fala e da aula. Afinal, é apenas o professor que fala na maior parte do tempo, às vezes deixando alguns minutos finais para perguntas e comentários de alunos.

Na prática do ensino participativo, inicialmente, pode surgir uma sensação de falta de tempo, já que uma turma engajada adora se manifestar e participar. Sem tempo para execução das atividades, o docente e os alunos podem se sentir frustrados pelo pouco espaço de tempo. Contudo, trabalhar essas angústias internas fará com que você tenha mais segurança no momento de lidar com essas situações em sala de aula. Se não houver limite, muitas vezes pode-se perder o foco, então é preferível um tempo curto, mas bem aproveitado, do que um tempo longo, sem foco nas atividades e discussões.

Outra questão relativa ao tempo, e que ouvimos inúmeras vezes, diz respeito a como dar todo o conteúdo e ainda fazer dinâmicas participativas? Perceba que esse é um falso problema. Normalmente, é impossível cobrir todo o conteúdo por meio de palestras, ainda que bem condensadas. O problema é definir quanto tempo é necessário para desenvolver determinadas competências a partir de temas presentes na ementa do curso – ainda que certos tópicos de informação sejam mais detalhados do que outros nessas atividades.

Atente-se para a conexão entre o planejamento da aula e os métodos de ensino apresentados anteriormente. Registre na nota de ensino os elementos que devem ser considerados para fixar o tempo necessário para aplicação de cada método, não se esquecendo do momento final de reflexão, que, dependendo da técnica, pode ser mais ou menos demorado. Sem passar por todas as etapas, as atividades podem ficar "soltas" e não cumprir seu objetivo final, confundindo ainda mais o estudante, em vez de sistematizar e consolidar o conhecimento. Caso a atividade que você tenha escolhido seja uma simulação, por exemplo, planeje o tempo total de atividade considerando o período de discussão inicial, a simulação propriamente e a reflexão coletiva sobre os resultados. A previsão por etapa pode ajudar você a não se perder durante a execução da atividade. Também pode facilitar o juízo por priorizar mais uma ou outra parte da dinâmica.

Especificamente à fixação do tempo, apresentamos algumas sugestões baseadas em nossas experiências com atividades participativas. Não as use isoladamente, mas em conjunto para definir os tempos das atividades.

» **Tempo *per capita*.** Ao prever o tempo necessário para atividades que envolvem discussão e troca de ideias entre os alunos – por exemplo, num debate ou num trabalho em grupo –, calcule mais ou menos a quantidade de minutos *per capita* que você está disponibilizando para cada participação. Compare isso com a quantidade de alunos na sala e você terá também uma medida do risco de desengajamento da turma. Para ilustrar, podemos tomar como um parâmetro seguro que os alunos falam em média por dois a três minutos para expor um raciocínio mais complexo. Se forem previstos 25 minutos para um debate de ideias, isso significa ter mais ou menos oito falas. Se a turma tiver 60 estudantes, tem-se uma proporção aproximada de 15% de participantes.

» **Flexibilidade para aumentar ou diminuir o tempo.** Sabe aqueles cinco minutos a mais numa atividade? Ou aquela discussão que levou dez minutos a mais do que planejado? Pois então, é importante, ao planejar a aula, identificar o que pode ser cortado, caso a dinâmica atrase, e o que pode ser alargado, se os estudantes não conseguirem realizar todas as tarefas propostas a tempo ou participem mais do que o previsto. O juízo do que pode ser cortado deve estar alinhado com os tópicos e as tarefas fundamentais para a consecução dos objetivos de aprendizagem. Já o juízo do que pode ser alargado deve levar em consideração quais tarefas que, incompletas, prejudicarão mais do que ajudarão a aprendizagem dos estudantes.

» **Menos é mais.** Cada transição entre atividades não apenas gasta tempo, como aumenta a impaciência dos estudantes. É preferível uma única atividade profunda do que várias atividades menores, com diversas etapas e transições. Por isso, é melhor prever poucas tarefas com muito tempo do que muitas tarefas com pouco tempo – a menos que elas sejam etapas de realização de algo (por exemplo, etapas de um *brainstorming*).

» **Tempo de negociação e produção.** Sempre que a atividade exigir a elaboração de algum resultado, como uma resposta (em exercícios), uma apresentação (em seminários) ou uma solução para um problema (em método baseado em problemas), é necessário prever tempo para ao menos duas operações – o planejamento dos alunos e a execução do produto em si. Em trabalhos em grupo, ainda é necessário pensar na negociação da resposta e no tempo necessário para que pessoas possam expor suas ideias e discutir o que adotarão.

» **Saber quando estressar.** Veja que as dicas de tempo não significam que você não possa dar menos tempo para uma atividade. O importante, porém, é saber quando estressar os alunos com a necessidade de correrem para realizar uma tarefa. Algumas características podem ser observadas, como atividades que não valem nota, que podem ser aproveitadas ainda que incompletas (já que o risco de não terminarem é grande) e que não geram muitas polêmicas dentro do grupo (para que não haja duas situações estressantes ao mesmo tempo).

» **Tempo de fala docente.** Para pensar o tempo de uma aula participativa não basta calcular a quantidade de tempo que os alunos gastarão para fazer tarefas, mas também o período em que o professor ocupará a fala. Apresentação das instruções, sistematização de conclusões, comentários às falas dos alunos, tudo isso é um tempo de fala docente que deve ser computado. No caso de exposições, algo pouco refletido, mas que tem impacto decisivo sobre a condução da aula, é a quantidade de tempo por *slide*. Um bom *slide* é aquele que não traz todo o conteúdo, mas apenas palavras-chave que servem para fixar o que está sendo dito. Por isso, o tempo que se passa sobre um *slide* é sempre maior – e, quanto mais pontos, mais minutos são gastos. Conhecer a si mesmo é fundamental para o docente que deseja calcular o tempo que usa por *slide*.

» **Calculando atrasos.** É cultural no Brasil que os compromissos com horário sejam flexibilizados. Embora a tolerância com atrasos seja uma política combinada pelo professor com seus estudantes, é importante levar em consideração os atrasos no planejamento de aulas. Professores que se atrasam para liberar a sala, alunos que demoram a voltar depois de intervalos e até problemas com o computador podem ser elementos que prejudicam a pontualidade do encontro. É recomendável prever sempre uma "gordura" de 5 a 10 minutos na atividade para que seja "queimada" por eventuais atrasos.

Todo esse planejamento de atividades, papéis, dinâmica da aula e duração deve estar descrito em sua nota de ensino. Dessa forma, ficará mais fácil conduzir a aula, realizar adaptações, ajustar a mesma aula para uma nova edição, ou refletir posteriormente, checando se o que você previu de fato foi executado.

5.2.4 Quarta etapa: definir e elaborar os materiais didáticos da atividade

Para planejar a aula, é fundamental refletir sobre os materiais didáticos que serão utilizados na atividade. Essa previsão deve constar na nota de ensino também, pois guiará a instituição de ensino, os alunos e você a respeito do que deve ser produzido para a aula. Assim, as condições para executar a atividade estarão garantidas.

Elaborar materiais didáticos originais, como narrativas de casos, exige um grande trabalho por parte do docente, mas torna o curso mais completo e personalizado. Sabemos que a carga de trabalho é bastante intensa, e um professor com diversas turmas, de vários níveis, perfis, instituições e até cursos, pode se sentir assoberbado por escolher o método de ensino participativo como meio para exercer melhor sua missão.

Para contornar a carga de trabalho, sugerimos que você procure materiais que possibilitem vários usos. Um vídeo, por exemplo, pode ser utilizado como material em diversas técnicas e dinâmicas, como aulas expositivas, interativas ou guiadas por perguntas ou situações. Tal material pode servir de base para cursos de diferentes níveis e perfis, após as devidas adaptações. Com criatividade, é possível tornar os materiais didáticos mais versáteis e aliviar a carga de trabalho docente. Logo, desde que bem realizada, a elaboração de um material didático pode servir para outra aula, de outra matéria, sem grandes adaptações, aliviando sua carga de trabalho.

Produzir materiais inéditos, como um caso didático, é muito importante, pois, dessa maneira, torna-se possível apresentar aos alunos temas reais, atuais e controversos. Pode não ser tão simples, pois demandará algumas boas horas de pesquisa e reflexão, mas com certeza será um material didático adequado à sua realidade de ensino, às necessidades e experiências que você já teve com outros materiais didáticos, podendo ser adaptado a diferentes níveis de curso e perfis de aluno.

Se você quiser trabalhar um caso cujo tema ainda é embrionário no Brasil, mas bastante discutido no exterior, a depender do tempo de preparação e de aula, adapte a linguagem, e talvez até idioma, redigindo a narrativa. Se for usar um vídeo com depoimento ou descrição de uma narrativa de caso, assegure-se de que o material esteja completo ou, então, complemente com outras referências. Pesquise em fontes oficiais, estude as resoluções e repercussões do caso e prepare o material para o objetivo de aprendizagem traçado anteriormente.

Apontamos algumas questões que você deve ponderar na elaboração de narrativas de casos e instruções para atividades:

» **Quantidade de páginas *versus* tempo de atividade.** É normal que, ao querermos construir um caso, desejemos explorá-lo ao máximo. No entanto, o docente deve refletir quanto tempo seus alunos levarão para ler a narrativa. É importante ponderar que se trata de um tempo parado, no qual os estudantes não estão falando ou interagindo. Idealmente, a leitura deve ser feita em casa, mas, dependendo do público-alvo, oferecê-la em sala será a alternativa. Por isso, pode ser melhor reduzir a complexidade da narrativa e a quantidade de fatos, documentos e/ou instruções para que a turma gaste menos tempo na leitura.

» **Indução de resposta.** Observando várias aplicações de método do caso ou simulação, pudemos reparar uma situação que se repete, especialmente com professores que começaram recentemente a aplicar o ensino participativo. Trata-se do material que já induz a resposta. O docente deve ter consciência de que o material fornecido levará o estudante a determinado pensamento.

Faz pouco sentido, por exemplo, entregar para cada aluno um conjunto de peças que representam os argumentos de certo ator (promotoria, por exemplo) e solicitar que eles atuem sob essa perspectiva numa simulação. Nesse caso, eles reproduzem um recorte oferecido pelo professor ao selecionar o material didático. Os materiais devem ser capazes de preparar a turma para a atividade, mas sem condicioná-las a um específico caminho.

» **Documentos anexos e fontes originais e a intermediação docente.** Outra questão que surge é o quanto de contato com as fontes originais os alunos devem ter. A narrativa de um caso é sempre uma intermediação feita pelo professor, que estabelece recortes e pode priorizar algumas questões em detrimento de outras. O contato com as fontes originais, por sua vez, nem sempre é capaz de oferecer imediatamente para os estudantes as questões que o professor deseja trabalhar, embora sejam interessantes por si sós. É importante ponderar se os estudantes terão contato com as fontes originais, se isso será facultativo (caso queiram pesquisar, por exemplo) ou se a atividade será feita integralmente com base num texto elaborado pelo docente a partir dessas fontes.

» **Interação *on-line* e *off-line*.** Os materiais didáticos podem servir de porta para outros materiais. O uso de QR Codes é um exemplo de técnica que permite os estudantes acessar múltiplas referências, ainda que recebam apenas um conjunto de instruções em sala de aula.

» **Sustentabilidade**. A responsabilidade ambiental e social tem se tornado um aspecto cada vez mais presente no ambiente universitário. Nos próximos anos, os professores serão cobrados pelo uso consciente e responsável dos recursos naturais. Por isso, é importante realizar um juízo sobre quanto material está sendo empregado e como ele pode ser reaproveitado. Isso inclui, embora não exaustivamente, utilização de materiais reciclados ou reutilizados, substituição de recursos físicos por recursos eletrônicos, sempre que possível, indicação de materiais que poderão servir para mais de uma atividade, entre outros.

» **Avaliação do material**. Antes de disponibilizar o material didático para os estudantes, vale a pena circulá-lo para outras pessoas comentarem. Essa revisão pode servir para a identificação de erros ortográficos, pontos obscuros e novas possibilidades não incluídas pelo docente.

DICA: Repositórios de atividades

Se você deseja partir de algo que já existe para realizar suas atividades, há repositórios de ensino que disponibilizam não apenas o plano de aula, como também os materiais didáticos necessários para executá-lo. Mencionamos:

> **Casoteca Direito SP:** um repositório de narrativas de caso com documentos originais e sugestões de aplicação. Disponível em: https://direitosp.fgv.br/casoteca.

> **Banco de Materiais de Ensino Jurídico Participativo:** um repositório de notas de ensino, algumas com materiais anexos. Disponível em: https://ejurparticipativo.direitosp. fgv.br/.

> **Revista GVCasos:** um periódico com casos da área de Administração. Disponível em: http://bibliotecadigital.fgv. br/ojs/index.php/gvcasos.

> **Casoteca da Enap:** um repositório de narrativas de caso com foco na Administração Pública. Disponível em: http://casoteca.enap.gov.br/.

> **Coleção de casos Insper:** um repositório de casos de diversas áreas, como Finanças e *Marketing*. Disponível em: https://www.insper.edu.br/casos/.

> *Hyper Island Toolbox:* um repositório de atividades, algumas das quais com materiais didáticos. Disponível em: https://toolbox.hyperisland.com.br/.

> *Learning & Teaching Repository:* um repositório de materiais didáticos de projetos financiados pelo governo australiano. Disponível em: https://ltr.edu.au/.

> *Scientix:* um repositório de atividades em diversas áreas mantido pela *European Schoolnet* (EUN). Disponível em: http://www.scientix.eu/resources.

5.2.5 Quinta etapa: definir o momento e o modo de avaliação da atividade

Por fim, a nota de ensino deve conter alguma forma de avaliação da atividade proposta. Antes de tudo, é importante diferenciar o *feedback* da avaliação, seja por nota, seja por conceito. O primeiro consiste num retorno, imediato ou não, sobre o desempenho da pessoa a respeito de determinada tarefa. É qualitativo e pode ser um comentário público dirigido à pessoa no momento que realizou algo, a fim de que ela consiga refletir sobre seu desempenho e realize uma autoavaliação.

Por exemplo, os alunos se encontrarão com o sócio de um escritório para conhecer sua carreira e tirar dúvidas sobre um novo programa tecnológico que foi implementado para agilizar o fluxo de trabalho. Aqueles que fizerem perguntas ganham um ponto? Quem fizer mais ganha? Ou a qualidade da pergunta faria o aluno ganhar mais pontos? Ou se agradou ao entrevistado? Enfim, são posturas profissionais que estão sendo desenvolvidas, que não necessariamente são passíveis de uma avaliação por nota. Contudo, dar um *feedback* ao grupo após o término da entrevista com uma pessoa externa, observando como eles se portaram, o que fizeram e o que não deverão fazer mais, se o comportamento deles foi adequado ao contexto, tudo isso é necessário para o aprendiz. Essa retroalimentação motiva o ser humano e mostra que o facilitador está atento ao que cada aluno está realizando, guiando-o ao longo da jornada. E isso deve ser feito constantemente, do início ao fim da aula ou do curso.

Ainda que ultimamente muito se tenha dito negativamente a respeito de quantificar um desempenho, como se a intenção fosse reduzir a pessoa a um número, somos favoráveis a usar a avaliação por nota, sim. Se bem utilizada, a avaliação pode indicar satisfatoriamente, de maneira global, pontos fortes e pontos de melhoria, direcionando melhor o trajeto do estudante e onde ele deve investir mais esforços em sua carreira. Ter esse diagnóstico como parte de sua formação é muito importante para os alunos, pois somente assim refletirão criticamente sobre seu desempenho.

Entretanto, nem tudo é quantificável em nota. E ela nem pode ser a finalidade maior do processo de aprendizagem. Faz parte do processo de mostrar ao aluno o que de fato tem valor no que está sendo realizado, o quanto falta para atingir determinado patamar de conhecimento ou se já o alcançou satisfatoriamente.

Então, deve-se incluir ou não uma avaliação por nota na atividade? Para ajudar você a decidir a respeito, desenvolvemos uma lista de perguntas que estimulam a ponderação sobre se as atividades que você propõe são situações passíveis de ser avaliadas por nota ou não (Quadro 14).

Quadro 14 Dez perguntas para saber se eu devo escolher a avaliação por nota

QUESTIONAMENTO	SIM	NÃO
A atividade é um ponto culminante na trajetória de desenvolvimento de uma competência?		
Os alunos treinaram anteriormente para realizar as tarefas da atividade (ou similares)?		

↦

QUESTIONAMENTO	SIM	NÃO
A atividade é estimulante para os estudantes por si só, sem necessidade de nota?		
A atividade alinha-se com algum instrumento de avaliação do curso?		
A nota permitirá que os estudantes alterem seus comportamentos para novas oportunidades no curso?		
Conseguirei entregar a nota a tempo para que os estudantes alterem seus comportamentos?		
Conseguirei entregar a nota com as informações necessárias para que os estudantes alterem seus comportamentos?		
Apresentei anteriormente uma matriz de avaliação para a atividade ou, ao menos, as expectativas de desempenho nesse tipo de atividade?		
Há tempo suficiente na aula para que os estudantes realizem a atividade com calma e reflexão?		
A atividade envolverá a entrega de algum produto ou algum tipo de registro por parte do professor ou seus assistentes?		

Fonte: elaboração própria.

Se você respondeu "sim" à maioria das perguntas, sugerimos, além dos *feedbacks*, que considere a avaliação com atribuição de nota. O interessante é poder combiná-la com outros tipos de avaliação (participação, avaliação do curso e autoavaliação), bem como atribuir pesos distintos a cada um deles, não se esquecendo de adequar o processo de avaliação às diretrizes do programa da instituição vinculada. Por exemplo, se a instituição que você leciona tem como regra a realização de uma prova de múltipla escolha padronizada, veja se é possível modificar outras partes da forma de avaliação, considerando a regra institucional. Pode não ser possível realizar o curso totalmente inovador, mas, ainda assim, é possível variar e introduzir um ensino participativo. Vale observar também que não é completamente negativa a avaliação por meio de uma nota, desde que não seja a única forma de medir o desempenho deles.

Para elaborar uma matriz de avaliação de atividades para nota, deve ser contemplado muito claramente o objetivo que se deseja aferir (aspectos técnicos, conceitos teóricos, desenvolvimento de habilidades, resolução de problemas etc.), o meio ou instrumento de aferição (prova escrita, prova oral, prova prática, em grupo, individual, entrega de produto final etc.) e os critérios para realizar tal aferição. Com isso, os alunos terão a clareza de como e quando estarão sendo avaliados, demonstrando envolvimento no processo de aprendizagem e construção de seu conhecimento. Você verá mais detalhes sobre a construção de uma matriz de avaliação no Capítulo 7, sobre avaliação.

5.3 Preste atenção! Avaliando os papéis de estudantes e docentes, o aproveitamento dos conhecimentos prévios e a relevância das atividades para os alunos

Nessa etapa, vale chamar a atenção para alguns pontos de atenção, que influenciam a preparação das atividades de ensino.

A **primeira reflexão** é sobre os **papéis de estudantes e professores na sala de aula**. Quanto ao papel do docente em sala de aula, como mencionado, pode ser desde um transmissor de informações até um encorajador do aprendizado. E isso impacta diretamente o papel que o professor atribui para o aluno, desde um espectador até um agente ativo no processo de construção de seu conhecimento.

Você já refletiu sobre o papel que assume em sala de aula? Apresentamos um pequeno teste para que você identifique se seu perfil é mais próximo ao de um professor transmissor ou de um professor facilitador de aprendizagem

Quadro 15 Teste de perfil docente

ASSINALE, PARA CADA LINHA, A FRASE QUE MAIS IDENTIFICA VOCÊ DENTRE AS DUAS DISPONÍVEIS:

☐ Dou aulas mais expositivas	☐ Dou aulas mais dinâmicas
☐ Falo mais do que os alunos durante as aulas	☐ Os alunos falam mais do que eu durante as aulas
☐ Nas atividades em grupo que proponho, os alunos podem dividir as tarefas entre si e cada um concluir uma parte da atividade sem prejuízo das demais	☐ Nas atividades em grupo que proponho, os alunos só conseguem concluir a tarefa se trabalharem uns com os outros
☐ Os alunos usam somente materiais que indico	☐ Os alunos usam materiais de qualquer fonte, ainda que não indicada por mim
☐ Responsabilizo-me inteiramente pelo planejamento da aula	☐ Eu e meus alunos planejamos ações para a aula ou atividade
☐ O objetivo da minha aula é que os alunos sejam aprovados	☐ O objetivo da minha aula é que os alunos consigam interpretar e agir em contexto real
☐ Acho que os alunos chegam à aula sem saber nada e é minha responsabilidade ensinar algo	☐ Acho que os alunos possuem conhecimentos e experiências prévias, que são considerados na aula
☐ Penso que os estudantes aprendem se registrarem, memorizarem e reproduzirem o conteúdo da aula	☐ Penso que os estudantes aprendem quando criam algo ou aplicam um conteúdo a um caso real

↦

→|

ASSINALE, PARA CADA LINHA, A FRASE QUE MAIS IDENTIFICA VOCÊ DENTRE AS DUAS DISPONÍVEIS:

☐ Como docente, vejo-me como uma pessoa sábia, que possui conhecimento	☐ Como docente, vejo-me como uma pessoa com experiências e interpretações mais testadas na realidade
☐ Devo dominar o conteúdo para dar uma boa aula	☐ Devo dominar o processo para dar uma boa aula
☐ A relação de ensino é unidirecional, de mim para os alunos	☐ A relação de ensino é horizontal e multidirecional (professor com alunos, alunos entre si, alunos com comunidade, professores entre si etc.)
☐ A aula é o momento para transmissão de conhecimento	☐ A aula é a oportunidade para trocar e desafios de leituras da realidade
☐ O resultado do meu trabalho está relacionado com a reprodução das informações transmitidas pelos alunos	☐ O resultado do meu trabalho está relacionado com a mudança na forma de os alunos entenderem e agirem no mundo
☐ Vejo a avaliação da aprendizagem relacionada a quanto conhecimento o estudante reproduz	☐ Vejo a avaliação da aprendizagem relacionada com a aferição de quanto o estudante se desenvolveu
☐ A relação do aluno com a realidade é unicamente mediada pelo professor	☐ A relação do aluno com a realidade é imediata (por contato direto ou simulação) ou mediada pelo professor
☐ A motivação dos estudantes para aprender é indiferente às minhas aulas ou é movida por estímulos externos (geralmente punição)	☐ A motivação dos estudantes para aprender é movida por estímulos externos (recompensa) e, principalmente, motivação interna, por meio do alinhamento de objetivos próprios com objetivos do curso
☐ O objetivo geral da minha aula é transmitir maior repertório possível ao aluno	☐ O objetivo geral da minha aula é o desenvolvimento profissional, pessoal ou intelectual do aluno

Fonte: elaboração própria.

Faça a soma. Se você assinalou mais frases da esquerda, você se aproxima do perfil de um professor transmissor de informações; se você assinalou mais frases da direita, você se aproxima mais do perfil de professor participativo. O que você achou do resultado? Suas características batem com o que você imaginava sobre si? Você já se via dessa forma?

Caso você queira realmente transformar o ensino que proporciona, seja o mais próximo possível das características do perfil de docente facilitador do ensino (perfil da direita). A importância de reconhecer seu papel como docente nesse processo é a oportunidade que se tem para mudar, aprimorar aspectos mais esquecidos e reconhecer seus pontos fortes e voltados à inovação didática.

A **segunda reflexão** refere-se à importância de aferir e aproveitar o **conhecimento prévio dos estudantes**. A aprendizagem que trabalhamos no ensino participativo é a de transformar o senso comum inicial, técnico ou não, em um senso aprimorado final. Mas como se mede isso? Bem, há diversas formas. É possível passar um questionário no início do curso para saber o nível de conhecimento dos alunos; pode-se iniciar uma discussão sobre um caso e pedir para os estudantes expressarem suas opiniões, registrando-as e discutindo seus pontos frágeis; feito debate inicial, retome as opiniões ao final do processo para que ponderem e analisem o quanto avançaram a um pensamento mais amplo e complexo.

Lembre-se de que os alunos não são tábulas rasas. Eles possuem uma bagagem de vida e de vivência, inclusive profissional, e atuam ou atuarão em um contexto que precisa ser conhecido pelo docente e levado em consideração no momento de propor atividades, de realizar ajustes no curso e de ponderar a aplicação de uma ou outra atividade a fim de atingir o objetivo de aprendizado.

Tudo isso não faz sentido ao aprendiz se as atividades que propomos não foram **significativas** aos alunos nem trazidas a suas consciências, conforme dito várias vezes. Claro que se trata de um processo, pois historicamente fomos ensinados – e reproduzimos – que os estudantes não possuem discernimento do que é importante aprender. Nisso estão incluídos a grade curricular, as disciplinas, os horários, as atividades que devem executar, as quais os alunos confiam ao docente e à instituição suas escolhas. Sempre escolhemos por eles, sem explicar nem abrir espaço para que isso fosse questionado. As disciplinas obrigatórias são um exemplo de como as instituições fazem escolhas pelos discentes (GHIRARDI, 2016).

Muito da insegurança dos docentes que tomam essa consciência e querem transformar seu ensino em participativo é justamente por se verem em uma situação de vulnerabilidade, com sua autoridade em sala de aula sendo colocada em xeque quando os alunos questionam sobre o sentido das atividades que estão propondo. Queremos acalmar você e dizer que também faz parte dessa mudança de mentalidade o estabelecimento de outro tipo de relação com nossos alunos. Afinal, quando mudamos, eles reagem e mudam de postura também.

É fundamental, sim, que os alunos saibam por que estamos propondo determinada atividade, qual é a intenção e o objetivo. Eles também devem perguntar, tirar dúvidas, sugerir, avaliar-nos. E não há o que temer. Frequentemente, os questionamentos vindos de alunos são recebidos pelos docentes como um enfrentamento à sua autoridade e, logo, desqualificados. Contudo, como papel de facilitador do processo de aprendizado, e não mais como transmissor e detentor do conhecimento, é importantíssimo que os estudantes assumam essa postura crítica. Refletir sobre a atividade que está desenvolvendo é indício de que a pessoa está, no mínimo, envolvida com o seu caminho de aprendizagem.

Na verdade, esse funcionamento vem de toda a nossa vida escolar, e na universidade não é diferente. No entanto, é nossa responsabilidade romper esse paradigma e construir bases novas para um ensino novo também. Por isso, mostrar aos alunos que eles possuem, sim, conhecimento, ainda que superficial ou de senso comum sobre o tema, e sublinhar que há um caminho a ser percorrido para se atingir o resultado final, que é saber ou se tornar especialista ou, ao menos, um conhecedor maior sobre o assunto, exigirá muito esforço de sua parte. Entretanto, afinal, esse é o papel do docente facilitador do ensino.

Trabalhando com transparência e em parceria com os alunos, o ofício de ensinar torna-se uma tarefa de equipe, cada qual com suas atribuições, papéis, responsabilidades e expectativas. Com isso, pode-se retomar esse pacto sempre, tanto para justificar as escolhas didáticas do facilitador quanto para esclarecer os objetivos maiores do curso que decidiram trilhar.

5.4 Recapitulando

Reveja os objetivos fixados no início do capítulo. Para consolidar o que tratamos aqui, esquematizamos a seguir o que você precisa ter em mente para planejar atividades para a sua turma:

1ª ETAPA: nota de ensino e objetivos específicos da atividade

> A nota de ensino é o guia da sua aula. Ela facilita a execução das atividades, justifica aos alunos o que estão fazendo, por que estão fazendo e por que isso é bom para eles, além de servir de memória para replicação e/ou aprimoramento.

> Questione-se e reflita sobre cada uma de suas escolhas, que devem ser bem fundamentadas e focadas no perfil de egresso que se quer formar.

> Defina os objetivos específicos da atividade

2ª ETAPA: definir tópicos e questões para trabalhar

> Defina os pontos que você vai trabalhar na atividade, de maneira motivadora e envolvente aos alunos.

> Trabalhe com questões relevantes aos alunos, considerando seus contextos e realidades.

3ª ETAPA: definir o que os alunos farão e a duração das atividades

> Defina quais e como serão as dinâmicas que os alunos farão para atingir os objetivos de aprendizagem.

> Delimite o tempo necessário a cada fase da dinâmica, não se esquecendo de observar o tempo reservado ao final da atividade para discussão e fechamento.

> Atente-se para o comportamento dos alunos, suas reações e necessidade de contornar e improvisar situações.

4ª ETAPA: definir e elaborar materiais didáticos

> Definir e elaborar os materiais didáticos é o que garantirá as condições para executar as atividades.

> Elaborar materiais didáticos originais pode tornar o curso mais completo e personalizado.

> Utilizar um mesmo material adaptando-o para outros cursos e níveis pode otimizar e aliviar a carga de trabalho do docente.

5ª ETAPA: definir o momento e o modo de avaliação

> Defina como o desempenho dos alunos será avaliado.
> Estabeleça um tempo ao final para dar *feedback*, avaliá-los e incentivá-los a fazer uma autoavaliação.
> Analise o uso e a adequação da avaliação por nota.

Redigir a nota de ensino, avaliar papéis e relevância

> Redija a nota de ensino, considerando os papéis de estudantes, seus conhecimentos prévios, o papel do docente e a relevância das atividades para os alunos.
> Valorize o conhecimento prévio dos estudantes, pois não são tábulas rasas.
> Conheça o seu perfil de docente, se é mais transmissor ou facilitador da aprendizagem.

6

Quarto passo: executar as atividades

 OBJETIVOS DO CAPÍTULO

Neste capítulo, você aprenderá a pôr em prática as atividades que planejou. Ao final da leitura, esperamos que você seja capaz de:

→ Executar aulas nas quais os estudantes sejam construtores de seus próprios conhecimentos.

→ Esclarecer aos estudantes os objetivos de práticas pedagógicas não tradicionais no Direito.

→ Conhecer técnicas para aplicar com segurança o ensino participativo.

→ Saber como conduzir debates e realizar atividades em grupo.

Após elaborar minuciosamente seu programa e suas aulas com base no ensino participativo, chegou o grande momento: executar as atividades! Esse é um assunto que aparece com recorrência nos treinamentos que ministramos aos professores e mobiliza muita atenção. Várias vezes, o docente reconhece os pontos que quer mudar, procura adotar o método participativo e até consegue planejar uma aula com base nele, mas não sabe como colocá-la em prática. Isso é natural, uma vez que nossas referências e nossos modelos mentais são, em sua maioria, baseados no ensino tradicional. No entanto, por falta de conhecimento sobre como propor algo diferente ao grupo de estudantes ou, também comum, por medo do novo e de errar, o docente se desestimula a usar esse método. Tal postura faz com que até os alunos desacreditem do método participativo, passando a vê-lo como uma perda de tempo.

Neste quarto passo, vamos apresentar um conjunto de dicas e técnicas para você aplicar as atividades que planejou e concretizar de vez o ensino participativo em seus cursos.

Inicialmente, os alunos podem estranhar essa mudança de método. É compreensível, já que os métodos de ensino participativo tiram-nos da zona de conforto habitual, a qual, provavelmente, muitos têm como referência desde o ensino escolar. Daí ser fundamental explicar abertamente sua proposta de curso, o objetivo das dinâmicas adotadas nas aulas e a importância da participação de cada um para o sucesso do aprendizado.

Vale ressaltar que toda mudança gera certa resistência no início, uma vez que os participantes não sabem o que esperar. Expectativas e ansiedade são geradas de ambos os lados. A solução para lidar bem com essas reações é se preparar bem. Se o planejamento foi realizado com bases sólidas e o objetivo foi traçado com clareza, você saberá explicar aos alunos as razões por trás de cada atividade e o que é esperado deles. Outro aspecto fundamental é a compreensão, por parte do(a) próprio(a) docente, de seu papel como facilitador e encorajador do processo de aprendizagem dos alunos, e não mais um transmissor e reprodutor de conteúdos previamente pesquisados por vocês.

Em resumo, inicie a aula apresentando sua proposta e o funcionamento do curso, esclarecendo que, muito mais que somente a participação, a construção do aprendizado dependerá do protagonismo de cada um. Posicionando os estudantes nesse novo percurso de aprendizagem, será mais fácil para eles entenderem a responsabilidade e os papéis de cada um em sala de aula. As etapas de ensino e as atividades se tornarão mais significativas.

6.1 "Momento zero": atitudes e princípios básicos para aplicação de atividades participativas

Antes de falarmos sobre o primeiro tópico da execução propriamente dita, chamamos a atenção para as suas atitudes em sala de aula, que constituem a base para aplicação desse tipo de atividade participativa. Seu quadro mental deve estar orientado para uma dinâmica de ensino participativa, e não mais transmissora de informações.

Especialmente ao lidar com estudantes não acostumados com um ensino centrado no aluno, é preciso que você esclareça cada etapa da aula, explicando o objetivo das atividades e por que eles devem passar por essas experiências. Essa orientação vale para todas as atividades, mas na fase de adaptação é necessário atentar-se ainda mais para esses esclarecimentos. Verbalizar e justificar influem para que os alunos consigam associar as atividades ao objetivo final, visualizando as partes com o todo, tornando o processo de construção de conhecimento um ato demarcado, mais significativo e refletido.

Preste muita atenção também à maneira como você transmite instruções e explicações. Não diga o que eles devem fazer ou o que é esperado que façam, mas permita que, em grupo, os estudantes realizem arranjos e construam soluções criativas e inéditas dentro de balizas previamente estabelecidas. Por exemplo, ao dar uma orientação sobre como a turma deve proceder para resolver algum problema, em vez de descrever cada etapa que eles devem seguir, como "primeiro, procurem nos materiais de apoio; depois, façam uma pesquisa em *sites* de referências; por fim, tomem por base o documento x", fale "para resolverem o problema, façam uma boa pesquisa sobre o assunto e apresentem uma solução com embasamentos sólidos. Organizem-se em grupo, procurem delegar tarefas e, se tiverem qualquer dúvida, estou aqui para apoiá-los e esclarecer".

A mudança de mentalidade também passa pelos vocábulos utilizados. Algumas expressões como "a resposta é", "o certo é", "isso está errado", "na verdade, ocorre..." e outras que sugerem a existência de uma resposta correta acabam ressaltando a posição do docente como a pessoa que sabe as soluções e dos alunos como as pessoas que não sabem. Veja, nem estamos tratando de maneiras humilhantes de se referir aos alunos e que não têm espaço em sala de aula – quando, por exemplo, o professor rebaixa o estudante que tenta responder alguma pergunta por não saber a resposta ou por não ter se preparado para a aula.

Ao construir seu curso ou aula participativa, tenha sempre em mente esses aspectos:

» Possibilite que os alunos busquem ou construam soluções criativas para problemas antigos e problemas inéditos.

» Não dê as respostas logo de cara, mas permita aos alunos encontrarem meios para solucionar as situações, refletindo e, assim, desenvolvendo novas habilidades.

» Ao propor as atividades, motive os alunos a ser protagonistas da aula, do seu próprio aprendizado, de suas vidas.

» Estimule os estudantes a participar, a expor suas opiniões, a debater e a pensar a partir de outras perspectivas.

» Saliente sempre a importância de cooperar, muito mais que competir, no caminho de aprendizado – todos ganham, na sala de aula e no futuro mercado de trabalho.

» Fale com eles do lugar de um facilitador, mas com a firmeza e a autoridade de quem sabe o que está fazendo e aonde quer chegar com a proposição de tais tarefas.

» Permita-se inovar e tenha os alunos como parceiros do processo de ensino e aprendizagem.

» Ao final da aula, resgate os pontos de aprendizagem e os conceitos trabalhados para dar segurança ao aluno.

Esta nuvem de palavras pode ajudar você a exercitar a "mudança de chave", orientada ao ensino participativo:

Figura 19 Nuvem de palavras de uma mentalidade orientada para o ensino participativo

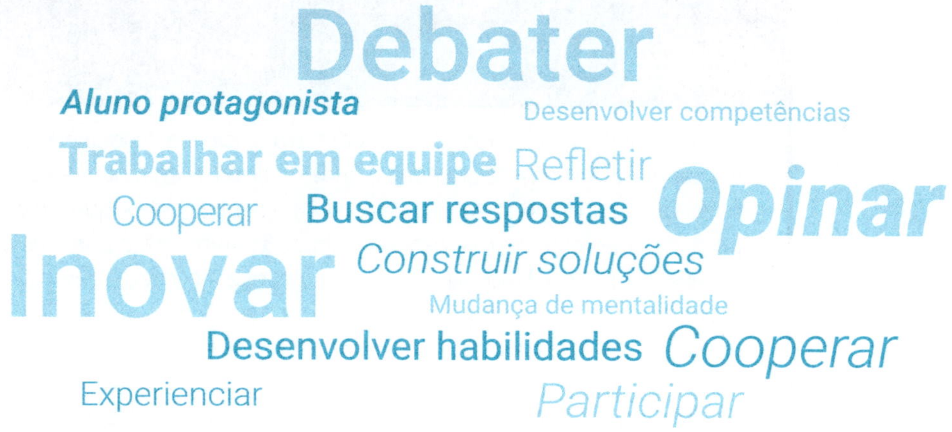

Fonte: elaboração própria.

6.1.1 O que não fazer...

A tentativa de inovar verbalizada de maneira tradicional prejudica a proposta. Se o professor não assume a posição de facilitar o processo de aprendizagem, deixando seu papel anterior de ensinar como detentor e transmissor do conhecimento, sua fala o revelará. Simplesmente, não ocorrerá um ensino participativo, por não fazer com que os estudantes estejam conscientes do papel de ambos, nem de sua própria responsabilidade.

Sabemos que essa mudança não é tão automática. Por isso, sublinhamos a importância para que se atente a alguns pontos:

» Não entregue o material didático aos alunos contendo respostas e teses que você quer que eles utilizem.

» Não dê o passo a passo para encontrar uma solução, ou seja, não diga o que eles devem fazer.

» Trate-os como seres em desenvolvimento, mas estimulando sua autonomia.

» Faça-os pensarem por si próprios sobre as melhores alternativas de solução e como devem lidar com elas.

» Valorize o erro como um aspecto da aprendizagem, sempre dando *feedback* ao aluno.

Deixe que eles construam e encontrem soluções por si mesmos, ainda que isso leve um pouco mais de tempo e de trabalho em grupo. Afinal, esse é um ambiente de ensino, no qual estão desenvolvendo competências e habilidades. Assim, a experiência vivida será mais próxima da realidade.

PROBLEMA: o condicionamento e a insegurança dos estudantes com a abertura

O ensino básico condiciona os estudantes à disciplina, à obediência e à espera de ordens de terceiros e pune os erros. Frequentemente, observamos estudantes esperando pacientemente que os professores ofereçam respostas ou digam exatamente o que eles devem fazer. Um fenômeno interessante que acontece quando aplicamos as atividades em aula é um receio dos alunos de trabalhar "fora das regras", como se tudo o que o professor não falar seja proibido e não possa ser feito. Vendo isso acontecer mais de uma vez em atividades de formação docente, percebemos o quanto as pessoas, inclusive os professores, se sentem inseguras com orientações abertas – em vez de entendê-las como um espaço para tentar coisas novas, ficam com receio de errar. Por isso, é importante que a mudança no tratamento da autoridade e de erros e acertos em sala de aula parta do professor.

Em síntese, se você quer que os alunos simulem um julgamento, mas no material didático entregue a eles já se encontram todas as respostas e teses esperadas, fatalmente a simulação falhará por não cumprir o objetivo de fazer os alunos agirem como uma experiência real, pois não conseguirão pensar sozinhos sobre as soluções para lidar com a questão. Ficarão tão amarrados ao que já leram que "pensar fora da caixa" e dedicar-se a construir algo diferente serão desestimulados de antemão pelas condições relatadas. Isso vale para qualquer método de ensino participativo – se a aplicação começa orientada por um jeito certo de agir ou responder, não há abertura para o que os estudantes constroem.

6.2 Primeira dica: uso de técnicas para um bom começo

Gerar foco é a primeira etapa fundamental de uma aula, uma vez que dará o tom certo para que os alunos se engajem no tema a ser trabalhado. Estudos comprovam que os alunos emocionalmente envolvidos com o ensino aprendem melhor. Segundo Kolb (2015, p. 296), "parece que sentimentos e emoções têm primazia em determinar se e o que aprendemos", de tal forma que "emoções negativas como medo e ansiedade podem bloquear a aprendizagem, enquanto sentimentos positivos de atração e interesse podem ser essenciais para aprendizagem". Contudo, nem mesmo para nós, docentes, a emoção do contexto universitário é algo convencional, pois fomos ensinados a somente "transmitir" o direito por meio do racional. É chegada a hora de incluir a dimensão humana e sensível do ato pedagógico de ensinar e aprender.

O conceito *head, heart and hands*, que tomamos emprestado do *design thinking*, deve ser levado a sério no ensino jurídico participativo. Conectar os fatores racionais e irracionais é o que nos faz humanos melhores. Estamos tratando com pessoas em sala de aula, que lidarão com pessoas em suas vidas profissionais. Então, o processo de sensibilização para o aprendizado, que envolve emoção e empatia, fará toda a diferença para um profissional que considera o outro e seu contexto como um fator importante a se ponderar em uma decisão ou discussão, seja com profissionais de outras áreas, seja com clientes, seja com uma comunidade afetada.

Entretanto, muitos podem não ter noção do assunto, estar com a mente ocupada por problemas pessoais, ou, ainda, não ter compreendido a agenda do dia. Não controlamos os estados mental e emocional de nossos alunos, mas podemos utilizar estratégias para centrar a atenção deles nas atividades, garantindo que estejam focados e preparados para aprender. Essa não é uma mudança automática. Não é algo que é ativado quando a aula se inicia. Trata-se de transformação que exige empenho do professor e depende de um ambiente adequado para trazer a atenção do aluno para aquele momento. Há diversas técnicas que ajudam a sensibilizar a turma para o tema da aula.

Vamos elencar algumas técnicas para você aplicar em suas aulas a fim de gerar foco e engajamento, distribuir os alunos em grupos e sensibilizá-los para o tema da aprendizagem.

6.2.1 Técnicas para promover foco

Pense que promover o foco passa por duas operações principais: primeiro, delimitar um objeto e um conjunto de objetivos específicos para a aula, de modo a permitir que os estudantes saibam o que será desenvolvido e por quais motivos; segundo, estimular os estudantes a conferir importância para as competências e as informações trabalhadas na aula, seja porque elas serão necessárias para a prática profissional futuramente, seja porque elas são instigantes e relevantes para que entendam problemas atuais. As técnicas que procuram promover foco, então, desempenham a dupla função de delimitar o objeto da aula e despertar a curiosidade e o interesse da turma.

Essas técnicas apresentam algumas características em comum: são breves, adequadas ao contexto e objetivas. Primeiro, elas são atividades breves de aquecimento que conectam os alunos ao conteúdo jurídico, garantindo que se voltem para as tarefas da aula e não se deixem afetar por questões externas e alheias. Elas não devem ser muito complexas para estimular que todas as pessoas falem – por isso, é conveniente que trabalhe com senso comum, experiências de vida ou situações notoriamente conhecidas.

Em segundo lugar, elas são adequadas ao contexto, ao perfil de alunos e ao tempo disponível. Aconselhamos que ela não tome mais do que 15 minutos da aula. Caso esteja inserida numa sequência de encontros sobre o tema e seus diferentes aspectos, pode ser retomada no início de cada encontro, a fim de promover o foco e a conexão com o assunto.

Em terceiro lugar, elas são objetivas, trabalhando diretamente algo relacionado com a aula. Como exemplo, uma atividade de foco que utilizamos para iniciar a discussão sobre privacidade e proteção de dados em redes sociais consiste em desafiar os alunos a buscar três informações curiosas sobre um colega na internet em três minutos. Pedimos, então, que alguns se manifestem sobre a facilidade ou a dificuldade de encontrar tais dados, abordando a fragilidade da exposição nas redes sociais.

A partir desse conjunto de características, é possível indicar algumas técnicas para gerar foco:

» **Check-in.** Conforme indicado na seção 4.2.1, o *check-in* é uma pergunta simples que procura explorar alguma opinião dos participantes – seja sobre o tema da aula, seja sobre sua experiência. Em cursos de formação docente, por exemplo, perguntamos qual superpoder os professores gostariam de ter em sala de aula – é muito comum ouvirmos respostas como "leitura de mente" ou "capacidade de fazê-los entender o conteúdo automaticamente".

» **Nuvem de palavras.** Para construir uma nuvem de palavras que oriente o debate, pede-se aos alunos que forneçam uma resposta de uma palavra (no máximo uma expressão). Enquanto a turma responde, o professor ou seu assistente anota as palavras num *software* de nuvem de palavras – existem vários gratuitos à disposição na internet. A partir da nuvem, é possível levantar algumas questões e pedir comentários dos estudantes.

» **Questionário.** A aplicação de questionário consiste ou num conjunto de perguntas referentes à preparação prévia, ou num conjunto de perguntas que procuram capturar a percepção da turma sobre determinado tema. Em ambos os casos, é importante que não haja respostas certas para que o aquecimento não desengaje os alunos.

» **Material audiovisual.** Iniciar a aula com algum material audiovisual, como filme ou música, pode ser um bom instrumento de foco, especialmente se envolver humor. A partir do material é possível levantar algumas questões simples para os alunos opinarem.

» **Experiência.** Também é possível prever que os alunos passem por uma experiência logo no início da aula. A atividade de busca de informações na internet é um exemplo de dinâmica curta que gera atenção dos estudantes para o assunto de proteção de dados.

» **Atividade em grupo.** Podem-se dividir os estudantes em grupos e dar uma pequena tarefa para que eles concretizem em poucos minutos. Uma atividade que gostamos muito de aplicar é a apresentação de histórias verdadeiras e falsas em pequenos grupos. Outra consiste na utilização de cartões com perguntas específicas pelas quais o grupo deve passar.

6.2.2 Técnicas para gerar engajamento

Não basta que os estudantes tenham foco na aula e nas tarefas indicadas. O ensino participativo depende diretamente do engajamento da turma, o qual abrange desde a rapidez e a precisão para responder às instruções e orientações do professor, até a manutenção do foco na atividade do início ao fim. Ele é evidenciado pela realização das tarefas solicitadas, pela postura dos alunos durante a atividade (atenção, interação com os demais e com o professor, demonstração de emoções etc.) e pelo levantamento de questões, seja sobre a atividade, seja sobre o conteúdo ou as competências trabalhadas.

É fundamental garantir o engajamento dos estudantes do início ao fim da atividade. A esse respeito, vale a pena mencionar alguns pontos de atenção que o professor deve ter em sala de aula: o conforto, o nível de dificuldade, o improviso e o significado da aprendizagem.

Um bom engajamento depende, em primeiro lugar, da existência de um **espaço de conforto** para os estudantes. Ouvimos de muitos professores que é importante "tirar os alunos da zona de conforto" ou "criar desafios para eles". Contudo, não se deve confundir um espaço confortável com um espaço indolente. Os desafios e a desestabilização de conhecimentos estabelecidos (especialmente senso comum) não precisam vir acompanhados de intimidação, humilhação, discriminação ou de qualquer outra atitude ou conduta que cause desconforto, medo ou desejo de estar em outro lugar. Proporcionar um espaço respeitoso e acolhedor para que os alunos participem já gera muito engajamento, porque eles se sentem parte de um grupo e sabem que podem compartilhar suas opiniões com os demais, tendo sua fala ouvida, sem julgamentos ou *bullying*.

Relacionado com o primeiro aspecto, o segundo ponto de atenção é o nível de dificuldade da atividade em sua inteireza. É importante que a tarefa não seja tão difícil a ponto de comprometer o entusiasmo dos estudantes em resolvê-la, nem tão fácil a ponto de não parecer estar agregando alguma coisa ao conhecimento que eles já têm. O tempo é um fator que adiciona ou retira dificuldade – dar uma tarefa complexa em pouco tempo pode torná-la impossível de ser executada, ao passo que dar uma tarefa simples em muito tempo pode fazer os estudantes sentirem que estão desperdiçando tempo e, pior, que o professor está "matando aula". A gradação da dificuldade também é um elemento importante: em geral, começar das tarefas mais fáceis para as mais difíceis é a receita para manter a motivação dos participantes durante toda a atividade.

Vale ressaltar, em terceiro lugar, que essas dicas não substituem a percepção do docente durante a execução da atividade. Acreditamos no improviso como uma importante ferramenta de adequação da aula enquanto ela está sendo desenvolvida. Captar as reações dos estudantes durante as tarefas serve para que o professor reduza ou aumente o tempo da atividade, modifique uma ou mais questões ou até mesmo altere o que havia planejado. Deve-se manter uma abertura para o inesperado e para dificuldades de engajamento.

Finalmente, um pilar básico para o engajamento dos estudantes é a percepção de que a atividade tem um significado para eles. Essa relevância decorrerá, quase sempre, da convicção de que eles estão aprendendo com a dinâmica. Para isso, não basta trabalhar um conteúdo, um tema ou uma competência que o professor julgue relevante para si. É importante que a aula esteja sempre orientada por experiências, problemas ou temas atuais, reais e próximos dos participantes. Como visto anteriormente, na taxonomia de Fink (2003), essa aprendizagem será mais significativa quanto mais capaz de desenvolver um senso de preocupação com o tema (dimensão do "importar-se" ou *caring*), uma relação com a dimensão humana do conteúdo, uma integração do conteúdo com a realidade e um conhecimento sobre como aprender a aprender (*learn to learning*).

Com base nessas premissas, indicamos a seguir algumas técnicas que podem ser utilizadas para gerar e manter engajamento nos estudantes durante atividades participativas:

» **Estimular a relação das falas.** Podem-se estimular os colegas a opinar sobre a fala dos colegas para reforçá-la, refutá-la ou acrescentar uma outra perspectiva. Isso faz com que as pessoas participem da discussão com um objetivo e, possivelmente, uma fala mais estruturada.

» **Estimular práticas adaptadas a personalidades comuns de participantes.** Características pessoais podem ser fatores que estimulam ou desestimulam a participação. Para dar conta das personalidades mais comuns, é possível adotar algumas medidas simples, mas abrangentes. São exemplos: possibilitar um tempo de reflexão individual e até mesmo anotação de falas, como forma de incluir pessoas mais tímidas ou que falam depois de refletirem mais; criar um sistema de coleta de perguntas ou regras para a sequência das participações com o objetivo de aliviar a ansiedade daqueles estudantes que ficam pensando em sua participação e deixam de reparar em quem fala antes; iniciar discussões mais polêmicas por meio de formulários eletrônicos que coletem a opinião da turma como um todo, para que pessoas mais inseguras se sintam mais à vontade por saberem que outras pessoas compartilham a mesma opinião.

» **Atribuir papéis aos estudantes.** Pode-se dar a oportunidade para que os alunos conduzam atividades com a turma, o que, por empatia, faz com que os alunos passem a ver o espaço da sala de aula e a participação deles de maneira mais positiva. Também é possível atribuir papéis para voluntários durante as atividades, como relator, avaliador das participações, "advogado do diabo", "fiscal da lei", entre outros. A partir desses papéis, eles podem participar com um propósito ainda mais definido na atividade.

» **Estimular a cooperação em sala de aula.** Embora existam pessoas mais competitivas do que outras, é importante notar que a competição pode ser um motivo de pressão e desengajamento em sala de aula – especialmente quando reforça o sentimento de inferioridade de alguns alunos em relação a outros. Enfocar a cooperação é uma maneira de manter a turma engajada, mesmo aquelas pessoas que não gostam de competir. Veja, porém, que um ambiente cooperativo não precisa eliminar a competição, quando ela é entendida como superação de um desafio. Há dinâmicas nas quais a realização da tarefa depende da participação de todos para atingirem um objetivo. Uma atividade de gamificação simples que costumamos aplicar é a competição contra um ideal de pontuação – não se comparam os pontos obtidos pelos alunos, mas pela turma contra uma pontuação desafiadora e ideal.

» **Estimular dinâmicas saudáveis de grupo.** Dinâmicas entre equipes e com tempo delimitado podem estimular os estudantes a buscar soluções rápidas para pequenos desafios. Vale notar, porém, que grupos podem ser muito desestimulantes, se os estudantes sentem que não são ouvidos, que o nível de preparação dos demais não é o mesmo, que alguém monopoliza a atividade ou, ainda, que estão com pessoas que não conhecem ou até mesmo não gostam. Por isso, é muito importante que as atividades em grupo sejam acompanhadas de perto. O professor deve dar especial atenção a algumas condutas que evidenciam problemas nos grupos: linguagem corporal de irritação ou desistência, monopolização de fala, exaltação de alunos entre outras. É conveniente gastar alguns minutos da aula dando um retorno de desempenho sobre como eles agiram nos grupos.

» **Utilizar ferramentas tecnológicas.** Trataremos do uso de tecnologia mais adiante. Neste momento, vale mencionar que o emprego de ferramentas tecnológicas em sala de aula pode estimular o engajamento dos estudantes, especialmente por facilitar algumas etapas das atividades, por torná-las mais lúdicas e atrativas, por fortalecer a relação dos alunos com a realidade e até com a comunidade externa ao curso, e, finalmente, por aproximar a aula de ferramentas que utilizam (e utilizarão) no seu dia a dia. Assim, por exemplo, os estudantes podem se engajar em responder uma enquete no celular a partir de um *link* porque imediatamente poderão ver um gráfico que retrata como a sala deles pensa a respeito das outras.

» **Desenvolver tarefas lúdicas e criativas.** É possível incrementar a realização das tarefas estimulando o uso da criatividade ou conferindo-lhe um caráter lúdico. Para ilustrar, pode-se solicitar que os estudantes tragam suas conclusões por meio de imagens ou desenhos, em vez de apresentarem um resumo de preparação prévia ou um relatório com resultados de uma discussão em grupo.

» **Estimular a elaboração de produtos que tenham uma utilidade fora da sala de aula.** Um problema muito comum dos cursos jurídicos são as tarefas sem resultado aparente, como trabalhos de final de curso que serão jogados no lixo depois de corrigidos ou provas que serão arquivadas no final do semestre. Uma maneira de engajar os estudantes, especialmente as gerações que se caracterizam pela busca de um propósito, é prever que as atividades participativas resultarão em produtos concretos e aplicáveis na realidade. Embora seja mais fácil visualizar esse modo de ensino na pós-graduação *lato sensu* (elaboração de minutas, modelos de decisão, entre outros), também é possível prever que alunos de graduação trabalhem com base em questões reais para criarem produtos reais – por exemplo, redigir um *e-mail* para estabelecer contato com um potencial cliente, criar um modelo de petição ou montar um banco de dados sobre jurisprudência.

PROBLEMA: debates entediantes em sala de aula

Debates e diálogos socráticos são dois dos métodos de ensino participativo mais comuns nas faculdades de Direito. Um problema que sempre aparece é o desengajamento da discussão por quem não está falando. As discussões podem se tornar entediantes para as pessoas que não estão participando.

Vários fatores contribuem para essa situação, mas apontamos principalmente: as pequenas palestras, a ausência de foco nas participações e a falta de resultados palpáveis.

Primeiro, os estudantes tendem a fazer pequenas palestras, não raramente ultrapassando três a quatro minutos por fala – o que é muito num debate. Isso decorre, em parte, da falta de treinamento. Por isso, é muito importante reforçar a necessidade de concisão e clareza por meio de *feedbacks*. Duas dicas para tanto são reforçar a conduta pelo exemplo positivo – por exemplo, aguardar uma participação boa para apontar como deve ser a fala dos demais – ou coletar um conjunto de participações problemáticas e tratá-las todas em conjunto, sem expor esse ou aquele aluno perante os colegas.

Segundo, os debates geralmente carecem de foco. É comum que, ao desejarem expor seus pontos de vista, os estudantes deixem de se remeter às falas anteriores, abrindo intermináveis ramificações do tema. Muitas pessoas não prestam atenção por não conseguirem acompanhar a discussão. Para evitar essa situação, a dica é delimitar uma pergunta clara a ser respondida e reforçar a necessidade de que as participações se encadeiem com as anteriores e com a questão proposta.

Terceiro, a falta de resultados palpáveis é um problema que se reflete na sensação de que o debate ou o diálogo socrático não levou a nenhum conhecimento consolidado. Esses resultados não precisam ser apenas sistematizações do debate na lousa. Para citar algumas ferramentas que concretizam produtos a partir de discussões, mencionamos: relatórios feitos por alunos designados, mapas mentais, diretrizes de ação (síntese em mandamentos, por exemplo) e aplicação em situações concretas.

6.2.3 Técnicas para distribuir grupos

Comentamos o papel das atividades em grupo para engajar ou desengajar os estudantes. O fato é que muitas vezes damos aulas para turmas que já apresentam uma dinâmica própria de relações pessoais. Por esse motivo, a divisão de grupos pode se tornar um "calcanhar de Aquiles" para a introdução de métodos participativos de ensino por comprometer o engajamento dos estudantes nas atividades. Além disso, se o grupo já se conhece e os estudantes possuem afinidades e um círculo de pessoas com quem costumam dialogar, a tendência é que façam opção sempre pelas mesmas pessoas e, por essa razão, deixem de conhecer outras perspectivas sobre o tema da aula. Será, então, que não é possível fazê-lo sem recorrer à tradicional fórmula de pedir aos alunos que criem seu próprio grupo, escolhendo os participantes?

Para quebrar essa lógica de maneira leve e não impositiva, com o intuito de que estabeleçam novas parcerias e diálogos, sugerimos o uso de técnicas para distribuição de grupos. No geral, elas procuram atingir múltiplos objetivos de uma só vez: gerar foco para a atividade, colocar pessoas diferentes em contato, romper com as barreiras geográficas da sala de aula e facilitar a montagem dos grupos.

Algumas diretrizes norteiam a definição da técnica para divisão dos grupos. Em primeiro lugar, deve-se fazer uma escolha por diversidade ou profundidade. A divisão pode ser realizada de maneira a privilegiar uma composição com pessoas com diferentes perspectivas, visões de mundo e experiências de vida, ou pode concentrar pessoas que estão juntas há mais tempo, pesquisando ou discutindo o mesmo tema. Em segundo lugar, a divisão pode ser mais estruturada ou mais livre, conforme ela condicione ou não o resultado. No primeiro extremo, está a divisão de grupos de acordo com a determinação do professor; no segundo, consoante escolha dos estudantes. Entre elas existe uma miríade de opções que tendem mais para estrutura ou liberdade. Finalmente, a divisão pode ser orientada mais pelas características pessoais dos estudantes ou pelas características do tema a ser discutido. É possível formar grupos pelas preferências dos alunos (por exemplo, a partir de *hobbies* em comum) ou por conhecimento de matéria (por exemplo, segundo questão jurídica que desejam explorar).

As técnicas que indicamos neste livro não são exaustivas das diversas maneiras pelas quais um professor pode dividir grupos em sala de aula. A criatividade é o limite. De nossa parte, normalmente aplicamos as seguintes estratégias:

» **Divisão dos grupos por números e letras.** Uma maneira bastante simples de dividir os grupos é pela atribuição de um número e/ou uma letra para cada aluno. Essa distribuição pode ser aleatória (mera indicação em sala) ou seguir uma lógica orientada pelo planejamento da aula – por exemplo, segundo uma divisão da preparação prévia entre os alunos. A indicação de um número ou uma letra dificulta a formação de panelinhas por localização geográfica ou amizade, pois pessoas que ficam juntas tendem a receber números ou letras diferentes. A conjugação do número com a letra (A1, A2 etc.) permite, com maior facilidade, a aplicação de atividades em grupo por integração vertical e horizontal – primeiro juntam-se as pessoas com mesma letra; em seguida, as pessoas com mesmo número.

» **Divisão dos grupos por imagens.** Outra maneira simples consiste no oferecimento de imagens para os estudantes. O professor seleciona várias imagens, agrupadas pelo número de participantes e de grupos que se pretende formar. Ele pode distribuí-las aleatoriamente ou deixar que os estudantes escolham aquela de sua preferência. Podem ser imagens de objetos, paisagens, esportes, personagens ou qualquer outro assunto, referentes ou não ao tema de aula. Os alunos devem procurar os colegas que pegaram ou escolheram a mesma imagem para formar o grupo. No segundo caso, a vantagem do método fica evidente ao possibilitar que o grupo comece a interagir a partir de algo que já possuem em comum.

» **Divisão por afinidades ("regra dos pés")**. A divisão de grupos por afinidades abrange uma série de possibilidades. Elas variam desde a separação por afinidades pessoais (como *hobbies*, práticas de lazer, interesses gastronômicos, lugares favoritos etc.) até a separação por temas com os quais desejam trabalhar. Cada um elege a opção que mais gostar. Os grupos formam-se, a princípio, conforme o interesse de cada um. Os alunos descobrem afinidades e informações sobre o outro que, de outra maneira, dificilmente saberiam. De estranhos passam a reconhecer que possuem algo em comum. Estabelece-se uma afinidade, quebrando o "gelo" inicial, e a atividade segue com uma nova configuração de subgrupos. Vale mencionar, porém, que essa técnica costuma exigir uma redistribuição de alunos em razão do número de pessoas em cada conjunto.

» **Divisão por características pessoais.** Parecida com a divisão por afinidades, a divisão por características pessoais também possibilita que os estudantes vão para os grupos com os quais mais se identificam. Contudo, essa separação tenta pavimentar a realização de alguma atividade, reunindo alunos conforme suas características pessoais. Um exemplo é a divisão de grupos exigindo-se que cada um tenha, pelo menos, uma pessoa que se considere boa em pesquisa, uma eficiente em manifestações orais, e assim por diante.

O importante das técnicas de divisão de grupos, e o motivo para dedicarmos um tópico inteiro a elas, é o ambiente acolhedor e integrado que elas proporcionam. Desde cedo, acostumamo-nos a trabalhar com as mesmas pessoas nos cursos jurídicos. Sem conhecer os interesses das outras, muitas vezes qualquer situação passa a ser motivo de "racha" ou formação de "panelinhas" na turma. Ao contrário, se desde cedo os estudantes se habituarem a trabalhar com diferentes colegas, eles não apenas saberão os nomes de quem divide a sala com eles – elemento fundamental, mas que infelizmente não é motivo de atenção dos professores em geral –, como poderão desenvolver maior empatia por eles.

Então, use a criatividade para que essa divisão do grupo possibilite novas interações entre os estudantes, abrindo espaço para o diálogo e o reconhecimento de afinidades até então não percebidas.

6.3 Segunda dica: uso de técnicas para conduzir momentos de trabalho dos estudantes

Se trabalhamos técnicas de foco e engajamento na primeira etapa com o propósito de preparar um bom começo para o ensino participativo, a segunda etapa inicia as orientações para a execução da aula propriamente dita. Neste tópico, apresentamos dicas para a condução de momentos de trabalho dos estudantes, seja em atividades que exigem aplicação de algum conhecimento, seja em atividades que colocam os alunos em contato com alguma experiência concreta.

Repare que utilizamos o termo "trabalho" em sentido amplo, com o objetivo de abarcar a execução de todos os métodos que envolvem algum conjunto de ações dos estudantes que não se resumem à discussão ou ao debate, como o *role-playing* e a simulação. Dividimos as nossas estratégias em dois grandes grupos: técnicas para desenvolver trabalhos e técnicas para acompanhar trabalhos em grupo.

6.3.1 Técnicas para desenvolver atividades "mão na massa" com os alunos

A regra de ouro para a boa aplicação de métodos participativos que levam os estudantes a trabalhar é enquadrar as tarefas em um quadro de referencial bem definido, dentro do qual eles podem se mover e criar. Em outras palavras, nessas atividades cabe ao professor **definir as balizas mais gerais da participação na atividade**. Essas balizas serão informadas para a turma antes da dinâmica.

Especificamente, cada método atrai um conjunto de recomendações específicas quanto ao início da dinâmica. Exploramos dicas para aprendizagem baseada em experiências, *design thinking*, jogos e gamificação, mapeamento, *problem-based method*, *project-based learning*, *role-play*, simulação e *webquest* (Quadro 16).

Quadro 16 Dicas e recomendações para aplicações de métodos de ensino baseados em atuação dos estudantes

Aprendizagem baseada em experiências

» Definir a experiência. Antes de tudo, é necessário definir por qual tipo de experiência se deseja que os estudantes passem. Ela pode ser mais controlada e estruturada, por exemplo, na atividade de busca por informações em proteção de dados, ou pode ser mais espontânea e imprevisível, como no caso de levar os estudantes para uma visita técnica. As primeiras têm a vantagem de proporcionar mais foco no que se quer que eles aprendam, enquanto a segunda propicia mais perspectivas sobre a realidade.

» Abertura a múltiplas perspectivas. O principal ganho da aprendizagem baseada em experiências vem das diferentes perspectivas sobre uma mesma situação. Por isso, é importante que se abra a oportunidade para que cada estudante a vivencie à sua maneira. Por exemplo, na atividade de busca de informações na internet, cada pessoa poderia experimentar a sensação de investigar um colega acessando fontes diferentes. Nesse exercício, percebemos que a maioria procura dados profissionais, mas também há quem encontre redes sociais e até mesmo o telefone.

» Instruções aos alunos. Ao explicar para os estudantes a atividade, devem-se, então, dar somente as informações necessárias para que eles ingressem na situação e não atrapalhem a experiência com outros acontecimentos. Por exemplo: "pessoal, a missão de vocês é buscar alguma informação curiosa e interessante na internet sobre a pessoa que vocês tiraram" – o limite é a internet, mas dentro dela existe um mundo de opções.

» Engajamento. Como mencionamos anteriormente, os estudantes apresentam diferentes estilos de aprendizagem. É importante distinguir estilo de problema. Há alunos que aprendem observando os outros agindo e procurando entender o que acontece, mas eles podem se confundir com estudantes apáticos que não se engajam na atividade. Há alunos que aprendem fazendo as coisas e tomando a dianteira, mas eles podem se confundir com dominadores que não dão espaço para os demais colegas se desenvolverem. Há alunos que aprendem tentando, errando e tentando novamente, mas eles podem ser confundidos com estudantes que aprenderam mal determinada técnica, determinado procedimento ou conteúdo.

» Gerenciamento de riscos. Por se tratar de uma experiência concreta, também é necessário levar em consideração as trajetórias de vida dos alunos e como eles vão vivenciá-la. Quanto mais delicadas as informações, quanto mais sensíveis as situações e quanto mais próxima da realidade deles a dinâmica, maiores os cuidados que o professor deve ter. Estes envolvem, por exemplo, a menção a um "gatilho de alerta" (*trigger warning*), que consiste na indicação de que aquela atividade poderá ser impactante para determinadas pessoas e, por isso, elas devem se preparar psicologicamente, caso desejem permanecer na dinâmica. Da mesma forma, é muito importante lidar com as consequências da experiência para os estudantes, aparando quaisquer problemas que tenham aparecido por meio de uma boa reflexão sobre o que aconteceu, como eles reagiram e o que sentiram.

» Observação de desempenho. Não adianta colocar estudantes em contato com uma experiência sem levá-los a refletir sobre ela. Para isso, acompanhá-los é fundamental. O foco do professor deve ser observar o desempenho dos estudantes, suas atitudes perante os outros e a situação e, principalmente, sua própria reflexão sobre o que ocorreu naquele evento e como ele performou.

» Término da experiência. É importante definir quando a experiência terminará. Esse término pode ser mais artificial e controlado pelo professor (por exemplo, por tempo) ou pode ser mais natural e incontrolável (por exemplo, quando se chega à determinada ocorrência).

Aprendizagem baseada em projetos

» Definição do projeto. A aprendizagem baseada em projetos começa com a definição de um projeto pelos estudantes. O enquadramento dessa definição pode ser mais ou menos restrito. Idealmente, deve-se apresentar para os estudantes apenas um tema, a partir do qual eles devem estabelecer os problemas, explorar as razões, idealizar soluções e elaborar, testar e avaliar um protótipo. Para exemplificar, oferecemos uma disciplina de projeto sobre o tema "Os impactos da tecnologia sobre o desenvolvimento infantojuvenil e o papel do direito". Os alunos tiveram que pensar em algum problema relacionado a tecnologia e infância e procurar uma forma de solucioná-lo. Outra maneira de definição do projeto é partir não de um tema, mas de um grupo de pessoas. Pode-se pedir que os estudantes falem com determinados atores para identificar suas necessidades e pensar num projeto a partir disso – por exemplo, conversem com responsáveis de crianças para identificar suas necessidades jurídicas. Recomendamos menos que a pergunta do projeto já seja dada para os estudantes, embora este seja mais um método de definição.

» Explorando problemas e necessidades. O projeto está sempre orientado para a elaboração de um produto que será relevante para as necessidades de alguém ou para a solução de algum problema. Por isso, é importante mapear esses problemas ou essas necessidades. Nos tópicos sobre *design thinking* e método baseado em problemas serão apresentadas formas de explorar problemas. No tocante às necessidades de pessoas, é preciso estimular os estudantes a conversar com potenciais usuários do produto, pessoas afetadas e atores relevantes para a produção e implementação da solução. Para isso, podem utilizar as seguintes técnicas (LUPTON, 2013, p. 26-37 e 42-45): a) entrevistas qualitativas (abertas ou semiestruturadas) e questionários; b) grupos focais, que consistem na seleção de um número restrito de pessoas do público-alvo para compreender melhor suas dificuldades, sua opinião e seu contexto; c) matriz de pares, que se constitui na elaboração de um gráfico a partir de dois pares de elementos (cada um em um eixo) que permitem o mapeamento de grupos, eventos e características.

» Definindo produtos e soluções. Após o mapeamento dos problemas, é o momento para pensar em soluções. Para isso, normalmente utilizamos um quadro de referência em *flip-chart* no qual os alunos devem registrar as seguintes informações: a) problema; b) propósito do projeto; c) dados relevantes referentes ao problema; d) público-alvo; e) bons exemplos de referência. A esse quadro de referência somamos outro, adaptado do modelo SOAR (*strength, opportunities, aspirations and results*) de Cooperrider, Whitney e Stavros (2008, p. 405-406), que chamamos de FAROL: a) Forças: representam características do projeto e das pessoas envolvidas que facilitam sua implementação e a obtenção dos resultados; b) Aspirações: representam aquilo que as pessoas desejam para o futuro, o cenário ideal imaginado, o que procuram concretizar; c) Oportunidades: representam as melhores oportunidades oferecidas pelo mercado; d) Resultados: representam mudanças mensuráveis na realidade; e) Lema: uma frase inspiradora que permite unir a equipe em torno do projeto.

» Capacitação para o projeto. Tanto para a fase de exploração do problema (ou da realidade desejada) quanto para a fase de definição dos produtos e das soluções, os alunos precisarão de capacitação. Na aprendizagem baseada em projetos, as aulas são orientadas para fornecer subsídios para que os estudantes desenvolvam seus projetos, de acordo com aquilo que eles precisarão ou solicitarão. Assim, com a elaboração do projeto, é possível prever uma série de atividades com outros métodos de ensino que confiram aos alunos as ferramentas necessárias para conduzir o projeto (BENDER, 2014, p. 106-125).

» Lançamento do projeto. Uma experiência bem-sucedida do programa Formação Integrada para Sustentabilidade, do Grupo de Estudos em Sustentabilidade (GVCes) da Escola de Administração de São Paulo da FGV, é a realização do evento de lançamento do projeto (*kick-off*) (FGV EAESP, 2016, p. 97). Nessa ocasião, os estudantes apresentam suas ideias de projeto para a comunidade, geralmente representada por um grupo de especialistas. Eles recebem dicas, sugestões e aconselhamentos. O evento também serve para que despertem a consciência para a seriedade do projeto e para que se motivem para a execução.

» Acompanhamento da execução. Vemos muitos professores passando trabalho de curso sem qualquer acompanhamento fora da sala de aula. Na aprendizagem baseada em projetos, é fundamental que o professor acompanhe a etapa de ideação e prototipação, sem, no entanto, dar respostas aos alunos. Isso pode ser feito por meio de aulas específicas destinadas à elaboração do projeto em sala de aula ou por meio de plantões (obrigatórios ou facultativos) para os estudantes. No caso de plantões facultativos, é interessante que o professor acompanhe a execução com questões que eles devem responder e que sejam complexas o suficiente para que eles se sintam motivados a comparecer ao plantão para receber orientação.

» Prototipação. O protótipo é uma versão funcional, mas inacabada, do projeto final. É um produto provisório que já apresenta as principais características do produto. Os alunos devem ser orientados a elaborar diferentes versões de protótipos e testá-las constantemente. Para isso, o professor deve pedir que eles definam o que seria o produto acabado e, a partir disso, construir o mínimo necessário para ter uma versão funcional. Essa versão será testada e o teste avaliado. Para exemplificar, os estudantes podem desejar elaborar uma minuta de projeto de lei – cada minuta é um protótipo do projeto final e pode ser levada para parlamentares e atores relevantes para ser analisada sua viabilidade no processo legislativo.

» Apresentação final. O projeto termina com a apresentação dos produtos – protótipo ou, se for possível, o produto acabado. Esse momento pode envolver a comunidade, como indicado no evento de lançamento. Normalmente, pedimos que os alunos realizem *pitchs* de até 10 minutos apresentando seu projeto, as questões e os dados que os levaram a pensar nele e quais os impactos esperados.

Design thinking

» Início por um tema. Uma sessão de *design thinking* começa pela definição de um tema sobre o qual os estudantes debruçarão. Um exemplo são os "Desafios das profissões jurídicas para o futuro". É importante que esse assunto seja amplo o bastante para não condicionar o processo criativo dos estudantes, mas restrito o suficiente para que eles consigam especificar problemas dentro desse âmbito.

» Abordagem de problema. A partir do grande tema, o professor deve orientar os estudantes a explorar perguntas que eles querem responder. Normalmente, esse processo passa por identificar problemas que incomodam pessoas. Para tanto, é importante dar duas orientações para os alunos: eles devem procurar dores reais das pessoas, problemas que elas enfrentam no seu dia a dia (nem que seja por interação virtual dentro de sala de aula); e eles devem, nesse primeiro momento, abordar o maior número de aspectos do fenômeno, levantando inclusive problemas que não pareciam diretamente relacionados num primeiro momento. Para auxiliar os estudantes nesse levantamento, o professor pode estimular o uso de instrumentos como a internet (inclusive com aulas no laboratório), mapas mentais em papel ou no ambiente virtual e até mesmo folhas com campos predeterminados.

» Abordagem apreciativa. Outra abordagem para o *design thinking*, apreciativa, passa não por explorar as dores e os desafios das pessoas, mas por visualizar e imaginar um cenário desejado e suas características. No lugar de buscar o que falta, essa abordagem enfatiza o que se quer do futuro (COOPERRIDER; WHITNEY; STAVROS, 2008, p. 33-50). Esse desejo pode, inclusive, não ter nenhuma relação com as dores do público atual. Para sustentar essa perspectiva com os estudantes, o professor deve estimular que eles imaginem cenários futuros que eles considerariam ideais, registrando as características que os individualizam. É diferente, por exemplo, fazer uma sessão para entender quais as dores dos lojistas para a aquisição de máquinas de cartão, e outra sessão para imaginar o que seria o cenário ideal para os lojistas – talvez fosse não ter que se relacionar com o pagamento em si. Mas como fazer lojistas não se relacionarem com os clientes no pagamento e ainda assim receberem corretamente?

» Liberdade criativa. Na primeira fase do *design thinking*, a orientação para os estudantes deve ser de total liberdade. Nenhuma ideia deve ser descartada ou considerada inadequada. Os desafios ou os cenários futuros devem ser registrados em algum suporte porque poderão ser utilizados posteriormente. É comum que os participantes da sessão ou procurem explicar excessivamente uma ideia – por exemplo, defendendo que ela seria merecedora de estar no papel –, ou limitem as ideias próprias ou dos outros. O professor deve circular pela sala e estar atento a esses processos.

» Definição da pergunta. Depois da primeira parte de exploração, os estudantes devem começar a fechar o processo na formulação de uma pergunta específica que será respondida pelo desenvolvimento de uma solução. A primeira grande tarefa docente nesse momento é estimular os alunos a enfocar uma questão bastante específica, recortando o máximo. Vamos aproveitar o exemplo dos desafios do futuro das profissões jurídicas. Um desses desafios será a maior competição com escritórios de outras regiões, em especial no Norte e no Nordeste. Mas o que tem de dor aqui? Podemos imaginar que um escritório local enfrentará uma grande concorrência com escritórios maiores de outros centros. Mas em qualquer área? Talvez na de consumidor ou nas de litígio de massa, em que os escritórios maiores já terão se envolvido em outros lugares. Diante disso, como manter a carteira de clientes de litígios de massa diante do avanço de escritórios de outros Estados?

» Técnica para explorar problema. Uma técnica útil para explorar um problema é o uso dos "cinco porquês". Ela procura aprofundar uma questão por meio de sucessivos questionamentos. Por exemplo: (1) Por que escritórios locais poderão perder a carteira de clientes de litígios de massa? Porque os escritórios de outros Estados poderão oferecer serviços a custos mais baixos. (2) Por que poderão fazê-lo? Porque poderão utilizar plataformas *online* que uniformizam sua atuação em todo o País, reduzindo o custo de manter uma equipe na região. (3) Por que poderão utilizar plataformas *online* e reduzir o custo? Porque os litígios de massa se caracterizam por causas semelhantes e a prática se baseia em peças-modelo. (4) Por que os litígios de massa se caracterizam por peças-modelo? Porque é difícil gastar muito tempo com um único caso, quando há dezenas de outros à espera. (5) Por que é difícil gastar muito tempo num único caso? Porque a remuneração nesses casos é baixa, se comparada com outros de grande complexidade, que consomem mais tempo e são mais valiosos. Apenas nesse exercício já foi possível identificar uma série de possíveis gargalos para uma solução para escritórios do Norte e Nordeste.

» Papel docente. O professor tem três papéis essenciais durante o recorte da pergunta: estimular a busca de informações, a busca por atores relevantes e a busca por um problema mais delimitado. Cabe a ele estimular que os estudantes efetivamente procurem dados, informações, estatísticas sobre o problema, com intuito de orientar o recorte da questão. É parte integrante do *design thinking*, etapa muitas vezes negligenciada, a conversa com os atores envolvidos no problema. Com a tecnologia, não é impossível interagir com pessoas da comunidade externa durante a aula. Buscar experiências de pessoas que vivem os problemas é fundamental para que os estudantes ganhem mais informação e consciência sobre os resultados das ações das pessoas – para retomar o mundo VUCA, mencionado anteriormente. Finalmente, é necessário delimitar o problema (ou o cenário ideal considerado) para que se possa pensar, em seguida, em soluções mais adequadas e menos ambiciosas.

» Busca de soluções. A partir da tomada de consciência sobre causas e efeitos, pessoas envolvidas na situação e possíveis desdobramentos, os estudantes começam a buscar soluções para resolver o problema. A etapa de ideação (construção de soluções) é seguida por um momento de construção de protótipo. A orientação que o professor deve dar para os alunos é simples: eles devem construir a solução que imaginam para o problema (ou para o cenário ideal futuro) em menor escala. Se a intenção é fazer uma lei, por exemplo, o protótipo será uma primeira minuta de lei para ser discutida com parlamentares e outros setores sociais – afinal, o protótipo deve ser capaz de passar pelo mesmo processo que a solução passaria.

» Uso de *post-its*. Vale notar que o *design thinking* é muito conhecido pelo uso de *post-its* e outros materiais coloridos de apoio. Mas você já parou para pensar por que é assim? A questão é que o *design thinking* é feito para ser um processo dinâmico, de ideação e reformulação de ideias. Assim, se algum grupo de estudantes não está utilizando o material dado é porque não está se soltando e deixando sua criatividade fluir. Não se deve, porém, ter o fetiche pela ferramenta – só cabe o uso do *post-it* se o objetivo for estimular a colocação e a remoção de ideias.

Jogos e gamificação

» Engajamento da turma. A primeira preocupação que um professor deve ter ao tentar inserir jogos ou gamificação em seu curso é com o potencial de engajamento da turma. Isso pode acontecer porque o jogo é engraçado, desafiador, intrigante ou simplesmente viciante. Para que engaje pessoas, deve ter uma dificuldade adequada ao nível de conhecimento dos estudantes e não ser tão demorado a ponto de afastar participantes, nem tão curto chegando a ser simplificado demais.

» Explicação das regras. A principal explicação de um jogo ou de uma atividade gamificada consiste na apresentação das regras, do desafio e das recompensas. Os estudantes devem saber, em primeiro lugar, o que eles precisam fazer para que possam dizer que "estão jogando" – essa dimensão interna só é adquirida quando conhecem bem as regras. O professor deve explicar todas as regras do jogo ou da atividade gamificada, porque são elas que constituem a prática. Vale lembrar que as regras se diferenciam das estratégias e das ações dos jogadores – existe um espaço de estrutura (o que se deve ou não fazer) e um espaço de ação dentro dessa estrutura (o que é bom ou não fazer). As instruções devem se limitar à primeira dimensão, e somente se o professor reparar que os alunos estão com dificuldades deve oferecer dicas sobre a segunda.

» Explicação do desafio. O desafio é o segundo elemento a ser explicado. Os estudantes devem saber o que precisam atingir para "ganhar" o jogo. Para exemplificar, aplicamos frequentemente *quizzes* para os alunos por meio do aplicativo *Kahoot.it!*, que confere pontuação de acordo com o número de respostas certas e com a velocidade com a qual respondem. O desafio é apresentado logo de início: responder a maior quantidade de respostas certas no menor espaço de tempo. Pedagogicamente, é um desafio de memória e conhecimento de fatos ou conceitos.

» Explicação da recompensa. A recompensa é o terceiro elemento a ser explicado. Os estudantes devem saber o que "ganharão" ao final do jogo. Os prêmios mais comuns dados por docentes são nota (seja por acréscimo, seja por composição da média) e brindes (chocolates, doces e livros). Vale notar, porém, que brindes são considerados prêmios menos interessantes do que outros, como *status* e influência (VIANNA *et al.*, 2013, p. 35-37). Por essa razão, considere outras possibilidades de premiações. Para inspiração, é possível: oferecer uma "medalha" (*badges*) para os vencedores, atribuir um "título" para alunos que ganham determinados jogos, dar uma recomendação no LinkedIn ou em redes sociais profissionais semelhantes, conferir acesso a outras oportunidades exclusivas, como eventos, publicações ou até mesmo condições diferenciadas para realizar a prova ou um trabalho em grupo. A esse respeito, aliás, observe que a recompensa não precisa ser necessariamente concedida a um ou a poucos estudantes, alimentando uma competição entre os alunos – é possível desafiar a turma como um todo e ofertar o prêmio a todos de acordo com o desempenho coletivo.

» Cuidados com a competição. Ainda na aplicação, ressaltamos a necessidade de que o professor esteja constantemente atento a como os estudantes estão lidando com a competição, especialmente quando ela ocorre entre eles. Dependendo do estímulo (especialmente se baseado em nota), os alunos podem ficar frustrados com o desempenho e até criar rixas com os colegas. Para reduzir o risco de animosidade na turma, sugerimos as seguintes recomendações: a) não criar jogos ou atividades gamificadas nas quais os alunos que começam ganhando obtêm vantagens que dificultam outros a reverter o jogo; b) ressaltar o desempenho positivo de todos os alunos, inclusive de quem não está ganhando; c) não expor os alunos com menor desempenho no jogo; d) prever que mesmo quem não ganhar poderá ter alguma recompensa apenas por participar (prêmio de participação e engajamento); e) possibilitar que os alunos participem uma primeira vez sem valer nada, apenas para se habituarem às regras, antes que valha alguma coisa. Apesar das sugestões, ressaltamos nossa opinião de que é melhor criar atividades desafiadoras, mas colaborativas entre a turma.

Mapeamento

» Definição do foco da atividade. A atividade de mapeamento pode ser conduzida basicamente de duas formas: os estudantes podem analisar um mapeamento prévio ou podem criar um mapa do zero. É importante que o professor saiba qual dos dois objetivos (análise ou relação) ele deseja fomentar para definir o material que levará para a sala – um mapa já elaborado ou um tema para mapeamento.

» Definição do foco do mapa. Uma vez definido se o mapa será entregue pronto ou se será feito pelos estudantes, é importante delimitar o tema e o propósito do mapeamento. O mapa pode começar a partir de uma pergunta, de uma ideia-chave ou de um nome (de obra, autor etc.). O propósito consiste em saber aonde se quer chegar com as ramificações. O objetivo abrange o nível de aprofundamento (quantidade de ramificações), a direção do mapeamento (tipos de ramificações) e se haverá ou não destaque a ideias contraditórias, complementares ou convergentes (relação interna do mapa).

» Cuidado básico: síntese. Um dos grandes problemas do mapeamento é a falta de costume dos estudantes de trabalhar com palavras-chave e ideias sintetizadas. Duas manifestações comuns desse problema são a presença de grandes textos e a repetição de ideias em diferentes lugares do mapa mental. Por isso, é muito importante ressaltar, inclusive com exemplos, a necessidade de que eles usem poucas palavras para expressar as ideias e, em caso de frases maiores, procurem segmentá-las de maneira a aumentar as ramificações e a extensão do mapa.

» Organização do mapa: quantidade de pessoas. Outro problema comum com mapas mentais é a desorganização. Ela pode acontecer por causa da quantidade de pessoas, da maneira como elas pensam ou por falta de visão do que está e não está no mapa. A respeito da quantidade de pessoas, uma boa estratégia para reduzir o risco de desorganização é pedir que os alunos discutam entre si e somente coloquem as ideias nos mapas depois de concordarem com isso. Outra forma é estabelecer que as ideias sejam apresentadas em rodadas – cada pessoa acrescenta um ramo ao mapa.

» Organização do mapa: diversidade. A maneira como as pessoas pensam influencia especialmente a configuração das conexões entre as ideias. Uma pessoa pode fazer um mapa com mais ramificações do que outra, ainda que estejam trabalhando nas mesmas relações. Para evitar que o mapa se desorganize por conta disso, pode-se recomendar que as pessoas trabalhem apenas com palavras-chave ou combinem como as ideias e suas ramificações serão divididas (por exemplo, criar uma ramificação sempre que for um efeito, um exemplo, uma enumeração etc.). Também vale estabelecer pontos de parada e reflexão sobre o mapa, quando os estudantes ou o professor poderão analisar e reorganizar as ideias.

» Organização do mapa: falta de visão do todo. Outro motivo de desorganização acontece por falta de visão do que está ou não está mapa. Não é ruim que haja ideias repetidas, desde que isso ocorra como desdobramento das ramificações, e não por falta de visão do todo. Para que os estudantes percebam se há repetições ou se falta algo, o professor pode fixar pontos de parada e visão do todo. Outra estratégia, especialmente quando os alunos são divididos para trabalhar em partes diferentes do mapa, é atribuir-lhes a tarefa de comentarem uma área do mapa na qual não trabalharam.

» Vantagens do uso da tecnologia. O mapeamento é uma atividade na qual o uso de *softwares* é bastante vantajoso. Um conjunto de aplicativos permite aos estudantes elaborar mapas mentais simultaneamente, como o Popplet, o MindMeister, o Bubbl. us e o Coggle.it. Eles oferecem vantagens como a facilidade de guardar, compartilhar e alterar os mapas, além de não colocarem limites para o tamanho do produto. Contudo, na falta de laboratório ou estrutura adequada para que os estudantes usem tecnologia, pode-se fazer o mapeamento a partir de folhas de *flip-chart*, papel *craft* e até sulfite – em todos os casos, é possível colar os segmentos para fazer um único mapa, que será registrado em foto pelos alunos.

Método baseado em problemas

» Apresentação do problema. A aplicação do método baseado em problemas começa com a apresentação do problema. O professor pode contar explicitamente para os estudantes qual é o problema que eles devem solucionar ou pode apresentar uma situação para que eles reconheçam o problema. A segunda estratégia contribui para que eles desenvolvam a capacidade de identificar e formular questões.

» Forma de apresentação. O problema pode ser apresentado por meio de uma simples frase, por exemplo, "Vocês devem lidar com o aumento de ações contra companhias aéreas ocorrido após o *boom* de *startups* que amparam consumidores prejudicados por atrasos e outras ocorrências"; por uma narrativa, com ou sem indicação explícita do problema; ou ainda por um conjunto de documentos ou dados que devem ser lidos pelos estudantes.

» Definição do problema. É importante propiciar aos estudantes um primeiro momento para que eles se apropriem e definam o problema, ainda que ele já seja dado pelo professor. Eles devem entender o que cada termo representa e podem até mesmo reformular a questão, caso entendam que ela está mal colocada. O momento de definição do problema é imprescindível, se o docente não o apresenta explicitamente para a turma.

» Exploração do problema. No método baseado em problemas não há, em princípio, limites para as fontes de informação que podem ser consultadas. O professor deve estimular os alunos a buscar dados, notícias, depoimentos e, se possível, conversar com pessoas afetadas. Pode, caso queira, sugerir materiais de consulta inicial para que eles saibam por onde começar. Também pode alertar os estudantes contra fontes não confiáveis ou dar dicas de quais materiais procurar, caso perceba que eles não encontram informações necessárias para a atividade.

» Estratégias de exploração do problema. Existe uma série de métodos que podem ser utilizados pelos estudantes para explorarem o problema. Um deles foi mencionado anteriormente – os cinco "porquês". Outras estratégias são: a) árvore de problemas: imaginando uma árvore, a folhagem corresponde a tudo o que são efeitos visíveis do problema, o tronco é o foco do problema e as raízes são as causas imediatas e mediatas do problema;[1] b) *iceberg*: divide-se o problema em dois grandes grupos: acima da linha da água (ponta do *iceberg*) tudo o que é visível (efeitos ou causas) e abaixo da linha tudo o que não aparece (hipóteses de efeitos ou causas) – a partir do que é visível procura-se entender o que é invisível (padrões, estruturas e modelos de pensamento);[2] c) diagrama de Ishikawa (ou diagrama de espinha de peixe): é uma espécie de mapa mental que toma a forma de um peixe – na cabeça se situa o problema e ligado a ele por meio de uma espinha há várias ramificações (escamas) que correspondem às causas do problema e, entre elas e a espinha, as consequências e as subcausas.[3]

» Soluções baseadas em pesquisa com envolvidos. Uma vez definido o problema, os estudantes devem encontrar possíveis soluções para ele. É mais comum que eles procurem na literatura e nos textos da disciplina as respostas. Sugerimos, porém, que você estimule sua turma a pensar em soluções que levem em consideração a realidade das pessoas envolvidas, identificando o que existe de dores a serem atendidas. Assim, por exemplo, se eles devem buscar soluções para o aumento do litígio contra companhias aéreas, recomendaríamos pelo menos que pesquisassem depoimentos, entrevistas ou até mesmo conversassem com pessoas que trabalham nessas companhias, nas *startups* que as acionam ou mesmo passageiros que usam esses serviços. O objetivo é entender melhor o problema para propor soluções baseadas no que as pessoas envolvidas precisam.

Role-play

» Definição da tarefa. A primeira dica para a aplicação de um *role-play* é definir qual a tarefa na qual os estudantes atuarão a partir de papéis. Ela pode ser desde um debate até um jogo. É importante ter clareza sobre o motivo para a distribuição desses papéis na tarefa – por exemplo, para trabalhar um tema polêmico sem expor os estudantes em razão de suas opiniões pessoais.

» Definição do papel. O papel não precisa ser necessariamente um papel social, como uma profissão ou posição social (promotor, defensor, juiz etc.). O *role play* também funciona a partir de argumentos, por exemplo, ser contra ou ser a favor de determinada posição.

---

1 Para uma breve explicação da técnica "árvore de problema", veja-se Toladata (2019).

2 Para mais detalhes, veja-se Iceberg Model ([201?]).

3 Para uma aplicação do diagrama de Ishikawa na educação (ensino médio), veja-se Sabino (2011).

» Atribuição dos papéis e dos interesses. Definidos a tarefa e os papéis, é necessário atribuí-los. Isso não se resume a indicar que determinado grupo de estudantes pensará como se fosse a Promotoria ou a Defensoria. É importante que os estudantes tenham clareza sobre os interesses que eles deverão representar. Para isso, o professor pode entregar desde o início um grupo de características do papel que eles devem assumir ou pode solicitar que pesquisem essas características. Elas podem estar disponíveis para toda a turma ou podem ser contadas apenas para os estudantes que representam esse papel.

» Distribuição dos papéis. A distribuição dos papéis pela turma pode seguir uma das seguintes estratégias: a) alocação por rodadas: o mesmo grupo de alunos desempenha um papel num momento e depois muda para outro papel em outro momento, o que é bom para que eles pensem o mesmo problema sob múltiplas perspectivas; b) alocação por afinidade: os estudantes assumem papéis com os quais têm afinidade, o que é bom para que eles possam testar sua posição perante outras; c) alocação por contrariedade: os estudantes assumem papéis ou posições contrárias à sua afinidade, o que é bom para que eles desenvolvam a empatia pela posição contrária; d) alocação aleatória: os estudantes assumem papéis aleatórios, o que é bom para que eles tomem posições sobre as quais nem chegaram a pensar.

» Cuidados na distribuição dos papéis. É importante que o professor tenha consciência de que cada estratégia de distribuição dos papéis exige cuidados específicos. Ao distribuir os estudantes por rodadas, ele deve estar atento para que eles não misturem os papéis e se limitem a pensar conforme a posição da rodada. Ao distribuir por afinidade, é necessário que ele evite que um papel sub-representado seja suprimido na tarefa, que ele cuide para que os estudantes não briguem entre si e que ele sistematize e explicite as divergências. Ao distribuir por contrariedade, é recomendável que procure oferecer estímulos para que os estudantes realmente encarnem o papel com o qual não concordam (por exemplo, por nota ou desafios) e fique atento para a expressão de opiniões que contrariem os interesses do papel, levando os argumentos ao limite e provocando os estudantes a refletir sobre as consequências de opiniões mal colocadas para aquele papel ou aquela posição.

» Acompanhamento do desempenho do papel. Informado para os estudantes o que se espera deles, é necessário que o professor acompanhe a tarefa para identificar se eles estão ou não agindo conforme esperado. Para exemplificar, imagine que a tarefa seja debater o que se deve fazer diante de uma ocupação de terreno público municipal. No debate, a turma deve primeiro pensar como se fosse o Prefeito do Município. São características desse papel ter um interesse na opinião pública e dos eleitores, garantir que os imóveis municipais não sejam danificados, evitar a responsabilização pelo Ministério Público e promover os direitos dos cidadãos, cumprindo o ordenamento jurídico. As manifestações no debate devem ser feitas a partir dessas características do papel. Caso algum estudante fale algo sem levar em consideração o papel, o professor pode questioná-lo sobre as consequências dessa opinião ou pedir que confirme se ele faria isso mesmo se fosse o Prefeito. No exemplo, imagine que uma aluna diz que ela usaria a Polícia Militar para desocupar o terreno. O professor poderia simplesmente dizer que ela não pode, já que, como Prefeita, ela não teria competência sobre a Polícia Militar, mas também poderia provocá-la com a pergunta: "Certo, mas a competência sobre o policiamento militar é do Governo do Estado. Como você faria para concretizar a sua opinião sendo Prefeita?". O importante é que os questionamentos sejam feitos para estimular os estudantes a pensar a partir do papel atribuído.

» Reflexão. É recomendável que uma atividade de *role-play* seja acompanhada de reflexão sobre os interesses, a dificuldade de pensar a partir de outros papéis sociais ou outras posições, o grau de verossimilhança das opiniões com o que esse papel ou essa posição sustentaria, e o que os estudantes ganharam de conhecimento na atividade.

Simulação

» Definição da realidade simulada. Como dissemos anteriormente, a simulação é uma espécie de *role play* que se notabiliza por colocar os papéis em interação como se fosse uma situação real. Por isso, o primeiro passo para a aplicação da simulação é definir qual o evento ou a situação da realidade a ser simulada – um julgamento? Um dia de escritório? Uma audiência pública?

» Definição e alocação dos papéis. Uma vez definida a situação que será simulada, é necessário identificar e alocar todos os papéis envolvidos. Essa pode ser, inclusive, uma tarefa a ser atribuída para os estudantes. Essa definição confere a complexidade da simulação e o grau de proximidade com a realidade – quanto mais papéis, mais próximo da interação real e mais complexa a atividade. Para exemplificar, uma simulação de julgamento pode ser mais simples se envolver apenas juiz, autor e réu, ou pode ser mais complexa se implicar juiz relator, juízes do colegiado, autor, réu, *amici curiae*, Ministério Público, imprensa, dentre outros. A alocação dos papéis segue as mesmas estratégias do *role-play*.

» Medidas para aumentar a imersão: contexto. A simulação procura aproximar os estudantes da situação real, para que eles saibam o que fazer futuramente no mesmo evento – imagine um simulador de voo para treinar os pilotos para problemas reais de aviação. Por isso, é fundamental para uma boa simulação que haja a sensação de imersão causada pela semelhança do evento fictício com o evento real. Essa proximidade será dada pelo contexto, pelas interações e pelos desdobramentos. Com relação ao contexto, quanto mais o ambiente estiver próximo à realidade, mais imersiva será a simulação. É diferente fazer um júri numa sala de aula, num auditório e numa sala de audiências do Tribunal de Justiça local; com alunos vestidos com roupas do cotidiano, vestidos com trajes formais ou vestidos com trajes próprios do Tribunal; com um júri composto por alunos, por professores ou por pessoas da comunidade. Trazer para a simulação esses aspectos próprios da realidade engaja e aumenta o foco dos estudantes para a aprendizagem.

» Medidas para aumentar a imersão: interações. Um segundo aspecto que aproxima os estudantes da realidade são as diretrizes para interações entre as partes. É importante orientar os alunos para que eles ajam como se estivessem na situação real. É o exemplo do vocabulário, da maneira de falar, da linguagem corporal e de outras características dos personagens que poderiam ser vistas na realidade. Um exemplo: em simulação de audiência pública de creche que supervisionamos, os estudantes que faziam o papel das mães que buscavam vagas para seus filhos resolveram escrever cartazes e gritar palavras de ordem contra os demais grupos de alunos que representavam a Prefeitura, a Defensoria, o Tribunal de Justiça. Fizeram isso porque, como a atividade estava se desenvolvendo, esses atores haviam alijado as mães do processo de negociação. Os alunos responsáveis por conduzirem a audiência (juízes) não souberam como agir – poderiam, por exemplo, ter chamado a segurança (professor) para retirá-las da sala. Ao final, houve muitas reflexões sobre as dificuldades numa audiência pública, da relevância dos grupos até a organização dos trabalhos.

» Medidas para aumentar a imersão: desdobramentos. Um terceiro aspecto que aumenta a sensação de imersão é a consideração das consequências e dos efeitos dos atos como se a turma estivesse numa situação real. Uma maneira de fazer isso é inserir na simulação eventos ou ocorrências que aconteceriam na realidade. Na simulação de um processo judicial, por exemplo, seria possível dizer aos estudantes que houve uma decisão do STF ou a promulgação de uma lei que afetaria a matéria da ação, enquanto eles trabalhavam na sua tramitação. Outra forma é continuar a simulação desdobrando consequências dos seus resultados. No caso do júri, por exemplo, seria possível pedir que um grupo ficasse responsável por registrar o julgamento como se fosse da imprensa ou demandar que cada grupo pensasse num resultado: os juízes, como seria redigida a sentença; as partes, se recorreriam ou não.

» Acompanhamento do desempenho do papel. Assim como no *role-play*, o professor deve acompanhar o desempenho dos papéis na simulação. Ele é o árbitro responsável por verificar se os alunos estão engajados em se aproximar de condutas reais. Caso perceba que a simulação está distante da realidade em razão da postura dos alunos, pode interrompê-la para dar orientações e diretrizes. Um instrumento para isso é o "pedido de tempo". Pode anotar comportamentos, ações e resultados que provavelmente não aconteceriam numa situação concreta. Pode anotar também possíveis alternativas de ação e outras ocorrências prováveis que não apareceram na atividade.

» Reflexão. Assim como no *role-play*, é fundamental a realização de uma etapa de reflexão sobre a simulação. O professor pode, inclusive, filmar ou registrar por outro meio a atividade para apresentar aos estudantes as boas e as más atuações, o que acontece e o que não acontece, o que poderia ter ocorrido, mas não ocorreu. Deve estimular que os alunos reflitam sobre seu próprio desempenho, sobre as consequências de suas ações e sobre o que poderiam ter feito de diferente diante de situações específicas.

Webquest

» Definição da tarefa. A *webquest* começa com a apresentação de uma tarefa para os estudantes. Essa tarefa geralmente envolve a solução de um problema ou de um exercício, mas também pode abranger a exploração de um tema ou a elaboração de possíveis respostas para uma pergunta. Essa tarefa será realizada por meio de buscas na internet – por isso *webquest* (*web*, de internet; *quest*, de missão).

» Definição das fontes. Geralmente a apresentação da tarefa vem acompanhada da indicação de fontes nas quais os estudantes podem encontrar as informações necessárias para completá-la. Essas fontes podem ser apontadas genericamente (por exemplo, *sites* oficiais, de empresas, de organizações etc.) ou especificamente (por exemplo, *site* da Secretaria da Fazenda, de empresas de tecnologia ou de institutos de pesquisa como IBGE e INPE). Pode fazer parte da atividade solicitar que os estudantes primeiro levantem uma lista de possíveis fontes de pesquisa para avaliação pela turma e/ou pelo professor, situação na qual também estão sendo desenvolvidas habilidades importantes de seleção e avaliação de fontes de informação.

» Definição do tempo. É muito importante que o tempo para a missão seja adequado à sua complexidade. O professor deve levar em consideração: a quantidade de textos, vídeos ou áudios que os estudantes deverão acessar e o tempo para compreendê-los; o tempo para busca e triagem de fontes; o tempo para aplicação desse material para a solução da tarefa, inclusive, no caso de grupos, o período de discussão entre os alunos; o tempo para registro da solução.

» Acesso à internet. Se a *webquest* é uma atividade que depende da internet, a questão da infraestrutura ganha relevância. É recomendável que a atividade seja conduzida num laboratório ou com o *wifi* da instituição. Recorrer à conexão móvel dos estudantes é problemático por alguns motivos, desde a falta de controle sobre a qualidade da conexão até o comprometimento do pacote de dados dos alunos, principalmente daqueles com maiores limitações de plano. Caso a infraestrutura da instituição seja muito limitada, é possível dividir a turma em pequenos grupos e reduzir a quantidade de pessoas acessando a rede (2 ou 3 por grupo).

6.3.2 Técnicas para conduzir e acompanhar trabalhos em grupo

Muitas vezes a obtenção do objetivo final depende de trabalho em grupo, seja em razão do método, seja em virtude da opção por desenvolver competências relacionadas com o trabalho em grupo.

Contudo, sabemos que o trabalho em equipe geralmente vem acompanhado por muitos conflitos, como aqueles originados do efeito carona, do fraco desempenho de alguns membros do grupo, de atrasos na entrega, entre outros. As disputas podem se originar também de diferentes perfis de pessoas nos grupos – há os que se sobrecarregam, os que se omitem, os que têm uma postura mais incisiva e lideram a organização do grupo. São várias as situações e configurações a que um grupo está sujeito.

Por isso, é necessário estabelecer algumas regras e estar sempre à disposição dos grupos para intervir e mediar em momentos necessários, além de muni-los de ferramentas para alcançar os resultados – o que é muito diferente de dizer o que e como fazer, dando as respostas esperadas. É aconselhável orientar os estudantes sobre como executar um bom trabalho em grupo (delegar tarefas, respeitar diversidade, tomar decisões etc.), apresentando ferramentas para que eles possam recorrer a elas quando perceberem a necessidade.

A seguir, apresentamos algumas dicas para a condução e o acompanhamento de trabalhos de grupo:

» **Manter um canal de comunicação aberto e responsivo.** A primeira e mais básica das dicas é se manter acessível e disponível para os desafios e as dificuldades dos grupos. Assim, quando os conflitos acontecerem, os alunos não se sentirão intimidados a procurar ajuda e resolver seus problemas.

» **Criar oportunidades para que os estudantes firmem e reforcem compromissos.** Mais do que impor regras para o trabalho em grupos, é função do professor criar oportunidades para que os estudantes estabeleçam compromissos para o trabalho e, de tempos em tempos, reafirmem ou reformulem esses compromissos, especialmente diante de dificuldades ou após situações de estresse. Normalmente, os docentes em cursos jurídicos apenas distribuem os alunos em grupos e não se preocupam em dar a eles tempo e as ferramentas para que, em sala de aula, instituam compromissos de trabalho. Em consequência, eles começam a executar as tarefas sem saber o que esperar uns dos outros, o que aumenta as chances de conflito, pois cada um usará sua régua para medir o desempenho e o engajamento dos demais.

» **Dar orientações ou indicar ferramentas para que os estudantes possam gerenciar seu trabalho**. O professor pode oferecer algumas orientações ou ferramentas que auxiliem o processo de trabalho em grupo. Citamos, exemplificativamente, as seguintes: a) sugerir que criem um esquema de delegação e acompanhamento de tarefas; b) indicar *softwares* ou modelos de gerenciamento de equipes e projetos; c) estimular os estudantes a fazer um cronograma de execução do trabalho, com atribuição de responsabilidades; d) estimular os estudantes a estabelecer um propósito para o trabalho em grupo, por exemplo, por meio da fixação de objetivos de aprendizagem que desejam desenvolver na atividade ou produtos que almejam obter ao final do processo; e) estimular os estudantes a identificar pontos fortes e fontes de motivação para o trabalho em grupo; f) estimular os estudantes a indicar facilitadores e líderes para determinadas tarefas, como condução de reuniões, acompanhamento de prazos, avaliação da qualidade dos produtos, entre outras.

» **Criar oportunidades de mediação de conflitos**. O professor não precisa intervir para solucionar conflitos no grupo. Ele pode incentivar os alunos a criar um mecanismo de mediação ou autocomposição interna de conflitos. Antes do início do trabalho em grupo propriamente dito, pode dedicar parte da aula para que cada conjunto determine sua própria forma de solução de conflitos – o que envolve o estabelecimento dos compromissos anteriormente mencionados e a definição de papéis para os estudantes no grupo.

» **Criar oportunidades para balanço e** *feedback* **do trabalho.** Algo que nunca deixamos de prever em nossos cursos é um momento para que os grupos parem e realizem um balanço do que fizeram e do que deverão fazer. Essa ocasião é muito importante para que eles possam indicar o que deu certo e o que deu errado e tenham condições de repactuar compromissos, se necessário. Outra estratégia é a definição de momentos de *feedback* entre os integrantes de um grupo. Nesse caso, os estudantes devem oferecer comentários construtivos sobre o que foi bom e o que poderia melhorar no desempenho e na conduta dos colegas.

» **Acompanhar o trabalho por meio de relatórios e avaliação por pares.** É impossível acompanhar o trabalho de cinco grupos ao mesmo tempo. Como fazer para ter uma noção do que acontece que não se limite a inferir um bom processo a partir de um resultado de qualidade? O professor pode acompanhar o trabalho em grupo por meio de relatórios de processo (diário de processo) e avaliação por pares. Observe que essas ferramentas não precisam servir para atribuição de nota ou não precisam compor a avaliação final do grupo – podem ser apenas mecanismos de acompanhamento do processo. Os relatórios de processo são relatórios entregues periodicamente que explicam o que foi feito no período, quem fez o que, e quais foram as principais ocorrências no grupo. Já a avaliação por pares consiste no preenchimento de um instrumento de avaliação – que pode ser um *checklist* ou uma questão aberta – sobre o desempenho de um ou mais colegas do grupo.

» **Acompanhamento por observação.** Pense agora numa atividade em sala de aula com vários grupos. Nessa tarefa, um relatório ou uma avaliação por pares parece uma solução excessiva para acompanhar o trabalho em grupo. No entanto, como fazer uma boa observação de tantos grupos ao mesmo tempo? Algumas dicas: a) para observar o desempenho do maior número de grupos possível, evitar acompanhar algum deles muito de perto; b) reparar menos nas respostas e no que eles estão falando, e mais em quem está falando (há monopolização de fala?), quem está liderando a atividade (há alguém que está impondo sua posição?) e qual é o grau de engajamento das pessoas no grupo (o que a linguagem corporal indica?); c) caso perceba que alguma pessoa não está participando do grupo, embora esteja prestando atenção, interferir no grupo para solicitar sua opinião ou saber o que ela faria; d) se for necessário atendimento, coletivizar as perguntas sempre que pertinente.

» **Oferecer oportunidades de atividades em grupo.** Para que o grupo não fique restrito à elaboração do trabalho, o que pode significar reunir as pessoas apenas para essa tarefa, o professor pode aproveitar aulas para conduzir atividades de fortalecimento dos grupos. Imagine, por exemplo, uma atividade gamificada e colaborativa que exige do grupo compromisso e engajamento. A partir dessas experiências externas ao trabalho, eles podem fortalecer os laços do grupo.

» **Resolver problemas específicos: alunos de dependência ou que faltaram.** Tratamos genericamente de algumas dicas para condução das atividades, mas há uma série de problemas específicos que podem surgir em trabalhos em grupo. Apontemos alguns deles. Em primeiro lugar, como lidar com grupos formados por pessoas em dependência ou que faltaram no dia da distribuição dos alunos? Geralmente, esses são os conjuntos com menos "liga" entre seus integrantes e os que apresentam maiores problemas de engajamento. Uma primeira solução é conversar com os alunos para verificar o grau de compromisso que eles poderão ter e, caso perceba que eles serão um problema para o grupo, alertá-los ou oferecer-lhes uma alternativa mais custosa de atividade. Outra solução é evitar criar grupos apenas com alunos com esse perfil, questionando-os sobre quais conjuntos nos quais eles se sentiriam mais confortáveis para participar.

» **Resolver problemas específicos: discussões e brigas.** Nem sempre a mediação será possível. Em casos de brigas, deverá haver intervenção docente. Já tivemos experiência com grupos nos quais os alunos brigaram por conta de falta de compromisso ou sobrecarga de trabalho nos mais comprometidos. Fato é que nem todo mundo leva o trabalho da mesma forma. Cada caso será um caso, mas é importante que o docente pense o seguinte: a) reduzir notas pode gerar inimizades entre os alunos que se prolongarão ao longo do curso; b) dissolver o grupo pode causar mais estresse, especialmente para quem depende da nota, aumentando a insatisfação de algumas pessoas; c) deixar que o grupo falhe pode criar uma memória traumática ou sobrecarregar a pessoa ou as pessoas mais responsáveis, que assumirão para si a tarefa de concluir o trabalho. Para nós, a melhor solução para que não haja brigas nos trabalhos em conjunto é preveni-las. Se o problema antecede o trabalho (por exemplo, brigas fora da faculdade), o cuidado deve existir na divisão dos conjuntos. Para evitar problemas com sobrecarga, falta de compromisso ou baixa qualidade dos produtos, podem-se prever ocasiões específicas, em sala de aula, na qual os alunos se reunirão para discutir entregas, produtos, prazos etc. Sob o olhar do professor, pontos de risco podem ser identificados e neutralizados, antes que haja briga.

» **Resolver problemas específicos: estresse do trabalho de última hora.** Um estresse comum em trabalhos em grupo, e que costumam gerar lembranças traumáticas desse tipo de atividade, é a elaboração do produto na última hora. Para evitar que isso aconteça, é importante fixar pontos intermediários de apresentação e discussão dos resultados – como o evento de lançamento de projeto. Se a atividade ocorre apenas em sala de aula, colocar um cronômetro para a atividade e indicar o que se espera que o grupo tenha feito em determinados marcos temporais pode contribuir para que eles não deixem para concluir a tarefa aos 45 minutos do segundo tempo.

Além das dicas, vale lembrar que muitas atividades em grupo previstas na graduação não exigem realmente um trabalho cooperativo e colaborativo para serem realizadas. Quando, por exemplo, professores dão um exercício com vários tópicos para que um grupo responda, é fácil que os integrantes se dividam e se responsabilizem por uma questão. É importante que docentes prevejam tarefas nas quais a colaboração é necessária e indispensável para um bom resultado. Um exemplo que ocorreu em nossa disciplina na FGV Direito SP foi a tarefa de elaboração de um contrato eletrônico. Por se tratar de programação, os estudantes não poderiam simplesmente dividir o trabalho e somá-lo ao final, porque quase invariavelmente isso levaria a erros de execução no código. Eles precisavam se reunir ou trabalhar com base em documentos compartilhados e editáveis simultaneamente em tempo real (como Microsoft Word Online, Google Documentos e outros). Atividades como essas desenvolvem realmente o senso de cooperação e trabalho em equipe.

PROBLEMA: alunos perdidos em grupos de trabalho

Mesmo recebendo várias orientações, alguns alunos podem se sentir perdidos. Isso por várias razões. Na escola, não somos estimulados a trabalhar de fato em grupo, mas sim a dividir a tarefa pelo número de participantes – cada um faz uma parte e as partes serão agrupadas ao final. Delegar tarefas e gerir um grupo de pessoas, em geral, não faz parte do currículo escolar regular. Logo, conflitos e impasses gerados pelo contato e discussões com as outras pessoas são algo novo e podem desorientar os alunos inicialmente.

Manter-se sempre à disposição de todos, com abertura para diálogo e empatia, inclusive em casos que demandem maior atenção individual, é tarefa do professor. Desenvolver essa habilidade de escuta e percepção é um grande desafio para os professores que querem aplicar o método de ensino participativo. Somente assim, sabendo intervir em momentos críticos, é que os alunos serão bem guiados.

6.4 Terceira dica: uso de técnicas para conduzir momentos de discussão entre os estudantes

Outro conjunto muito popular de métodos de ensino envolve atividades de debate, discussão e troca de opiniões entre estudantes e destes com o professor. Elas estimulam a capacidade de debater e de argumentar dos estudantes. Para o sucesso dessas discussões, porém, é importante criar um ambiente seguro, inclusivo e convidativo para a participação, o que pode ser obtido pela aplicação de algumas técnicas. Essas técnicas possibilitam uma troca com respeito, empatia e dirigida à construção de conhecimento coletivo.

A habilidade do professor em conduzir tais discussões é que fará a aprendizagem ser de fato significativa para os estudantes. Mas não somente isso. Estabelecer regras prévias antes de iniciar um debate faz com que os participantes tenham uma maior responsabilidade pelo que falam e pela maneira com que interagem. Estimular o desenvolvimento dessas competências e habilidades interpessoais é essencial no ensino participativo.

Há, em primeiro lugar, um conjunto de técnicas que possibilitam uma discussão de qualidade, independentemente do método de ensino empregado. A principal delas é a fixação de acordos. Criar combinados com o grupo, de modo a considerarem verdadeiramente o outro, empaticamente e de maneira inclusiva, é responsabilidade do professor, que mediará as discussões. Sugerimos, então, a realização de alguns combinados antes do início das dinâmicas, com o fim de organizar os debates com base na cooperação, no respeito e na empatia, visando a um diálogo inclusivo e com maior equilíbrio de gênero.

As regras para serem estabelecidas podem ser:[4]

» **Contagem dos dedos:** a primeira pessoa que quiser falar deve levantar a mão usando um dedo; a segunda, que precisa estar atenta que há outra pessoa com a mão levantada, elevará dois dedos para indicar sua ordem na fila, e assim sucessivamente. Quando a primeira pessoa fala, a segunda pode falar, e as demais na fila reduzem em um a quantidade de dedos levantada.

Comentário: para organizar os debates, é fundamental que todos se responsabilizem pelos rumos da discussão. Isso inclui observar a ordem das falas para que ninguém interrompa a manifestação da outra pessoa e para que os estudantes permitam que outros também se expressem, falando e sendo ouvidos. A técnica de contagem dos dedos privilegia uma discussão organizada, além disso, faz-se importante para que as pessoas se olhem antes de começar a falar e vejam que há outras pessoas presentes na discussão, de forma a conter o impulso natural de falar sem considerar os demais.

Cuidado: para que a regra de contagem de dedos funcione, é importante que os alunos sejam capazes de observar todos os participantes do debate, o que recomenda a definição do *layout* da sala como um círculo. Também é necessário que eles reduzam a quantidade de dedos e que, em caso de empate, o professor defina quem falará.

Dica: para controle de tempo, o professor pode entrar na fila também.

» **Fura-fila:** quem ainda não participou do debate ou falou menos pode furar a fila quando quiser expor sua opinião, sem ter que esperar a ordem de manifestação.

Comentário: há pessoas que, por características pessoais ou de gênero, acabam tomando a frente das discussões e dominando a fala. Com esse combi-

---

4 As técnicas de contagem dos dedos, fura-fila, para frente/para trás e telefone sem fio estão em Delmondes et al. (2016).

nado, as pessoas que ainda não falaram, seja por inibição, seja porque outros participantes são mais expressivos, têm sua participação valorizada. Torna-se possível escutar novas opiniões, incluindo novos debatedores na discussão.

Cuidado: é sempre possível que a pessoa rompa a linha da discussão – esse, aliás, é um dos benefícios da diversidade, incluindo novos pontos de vista sobre o problema. Nesses casos, o professor deve avaliar se vale a pena enfatizar o novo ponto de vista ou retomar (e deixar que retomem) o anterior. Também é importante estimular os alunos posteriores a interagir com a fala de quem "furou a fila".

Dica: para "furar a fila" sem constrangimento, além da fixação do combinado, pode-se introduzir a fala da pessoa por meio de comentários como "vou pedir um minuto para você, sei que está com a mão levantada, mas gostaria de ouvir fulana de tal, que ainda não falou" ou "olha, como fulano ainda não falou, vou chamá-lo primeiro".

» **Para frente/para trás:** faça um acordo com os participantes para que os que tendem a ser mais participativos devem ouvir e dar espaço para os que tendem a participar menos.

Comentário: o desenvolvimento da empatia não é algo automático. A fim de desenvolver tal consciência e contribuir para um debate saudável e inclusivo, essa regra pode ser combinada trazendo à tona as diferentes personalidades e formas de reação das pessoas em uma situação coletiva. Se pessoas com mais facilidade de tomar a frente nas discussões assumem esse espaço, o debate será centralizado e não explorará a riqueza de diferentes ideias. Por isso, as pessoas que costumam se manifestar com frequência precisam tentar se colocar um pouco para trás a fim de dar espaço às que têm mais dificuldade de se situar em uma discussão, as quais precisam perceber sua posição e dar um passo à frente, participando mais. É importante que as pessoas observem esses movimentos e deem espaço para outras terem suas vozes ouvidas, especialmente quem fala menos.

Cuidado: muitas vezes não basta simplesmente pedir para que quem fale menos comece a participar mais. A regra pode vir acompanhada de algumas estratégias simples que facilitam a participação de pessoas mais tímidas, como: a) pedir que todas as pessoas reflitam e anotem respostas para as perguntas, individualmente, antes de começar o debate; b) formular perguntas mais abertas e que enfoquem experiências dos estudantes; c) possibilitar que os estudantes discutam em pequenos grupos antes da discussão coletiva.

Dica: também o professor deve dar um passo para trás em alguns momentos. É o caso do preenchimento do silêncio depois de uma pergunta. Não é necessário falar e tomar a palavra se ninguém participar. Pode-se esperar de trinta segundos a um minuto por uma participação.

» **Telefone sem fio:** conscientize os participantes e combine de tentarem, com honestidade, referir-se a algo que foi dito pela pessoa anteriormente para concordar, refutar, acrescentar um ponto ou desviar do tópico. Se souber o nome, melhor ainda. Dessa forma, o debate será mais efetivo e inclusivo, com todos falando e sendo ouvidos.

Comentário: dependendo do ambiente, mulheres, pessoas de outras minorias, participantes mais tímidos e introvertidos são invisibilizados no debate, tendo suas falas ignoradas ou tomadas como se não tivessem dito nem estivessem presentes. Ao falar, é fundamental que os participantes sejam vistos e reconhecidos como sujeitos de voz. Daí a importância de referenciar o que a pessoa falou anteriormente, mostrando a ligação do que está sendo dito com o que cada pessoa expressou.

Cuidado: para que seja feita uma boa sistematização ao final do debate, é recomendável que o professor anote as participações e, principalmente, as remissões feitas entre os estudantes.

Dica: estabeleça fórmulas para o início da fala com seus alunos. Por exemplo, começar a fala sempre com "Eu concordo com fulano", "Eu discordo de fulano", "Eu gostaria de acrescentar X ao que fulano disse" ou "Eu gostaria de inserir o tópico X, que ainda não foi tratado".

» **Explicar referências:** explique as referências e exemplos que utilizar em sua argumentação. Transmitir uma mensagem esclarecedora é uma das chaves para a boa comunicação em discussões.

Comentário: não presumir que todos conheçam as referências que você usa é um exercício de humildade e empatia com os demais do grupo. Afinal, cada pessoa passa por experiências e atribui significados únicos a elas, caracterizando a individualidade e o processo singular de construção de seu próprio conhecimento. Questões de gênero, grupos étnicos e sociais, e toda e qualquer peculiaridade pode tornar a comunicação ruidosa, ativando defesas e resistências do grupo. Atentar aos alunos para explicar com clareza quando estiverem argumentando tornará as discussões mais focadas e esclarecedoras, sem margem para mal-entendidos ou suposições desnecessárias.

Cuidado: é preciso ter cuidado com argumentos de autoridade. Por vezes, os estudantes usam referências externas apenas para ancorar sua fala em um argumento de autoridade. Por outro lado, pode-se demandar que os estudantes usem as referências da preparação prévia.

Dica: quando alguém falar o nome de um autor ou de uma obra que não faz parte da preparação prévia para a aula, interrompa e peça que elucide o argumento – ou espere o final e, antes de passar a palavra à próxima pessoa, solicite o esclarecimento.

» **Falar de sua própria experiência:** fale somente de suas próprias experiências, evitando supor situações de grupos aos quais não pertence e não tomando o lugar de fala do outro, que com sua própria experiência poderá afirmar com mais fidedignidade.

Comentário: evitar generalizações e tomar o lugar de fala de grupos aos quais não pertence também é uma questão de empatia. Em nossa cultura, não é algo automático, mas pode ser desenvolvido e estimulado no ambiente de ensino.

Cuidado: as experiências pessoais também contam como argumentos e devem ser levadas em consideração num debate em sala de aula. O professor não deve negar que pessoas tragam suas experiências. Contudo, deve estar atento para refutar qualquer generalização com base nelas, exigindo dados ou evidências de que o depoimento se aplica a outras pessoas.

Dica: quando alguém estender sua experiência para outras pessoas ou outros grupos, peça que indique uma fonte para essa generalização ou traga mais exemplos que tornariam essa hipótese mais forte.

» **Escuta ativa e respeito:** ter em mente durante as atividades de debate e discussão que se deve tratar o colega com cordialidade e estar honestamente aberto a escutar o posicionamento do outro e as opiniões divergentes. Isso inclui não rotular pessoas nem desmerecer argumentos com base em características do interlocutor.

Comentário: em debates, a tendência das pessoas é a de querer "ganhar" ou "estar certa". Isso impede que se escute genuinamente qualquer opinião diferente da sua própria. Portanto, é fundamental combinar com os participantes que escutar respeitosamente os colegas é condição para uma discussão produtiva e verdadeira, e que somente assim pode-se construir o conhecimento coletivamente.

Cuidado: a maneira de lidar com o desrespeito em sala de aula varia de caso para caso. Por vezes, a manifestação merece uma resposta imediata – seja para demandar desculpas, seja para exigir mais explicações, seja para sistematizar onde estão as divergências entre os alunos. É importante prever que manifestações desrespeitosas acarretam perda de nota. Em outros momentos, a melhor estratégia será deixar a situação se acalmar e trazer o tema em outra aula, por meio de uma atividade que estimule os alunos a refletir sobre o tópico que motivou o desrespeito.

Dica: para cultivar o respeito e a escuta ativa, é bom acompanhar o debate por meio de anotações na lousa e sistematizações das opiniões que mostrem do que os alunos estão divergindo e por quê.

» **Perguntar e participar:** questionar sempre que tiver dúvidas, observando os combinados para uma interação respeitosa e inclusiva.

Comentário: apesar de parecer óbvio, é sempre importante resgatar o fundamento das práticas educativas participativas. O aprendizado só se dará com a participação e construção ativa dos alunos, ou seja, é fundamental que cada um participe, reflita, exponha seus pensamentos e argumentos e tire dúvidas. Ainda assim, participar por participar, apenas para garantir nota, não é algo que faça funcionar esse método. Portanto, ao explicar aos estudantes, é importante frisar a atitude genuína de querer aprender e construir seu conhecimento.

Cuidado: algumas perguntas são mais curiosidades pessoais (ou até consultas forenses) do que questões pertinentes à coletividade. Para não ocupar a aula com respostas a essas perguntas, mas sem desestimular a participação, o professor pode dar uma resposta sintética e sugerir que a pessoa converse com ele ao final da aula sobre o tema. Também pode verificar se outras pessoas têm a mesma dúvida.

Dica: é comum que alunos não façam perguntas depois de uma exposição. Se você quiser engajá-los a fazer perguntas, procure sempre incluir exemplos, situações práticas e terminar com casos, para que eles tenham curiosidade de perguntar sobre situações parecidas.

» **Carnaval:** combinar logo no início do curso que tudo o que for compartilhado por aquele grupo de alunos em sala de aula permanecerá de conhecimento restrito daquele grupo para que as pessoas sintam confiança em apresentar suas experiências e pensamentos.

Comentário: muitas vezes são trabalhados temas sensíveis no espaço da sala de aula. Alunos podem expor situações pessoais. Pensando nessas hipóteses, é importante pactuar que tudo o que for dito naquele espaço da sala de aula ficará restrito aos participantes presentes. A alegoria do carnaval nada mais e do que ter liberdade para fazer/dizer o que quiser sem ser julgado por isso.

Cuidado: é claro que um combinado pode não ser suficiente para evitar que os alunos comentem o que foi dito para outras pessoas ou – pior – façam *bullying* com colegas que se expuseram. O professor deve estar atento sempre que perceber que alguém se expôs no debate.

Dica: sugerir para os alunos que, caso queiram expor algo sensível, o façam no formato "um amigo de um amigo meu" e evitem expor a pessoa a quem se refere a situação.

» *Feedback* **construtivo:** inicie sempre com os aspectos positivos em um diálogo com abertura para reflexão e pontos de melhoria.

Comentário: a maioria de nós não está acostumada a analisar criticamente, tampouco a encarar um *feedback* sobre si, nem a considerar a retroalimentação como parte do processo de aprendizagem. Contudo, todos nós gostamos de saber qual é a avaliação do professor, o que ele achou do que fizemos ou do nosso desempenho. Por essa razão, o *feedback* é sempre um momento muito esperado pelos alunos, mas pouco é dito sobre o melhor modo de se fazê-lo e sua função. Suas consequências devem ser consideradas não como uma avaliação definitiva, mas uma retroalimentação sujeita a críticas do próprio aluno, que pode discordar ou não, e que deve ter como objetivo principal ajudá-lo em seu desenvolvimento.

Cuidado: é importante treinar os estudantes para que sejam capazes de oferecer e receber *feedbacks*. Não faltam estratégias de reação inadequada a um *feedback*, como vitimização, desvio de foco, rejeição e desqualificação do interlocutor (BREGMAN, 2019).

Dica: para oferecer um *feedback construtivo*, aproveitando estratégia de linguagem não violenta, é possível utilizar duas estruturas pré-formuladas. A primeira envolve duas expressões: "eu gostei quando você" e "eu gostaria de ter visto você". Ela permite que se comente diretamente um comportamento bom e um comportamento que poderia ter sido adotado para melhorar. A outra compreende três expressões: "quando você fez…", "eu me senti…" e "por isso, eu acho que você poderia fazer…".

» **Abraçar o erro:** os erros, de colegas ou próprios, devem ser acolhidos com empatia por todos e encarados como grandes oportunidades de aprendizado.

Comentário: sempre se pode e se deve aprender com todas as situações, tanto de acerto como de erro. A oportunidade de errar e refletir constitui um aprendizado riquíssimo, às vezes mais do que somente apresentar a resposta correta. O professor deve deixar claro que a construção de conhecimento é um processo e que ele está lá justamente para auxiliar os alunos nessa caminhada. Erros fazem parte. O erro, próprio ou do outro, será encarado de uma maneira positiva e construtiva.

Cuidado: abraçar o erro não significa aceitar desempenho ruim. O erro faz parte do processo, desde que o estudante consiga refletir sobre o que errou, quais as consequências do erro e o que poderia fazer diferente. A persistência do erro deve levar a outras estratégias, como identificação de pontos de dificuldade e até diagnóstico clínico de transtornos psíquicos.

Dica: estimule os alunos a refletir sobre seu próprio desempenho e a formular como poderiam ter agido diferente.

» **Falas curtas e rápidas:** as falas no debate devem ser curtas, concisas, claras e rápidas.

Comentário: um dos principais motivos para que os alunos se sintam desmotivados a participar de debates é a ocorrência de falas muito longas. Somadas à ausência de conexão com o assunto ou à falta de remissão ao que foi dito antes, elas acabam transformando o debate em uma série de miniexposições – o que se procura justamente evitar por meio da adoção do método participativo.

Cuidado: falas longas podem comprometer o tempo de debate numa sala de aula. Imagine que, se cada pessoa utiliza um a dois minutos para expor sua opinião, um debate de vinte minutos poderá ter até dez participações. Numa classe de 60 alunos, isso corresponde a pouco menos de 20% da turma. Se a nota de participação estiver atrelada à quantidade de participações, os estudantes serão estimulados a competir por esse número escasso de participações.

Dica: é importante ter delicadeza e jeito para interromper a fala de uma pessoa que está com a palavra por muito tempo. Algumas estratégias sutis para tanto são: a) aproveitar um intervalo na fala da pessoa para dizer que ela fez um ótimo "gancho" para alguma outra coisa, continuando o debate com outra pessoa; b) aproveitar um intervalo na fala para, reformulando o que a pessoa falou, pedir para um colega se manifestar sobre o ponto; c) chamando a pessoa pelo nome, reformular o que disse e relacionar com a matéria e outros tópicos, apresentando nova pergunta para o debate e selecionando novos participantes. Repare que em todas as soluções o professor é capaz de interromper a fala e ao mesmo tempo valorizar o que o aluno disse. Outra tática é o reforço positivo, elogiando pessoas que teriam sido modelo de falas curtas e precisas.

As dinâmicas que têm como ponto central a discussão de ideias são os **debates**, **diálogo socrático, 1-2-4-todos,** *fishbowl* e **discussões em grupo** em geral. A seguir, apresentamos algumas dicas para aplicação dos quatro primeiros.

Quadro 17   Dicas e recomendações para aplicações de métodos de ensino baseados em discussões de ideias

---

Debates

» Estabelecer combinados. Antes de tudo, de preferência no programa da disciplina ou na primeira aula do semestre, é importante estabelecer combinados com os estudantes para a condução dos debates. Essas regras devem estar presentes em todos os momentos de discussão e ser lembradas para os estudantes.

» Definição de uma ou mais perguntas de pauta. O debate tem uma ou algumas perguntas centrais. Os debates mais bem conduzidos por nós ocorreram quando estabelecemos uma pergunta específica por vez, procurando respondê-la. Apresentamos a pergunta e a deixamos exposta na lousa ou nos slides. O objetivo era chegar a uma resposta para ela. Perceba que, quanto menos perguntas, maior a profundidade da discussão e as chances de os alunos não se desviarem do assunto ou tratarem de várias questões ao mesmo tempo. Por isso, ao se chegar para uma discussão, é necessário ter desde logo as perguntas obrigatórias sobre o tema.

» Perguntas abertas e sinceras. O debate ocorre entre os alunos e apenas excepcionalmente o professor intervém. Para que isso aconteça, é necessário que ele seja conduzido a partir de perguntas abertas e sinceras. Abertas são aquelas que não são respondidas apenas por "sim" ou "não". Ao não possibilitarem respostas diretas e reduzidas, elas viabilizam a polêmica e a discussão de opiniões. Sinceras são aquelas que não são formuladas com uma resposta certa em mente. A pergunta "quando Cabral chegou ao Brasil?" tem uma resposta certa, enquanto outra "Como Cabral deve ter se sentido ao chegar ao Brasil?" propicia múltiplas respostas com base na percepção e nos estudos dos alunos.

» Professor deve ter papel de mediador. Ser mediador de um debate não significa tomar para si a palavra a cada vez que um aluno fala. Ao contrário, a melhor indicação de que o debate está fluindo bem é a troca de opiniões diretamente entre os alunos, sem que nem ao menos olhem para o professor. Melhor ainda quando os estudantes questionam uns aos outros e pedem esclarecimentos sobre opiniões. No debate, o professor fala muito menos do que os alunos.

» Ambiente apropriado. Para que o debate seja aproveitado ao máximo, é importante que todas as pessoas possam se ver. Isso não apenas facilita o autogerenciamento do grupo (por exemplo, pela regra dos dedos), como também estimula que eles debatam entre si, sem olhar e recorrer ao professor. O layout de sala ideal para um debate é um círculo no qual todos possam se ver, inclusive quem está lado a lado.

» Técnicas para engajamento. Pode acontecer de os alunos não participarem ativamente dos debates. Assumindo que as perguntas sejam polêmicas, abertas e sinceras, há algumas medidas que podem fomentar a participação: a) aguardar até que alguém fale; b) pedir que os estudantes escrevam sua opinião geral sobre a pergunta antes de começar o debate propriamente dito; c) reformular a pergunta, dessa vez trazendo um exemplo concreto ou tornando-a mais absurda (por exemplo, a pergunta "o que vocês acham da atuação do juiz em determinada operação policial?" pode se tornar "como vocês puniriam o juiz pela sua atuação no caso?"); d) fazer o "advogado do diabo", isto é, assumir uma posição que ninguém está assumindo apenas para estressar o argumento dos estudantes; e) indicar uma pessoa para dar sua opinião – mas, atenção, faça isso apenas com pessoas que estão acostumadas a falar na sala de aula; e f) começar o debate por meio de uma atividade de foco e engajamento, como uma experiência, uma enquete ou uma nuvem de palavras.

» Sistematização dos resultados da discussão. No debate sempre se corre o risco de que os alunos se sintam perdidos. A sistematização dos argumentos e das opiniões ao final é fundamental para que eles sintam que aprenderam. Ela pode ser feita pelo próprio professor ou por um aluno voluntário para ser relator. Contempla as principais opiniões convergentes e divergentes.

Diálogo socrático

» Estabelecer combinados. Vale para o diálogo socrático o mesmo que para os demais.

» Diferentes tipos de perguntas. O diálogo socrático pode ser aberto, quando objetiva testar os argumentos e o raciocínio do estudante, ou fechado, quando procura conduzir a pessoa a um determinado resultado (GHIRARDI, 2012a, p. 54-57). No diálogo aberto, as perguntas são mais abertas do que no diálogo fechado, no qual se procura levar o estudante a abandonar algumas posições.

» Estratégias de questionamento. O diálogo socrático baseia-se na sucessão de perguntas sobre um tema. Essas perguntas podem: a) questionar a validade das premissas do raciocínio; b) questionar a validade da conclusão do raciocínio; c) questionar a veracidade ou a pertinência dos exemplos dados pelo estudante; d) questionar a aplicação das premissas ou dos exemplos à situação discutida; e) levar o argumento do estudante ao absurdo; f) apresentar um contraexemplo ao que o estudante trouxe; g) apresentar uma posição contrária (advogado do diabo); entre outras operações argumentativas.

» Cuidados com questionamentos sucessivos. O diálogo socrático pode ser uma técnica muito opressora se mal manejada. A formulação de perguntas sucessivas coloca o professor numa posição de superioridade com bastante facilidade. Por isso, é importante que o docente chame outras pessoas para apresentarem um contraponto e varie, após algumas perguntas, de interlocutor. Pode até mesmo pedir que alguém da sala se voluntarie para responder uma pergunta ou apresentar seu contraponto ao argumento.

» Sistematização dos resultados da discussão. Assim como nos debates, é fundamental que o encerramento do diálogo socrático seja feito por meio de uma sistematização das principais conclusões.

1-2-4-todos

» Estabelecer combinados. Vale para o 1-2-4-todos o mesmo que para os demais.

» Propósito do método. O objetivo do método é possibilitar que os participantes questionem pouco a pouco suas opiniões, dialogando com outras pessoas em busca de consensos. Por isso, normalmente aplicamos o 1-2-4-todos para que os estudantes deem nota, classifiquem ou realizem outra operação que facilmente levaria a divergências entre eles. Para exemplificar, aplicamos o método em formação docente para que os participantes dessem notas de 0 a 10 para determinados alunos individualmente e depois comparassem em dupla, quarteto e na sala. Outro possível uso para a ferramenta é realizar a fase de fechamento de uma tempestade cerebral – os estudantes reduzem suas opções ao se ajuntarem em grupos maiores.

» A importância do momento individual. A aplicação do método começa com a reflexão individual. O professor deve salientar a importância desse momento para o início da dinâmica, porque é nele que os estudantes constroem uma opinião própria que será testada em comparação com os demais.

» A importância da definição de uma posição. Nas melhores aplicações que tivemos do 1-2-4-todos, os estudantes tinham que terminar cada rodada com um produto em mãos. Para exemplificar, imagine que eles devem sair da rodada individual classificando cinco países do mais democrático para o menos democrático. Na rodada em dupla, eles devem sair novamente com uma classificação dos cinco países, mas que represente a opinião da dupla. Na rodada em quartetos, eles fazem o mesmo. A passagem para a etapa seguinte só é concretizada depois que eles firmam uma posição sobre o tópico em discussão.

» O método para seleção de ideias em *brainstorming*. O método é excelente para priorização e seleção de ideias formuladas em sessão de tempestade cerebral. Para exemplificar, imagine que o aluno deve escrever três temas de projeto individualmente. Ao se juntar com outro, eles terão seis temas – dos quais devem escolher três. Quando a dupla se juntar com outra dupla, também terão seis temas – dessa vez, devem escolher um. Ao final, cada quarteto terá reduzido a quantidade de ideias de 12 para apenas uma. Você também pode aproveitar essa aplicação para selecionar as perguntas mais relevantes para os alunos antes de um debate.

» Aplicação das outras dicas. Vale mencionar que o método trabalha tanto com discussão quanto com trabalho em grupo. Por isso, recomendamos as mesmas dicas apresentadas anteriormente.

Fishbowl

» Arrumação do ambiente. A aplicação do *fishbowl* começa pela arrumação do ambiente. O professor deve organizar a sala de maneira a formar um círculo externo, no qual ficará a maioria dos estudantes, e um conjunto de quatro a cinco cadeiras na parte interna. Ele deve garantir que não haja nenhum obstáculo para que os estudantes do círculo de fora acessem as cadeiras no centro.

» Organização do centro do debate. A atividade começa com a apresentação de um tópico para discussão. Para isso, sugerimos as mesmas recomendações do debate. Em seguida, o professor solicita que as pessoas que desejam começar discutindo o tópico se voluntariem a estar no centro da roda – deixando uma cadeira livre. Assim, se há quatro cadeiras no centro da roda, uma poderá ser ocupada pelo professor (mediador), outras duas pelos alunos que desejam começar o debate e uma ficará vazia.

» Apresentação das instruções. Os estudantes devem saber que podem entrar no debate a qualquer momento. Para isso, basta se levantar e tocar no ombro da pessoa que está no centro – que tomará o lugar do aluno no círculo externo.

» Cuidado com desengajamento. Aplicando o método, pudemos perceber – e os alunos reforçaram a percepção – de que pode haver um desengajamento muito grande de quem está fora do debate, especialmente das pessoas que não se sentem tão à vontade para levantar e entrar na discussão. Para evitar que isso aconteça, sugerimos as seguintes estratégias: a) trazer temas realmente polêmicos e engajadores da realidade dos estudantes para o *fishbowl*; b) indicar uma tarefa para os estudantes que estão do lado de fora do círculo, como a elaboração de um relatório sobre o debate ou a posterior sistematização do que foi conversado; c) associar a aplicação do *fishbowl* com avaliação de participação e engajamento em debates.

» Cuidado com o excesso de trocas. Outro problema que percebemos na aplicação do *fishbowl* é a excessiva quantidade de trocas, ao menos enquanto os estudantes não estão habituados com o método. Frequentemente, um estudante fala uma vez e logo é substituído por outro. Não cabe ao professor restringir essas trocas, mas é importante enfatizar antes e depois do *fishbowl* que os estudantes devem primeiro se preocupar em ouvir a opinião dos colegas, permitindo que as explorem no centro. A excessiva quantidade de trocas, embora possa refletir a disposição dos estudantes de participar do debate, também evidencia a ansiedade em participar e não ouvir o que o outro tem a falar – uma das grandes utilidades do método é mostrar, de maneira visual, problemas pouco visíveis em debates conduzidos tradicionalmente.

» Posicionamento do professor. Indicamos anteriormente que o professor poderá ficar no centro da roda como mediador. Acreditamos que essa seja a melhor posição para ele, porque, assim, poderá formular novas perguntas quando o assunto se consolidar ou ressaltar discordâncias e convergências dos alunos no debate. Contudo, isso significa que ele não poderá observar o que acontece no círculo externo. Por isso, pode ser conveniente deixar um monitor ou indicar um ou mais estudantes para serem "observadores do círculo exterior". Além de ser mais uma técnica de engajamento de quem está de fora do debate, ela possibilita ao professor solicitar dessa(s) pessoa(s) uma fala sobre o que observou do círculo exterior.

» Treinamento. O *fishbowl* é uma técnica que gera muito estranhamento nas pessoas nos primeiros momentos. Por isso, é melhor que ela não seja adotada apenas uma vez, mas seja aplicada algumas vezes para que os estudantes se acostumem com a dinâmica do método – por exemplo, percebemos que cada vez que um aluno se levanta, há uma agitação e uma quebra de concentração na sala, o que pode ser mitigado com o hábito com o método.

6.5 Quarta dica: uso de técnicas para conduzir momentos de reflexão dos estudantes

Você deve ter percebido que sugerimos uma sistematização ou uma reflexão da aprendizagem com os alunos em várias atividades. Essa etapa de reflexão (*debriefing*) é fundamental para o aprendizado ganhar significado. Nela os alunos analisam seu desempenho, consideram o que fizeram e o que poderiam ter feito de diferente, relacionam conceitos, expressam suas emoções e consolidam conhecimentos. Realizar uma atividade por realizar não é sinônimo de que se aprendeu algo significativo.

Há diversas técnicas que contribuem para a etapa de reflexão: *debriefing* por meio de debate, por meio de exposição, por meio de mapeamento e por meio de fluxograma.

A primeira sugestão é o *debriefing* por meio do **debate sobre os resultados das atividades**. Os estudantes discutem abertamente os resultados das atividades, as razões que levaram os alunos a determinado resultado e promovem a autorreflexão de seu desempenho. Essa dinâmica serve não apenas para identificar as falhas, mas também os pontos positivos do desempenho. Contribui para que reflitam sobre a atividade que acabaram de participar propicia um encerramento do ciclo, sendo um *feedback* fundamental para melhorar a autopercepção enquanto indivíduo e grupo. Cabe ao professor fazê-los se atentar a fatores que não percebiam e aprimorar suas habilidades para agirem melhor na próxima vez.

Reserve o tempo final da aula para reunir a turma e conversar, sob as mesmas regras sugeridas no tópico anterior, a fim de que ninguém se sinta atacado ou enfrentado, mas avalie de maneira madura o que ocorreu durante a atividade. Proponha algumas perguntas que guiem a conversa, possibilitando que os alunos realizem uma autorreflexão crítica tanto sobre o grupo como sobre si mesmos.

Uma possibilidade de estrutura a ser indicada aos alunos é:

1. Verbalizar suas impressões sobre a atividade que acabaram de realizar. Exemplo: "Percebi na atividade que vocês...".

2. Indicar os pontos positivos e negativos da *performance*. Exemplo: "Vocês conseguiram fazer..." ou "Vocês poderiam ter feito...".

3. Fechar ideias, associar a teorias e conclusões sobre o assunto abordado. Exemplo: "De que maneira o conceito A ou B apareceu aqui?".

4. Apontar os aspectos positivos e negativos da dinâmica em si. Exemplo: "O que vocês aprenderam na dinâmica?".

5. Realizar um balanço/autoavaliação do grupo sobre o cumprimento das regras para o debate, os resultados alcançados (ou não) e expor sentimentos e sugestões. Exemplo: "Como vocês se sentiram quando...", "Quais os resultados que alcançamos?", entre outros.

A segunda possibilidade é a **sistematização**. Para organizar melhor a reflexão sobre uma atividade que contenha muitos fatores, como **seminários de leitura, de pesquisa ou temático, exposição de casos ou de pesquisa**, sugerimos sistematizar os principais assuntos. De maneira pragmática e agrupada por temas ou seções, o professor organiza os pontos de uma exposição sobre o conteúdo debatido, os prós e contras, e possíveis ações e resultados. É útil aproveitar a lousa, o computador ou um cartaz com as manifestações dos alunos. Visualmente, essa estratégia de sumarizar em tópicos ajuda os estudantes a elaborar e organizar ideias e conceitos debatidos. Dessa forma, torna-se mais objetivo e palpável ver o agrupamento de conceitos e novas ideias para reflexão.

Dependendo do tema, outra estratégia pode ser a sistematização dos conceitos por nível de complexidade. Ao organizar os pontos, mentalmente os alunos também rearranjam as ideias e os conhecimentos. Se for um caso que demande conhecimento linear, pode-se sistematizar conforme os acontecimentos ou as etapas ocorram, da seguinte forma:

1. Realizar diagnósticos do problema.
2. Discutir as melhores soluções.
3. Avaliar o plano de ação.
4. Avaliar a execução do plano de ação.
5. Analisar resultados, *feedback* e reação do público-alvo.

A terceira possibilidade é a **conexão entre conceitos (mapeamento)**. Ao realizar uma reflexão sobre as atividades desenvolvidas pelos alunos, podem-se mostrar visualmente não apenas etapas ou conceitos, mas o sentido e a ligação que existem entre eles. Afinal, ao desenvolver um raciocínio lógico e crítico, embasado em doutrinas e outros campos de conhecimento correlatos, há consequências que afetam o todo. E é fundamental que essa noção seja bem fundamentada para os alunos, já que na prática precisam considerar que uma decisão impacta todas as demais peças de um cenário.

Uma técnica interessante para destacar os conceitos trabalhados é o **mapa mental**. Com ele, torna-se possível, além de apontar para os estudantes os demais aspectos que envolveram e resultaram na dinâmica, reforçar os conceitos trabalhados ou que deveriam ter sido trabalhados durante a atividade. Com palavras-chave, elaborando um esquema mais simples possa interligar conceitos, ou até algo mais complexo como o da figura a seguir, é possível demonstrar aos alunos a **conexão** que há entre todos os conceitos estudados e inclusive abordar novos, que ainda serão trabalhados no curso. A depender da complexidade, leve o mapa já elaborado.

Figura 20 Exemplo de mapeamento de conceitos na etapa de reflexão da atividade

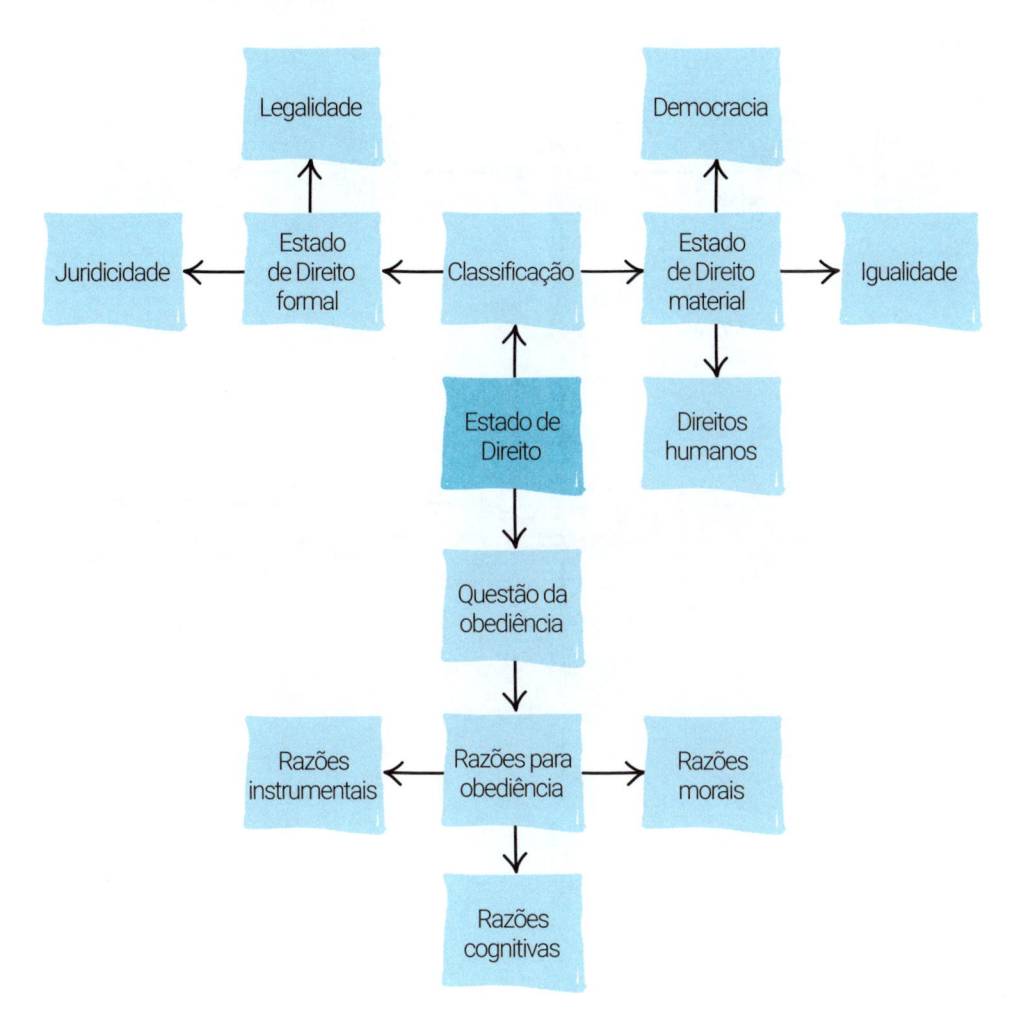

Fonte: elaboração própria.

Há diversas ferramentas e aplicativos, gratuitos ou pagos, que permitem construir mapas mentais, salvá-los e disponibilizá-los para os estudantes, mas também é possível simplesmente esquematizar na própria apresentação (Microsoft Power-Point, por exemplo) ou escrever na lousa.

Finalmente, também é possível conduzir a reflexão por meio de uma **análise de tomada de decisões**. Para analisar uma tomada de decisões que os alunos promoverem na atividade, sugerimos demonstrá-la na forma de desenho ou **fluxograma de decisões**, contendo todos os passos. De maneira visual, é mais fácil explicar aos alunos e fazer com que eles entendam globalmente o impacto das decisões que tomaram, promover associações e rever passos e momentos críticos para o propósito. O objetivo é organizar e conduzir esse momento delicado de reflexão sobre o que fizeram.

Figura 21   Exemplo de fluxograma para etapa de reflexão

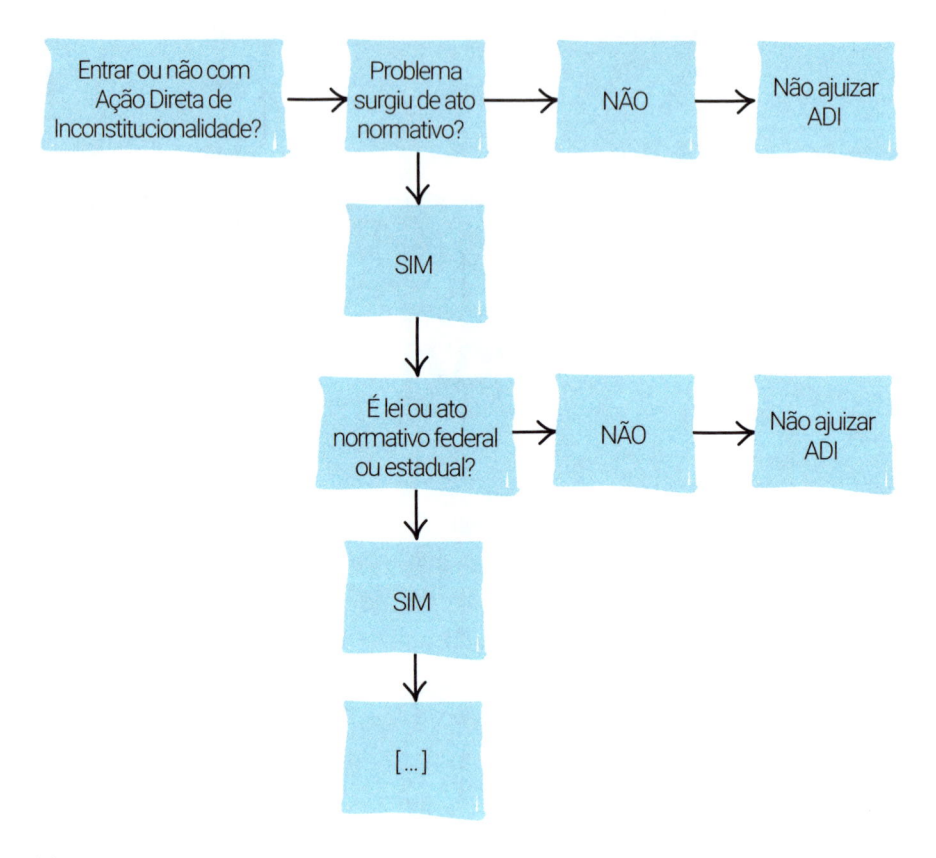

Fonte: elaboração própria.

6.6 Quinta dica: uso de tecnologia nas atividades

Ao planejar a execução das atividades, há fatores que devem ser considerados, como perfil de alunos, tempo disponível e objetivo do encontro. As ferramentas tecnológicas digitais podem auxiliar na condução das aulas, seja propiciando mais agilidade a uma tarefa, seja promovendo uma interação maior com e entre os alunos, ou, ainda, trazendo situações para a sala de aula que, sem a tecnologia, seriam inacessíveis, como depoimentos de vítimas de um desastre em outra cidade ou documentos de um determinado processo.

Existem diversas ferramentas tecnológicas gratuitas que podem facilitar o processo de ensino. Contudo, para conduzir uma atividade usando ferramentas tecnológicas, é necessário planejamento. Eleger instrumentos adequados a cada etapa do ensino é fundamental. Entretanto, como escolher a ferramenta e o momento para se usar uma tecnologia no processo de ensino? Considere sempre o objetivo da atividade, o contexto institucional e use a criatividade para propor a utilização de novas ferramentas. Conheça bem a ferramenta e a aplique com grupos pequenos para mensurar resultados e realizar ajustes. Fique atento às políticas de uso, privacidade de dados e eventuais custos ou limites de uso gratuito. Finalmente, pode ser necessário reservar um tempo para introduzir aos estudantes as funcionalidades e o uso, sanando dúvidas e dificuldades, a fim de não impactar negativamente o rendimento do curso.

A seguir, apresentaremos uma proposta de matriz de decisão para incorporação de tecnologias digitais em seu curso.

6.6.1 Quando e como incorporar ferramentas tecnológicas ao meu curso?

Para cada etapa de sua aula e de seu curso, o uso de ferramentas tecnológicas deve ser cuidadosamente ponderado. Empregar *softwares* e outros instrumentos pode ser muito interessante, mas também pode trazer riscos de falha e de falta de hábito no uso. Às vezes, será necessário utilizá-las; outras vezes, elas auxiliarão a dinâmica; outras, serão dispensáveis. Quando forem imprescindíveis e não houver muitos recursos disponíveis na instituição de ensino ou na ocasião (um evento externo, por exemplo), o mais simples pode ser o mais efetivo. Lembre-se sempre de que a ferramenta deve ser um meio para atingir um determinado resultado, mais rápido e que facilite o aprendizado, e não um fim em si mesmo.

A regra de ouro é a seguinte: somente utilize tecnologia quando ela trouxer mais vantagens do que desvantagens.

As vantagens podem ser várias. A possibilidade de edição simultânea pelos estudantes, o armazenamento de informações para serem utilizadas em outros encontros, o acesso a materiais externos (vídeos, textos, áudios etc.) e o registro da participação das pessoas no sistema são alguns dos benefícios que podem ser obtidos. Já as desvantagens envolvem questões de infraestrutura (conexão ausente ou ruim, computadores insuficientes etc.), falta de hábito dos estudantes, limitações de funcionalidade do *software* e outros riscos inerentes à tecnologia (como riscos à privacidade e proteção de dados).

Reflita sobre a real conveniência da tecnologia para a dinâmica e para os objetivos de aprendizagem. Analise quanto tempo você gastará para que os alunos acessem e se acostumem com o aplicativo e se ele tornará a atividade mais dinâmica e atrativa para os participantes. Veja, turmas mais novas, nativas digitais, apresentam menos dificuldades em realizar uma pesquisa rápida na internet, usar *softwares* e familiarizar-se com ferramentas novas, embora isso não seja garantido – no Brasil, o letramento digital ainda não é uma realidade na maior parte dos lugares. Contudo, pode ser que haja alunos de outra geração ou sem essas habilidades e conhecimentos. Tudo isso deve ser pensado quando você empregar ferramentas tecnológicas, calcular o tempo da dinâmica de aula e a interação por dispositivos tecnológicos a distância.

Vários autores se preocupam em criar modelos e regras para integração de tecnologia à educação. Bates (2015, cap. 8) sugere o modelo "SECTIONS" (*Students, Ease of Use, Cost, Teaching functions, Interaction, Organizational issues, Networking, Security and privacy*), que poderia ser traduzido para EFFICCAS:

» **Estudantes.** O perfil dos estudantes deve ser compatível com a ferramenta. Características relevantes são: familiaridade com a ferramenta, grau de competência em letramento digital, qualidade dos aparelhos e do acesso e estilos de aprendizagem (BATES, 2015, 8.2).

» **Facilidade de uso.** A complexidade da ferramenta deve ser levada em conta. Características relevantes são: interface do aplicativo, comandos intuitivos, tempo necessário para aprender e grau de confiabilidade na tecnologia, que envolve risco de não funcionar, *delay*, *bugs* etc. (BATES, 2015, 8.3).

» **Funções pedagógicas.** As possibilidades pedagógicas do aplicativo devem ser consideradas. Características relevantes são: habilidades que permite desenvolver (argumentação, compreensão, associação etc.), capacidade de lidar com conteúdo de diferentes formas (imagens, áudio etc.) e dinâmicas que possibilita (BATES, 2015, 8.5).

» **Interação.** O grau de interação propiciado pela ferramenta deve ser tomado em consideração. Interações relevantes são: entre estudantes, entre estudantes e professor, entre estudantes e conteúdo, entre estudantes e comunidade, entre novas e antigas turmas e até do conteúdo com o próprio conteúdo (BATES, 2015, 8.6; ANDERSON, 2008, p. 55-60). A interação também pode ser síncrona ou assíncrona.

» **Custo.** O custo de utilização da ferramenta deve ser observado. Vale notar que algumas aplicações são totalmente gratuitas, outras são pagas e ainda existem as *freemium*, que apresentam uma versão gratuita com menos funcionalidades. É preciso ter especial cuidado com as *freemium*, pois elas podem ter limitação na quantidade de alunos suportados, nos recursos disponíveis e na organização do material. O aplicativo Pear Deck, por exemplo, não admite mais de 30 pessoas na versão gratuita; já o aplicativo Mentimeter possibilita apenas duas perguntas na versão gratuita.

» **Conexões.** As conexões que a ferramenta possibilita com pessoas de fora do curso, da comunidade, também devem ser contempladas. Redes sociais, *wikis* e outras aplicações que permitem comunicação com uma rede exterior ao curso podem aumentar o engajamento dos alunos e a concretude do curso (BATES, 2015, 8.8).

» **Aspectos organizacionais.** Deve-se também atentar para o ambiente institucional. São características relevantes: a quantidade de estudantes por sala, o grau de preparo da instituição para adotar tecnologia, o suporte técnico, o grau de engajamento de professores para uso da tecnologia, a infraestrutura e o orçamento (BATES, 2015, 8.7).

» **Segurança e privacidade.** Um último aspecto que deve ser considerado é o grau de segurança e respeito à privacidade dos aplicativos. Características relevantes são: grau de segurança das informações e a política de privacidade e uso e compartilhamento de dados (BATES, 2015, 8.9).

Cada professor dará prioridade a determinados aspectos no momento de escolher a ferramenta tecnológica adequada. Alguns elementos são quase mandatórios. É o caso da segurança e da privacidade – até por previsão legal, é importante evitar expor dados dos estudantes, eximindo-se a responsabilização da instituição. Outros podem ser relativizados. É o caso da facilidade de uso e do grau de competência dos estudantes, cujas dificuldades podem ser contornadas por meio de preparação e treinamento prévios.

Assim, sugerimos que, para decidir sobre a incorporação de tecnologia em seu curso ou aula, você se faça algumas perguntas (Figura 22). Considere o cenário completo e ideal e reflita em quais momentos as ferramentas tecnológicas são inseridas e com qual objetivo as usaria (ZEDNIK *et al.*, 2014).

Figura 22 Três perguntas para a adoção de tecnologia

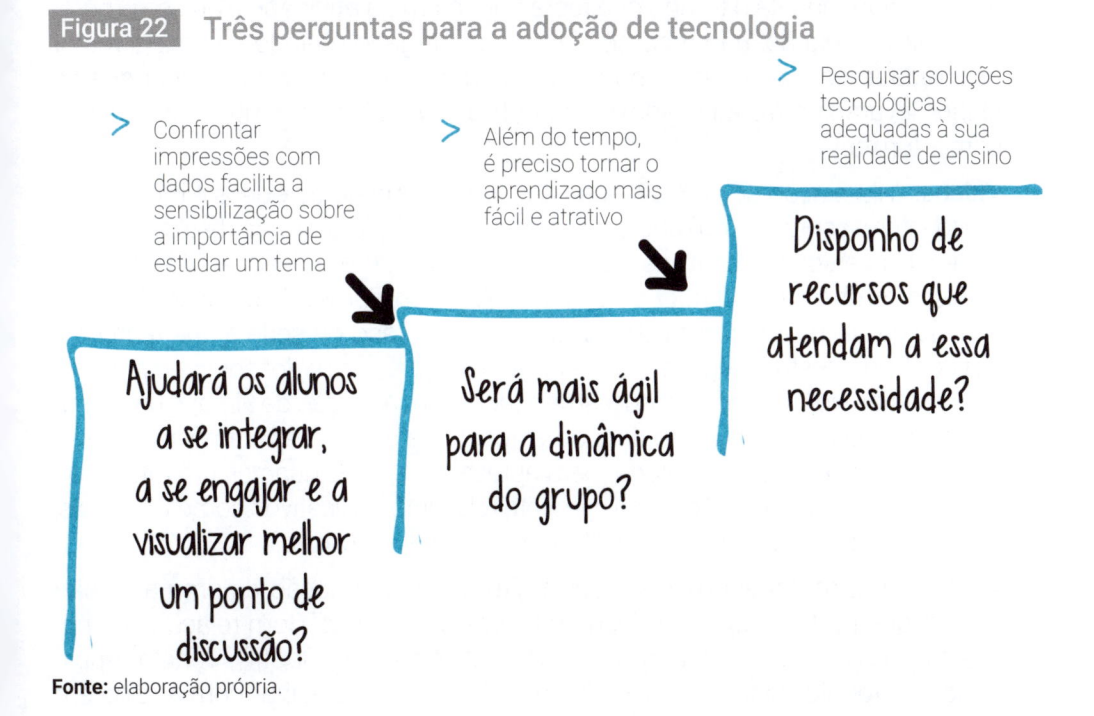

Fonte: elaboração própria.

6.6.2 Possíveis programas e softwares para integração ao ensino

Certo, mas, para ponderar se vale a pena integrar tecnologia à sala de aula, você primeiro tem que conhecer as ferramentas, não? Por isso, sugerimos a seguir um conjunto de ferramentas acompanhadas de considerações sobre cada momento e decisão. Elas são sintetizadas no Quadro 18.

Para conduzir a aula

O que são? Programas que permitem ao docente conduzir com mais facilidade uma aula, seja no momento de instrução, seja no momento de acompanhamento dos trabalhos, seja no momento de exposição.

Possibilidades. Os programas dessa categoria contribuem para algumas tarefas:

» **Apresentações.** Um conjunto de aplicações facilita a elaboração e apresentação de conteúdo, servindo especialmente para exposições e seminários. São exemplos o famoso PowerPoint, o Prezi, o Canva e o Google Slides. Pode-se sugerir aos alunos que utilize algumas dessas ferramentas para o caso de exporem conteúdos ou resultados de pesquisa. A vantagem desses programas é possibilitar que o professor replique com facilidade o conteúdo, sem necessidade de preencher a lousa a cada aula, o que economiza tempo e energia.

» **Controle do tempo.** As dinâmicas no ensino participativo dependem completamente de uma boa condução do tempo. Nessas hipóteses, é possível utilizar *sites* como o *Online Stopwatch* e o Cronômetro online. Eles permitem que os alunos vejam na tela o tempo que resta para o fim da atividade e que se programem. Mas atenção: não recomendamos empregá-lo quando se deseja maior flexibilidade no manejo do tempo (por exemplo, se é incerto o tempo que os alunos levarão para a atividade) ou quando a atividade ficará muito estressante para a turma.

» **Vídeos.** A ilustração de uma situação-problema por meio de vídeos é um recurso muito interessante. O YouTube e o Vimeo são duas plataformas de vídeo importantes. Há versões educativas, como o YouTube Edu e o TeacherTube. Não se esqueça também de outras como Netflix, Amazon Prime, Hulu, Globo Play etc. quando quiser passar um trecho de um documentário ou série a que tenha assistido. Ainda nesta categoria, vale lembrar que o próprio professor pode produzir seu material. Hoje em dia qualquer *smartphone* tem a função de filmar e um editor básico, que permite o registro de momentos ou de entrevistas. Também é possível capturar a tela do computador para apresentar aos estudantes um tutorial ou algum exemplo de conteúdo juridicamente relevante. Aplicativos como Camtasia, Flashback Express e XSplit possibilitam esse tipo de gravação.

» **Áudio.** Outro material que pode ser muito útil na condução de uma aula são áudios, que podem abranger desde músicas a *podcasts*. Com relação aos *podcasts*, vale consultar os principais dispositivos, como Spotify, TuneIn, Apple Podcast, Google Podcast, Deezer, entre outros. Para trabalhar com áudios em geral, inclusive feitos pelo próprio docente, é possível recorrer ao Soundcloud e similares.

» **Videoconferências.** Por vezes, desejamos que convidados falem com nossos alunos. Também podemos fazer atendimentos remotos. Para essas ocasiões, utilizamos um conjunto de aplicativos que permitem videoconferências e que podem ser usados, inclusive, de maneira mais interativa, para introduzir uma dinâmica por depoimento de alguém, colocar os alunos em contato com especialistas ou até trazer perguntas de pessoa de fora do curso para os alunos. Veja opções como Skype, Zoom, Whereby (antigo Appear.in), Google Hangout, entre outras.

» **Geradores de QR Code e encurtadores de *links*.** QR Codes são aquelas imagens que permitem, por meio do uso da câmera do celular, o acesso de um conteúdo virtual por meio de uma imagem (interação *offline-online*). Existem vários geradores de QR Code na internet, como o QR Code Generator, o GoQR e o QRCode Monkey, entre outros. Já os encurtadores de *links* são úteis para que o professor possa direcionar os estudantes para um conteúdo *online* sem que eles tenham que escrever longos *links*, com alta chance de erro. Os principais são Bit.ly, Bit.do, Buff.ly, entre outros.

Usos inovadores. Você pode usar o Google Slides para que seus estudantes construam parte de sua apresentação. Também você pode utilizar o *Online Stopwatch* para mostrar a quantidade de tempo destinada para um debate – permitindo assim que os alunos controlem suas próprias falas. Além disso, pode adotar *playlists* colaborativas de toda a turma, com vídeos, músicas ou episódios de *podcasts* que os alunos queiram trazer para sala de aula. Em videoconferência, pode pedir para uma pessoa especial lançar um desafio para os estudantes.

Para gerar engajamento dos alunos entre eles

O que são? Programas que iniciam ou sustentam uma relação mais engajada dos estudantes entre eles mesmos, seja num debate, seja numa atividade em grupo.

Possibilidades. Os programas dessa categoria contribuem para algumas tarefas:

» **Documentos compartilhados.** Os alunos podem interagir por meio da edição simultânea de documentos, planilhas e apresentações. O exemplo mais famoso de programa desse tipo são as aplicações do Google Drive (Google Slides, Google Documentos, Google Sheets etc.), mas há alternativas, como as aplicações da Microsoft Online, da Zoho, do Dropbox (Dropbox Paper), entre outras. A vantagem desse tipo de tecnologia é possibilitar que os alunos elaborem produtos colaborativamente.

» **Jogos on-line.** É possível garimpar na *web* alguns jogos *online* que permitem a interação dos alunos – ou ao menos podem estimular a discussão presencial entre eles. Um *site* com diversos jogos jurídicos, embora em inglês e referente à realidade estadunidense, é o *BrainPop*.[5] Em português, uma dica é o jogo "Carcará: Asas da Justiça", sobre a carreira de advogado, disponível para *download* nas lojas virtuais de aplicativos. Também é possível utilizar jogos que não

---

5 Os jogos de ciências sociais estão disponíveis em: https://www.brainpop.com/socialstudies/. Acesso em: 6 nov. 2019.

se referem diretamente ao conteúdo jurídico. Para isso, consulte plataformas como Google Play, Apple Store, Steam etc.

» **Análise de argumentos** *online*. Um conjunto de programas permite que os estudantes argumentem e testem cadeias de argumentação. São aplicativos voltados para mapa de argumentos e podem ser muito úteis para cursos jurídicos. Exemplares dessa categoria são o TruthMapping, o Rationale, o Mindmup e o Argunet.

» **Redes sociais.** Sem dúvida, as redes sociais são os ambientes nos quais os estudantes estão mais acostumados a interagir com outras pessoas. O Facebook talvez seja a principal delas, mas não é a única. Pense também em outras plataformas como Instagram, YouTube (especialmente comentários), Twitter, LinkedIn, Pinterest, e os mensageiros como WhatsApp, Messenger, Telegram, Snap, Tik Tok, Musica.ly etc. Algumas funcionalidades dessas plataformas permitem mais interação, como o uso de *hashtags* ou a criação de canais de conteúdo. A vantagem é a facilidade de uso dos programas e a familiaridade dos estudantes, embora haja uma desvantagem com relação à publicidade de dados, por exemplo, mensagens trocadas entre os alunos ou contatos das pessoas. Para buscar postagens em várias redes sociais, pode-se pesquisar *sites* de busca de *hashtags*.

» **Elaboração de *wikis* ou *sites* para portfólios, diários ou conteúdos *on-line*.** Outra forma pela qual os estudantes podem interagir entre si ou com a comunidade ao redor é por meio da elaboração de verbetes em *wikis* – não confundir com a *Wikipédia*, que é apenas um exemplo desse tipo de página – ou de *blogs* e *sites* em geral. É uma boa forma de estimular os estudantes a se comunicar com o mundo. Para isso, é possível utilizar as *wikis* e outros programas, como Wix, Blogger, Wordpress, entre outros.[6]

» **Elaboração de conteúdo digital.** Os alunos podem ser incentivados a criar imagens de perfis e postagens falsas (fora da rede social), memes, infográficos e outros conteúdos por meio de ferramentas disponíveis em *sites* na internet. Alguns exemplos para geração de conteúdo falso são os *sites* Zeoob, Simitator.com, Prank Me Not e Fake Post Generator, enquanto memes podem ser produzidos em *sites* como Imgflip ou Meme Generator. Também é possível aderir à tendência de *stickers* e encorajar os estudantes a criar seus próprios *stickers*. Mas atenção: a realização dessas atividades deve ser feita com cuidado para não espalhar conteúdo falso na rede nem disponibilizar fotos e imagens indevidas dos estudantes.

Usos inovadores. Você pode usar documentos compartilhados para que seus alunos construam novos modelos de minutas, peças judiciais e até imagens. No caso dos jogos *online*, pode utilizar *games* conhecidos para relacionar com o conteúdo

---

6 Para uma experiência com aplicação de atividade de pesquisa envolvendo edição e criação de verbetes na Wikipédia, cf. Queiroz (2012).

de sala de aula. Para as redes sociais, pode criar uma *hashtag* específica para o curso para que as pessoas façam postagens que podem ser trazidas para sala de aula ou pode criar canais de conteúdo em mensageiros que os estudantes estão acostumados a utilizar, como WhatsApp e Telegram.

Para gerar engajamento dos alunos com o docente

O que são? Programas que permitem que o professor interaja com a turma, global ou individualmente, inclusive ao mesmo tempo.

Possibilidades. Os programas dessa categoria contribuem para algumas tarefas:

» **Apresentações interativas.** Os programas mais próximos da realidade dos professores de Direito – e, talvez, aqueles que rompam mais facilmente a barreira da integração de tecnologia à sala de aula – são aqueles que permitem exposições interativas. *Softwares* como Mentimeter, Pear Deck e Nearpod propiciam que a turma interaja com a exposição do professor por meio de questões, nuvens de palavras, respostas livres ou outras atividades. Embora cada uma dessas aplicações tenha suas restrições, elas apresentam a vantagem de possibilitar exposições dialogadas ou com atividades.

» **Nuvem de palavras.** As nuvens de palavras são diagramas que rapidamente comparam opiniões dos estudantes por meio da apresentação em tamanhos diferentes de palavras ou expressões, conforme tenham sido mais utilizadas. Há uma série de *softwares* que gera nuvens de palavras. Cada uma terá uma interface diferente e caberá ao docente escolher aquela que mais facilita a execução de sua aula. Mentimeter, Word Cloud Generator – Jason Davies, Wordart, WordItOut, Wordle são apenas alguns exemplos de *sites* que permitem a realização de nuvens durante a aula.

» **Enquetes e diagnóstico de opinião** (*clickers*)**.** Uma das melhores formas de aquecer a turma para debates é estimular que eles respondam a questões polêmicas pelo celular e depois comentem a resposta geral da turma. A vantagem desses aplicativos é economizar o tempo de contagem de votos por mãos levantadas. Em tempo real, você acessa as estatísticas dessa breve pesquisa, projetando na sala para que toda a turma possa ver. Aplicativos como Socrative, Vevox, Vox Note, Poll Everywhere, Survey Monkey, Typeform, Google Formulários, entre outros, são alguns exemplos de programas que permitem a coleta de opiniões. O Plickers é um programa à parte, que supre a desvantagem da necessidade de que cada aluno tenha sua conexão com a internet ao trabalhar com uma espécie de QR Code para cada estudante, que será lido apenas pelo celular do professor.

» *Quizzes* **competitivos.** Um pouco diferente do anterior é a categoria dos aplicativos que permitem a realização de questionários competitivos entre os estudantes. Aplicativos como Kahoot.it são feitos especialmente para criar competições em sala de aula; outros, como o Socrative, apresentam uma funcionalidade que propicia a contagem competitiva de pontos entre grupos ou alunos.

» **Canal de apoio (*Backchannel*).** Um canal de apoio (*backchannel*) é um *chat* ou um fórum que fica disponível, durante a atividade (evento, aula etc.), para que os participantes façam perguntas ou comentários – que podem ser respondidos na aula ou depois. Alguns aplicativos que servem de apoio para o professor durante a aula são o próprio Mentimeter – que permite adicionar um *slide* de Perguntas e Respostas – e os mensageiros instantâneos – Telegram, Whatsapp, Messenger etc. Contudo, também é possível utilizar o próprio Google Slides – compartilhando a apresentação com os estudantes – e outros programas, como GoSoapBox, Google Classroom e Padlet.[7]

Usos inovadores. Você pode aliar o uso de apresentações interativas com atividades de pesquisa em sala de aula (*webquest*), de modo que os estudantes pesquisem respostas para a pergunta formulada. Você pode usar questionários com seções (por exemplo, no Google Formulários) para criar enquetes interativas que direcionam os estudantes para diferentes caminhos, segundo as respostas que eles oferecem. Também pode aproveitar ferramentas de canal de apoio para pedir que os estudantes enviem, durante a aula, materiais que poderão servir para a exposição ou o debate, como fotos que eles mesmos podem tirar antes ou durante a aula, notícias, entre outros.

Para facilitar a reflexão e a sistematização de discussões

O que são? Programas que permitem ao professor criar formas mais interessantes de apresentação e sistematização de conteúdos e discussões para os alunos. Podem servir para que os próprios alunos também exponham os resultados de seus seminários, debates ou trabalhos em grupo.

Possibilidades. Os programas dessa categoria contribuem para algumas tarefas:

» **Mapas mentais e diagramas.** Ao conduzir uma discussão ou propor a reflexão sobre os temas, pode ser interessante reuni-los em mapas mentais. Há uma série de aplicativos que permitem a elaboração de mapas mentais. Alguns deles são editáveis *online*, enquanto outros devem ser utilizados num computador. Como exemplos da primeira categoria, indicamos MindMeister, Popplet, Bubbl.us, Coggle.it, Canva, GoConqr, Venngage, Draw.io, Google Diagramas, Lucidchart, Mind42, MindMup, entre outros; na segunda categoria inserem-se programas como XMind e SimpleMind. É uma maneira criativa e que pode ajudar a simplificar a explicação de conceitos ou situações complexas, e como estão interligados.

» **Linhas temporais.** Pode ser interessante mostrar conteúdos historicamente situados no formato de linhas temporais. É possível fazer isso por meio de transições e animações em *softwares* de apresentação, como Google Slides e Microsoft PowerPoint. Contudo, outros programas *online* oferecem funciona-

---

7   Para saber mais sobre essas alternativas, cf. The Teaching Space (2018).

lidades específicas para esse tipo de apresentação, como Preceden, Capzles, TimeGraphics, TimelineMakerPro, TimeToast, entre outros.[8]

» **Ferramentas de narração de histórias** (*storytelling*). Assim como as linhas temporais, histórias também podem ser oferecidas por meio de *softwares* de apresentação, com destaque, nesse caso, para o Prezi, que permite uma apresentação menos linear e mais surpreendente. No entanto, há ferramentas que permitem a criação de *storyboards*, como StoryboardThat, Storybird, Shorthand, e quadrinhos *online*, como Pixton e Stripgenerator.

Usos inovadores. Em vez de apresentar as linhas do tempo, os mapas mentais ou as narrativas para seus estudantes, você pode pedir que eles mesmos criem esses materiais. Outra possibilidade é trocar esses materiais entre grupos numa mesma turma para que eles avaliem e deem sugestões aos trabalhos dos outros.

Para facilitar a avaliação da aprendizagem

O que são? Programas que permitem ao professor acompanhar atividades avaliativas realizadas pelos estudantes, aferindo a obtenção dos objetivos de aprendizagem.

Possibilidades. Os programas dessa categoria contribuem para algumas tarefas:

» **Ambientes virtuais de aprendizagem.** Em geral, cada instituição conta com seu próprio ambiente virtual de aprendizagem, no qual os estudantes podem interagir em fóruns, acessar materiais e, claro, realizar atividades avaliativas, desde entrega de trabalhos até resposta a questionários. Veja que alguns deles, como o Moodle e o Google Classroom, possibilitam a utilização por professores individuais, desvinculados da instituição.

» **Soluções em nuvem.** As soluções em nuvem podem contribuir de duas formas principais para a avaliação dos alunos. Elas podem ser, por um lado, um repositório dos trabalhos dos estudantes, como Google Drive, OneDrive, Dropbox etc. Por outro lado, documentos compartilhados podem servir para acompanhamento em tempo real de diários, portfólios e até trabalhos escritos, inclusive com interação com os alunos por meio de ferramentas como comentários e atribuição de tarefas.

» **Avaliações objetivas** *online* **(testes).** Os questionários *online* podem ser utilizados para aplicação de provas no formato de testes para os estudantes. O Google Formulários, por exemplo, permite a atribuição de pontuação para as alternativas. A grande vantagem é que ele também possibilita ao proprietário do questionário enviar o resultado do teste logo após sua realização ou por lote, para todas as pessoas que responderam, seja após uma data, seja por um momento escolhido pelo professor.

Usos inovadores. Você pode utilizar documentos compartilhados para que os estudantes façam trabalhos em grupos e, principalmente, interajam entre eles por meio

---

8 Para uma lista de recursos, com prós e contras, cf. Top 10 free and paid interactive timeline makers (Updated 2019) (2019).

da ferramenta de comentários. É possível, inclusive, permitir que as turmas interajam entre si, abrindo um momento no curso para que eles comentem os trabalhos uns dos outros. Também é possível fazer provas objetivas interativas, mais complexas, que levam os estudantes a caminhos diferentes segundo suas respostas e, ao final, atribuem nota conforme o caminho que traçaram.

Para aprender a aprender

O que são? São programas que ajudam os estudantes a desenvolver seu senso de organização, a refletir sobre o modo como aprendem, a se preparar para a aula, entre outros aspectos da competência de aprender a aprender.

Possibilidades. Os programas dessa categoria contribuem para algumas tarefas:

» **Anotações.** A antiga prática de levar um caderninho de anotações de reflexões e ideias pode ser substituída por aplicativos de anotação *online*. Os principais são Evernote, Microsoft OneNote, Dropbox Paper, Google Keep, entre outros.

» **Organização de tarefas e gerenciamento de projetos.** Para que os estudantes possam planejar suas tarefas, inclusive em trabalhos em grupos, podem utilizar aplicativos de gerenciamento de tarefas como Trello, Any.do, Monday, To Do List, dentre outros. Também é possível fazer uso de calendários eletrônicos, como Google Calendar ou Microsoft Outlook.

» **Leitura colaborativa de textos.** Alguns alunos preferem ler textos no computador. Para esse grupo, é possível dar um passo além e tornar a leitura e a preparação para a aula (ou para a prova) mais colaborativas. Há programas que permitem o comentário colaborativo em textos. Primeiro, podem-se utilizar *softwares* de documentos compartilhados – copiando o texto e compartilhando. Segundo, há *softwares* próprios para isso que podem ser empregados, como Kami App, XODO e hypothes.is (ENOCH, 2018).

» **Biblioteca de referências.** Especialmente para trabalhos de pesquisa de maior fôlego (doutorado, mestrado, trabalhos de especialização etc.), mas também para que o estudante tenha sua própria biblioteca de referências ao longo de toda a graduação, é possível fazer uso de *softwares* e *sites* que guardam o conjunto de referências bibliográficas, inclusive em ABNT. É o caso dos programas Zotero, Mendeley, EndNote, RefWorks, entre outros. Alguns, como é o caso do Citavi, permitem até que o usuário grife trechos e os inclua enquanto escreve o texto no próprio ambiente.[9]

Usos inovadores. No caso de calendários com diferentes grupos, você pode indicar que os estudantes criem um calendário específico para o trabalho em grupo, incluindo tarefas e datas para entregas. Esses marcos podem ser apresentados para avaliação e repactuação de combinados em grupos. No tocante às bibliote-

---

9 Existem várias listas de comparação de *softwares* de gerenciamento de referências na internet, como na própria Wikipédia, disponível em: https://en.wikipedia.org/wiki/Comparison_of_reference_management_software. Acesso em: 6 nov. 2019.

cas de referências, você pode trabalhar com uma biblioteca conjunta para a turma, elaborando uma espécie de biblioteca colaborativa para trabalhos sobre o tema – especialmente positivo para pós-graduação.

Quadro 18 Ferramentas de tecnologia digital para aprendizagem

SITUAÇÃO	SUGESTÕES
Conduzir a aula	**Apresentações.** PowerPoint, Prezi, Canva, Google Slides etc. **Controle de tempo.** Online stopwatch, Cronômetro *on-line* etc. **Vídeos.** YouTube, Vimeo, YouTube Edu, TeacherTube, Netflix, Hulu, Globo Play, Amazon Prime, Camtasia, Flashback Express, XSplit, Movie Maker etc. **Áudio.** Spotify, TuneIn, Apple Podcast, Google Podcast, Deezer, Soundcloud etc. **Videoconferências.** Skype, Zoom, Whereby (Appear.in), Google Hangout etc. **QR Codes e encurtadores de *links*.** QR Code Generator, GoQR, QRCode Monkey, Bit.ly, Bit.do, Buff.ly etc.
Gerar engajamento dos alunos entre eles	**Documentos compartilhados.** Google Drive, Microsoft Online, Zoho, Dropbox Paper etc. **Jogos *on-line*.** Google Play, Apple Store, Steam etc. **Análise *on-line* de argumentos.** TruthMapping, Rationale, Mindmup, Argunet **Redes sociais**. Facebook, Instagram, YouTube, Twitter, LinkedIn, Pinterest, WhastApp, Messenger, Telegram, Snap, Tik Tok, Musica.ly etc. **Elaboração de *sites*.** Wix, Blogger, Wordpress, Wikis etc. **Elaboração de conteúdo digital.** Zeoob, Simitator.com, Prank Me Not, Fake Post Generator, Meme Generator, Imgflip
Gerar engajamento dos alunos com o docente	**Apresentações interativas.** Mentimeter, Pear Deck, Nearpod, Google Slides etc. **Nuvem de palavras.** Mentimeter, Word Cloud Generator – Jason Davies, Wordart, WordItOut, Wordle etc. **Enquetes e diagnóstico de opinião (*clickers*).** Socrative, Vevox, Vox Note, Poll Everywhere, Survey Monkey, Typeform, Plickers, Google Formulários etc. ***Quizzes* competitivos.** Kahoo.it, Socrative etc. **Canal de apoio.** Mentimeter, Whatsapp, Telegram, Messenger, GoSoapBox, Google Classroom, Padlet

SITUAÇÃO	SUGESTÕES
Facilitar a reflexão e a sistematização	**Mapas mentais e diagramas.** MindMeister, Popplet, Bubbl.us, Coggle. it, Canva, GoConqr, Venngage, Draw.io, Google Diagramas, Lucidchart, Mind42, Mindmup, XMind, SimpleMind etc. **Linhas temporais.** Preceden, Capzles, TimeGraphics, TimelineMakerPro, TimeToast etc. **Ferramentas de _storytelling_.** Prezi, StoryboardThat, Storybird, Shorthand, Pixton, Stripgenerator etc.
Facilitar a avaliação da aprendizagem	**Ambientes virtuais de aprendizagem.** Moodle, Google Classroom, D2L, Blackboard etc. **Soluções em nuvem.** Google Drive, OneDrive, Dropbox etc. **Avaliações objetivas.** Google Formulários, Kahoot.it, Socrative, Poll Everywhere etc.
Ferramentas para aprender a aprender	**Anotações.** Evernote, Microsoft OneNote, Dropbox Paper, Google Keep etc. **Organização de tarefas.** Trello, Any.do, Monday, To Do Lista, Google Calendar, Microsoft Outlook etc. **Leitura colaborativa de textos.** Kami App, XODO, hypothes.is, Mendeley, Google Documentos etc. **Biblioteca de referências.** Zotero, Mendeley, EndNote, RefWorks, Citavi.

Fonte: elaboração própria.

DICA: Busca por ferramentas tecnológicas

Como chegar a um repertório tão grande de ferramentas tecnológicas? Como você pode buscar aquele instrumento mais adequado para suas necessidades? Aqui vão duas dicas:

> A partir de ferramentas conhecidas, você pode pesquisar em *sites* que apresentam alternativas, como alternative.me e alternativeto.net.

> Em buscadores de conteúdo na internet, você pode pesquisar *sites* que fazem comparação entre programas de diferentes categorias. Para exemplificar, experimente buscar "Best references management softwares" ou "Best clickers" ou "Melhores programas para *quiz* em sala de aula" em um buscador.

6.7 Preste atenção! Avaliando engajamento dos estudantes e a importância do improviso

Por lidarmos com seres humanos, estamos sujeitos, por diversas razões, a reações distintas ao que propomos ou fazemos em sala de aula, seja de turma para turma, seja de um dia ou momento para outro, seja por razões pessoais mesmo. As pessoas, que poderiam estar engajadas no início do curso ou de uma aula, podem já não apresentar o mesmo empenho de antes.

Isso acontece e é esperado, já que o grau de envolvimento dos estudantes em determinadas tarefas varia quando há outras preocupações ou, por alguma razão, algo que os desmotiva. Daí a importância de o docente estar sempre atento, analisando o desempenho e a interação de cada estudante durante as atividades. Caso perceba que não estão tão engajados assim, deve fazer uma leitura do cenário, conversar para que as pessoas possam verbalizar o que está acontecendo em nível pessoal ou grupal e, quando possível, retomar algumas atividades para focar novamente a tarefa.

É fundamental ter ciência de todo o seu planejamento, por mais que tenha sido feito com muita atenção em todas as etapas para não conter falhas. Na prática, pode-se deparar com outra realidade, já que os participantes podem não reagir como o esperado. Pode ser que não tenham se adaptado, que tenhamos calculado mal ou que simplesmente para o perfil daqueles estudantes não constitua algo confortável. Enfim, as razões, objetivas e subjetivas, podem ser as mais variadas. E há fatores que controlamos e outros não.

DICA: Diário de bordo docente

Registre em algum caderno ou bloco de notas as atividades que também não deram certo. Afinal, aprendemos com os erros e situações inéditas. O fato de refletir para anotar, além de possibilitar uma fonte de consulta posterior para realizar ajustes no programa, faz com que a gente pense sobre a situação de modo mais sistematizado e racional. Repensar nossas atitudes e decisões como docente responsável por facilitar o processo de aprendizagem dos alunos resulta uma atuação melhor, com mais plasticidade e repertório.

Saber realizar uma leitura do grupo, observando se permanecem engajados de verdade, e tomar uma decisão rápida são fatores importantes para o sucesso da aula. Em nossas aulas, quando percebemos que a motivação ou o foco caíram, procuramos aplicar atividades que retomem o **foco da atividade**, rememorando-lhes qual a razão de terem que realizar determinada tarefa, relacionando aos objetivos da aula e do curso. Também existem outras dinâmicas de **energização** que possibilitam aos estudantes descontrair o ambiente e recuperar o ânimo para a tarefa.[10]

Tenha abertura para **críticas** e ouça pedidos de readequação de atividades ou do ritmo. Às vezes, pode ser muito conteúdo de uma só vez para a turma. Se o curso acontecer no final do dia, após o expediente dos participantes, uma atividade mais leve de integração e engajamento pode ser mais produtiva que seguir sua programação à risca, o que eventualmente funcionaria melhor com uma turma de perfil diferente ou que aconteça no sábado de manhã.

Outra situação que pode ocorrer durante o desenrolar de uma atividade é a **resistência** de um ou mais participantes para executar as tarefas solicitadas. Quando isso acontece em nossas aulas, nossa primeira atitude é respeitar a escolha dos alunos naquele momento. Se o desafio é público, explicamos novamente o propósito da atividade e convidamos a pessoa a realizá-la, caso deseje, alertando para possíveis consequências na aprendizagem ou na avaliação – caso exista. Depois, em privado, conversamos com a pessoa para tentar entender os motivos da resistência e, se possível, entrar em acordo para que ela participe ou faça alguma atividade alternativa. Essa situação é mais frequente em atividades em grupo e, geralmente, envolve questões de integração com a turma que vão além da sala de aula – por isso, é importante aplicar atividades que façam as pessoas se conhecerem e trabalharem juntas em desafios que não valem nota.

---

10 Para um conjunto de atividades de energização, confira o Toolbox da Hyper Island, disponível em: https://toolbox.hyperisland.com/. Acesso em: 6 nov. 2019.

Mais uma situação que pode acontecer em sala de aula é alguém se abalar emocionalmente por questões individuais ou mesmo por algo mais técnico, como cair a conexão de internet durante uma atividade em que estão usando computadores para pesquisar e criar uma *storytelling* em um *site*. No caso de temas sensíveis, uma técnica cada vez mais discutida no ensino é o chamado **alerta de gatilho** (*trigger warning*), que consiste na indicação de que aquela atividade poderá ser impactante para determinadas pessoas e, por isso, elas devem se preparar psicologicamente, caso desejem permanecer na dinâmica. Entretanto, todos nós estamos sujeitos a esse tipo de situação com os mais variados temas, de modo que dificilmente poderemos antecipar todos os conteúdos que poderão disparar algum trauma. A regra de ouro, caso algo nessa linha ocorra em sua aula, é acolher a pessoa, escutando o que ela tem a falar, mas procurando evitar expô-la diante dos demais – por exemplo, não se aprofundando no trauma ou continuando a aula conforme programada.

Enfim, são diversos os fatores que podem afetar o engajamento dos alunos, e você deve ter atenção a tudo isso. Mesmo que não saia como o planejado, o importante é ter **criatividade e jogo de cintura** para improvisar e retomar o prumo da aula, com o foco em cumprir os objetivos de aprendizagem ou reprogramá-los para outro momento, mais adequado à realidade daquele grupo de estudantes.

Se você verificar que é necessário modificar a atividade, faça o quanto antes. Realize adaptações, ajuste, escute os participantes, respeite seus limites. Algumas dicas para identificar essa situação é reparar no **comportamento dos alunos**. Se forem pessoas que você já conhece, fica mais fácil perceber o padrão de comportamento. Quando aquele aluno sempre falante, por exemplo, estiver mais calado ou um aluno que sempre se manifesta nas atividades estiver mais quieto e distante pode ser indício da necessidade de avaliação da atividade naquele instante.

A **postura corporal** mais retraída ou a demora para realizar uma atividade simples podem indicar um baixo grau de envolvimento. É importante retomar alguns passos, pois eventualmente alguma explicação pode não ter ficado muito clara. Às vezes, apenas isso pode resolver, mas, nos casos em que o engajamento permanecer baixo, é melhor modificar a atividade.

Explore outros recursos, **dê um intervalo** para as pessoas descansarem e comerem algo, se for o caso, para voltarem com uma capacidade de concentração maior, adapte as tarefas ao perfil da turma. Grupos mais extrovertidos aceitam vários desafios, principalmente quando exigem mais exposição de si mesmos, o que não ocorre com pessoas mais introvertidas. Faça adequações de modo que a atividade não se torne desconfortável para os alunos, respeitando seus limites e subjetividades.

6.8 Recapitulando

Reveja os objetivos fixados no início do capítulo. Para consolidar o que tratamos aqui, esquematizamos a seguir o que você precisa ter em mente para executar atividades participativas:

1ª ETAPA: técnicas para bom começo

> Utilize técnicas de bom começo que promovam foco para a atividade, gerem engajamento nos estudantes e distribuam grupos de maneira orgânica, diversa e descontraída.

2ª ETAPA: técnicas para conduzir trabalhos

> Utilize técnicas para uma boa condução de trabalhos e atividades em grupo. Muitos métodos participativos se beneficiam de técnicas em comum e estratégias específicas de condução.

3ª ETAPA: técnicas para conduzir discussões

> Utilize técnicas para uma boa condução de debates e discussões com os alunos. Muitas delas envolvem, inclusive, uma percepção diferente do papel do professor em sala de aula.

4ª ETAPA: técnicas para conduzir reflexão

> Utilize técnicas para uma boa condução do momento de reflexão (*debriefing*), no qual os estudantes avaliam o que aconteceu, qual foi seu desempenho e o que poderiam ter feito diferente.

5ª ETAPA: técnicas para integração de tecnologia

> A integração de tecnologia ao ensino não pode ser movida por fetiche pela tecnologia, mas por uma reflexão sobre custo-benefício.

> Para um conjunto de dicas sobre como fazer essa avaliação de integração da tecnologia ao ensino e quais ferramentas utilizar, veja o item 6.6.

EXECUÇÃO DAS ATIVIDADES

> Em qualquer situação, é importante que você tenha em mente a necessidade de entender a motivação e os interesses dos estudantes, de adequar a atividade ao que desejam sem descuidar da obtenção dos objetivos de aprendizagem, e perceber a importâcia do improviso e da flexibilidade em sala de aula para que as atividades sejam bem-sucedidas.

7

Quinto passo: avaliar e atribuir notas

🎯 **OBJETIVOS DO CAPÍTULO**

Neste capítulo, você aprenderá a avaliar e atribuir notas, considerando o ensino participativo. Ao final da leitura, esperamos que você seja capaz de:

→ Valorizar a avaliação no processo de ensino e aprendizagem participativos.

→ Elaborar uma matriz de avaliação.

→ Diferenciar modelos de avaliação.

→ Atribuir notas com segurança e de maneira justificada.

→ Dominar técnicas de avaliação.

→ Aplicar com segurança técnicas que estimulam a autorreflexão dos alunos.

→ Oferecer *feedback* construtivo.

Após planejar, elaborar e executar uma aula ou um curso jurídico participativo, o último passo, tão importante quanto os demais, do processo de ensino e aprendizagem é a **avaliação**. O final da jornada é o encerramento de um ciclo, no qual os aprendizes esperam obter um retorno mais concreto e definitivo do facilitador acerca de seu desempenho. Seja em formato de nota, seja de conceito, essa avaliação, ou seja, o que o docente apontar que tem valor, além de demonstrar uma atenção e reconhecimento, vai direcionar as ações seguintes dos alunos: estudar mais, praticar mais, focar pontos de fraqueza, buscar qualificações de habilidades específicas, ver-se como um profissional pronto no tema abordado, entre outros.

A avaliação de aprendizagem apresenta-se como um verdadeiro paradoxo no dia a dia dos professores. De um lado, os alunos pensam somente nisso; de outro, os professores querem apenas esquecê-la. Por que uma atividade como essa desperta sentimentos tão conflitantes? É chegado o momento de falarmos abertamente sobre o que muitas vezes é tratado por nós como uma tarefa burocrática e/ou como um tabu, seja porque professores unicamente seguem algum padrão de formato exigido pela instituição de ensino, seja porque não conversam entre si sobre suas escolhas.

No Capítulo 4 deste livro, já lhe apresentamos uma lista de técnicas para avaliação e discutimos sobre como escolhê-las e definir o momento e modo de avaliar. Neste capítulo, daremos dicas práticas acerca de como executar uma avaliação de aprendizagem e listaremos algumas técnicas para conduzir melhor o tão esperado momento de avaliar e ser avaliado. Muito mais que atribuir uma nota, lembre-se: **avaliar também faz parte do processo de aprendizado**.

Partindo desses pontos, o momento será mais tranquilo de você, docente, conduzir a etapa de avaliação e contribuir efetivamente para a formação dos estudantes.

7.1 "Momento zero": a importância de uma matriz de avaliação bem definida

A expectativa dos alunos a respeito de sua avaliação costuma ser muito grande por várias razões. Simbolicamente, a avaliação indica não apenas o que o professor mais valoriza no curso (GHIRARDI, 2012a, p. 64-65), mas também o que mais dotado de importância no comportamento e no desempenho dos alunos. Ela não deixa de ser um julgamento que o docente faz sobre o que seus alunos são e conseguem ou não fazer. Os alunos, ao serem avaliados, conhecem a opinião da figura de autoridade do curso, sua referência ao longo de seu processo de aprendizagem, a respeito de seu desempenho.

Entretanto, é administrativamente que a avaliação mais chama atenção dos estudantes. Ela é o obstáculo que eles precisam superar para serem aprovados e alcançarem os créditos daquela disciplina – ao menos na regulação educacional atual. Cada instituição estabelece seus critérios de aprovação, mas dificilmente eles fogem da necessidade de uma nota mínima, que indica, inclusive, o grau de rigidez e exigência do curso. Alunos estratégicos, mas que aprendem superficialmente, são justamente aqueles que fazem o mínimo para serem aprovados, memorizando as informações necessárias para ter um bom desempenho nas provas. Mesmo os alunos que buscam aprendizado mais profundo podem se ver "picados" pelo "bicho da nota" quando procuram aumentar sua média para obter mais oportunidades, como intercâmbios ou bolsas de mérito.

Vista dessa forma, a avaliação perde muito de seu sentido e se transforma numa batalha entre alunos e professores. Nela os alunos procuram qualquer brecha para aumentarem sua nota (para serem aprovados ou conseguirem benefícios), enquanto os professores enfrentam a cobrança por distribuir os alunos em porcentagens de aprovados com alto desempenho, simplesmente aprovados e reprovados. Por vezes, há a comparação entre professores para saber quem reprova mais ou dá menos notas máximas. Chama-se **curva de Gauss** a representação gráfica da distribuição dos alunos segundo grupos de desempenho, que normalmente está na cabeça de vários docentes quando eles avaliam os alunos comparativamente entre eles (Figura 23).

Figura 23   Exemplo de curva de desempenho em avaliação comparativa

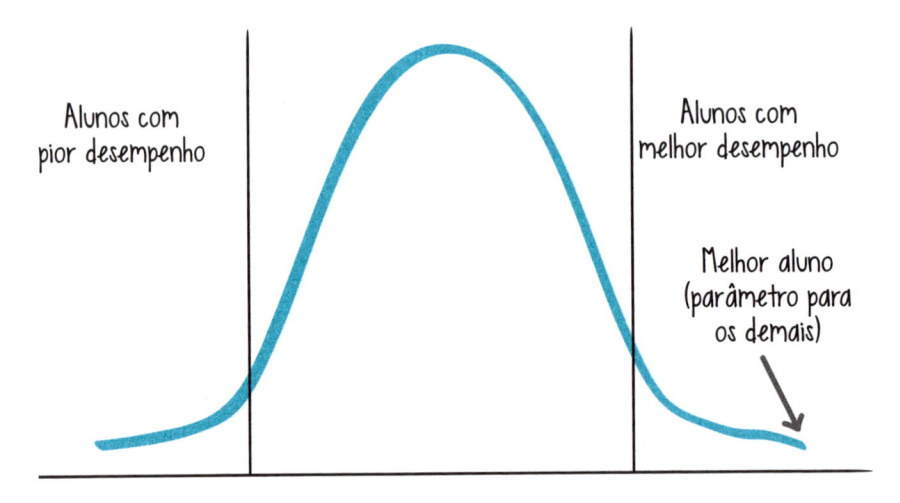

Fonte: elaboração própria.

O problema com a avaliação comparativa do desempenho dos estudantes por meio de uma curva de distribuição como essa é tomar o parâmetro dos melhores alunos como referência para todos os demais. Quando o julgamento do desempenho dos estudantes se torna um exercício de identificar o melhor de todos e classificar os demais a partir dele (ou dela), ele passa a ignorar toda a trajetória de evolução que uma pessoa pode ter tido ao longo do período letivo e, pior, desconsidera que ela pode ter atingido o desempenho mínimo que se esperava para aquele objetivo de aprendizagem.

Para que a avaliação faça sentido, ela deve ser vista como um ato formativo que engloba não somente a etapa final de atribuição de nota, mas também **todo o pro-**

cesso. E tudo isso deve ser baseado no que foi prometido no início do curso: a obtenção de **objetivos de aprendizagem**. Em outras palavras, é possível que toda a turma alcance o desempenho mínimo almejado por apresentar os comportamentos esperados no início do curso. A questão passa a ser diferenciar aquelas manifestações que demonstram excelência na competência.

A elaboração de uma matriz de avaliação pode auxiliar a construção de um modelo que facilite a visualização das competências desenvolvidas e garanta o alinhamento entre competência, comportamentos e nota (ou conceito). Organizar critérios e aspectos a serem avaliados em um quadro ou matriz possibilita uma visão geral da maneira como a avaliação foi construída, além do encadeamento item por item, viabilizando ajustes ao longo da jornada.

Uma **matriz de avaliação** deve conter os **objetivos de aprendizagem** (*o que se deseja que os estudantes aprendam*), aos quais devem ser vinculados os **indicadores de desempenho** (*o que será avaliado*), **critérios de avaliação** (*como será avaliado*) e os **instrumentos para aferição do desempenho** (*como será aferido*), conforme indicado no Quadro 19.

Quadro 19   Modelo de matriz de avaliação

OBJETIVOS	INDICADORES	CRITÉRIOS	INSTRUMENTOS
Vincular o objetivo da avaliação ao de aprendizagem	*Descrever os comportamentos ou demais manifestações que indicam a obtenção*	*Descrever os critérios que usará para indicar o grau de aprendizagem*	*Definir qual(is) ferramentas e técnicas serão utilizadas para aferir o aprendizado*
Compreender as características da relação entre autoridade e cidadãos	Enumera características da relação entre autoridade e cidadãos por escrito	Excelente quando... Bom quando... Ruim quando...	Prova escrita [ou manifestação oral em sala de aula]
	Diferencia fundamentos de legitimidade da autoridade	Excelente quando... Bom quando... Ruim quando...	
	Associa a relação entre autoridade e cidadãos com as ideias de Estado de direito e Estado autoritário	Excelente quando... Bom quando... Ruim quando...	

Fonte: elaboração própria.

Observe que, apesar de conter vários elementos, uma matriz de avaliação não precisa ser muito complexa. Recomendamos que ela seja estruturada a partir dos objetivos de aprendizagem. Nas instituições em que há obrigatoriedade de aplicação de ao menos uma prova escrita, é importante verificar que tipo de indicadores pode ser aferido por meio desse instrumento. O indicador é aquilo que se deseja observar, e o instrumento deve ser adequado para aferir o indicador e possibilitar que, por meio de um critério, o professor julgue, avalie a qualidade do comportamento.

Outra vantagem da matriz de avaliação é possibilitar que os alunos saibam de antemão como serão feitas a avaliação e a distribuição das notas, não deixando espaço para dúvidas. E mais: é essencial que os alunos sejam de fato avaliados pelos critérios estabelecidos no início. Tais parâmetros não apenas ajudarão os estudantes a se programar e criar uma estratégia de aprendizagem, como lhes permitirão compreender como o docente chegou às notas finais, questionar algum cálculo ou aspecto qualitativo. Também são uma segurança para o professor no momento de justificar seus julgamentos.

Neste ponto, gostaríamos de diferenciar os conceitos de avaliação analítica e avaliação holística. A **avaliação analítica** é aquela na qual os critérios são diversos e separados por itens, havendo atribuição de notas para cada um. A soma de todos eles, com distintos pesos ou não, resulta na nota final do aspecto avaliado. A vantagem desse tipo de avaliação é o desmembramento dos critérios, a fim de explicitar aos alunos seu desempenho em cada item, o que indica em quais quesitos foi melhor e em quais deve se aprimorar. A desvantagem é que um bom desempenho em um deles pode ajudar em algum critério no qual foi pior, equalizando a nota final e indicando um alcance dos objetivos de aprendizagem.

A **avaliação holística** também leva em consideração diversos critérios, mas atribui uma única nota ou conceito geral a partir deles. Dentro de alguns parâmetros, ao final um desses conceitos ou notas traduzirá o desempenho dos alunos, conforme a classificação estipulada. Nesse caso, o professor está mostrando que importa é o conjunto dos critérios em si.

O Quadro 20 apresenta uma matriz de avaliação analítica para uma prova escrita de Filosofia do Direito. Observe que cada item corresponde a um indicador avaliado na resposta das perguntas e cada coluna corresponde a um conceito (critério) para o indicador. Caso a matriz fosse holística, os conceitos seriam atribuídos para a totalidade dos indicadores em cada pergunta.

Quadro 20 Matriz de avaliação de prova escrita

Nome:			
	Excelente (100%)	Satisfatório (70%)	Insatisfatório (0,0%)
PERGUNTA 1			
1) Remissão adequada às características do Estado de Direito (1,0)			
2) Apontamento de características do caso e do Uruguai que se enquadram (1,0)			
3) Indicação de conceitos e/ou ideias trazidas nos textos do ano (0,5)			
PERGUNTA 2			
1) Resposta de ter ou não ter obrigação à luz da ideia de "ter obrigação" (1,0)			
2) Resposta de ter ou não ter obrigação jurídica à luz da ideia de ordenamento (1,0)			
3) Indicação de conceitos e/ou ideias trazidas por Hart (0,5)			
PERGUNTA 3			
1) Diferenciação entre regras e princípios (1,0)			
2) Caracterização como regra a partir das características do art. 77 (1,0)			
3) Indicação de conceitos e/ou ideias trazidas por Dworkin (0,5)			
PERGUNTA 4			
1) Caracterização da desobediência civil segundo Bobbio (1,0)			
2) Indicação de presença e ausência de características no caso concreto, especialmente o caráter individual da desobediência (1,0)			

⊢→

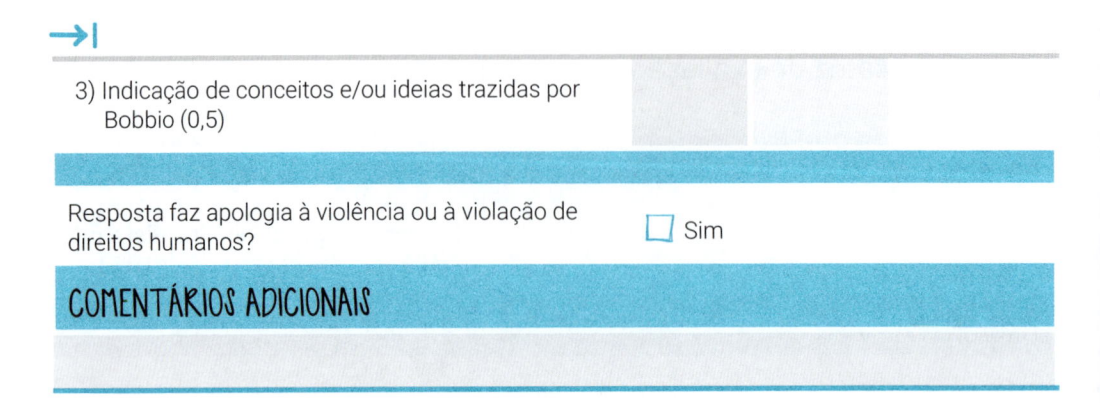

→|

3) Indicação de conceitos e/ou ideias trazidas por Bobbio (0,5)

Resposta faz apologia à violência ou à violação de direitos humanos?   ☐ Sim

COMENTÁRIOS ADICIONAIS

Fonte: elaboração própria.

É fundamental ter em mente que o docente, a depender dos objetivos de aprendizagem, pode realizar uma composição distinta para cada avaliação de curso. Cada uma delas possui vantagens e desvantagens. Cabe a você analisar o contexto e os objetivos para então decidir por uma ou por outra, a fim de se adequar melhor aos objetivos pretendidos de aprendizagem.

7.2 Primeira dica: apresentar os critérios de avaliação e atribuição de nota

A avaliação costuma ser um dos pontos que mais causa ansiedade nos alunos – e dúvidas também. Por isso, tão logo o curso inicie, recomendamos que explique os critérios de avaliação e como as notas serão atribuídas, bem como apresente o programa e o calendário. Mostre os critérios da maneira mais objetiva possível, usando números, não cálculos ou fórmulas complexas com pesos e porcentagens. Quanto mais simplificado estiver, mais fácil será a compreensão e menos dúvidas os alunos terão.

O Quadro 21 e o Quadro 22 trazem sugestões de como mostrar para os estudantes, pela quantidade de critérios, uma avaliação analítica e eventuais pesos:

Quadro 21   Exemplo de apresentação da composição da nota final da disciplina

	PESO	AVALIAÇÃO
N1	0,0 a 4,0	Avaliação pelos professores e parceiros
N2	0,0 a 3,0	Engajamento no curso por meio da autoavaliação
N3	0,0 a 3,0	Relato de aprendizagem
Total	0,0 a 10,0	Soma das notas anteriores

Fonte: elaboração própria.

Quadro 22 Exemplo de detalhamento de avaliação em programa de ensino

DETALHAMENTO DA AVALIAÇÃO

A avaliação da disciplina será de *0 a 10*, considerada da seguinte forma:
1. Exercícios em sala de aula *(0 a 3 pontos)*
2. Participação em sala de aula *(0 a 3 pontos)*
3. Prova semestral *(0 a 4 pontos)*

As notas serão atribuídas de acordo com os critérios "excelente", "bom", "regular" e "insuficiente", conforme distribuição:

1. *Exercícios em sala de aula*	2. *Participação em sala de aula*	3. *Prova escrita semestral*
Excelente (3,0) – [...]	Excelente (3,0) – [...]	Excelente (4,0) – [...]
Bom (2,5) – [...]	Bom (2,5) – [...]	Bom (3,0) – [...]
Regular (1,5) – [...]	Regular (1,5) – [...]	Regular (2,0) – [...]
Insuficiente (0,5) – [...]	Insuficiente (0,5) – [...]	Insuficiente (1,0) – [...]

Fonte: elaboração própria.

Seja por estratégia, seja para planejar o aproveitamento máximo do curso, os alunos podem encarar a avaliação como preocupação ou motivação. Recomendamos, sobretudo, apresentar seus critérios de maneira inspiradora, mostrando o que se espera deles. Os estudantes precisam saber disso para conseguir progredir na sua formação, de forma ativa e central. Além disso, saber como serão avaliados permite-lhes realizar a autoavaliação de desempenho. Os estudantes serão capazes de estimar como anda o rendimento deles e o que precisam fazer para melhorar.

Se necessário, apresente de modo didático modelos de desempenho excelente ou bom ou faça atividades em que eles sejam avaliados sem valer nota. Afinal, no modelo educativo tradicional e predominante, a avaliação não é tratada como parte do processo de aprendizagem, mas como instrumento de ameaça. Por meio dessas atividades é possível que se compreenda na prática que refletir e ser avaliado também faz parte do processo – muito mais do que um instrumento de autoridade, trata-se de um instrumento a mais de ensino.

Conhecer a avaliação também controla melhor a ansiedade de todos com relação ao processo, e assim os estudantes conseguirão se concentrar no que de fato interessa, que é se responsabilizar pela construção de seu próprio conhecimento e participar ativamente – muito mais do que burocraticamente – das atividades propostas.

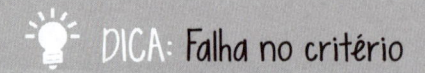

DICA: Falha no critério

Pode acontecer de você se dar conta, durante o processo, que um dos critérios avaliativos estava errado ou que não está funcionando como o planejado. Nesse caso, faça os ajustes necessários e comunique os alunos imediatamente, justificando as mudanças, para que não haja surpresas, questionamentos ou desconfianças acerca da transparência do processo.

Se possível, deixe os critérios de avaliação disponíveis em alguma plataforma ou na nuvem, a fim de que os estudantes possam consultar sempre que quiserem. Caso não seja possível, tenha à mão os documentos para lhes mostrar, explicar algum ponto de dúvida e esclarecer a relação que têm com as atividades que estão desenvolvendo. Isso com certeza dará uma segurança aos que estiverem mais inseguros ou com dúvidas, permitindo acalmá-los e controlar a ansiedade, a fim de executarem, as tarefas focadas no processo de aprendizagem, sem medos ou fantasias relativas à avaliação.

7.3 Segunda dica: uso de técnicas para aferir o desempenho dos estudantes

Aferir o desempenho dos estudantes pode não ser algo tão óbvio assim quando usamos o ensino participativo. Diferentemente de averiguar se o aluno consegue reproduzir uma resposta dada anteriormente ou recordar-se da solução para um determinado problema, avaliar o desempenho e a evolução de uma pessoa, com o olhar de quem está lá para ajudar, é algo que deve ser ponderado seriamente. Portanto, antes, vamos refletir um pouco mais sobre o que é aferir desempenho para, então, contarmos como realizá-la.

Resgatando o que conversamos no início, devemos saber quando o aluno chegou aonde desejava. No ensino participativo, esse não é um processo desacompanhado. O professor não é um certificador de que o estudante atingiu os objetivos de aprendizagem. Desde o início do curso, ele é a pessoa treinada para estimar se, de acordo com o rendimento atual, os alunos serão capazes de chegar aonde se espera. Por isso, **no ensino participativo a avaliação não é feita apenas sobre o final da trajetória, mas sobre todo o processo**. Somente avaliando o processo o docente é capaz de dar retornos intermediários de desempenho que encorajem os estudantes a se esforçar mais, alterarem a forma como aprendem ou corrijam determinados comportamentos.

No entanto, como avaliar o processo enquanto ele ocorre? Bem, com a escolha dos instrumentos corretos, realizados na etapa de planejamento, e alinhando-os aos objetivos de aprendizagem, fica tudo mais fácil. Daí a importância da combinação de instrumentos de aferição de aprendizagem que possam ser aplicados durante o percurso – as chamadas **ferramentas de avaliação continuada**, como exercícios, participação, diário de bordo, entre outros. As melhores são aquelas que permitem a comparação do desempenho da turma em diferentes marcos ao longo do período letivo – por exemplo, a realização de dois exercícios diferentes, um no começo e outro no final do bimestre, avaliando a mesma competência, permite que se compare o desempenho dos estudantes e se tomem medidas para corrigir rotas.

Além da diferença entre instrumentos de avaliação continuada e avaliação pontual, ganha importância a comparação entre julgamento do **produto** e do **processo**. O *feedback* e até mesmo a atribuição de nota podem se basear no produto entregue, no processo pelo qual os estudantes passaram para chegar até eles, ou em ambos os elementos. Para ilustrar, uma atividade em grupo para realização de exercício pode ser avaliada apenas no tocante às respostas entregues (produto), a como os estudantes trabalharam em grupo para entregar o exercício (processo), ou em ambos (GHIRARDI, 2012a, p. 71-72).

Finalmente, um último juízo que influencia a definição dos critérios para os indicadores é a consideração sobre o papel da **evolução do estudante** ao longo do curso. A respeito disso, você já parou para pensar sobre como a evolução do estudante é vista no ensino tradicional? Imagine um curso cuja média final é calculada pela nota da primeira prova somada com a nota da segunda prova, dividindo-se o resultado por dois. Como essa média trata a evolução do aluno? Ela leva em conta que o desempenho do estudante ao final do período tem o mesmo valor do desempenho do estudante no ponto intermediário, e ambos desprezam o ponto de partida. Não há consideração sobre evolução. Se a primeira nota é uma tragédia, o máximo que o estudante conseguirá é um desempenho regular, ainda que ele seja excepcional na segunda avaliação.

Por que é assim? Nosso palpite é de que a avaliação é tradicionalmente tratada dessa forma porque em um ensino voltado para memorização e reprodução de conteúdo, no qual as informações variam de bimestre para bimestre, realmente não faz diferença a evolução do aluno. E não há propriamente um problema em considerar os diferentes momentos da mesma forma. A questão é fazê-lo inconscientemente.

Por isso, é importante que você deixe claro para a turma desde o início do curso o papel que a melhora (ou a piora) do desempenho terá na avaliação – ela será desconsiderada? Será avaliada em algum critério (conceito)? Ou será aferida por meio de um instrumento próprio de avaliação, consistindo num indicador desse instrumento? Para exemplificar, o docente pode tratar a prova escrita como avaliação apenas do final da trajetória do aluno, hipótese na qual ele julga a qualidade das respostas constantes na prova, ou como avaliação também da trajetória, hipótese na qual ele julga a qualidade das respostas também em relação ao que o estudante apresentou anteriormente em outras provas ou exercícios escritos.

Se entendermos essa etapa como parte do processo, consequentemente nosso olhar como facilitadores do processo de ensino e aprendizagem precisa ser diferenciado nesse sentido. Não interessa o desempenho do estudante em um determinado momento, como uma prova, mas sim o trajeto até chegar ao momento final. Para nós, a caminhada deve importar tanto quanto a chegada!

Justamente por não ser realizada uma aferição única e somente no final do processo é que se torna possível trabalhar em parceria com os alunos. O docente pode motivá-los e indicar-lhes em quais pontos podem melhorar e como fazê-lo para atingir o objetivo esperado. A superação e o aprendizado podem ser constantes, e o ato de "aprovar" alguém na matéria torna-se mera consequência desse processo de aprendizagem. Aprender pode e deve ser um processo prazeroso, como um trabalho em equipe, quando todos os seus membros, professores e alunos, possuem o mesmo objetivo, de construir conhecimento.

Entretanto, você deve estar se perguntando como realizar isso na prática. Então, vamos às dicas de como aferir o aprendizado com mais acuidade.

7.3.1 Avaliação por observação

O instrumento da avaliação por observação consiste exatamente naquilo que o nome indica: alguém observa os estudantes e afere o desempenho. Pode ser manejado pelo professor, por assistentes (monitores) ou até por estudantes especialmente designados para isso. Pode ser aplicado em momentos de apresentação, trabalho em grupo ou discussão em sala de aula, por exemplo. Nessas situações, o docente deve prestar bastante atenção em cada aluno, em sua interação e comportamento, a fim de concluir se, por meio das competências demonstradas, ele está conseguindo cumprir a atividade.

Entretanto, como observar os estudantes e traduzir isso em avaliação? O elemento-chave para essa ferramenta é o detalhamento dos objetivos de aprendizagem a ponto de ser possível traduzi-los em comportamentos que evidenciem as competências almejadas. Por exemplo, "desenvolver capacidade de análise crítica" pode ser detalhado em "estudante não aceita uma opinião sem questioná-la" ou "estudante analisa uma situação por outra perspectiva em relação aos demais estudantes". Nesse caso, é possível ver o desempenho dos estudantes num debate, por exemplo, e verificar se ele está demonstrando o domínio esperado.

A empatia do docente também conta. Devemos considerar dificuldades individuais e aspectos da personalidade de cada um para não sermos autoritários e impositivos quando observamos os estudantes. Uma mesma conduta pode parecer exercício de liderança para alguém e falta de trabalho em grupo para outrem. A observação será tanto melhor quanto mais pessoas estiverem comparando suas percepções, o que constitui um argumento a mais a favor da composição da avaliação a partir de múltiplos instrumentos.

Apresentamos outras dicas que podem servir para uma boa aplicação da avaliação por observação:

» **Registro das observações.** Uma boa forma de fazer a avaliação por observação é manter um registro por escrito, seja por meio de uma lista de checagem (*checklist*), seja por um relatório de atividade, seja por mediante anotações. O registro não apenas facilita a atribuição posterior do conceito, como serve de comprovação das razões apresentadas para a nota.

» **Olhares externos.** Enquanto conduzimos uma atividade é muito difícil fazer o registro da participação de todas as pessoas. Por isso, é recomendável indicar alguém para fazer um acompanhamento externo do que está acontecendo, seja um assistente, seja um próprio aluno especialmente designado para isso.

» **Olhares internos.** Da mesma forma, é muito difícil observar tudo o que acontece nos grupos. Caso seja do interesse do docente saber o que ocorreu no grupo, sem, no entanto, trabalhar com autoavaliação ou avaliação pelos pares, ele pode solicitar que alguém no grupo fique responsável por apresentar um relatório de observação sobre o que foi feito ou como o processo se desenvolveu.

» **Indicadores comuns.** Alguns indicadores são comumente usados na avaliação por observação. São: presença nas aulas, quantidade de falas, qualidade das falas, relacionamento com colegas, atuação no grupo, utilização da preparação prévia, cooperação com o grupo, seriedade no engajamento com o tema da aula.

⚙ PARA REFLETIR...

Há alunos que podem ficar muito nervosos ao perceberem que estão sendo avaliados o tempo todo, e não somente em um momento específico e isolado. Nunca se esqueça que a observação gera uma reação no sujeito observado. Pode ser que não consigamos notar o melhor de um aluno se, em virtude de sua personalidade ou de suas características pessoais, ele se sentir intimidado, envergonhado ou julgado. Portanto, é fundamental estabelecer uma relação de confiança entre todos os participantes, já que o clima de cooperação e engajamento fará com que a observação seja encarada de modo mais tranquilo, consciente e como parte positiva do processo de aprendizado pelos alunos.

7.3.2 Avaliação por prova

O instrumento da avaliação por prova também consiste exatamente naquilo que o nome indica: trata-se de uma tarefa que comprova que o estudante apresenta determinada competência. Essa comprovação assume, tradicionalmente, a forma de uma prova escrita, sendo a tarefa uma resposta escrita a uma provocação. No entanto, ela também pode ser oral, sendo a tarefa uma resposta oral a uma provocação. Em ambos os casos, o aluno prova para o professor que domina determinado conhecimento, que consegue se expressar de determinada maneira ou que apresenta outras competências (articulação e clareza, por exemplo).

Como a prova corrobora determinada competência, a previsão de consulta ou não a material, a realização individual ou em grupos e até o caráter dos questionamentos feitos devem ser alinhados com o que se deseja comprovar. Se o docente almeja que o estudante prove ser capaz de reproduzir específico conteúdo de cor, a prova será sem consulta, individual e com questões que estimulem a reprodução do conteúdo; ao contrário, se quer que o estudante prove ser capaz de chegar a uma resposta comum com pessoas que pensam diferente, pode estabelecer que a prova tenha apenas uma questão e seja feita em dupla.

A pergunta que você se deve fazer ao elaborar uma prova, então, é: **o que eu desejo que meu estudante prove para mim?** E de que maneira?

Seguem algumas dicas para elaboração de provas:

» **Dê preferência a objetivos de aprendizagem mais complexos.** Você já pensou por que a "cola" é uma dor de cabeça para os professores? Se eu quero que o estudante prove para mim que é capaz de responder perguntas conceituais de cabeça, eu tenho que garantir que ele não produza essa prova por meio de fraude. Mas por que isso? Podemos solicitar que os alunos provem muito mais do que isso. Recomendamos, então, que você estimule suas turmas a resolver um problema, dar resposta para um caso, criticar uma posição teórica, criar um modelo de peça ou novo modelo de produto ou até mesmo provar que refletiu sobre sua própria aprendizagem no curso!

» **Não tenha medo de provas com consulta ou em grupo.** Partindo da dica anterior, recomendamos que você adote regras para a aplicação da prova que sejam compatíveis com o que se deseja que os alunos comprovem. Digamos que você queira que os alunos provem que são capazes de atender a um cliente e oferecer uma resposta rápida e precisa sobre o problema. A prova pode consistir numa narrativa e terminar com o pedido de que o aluno apresente uma orientação jurídica. Pode ser oral, se se quiser prova de que a pessoa seria capaz de responder a um atendimento, ou escrita, se se quiser que a pessoa prove ser capaz de responder a uma consulta por WhatsApp, por exemplo.

» **Não tenha medo de disponibilizar a prova antes para seus alunos.** Da mesma forma, não deve haver um tabu em disponibilizar a prova previamente para a turma. É claro que, se a prova servir para aferir memorização e reprodução de conceitos, ela ficará sem propósito se os alunos puderem fazê-la em casa. Contudo, se ela apresentar um desafio que exige reflexão, pesquisa, tentativa e erro, então pode ser interessante disponibilizá-la com antecedência.

» **Alinhe perguntas aos objetivos de aprendizagem.** Perguntas que aferem memorização são diferentes de perguntas que medem aplicação de conhecimento a um caso. Bloom (1956, p. 80) apresenta um exemplo de pergunta que testa "conhecimento de fatos específicos": "um íon de sódio difere de um átomo de sódio no ponto que"; e um exemplo de pergunta que testa uma aplicação: "um ferro elétrico (110 volts, 1000 watts) foi utilizado por algum tempo e os contatos do *plug* se queimaram, introduzindo resistência adicional. Como isso afetará a quantidade de calor que o ferro produz?". É importante saber o que as perguntas, especialmente em provas objetivas (testes), estão realmente aferindo dos alunos. É igualmente importante criar uma matriz (e um gabarito) que avalie esses objetivos.

» **Instruções claras.** As instruções, regras e enunciados devem estar claros aos alunos. Assegure-se de que todos compreenderam o que deve ser realizado. Igualmente importante é você testar a prova que criou. Como? Tente solucionar você mesmo. Isso fará com que, além de testar a prova, possa ter a visão do aluno, eventuais dúvidas, tornando possível ajustar o instrumento antes da aplicação final.

» **Indicadores comuns de uma prova escrita.** Alguns indicadores são comumente empregados na avaliação por prova escrita. São: a expressão escrita, a organização do raciocínio, a adequação do uso que faz da linguagem, a demonstração do domínio na aplicação de conceitos, a clareza na forma de exposição das ideias, a utilização de materiais de preparação prévia.

» **Indicadores comuns de uma prova oral.** Alguns indicadores são comumente utilizados na avaliação por prova oral. São: saber falar com o público, saber como se portar, concisão, preocupação com o entendimento do outro e capacidade de improvisação.

» **Indicadores comuns a ambos os tipos.** Outros indicadores são a capacidade para solucionar um problema em determinado limite de tempo e de condições e o aprendizado relacionado a habilidades interpessoais e emocionais.

7.3.3 Avaliação por produtos e trabalhos

O instrumento da avaliação por produtos ou trabalhos, como diários, portfólios, trabalhos escritos etc. difere-se da prova na medida em que envolve todo um processo de elaboração que também pode ser avaliado. Quando solicitamos a apresentação de um produto ou trabalho, estamos querendo que os alunos se esforcem em criar soluções, usem seu repertório técnico e saibam se comunicar, tudo isso a fim de avaliar o desenvolvimento das habilidades trabalhadas no curso.

Muitas vezes, não se espera uma resposta correta, mas sim a demonstração de que o raciocínio e o exercício da análise crítica foram cumpridos. O processo aqui também importa e refletirá no resultado. Embora seja possível que um péssimo processo leve a um ótimo resultado, raramente isso acontecerá. Para exemplificar, se for um trabalho em grupo no qual cada um fez uma parte, sem interagir nem construir algo em equipe, o texto final escrito expressará essa falta de uniformização.

A avaliação por produtos envolve uma série de definições importantes quanto a prazos, forma de apresentação e critérios de avaliação, uma vez que o processo entra em consideração também. Por isso mesmo, também é um excelente instrumento para o desenvolvimento de habilidades relacionadas a como aprender e a como trabalhar em grupo.

Apresentamos algumas dicas para trabalhos e produtos:

» **Apresentar claramente o que se espera do produto.** É muito importante apresentar aos estudantes um modelo ou, ao menos, um conjunto de expectativas sobre o produto a ser entregue. Eles devem saber o que se espera que produzam. Isso não significa enquadrá-los numa "camisa de força", mas oferecer balizas dentro das quais eles possam exercer sua liberdade criativa.

» **Acompanhar a execução.** Em nossa formação, trabalhos eram sinônimo de tarefas que fazíamos em casa sem qualquer acompanhamento dos professores. A avaliação de trabalhos e produtos se torna simples aferição da qualidade do produto, sem qualquer acompanhamento do processo. Recomendamos, ao contrário, que haja um acompanhamento da execução, até para que os estudantes possam ser orientados durante o processo. Esse acompanhamento pode ser mais próximo – por exemplo, por meio de reuniões ou relatórios obrigatórios, elaboração em documento compartilhado com o professor ou entregas parciais – ou pode ser mais distante – por exemplo, por meio de plantões facultativos ou comentários em sala de aula. Em qualquer caso, o professor pode ter um papel mais ativo ao lado dos estudantes, durante o processo.

» **Forma de apresentação e entrega.** Confessamos um grande estranhamento quando vemos professores exigindo que seus alunos façam trabalhos manuscritos. Geralmente, essa regra vem acompanhada da preocupação com plágio ou troca de trabalhos entre os estudantes. Contudo, qual o objetivo perseguido por um trabalho que pode sofrer com plágio? Certamente, um produto que exige mais criatividade dos estudantes permite facilmente a constatação de cópias. Ao contrário, o fichamento de um texto será naturalmente parecido entre os vários alunos. A forma de apresentação do trabalho e os canais para entrega devem estar alinhados com os objetivos – particularmente, pedimos sempre a versão eletrônica, o que facilita, inclusive, o *feedback*.

» **Indicadores comuns.** Alguns indicadores são comumente utilizados na avaliação por trabalhos ou produtos. São: a quantidade e a qualidade das produções, a criatividade na proposição de soluções, o desenvolvimento do raciocínio crítico, a homogeneidade do produto (em trabalhos em grupo) e a pontualidade na entrega.

7.4 Terceira dica: uso de técnicas para estimular a autorreflexão dos estudantes e a reflexão entre pares

Se a construção de conhecimento no ensino participativo é feita ativamente pela própria pessoa, e não por transmissão de conhecimentos de outra, conhecer a si mesmo torna-se essencial a qualquer estudante. Saber quais são seus limites, suas melhores habilidades, seus pontos fortes e fracos, todo esse autoconhecimento o guiará para realizar escolhas mais acertadas e empregar esforços para aprimorar características que achar necessárias. Isso porque só nos debruçamos sobre aprender algum aspecto ao reconhecermos tais pontos.

O autoconhecimento também nos torna pessoas mais empáticas e tolerantes, atentas a características emocionais dos outros. Daí a importância de estimular a autorreflexão pelos alunos, para que consigam desenvolver o autoconhecimento e habilidades interpessoais. O dia a dia do profissional jurídico será cada vez mais interdisciplinar e interpessoal. Não se deve ter medo de explorar essa faceta do desenvolvimento de habilidades pessoais e interpessoais. Isso aumenta a capacidade dos estudantes de se colocar no lugar do outro, de lidar com pessoas e de geri-las de modo ético, gentil e eficiente.

A autoavaliação é uma excelente ferramenta para despertar a reflexão sobre seu próprio desempenho, a consciência sobre o próprio aprendizado e a percepção da própria imagem. Já a avaliação por pares, na qual um aluno avalia o colega, é uma ferramenta que desenvolve a empatia, a cordialidade, a capacidade de dar e receber *feedbacks* honestos e gentis. Claro que, a depender da maneira como esse instrumento for utilizado, ele pode estimular a competitividade e a destrutividade entre as pessoas. Entretanto, há formas, e isso é dever do docente, de explorar o bom uso desse tipo de avaliação.

Os **diários de reflexão, de bordo, relatos de aprendizagem** e **portfólio**, por exemplo, se bem orientados, podem constituir ótimos instrumentos para desenvolver a autoavaliação. Nesse caso, a boa orientação consiste em explicar o propósito da ferramenta aos alunos, o que eles "ganharão" com isso. **Questionários autoavaliativos** fazem o estudante refletir sobre seu engajamento e motivação no processo de aprendizado e são instrumentos que ajudam a mostrar ao aluno, e eventualmente retomar, o foco do curso.

O cuidado que colocamos aqui é de não vincular esse tipo de avaliação com a totalidade da nota ou conferir-lhe peso maior, uma vez que é bom permitir espaço para erros. Como os alunos não foram totalmente treinados para esse tipo de avaliação, e já que a responsabilidade pela aprovação e reprovação dos estudantes recai sobre o professor, não é conveniente que eles definam o seu desempenho no curso, nem o de seus colegas. Caso contrário, esse tipo de avaliação corre o risco de perder sua função e, principalmente, sua honestidade, porque estimula que todos elogiem, tacitamente, a si próprios e aos colegas. Com o peso da aprovação e da reprovação, também é possível que alguém, ao sublinhar pontos negativos de um colega, se torne alvo de "vingança" – imagine se parcela da turma combinar de atacar essa pessoa.

A conclusão a que chegamos é que se trata de um instrumento que exige bastante maturidade dos participantes. Como no contexto educacional estamos lidando com pessoas em desenvolvimento ou buscando aprimoramento, esse tipo de avaliação também faz parte do aprendizado do aluno. Portanto, o professor também deve ensinar o passo a passo, dar exemplos e até praticar, se necessário. Assim como todos os aprendizados, na segunda vez que tiverem que realizar algo parecido, farão melhor do que antes, desde que tenham sido bem orientados inicialmente.

7.4.1   Como desenvolver planos de estudo a partir da autoavaliação e o papel do professor

Comecemos o detalhamento das dicas pela autoavaliação. Muito mais do que uma "tarefa" que o aluno deve cumprir, tal instrumento possui uma natureza muito rica, e o professor deve usá-lo como gancho para engajar o estudante ainda mais.

Partindo das reflexões que a autoavaliação proporciona ao aluno, é possível que ele desenvolva diversas ações visando à melhoria de aspectos que julgar necessários. Essa autoavaliação constitui um material valiosíssimo, mas pode ser que sozinho o aprendiz não consiga criar algo muito estratégico. Aí entra o papel do professor. Enquanto facilitador do aprendizado, alguém que ajudará a guiá-lo rumo à construção de seu próprio conhecimento, seja técnico, seja sobre si mesmo, é ele quem pode propor ao aluno um plano de estudo com base nos pontos que ele identificou que deve melhorar.

Antes de tudo, é preciso saber por que o aluno elencou determinados fatores como seus pontos de fraqueza e outros, como de fortaleza. Compreender essa percepção ajudará o docente não só a conhecer o aluno, mas também proporcionará uma oportunidade de refletir sobre seus valores, seus pontos de atenção, sua autoimagem. Eventualmente, pode acontecer de as justificativas da pessoa não condizerem com o que você observa, mas pode ser que a pessoa se dê conta dessa incoerência justamente ao relatar suas reflexões.

De toda maneira, disponha-se a traçar um plano de ação com o estudante, a fim de superar os pontos identificados por vocês que precisam ser aprimorados. Se possível, é importante realizar essa reflexão em dois momentos: na metade do curso e no final, pois olhar para si mesmo e se conhecer é uma das tarefas mais difíceis para o ser humano. Despir-se das vaidades ou encarar a si mesmo com coragem, reconhecendo seus pontos fortes e fracos, é algo que em nossa cultura não costumamos fazer. Exercitar e cuidar desse aspecto pessoal mexe com muitos de nossos valores e emoções.

Com mais maturidade, e sendo possível realizar essa reflexão de maneira consciente e dirigida, essa competência pessoal se tornará um grande diferencial na vida profissional desses estudantes. Entretanto, não se esqueça de que algo deve ser feito com esses resultados. Apenas tê-los ou produzi-los para constar como parte da avaliação não surtirá nenhum efeito. Ajude seus alunos nesse processo, acompanhando posteriormente a evolução deles por meio de diários de bordo ou mesmo de relatos, enviados por arquivos compartilhados na nuvem. Apresenta um valor imenso aos aprendizes e a você também conhecer melhor o progresso de cada um.

7.4.2 Como estudantes podem avaliar outros estudantes

A avaliação de pares gera muitas dúvidas e emoções entre todos os envolvidos, uma vez que o ato de avaliar geralmente é considerado algo a ser realizado somente por uma figura de autoridade – e de modo autoritário –, com fim certificatório. Como estudantes do mesmo nível, ninguém se vê nessa posição, gerando constrangimentos tanto para realizar uma avaliação quanto para receber.

Então, como propor que os estudantes avaliem seus colegas? E, antes disso, por que sugerir algo desse tipo? Há diversas razões que devem ser expostas aos alunos antes de seguir. A proposta deve ser clara, justamente por não se tratar de algo comum e por remeter ainda à camaradagem. Cada pessoa pode contribuir, sim, com o outro. E isso não se faz necessariamente julgando, ofendendo ou sendo duro com ela. O ato de perceber o outro, de reparar que há uma pessoa, seu futuro colega de profissão, humaniza-nos. Sensibilizar os alunos nesse sentido, fazendo com que consigam ser o melhor e ver o melhor do outro é uma prática que pode trazer resultados e transformações incríveis em matéria de desenvolvimento de habilidades interpessoais.

Essa atribuição de responsabilidade também faz parte do processo de aprendizagem e crescimento profissional, principalmente no quesito *soft skills*, liderança e gestão de pessoas. E tudo isso, sem se autoconhecer, pode conduzir a uma prática bastante custosa a todos, seja com parceiros, seja com subordinados, chefia ou clientes.

Ao sensibilizá-los sobre a importância das pessoas na vida profissional, por exemplo, para o sucesso de uma atividade em equipe, tornar-se-á desafiador cumprir essa tarefa. Além do mais, para o ser humano importam o olhar e a opinião do outro sobre nós mesmos. O fato de prestar atenção no outro e saber que você está sendo notado por alguém indica que tem relevância tudo o que você faz. E ninguém quer mostrar sua pior faceta ou ter um desempenho ruim, não é mesmo?

Portanto, após esclarecer essa atividade, você deve explicar quais as regras e o modo como deverá ser feito. Com relação à maneira, é imprescindível que a avaliação pelos pares seja realizada gentilmente, de modo honesto, como se gostaria que a própria avaliação fosse aplicada, com o objetivo de abrir o canal de diálogo e facilitar a recepção da mensagem. Veremos adiante como dar *feedbacks* construtivos com linguagem não violenta.

Muitos podem perguntar se a avaliação pode ser anônima. Bem, quando falamos do outro, falamos também – ou até muito mais – de nós mesmos. Esconder-se é não assumir o que está sendo avaliado. Por que faríamos algo assim, se a intenção é desenvolver habilidades interpessoais, aprendendo a dar e a receber críticas, tal como alguém dá e recebe um presente? Sim, é importante salientar que esse tipo de avaliação deve ser encarado de maneira muito séria por todos, pois envolve outras pessoas. Colocar-se no lugar do outro, inclusive do professor, pode mudar a visão que possui sobre quem está a cargo de avaliar e, enquanto aluno, como perceber o significado de uma avaliação bem-feita.

Portanto, de modo bem prático, pode-se propor aos estudantes que, inicialmente, avaliem o comportamento do colega quando estiverem realizando uma atividade em equipe. Peça que observem a interação dele, o modo como se dirigiu às outras pessoas, se participou ou não, se achou que estava engajado, se contribuiu para o grupo. Tudo deve ser dito de maneira bastante positiva e gentil, sem, no entanto, omitir a própria opinião. Nos próximos exercícios, podem-se adicionar outros aspectos e se aprofundar, sempre reparando se a turma já possui maturidade para realizar esse tipo de avaliação.

 DICA: Dinâmicas de avaliação pelos pares

Antes de pensar em como os estudantes podem dar *feedback* uns para os outros, é necessário que você consolide a noção de que retorno de desempenho não é a mesma coisa que atribuição de nota. Ao falarmos de avaliação pelos pares, não estamos necessariamente dizendo que os estudantes devem atribuir notas uns para os outros. É possível, inclusive, pedir a eles que façam um breve relatório sobre um colega para que você, professor ou professora, atribua a nota de acordo com o que está registrado nele.

Assumida a diferença entre nota e *feedback*, é importante notar que a avaliação pelos pares pode ser introduzida numa dinâmica. Uma primeira maneira de fazê-lo é por meio da figura de um "amigo de desempenho", uma pessoa que acompanhará a atividade – uma apresentação ou um trabalho em grupo, por exemplo – e poderá interrompê-la para dar orientações pessoais sobre como o colega observado pode fazer algo melhor. Outra forma é dividir a sala em grupos e, em cada um deles, solicitar que cada estudante comente os pontos positivos e negativos do desempenho de cada um de seus colegas.

7.4.3   Como treinar os estudantes para avaliarem bem outros estudantes

Avaliar bem não significa dizer sempre e somente coisas boas sobre os colegas. Também não é se atentar apenas aos aspectos negativos. Tanto a observação do comportamento como a forma com que é transmitido constituem uma boa avaliação. A primeira orientação para uma boa avaliação é considerar que o *feedback* deve servir para a vida da outra pessoa, com utilidade profissional. A utilidade da fala estimula na outra pessoa abertura suficiente para receber impressões, críticas e elogios sem defesas.

De toda maneira, devemos nos atentar para que os alunos não achem que a responsabilidade pela avaliação está sendo transferida a eles, nem que é o caso de não estarem sendo avaliados pelo professor, o que pode retirar a legitimidade da avaliação feita pelo colega. A supervisão e a orientação de todo o processo devem ser constantes, com o objetivo de evitar desentendimentos e fortalecer os alunos como equipe e futuros profissionais.

Você reparará que essas formas de avaliação são mais trabalhosas do que realizar uma prova tradicional. Contudo, pelo que dissemos até agora a respeito do assunto, não há dúvidas de que o aprendizado e o desenvolvimento de habilidades e competências interpessoais são mais efetivos. Se bem conduzida, torna-se uma atividade bastante estimulante e desafiadora, e com certeza os alunos engajados levarão a sério, constituindo um aprendizado mútuo e coletivo.

De modo estruturado, a boa avaliação passa por:

» Inicialmente, focar comportamentos dirigidos.

» Observar a interação com o grupo e sua contribuição.

» Praticar a empatia, avaliando o outro com a mesma seriedade que gostaria de ser avaliado.

» Ser gentil, como quem dá um presente a alguém – quando escolhemos a dedo um presente, queremos que seja útil ao presenteado e que o use com orgulho.

7.5 Quarta dica: oferecer *feedback* construtivo aos estudantes

No Capítulo 4, abordamos a importância de o *feedback* ser construtivo, concedido de maneira frequente, imediata, diferenciadora e amável, voltado para o futuro e oferecido com gentileza. Ao apresentá-lo, lembre-se de ser o mais concreto, objetivo e específico possível, focando-se não apenas o passado (o que se fez), mas principalmente o futuro (o que poderá fazer), sem rotular e propiciando, sempre gentilmente, um diagnóstico com uma proposta de comportamento ou opinião. Esse tipo de *feedback* tem mais chances de ser considerado pelo locutor mais do que uma simples crítica vazia.

Apresentamos a mesma proposta, mas de maneira sistematizada passo a passo, sobre como oferecer um *feedback* construtivo:

1. Refletir sobre o desempenho dos alunos.

2. Elencar fatos que aconteceram (revisitar mentalmente ou consultar anotações).

3. Listar comportamentos que podem ajudar na melhoria dos resultados.

4. Escolher um momento para oferecer *feedback*.

5. Dar o *feedback*, escutar os alunos e dialogar.

6. Encerrar com possibilidades de ação.

Para que isso ocorra, é fundamental um clima de confiança e respeito entre todos os participantes. Isso, porém, não está dado e deve ser construído pelo professor com os alunos.

O **melhor momento** para dar esse *feedback* é imediatamente após uma atividade. Não se trata de uma avaliação, que observa desempenhos e desenvolvimentos mais prolongados, estruturados e profundos, mas sim uma retroalimentação de um comportamento que impactou o resultado de uma atividade, de uma decisão em uma dinâmica de grupo, da interação entre os membros de um grupo para realizar uma tarefa em classe. As pessoas querem e precisam saber como é o próprio desempenho e o que estão comunicando com um determinado comportamento. Isso as torna mais conscientes delas mesmas e lhes permite melhorar.

Lembre-se que dar um *feedback* não é falar apenas sobre aspectos negativos. Os alunos também devem saber o que estão fazendo bem, para seguirem assim e se motivarem ainda mais. Além disso, com esse ato, comunica-se aos estudantes que o professor está atento a todo o grupo, em todas as etapas, e que as atividades propostas fazem sentido no planejamento geral da aula/curso.

Tratando-se de tarefas em grupo, dê o *feedback* a todos. Caso seja algo mais delicado, seja uma particularidade de um aluno ou você ache que a pessoa não se sentirá à vontade em receber um retorno publicamente, faça-o de modo privado. Nunca deixe que essas situações acarretem prejuízos aos alunos, pois isso também quebrará a confiança que depositam em você.

Nunca é demais mencionar que se trata de um processo de aprendizagem, no qual você é o facilitador, e que a gentileza em oferecer um *feedback* será recebida na mesma medida. Portanto, seja sempre gentil e pratique a empatia.

7.5.1 Como responder a um bom desempenho dos estudantes, levando-os a se desenvolverem e desafiarem mais

Verificar que os alunos obtiveram um bom desempenho na aula ou no curso é uma grande satisfação para ambos, professores e estudantes. Para os alunos, é um alívio e sensação de dever cumprido. Para os docentes é a comprovação, por dados concretos, de que suas escolhas metodológicas e a condução do processo de ensino foram realizadas satisfatoriamente também. Todos os esforços e responsabilização por parte do aluno devem ser reconhecidos e valorizados, afinal só é possível aprender quando há comprometimento interno e muito trabalho estudantil.

Comemorações à parte, devemos manter um olhar crítico a essas situações. Alunos podem se acomodar em determinado patamar, uma vez que tenham sido considerados "aptos". O conhecimento, aula ou curso não se encerram aí. É necessário estimular os alunos a ver que têm potencial para se desenvolver ainda mais, que podem e devem se desafiar ainda mais dali em diante. É essencial para manter acesa a chama do aprendizado contínuo e para a vida.

Como fazer os estudantes se desafiarem mais? Sugerimos duas estratégias de abordagem, uma no nível das atividades de ensino e outra no nível da avaliação.

Com relação às atividades de ensino, uma boa estratégia é **construir atividades que tenham níveis de dificuldade diferentes**. Assim como nos jogos eletrônicos, é possível "deixar na manga" uma tarefa mais difícil e desafiadora, que será apresentada para os estudantes caso eles tenham demonstrado um desempenho muito bom na tarefa anterior. Para exemplificar, imagine que você exponha um problema para seus estudantes e pede para eles buscarem soluções. Eles não só encontram soluções, como trazem alternativas realmente excelentes. Você pode, então, apresentar o mesmo problema, mas num grau de dificuldade "impossível", com o objetivo de estimulá-los a ir além.

A estratégia relacionada à avaliação passa por um incremento no *feedback*. É possível formular questionamentos mais complexos que os levem a refletir sobre o próximo patamar de conhecimento. A motivação deles aumentará ainda mais depois dessa sensação de vitória. Mostre que a mentalidade de aprendizagem constante e desenvolvimento de competências e habilidades depende principalmente deles, mesmo que possa haver dificuldades. Ao visualizarem todo o conhecimento que construíram, importante para seu desenvolvimento pessoal e profissional, e não para a aprovação numa disciplina, se sentirão estimulados a seguir aprendendo e desenvolvendo novas e mais complexas habilidades. A partir daí, cada pessoa avaliará o que fazer com isso. No entanto, as chances são grandes de seguirem aprendendo e se superando ainda mais a partir da experiência que tiveram com você.

7.5.2 Como responder a um mau desempenho dos estudantes, levando-os a se motivarem e se recuperarem

E quando o desempenho não é o esperado? Não é fácil lidar com esse tipo de situação. Simplesmente não aprendemos a considerar o mau desempenho como parte do processo de ensino. Tampouco vemos isso como parte da responsabilidade docente, mas como uma irresponsabilidade ou incapacidade do estudante passível de punição.

Ora, se é um processo, realmente precisamos compreender o que aconteceu ao longo dessa jornada para resultar em um mau desempenho. Para isso, precisamos do maior número de elementos possíveis. Nessa hipótese, recomendamos que revise suas anotações, revisite o cronograma de aulas e atividades, verifique se esse aluno recebeu seus *feedbacks*, se teve a oportunidade de tirar dúvidas e se houve algum elemento que chamou sua atenção nesse período. Depois disso, chame-o para uma conversa individual, tendo como pauta principal a intenção de compreender a versão dele sobre o que ocorreu e se dispor a ajudá-lo.

Observe que essa é uma questão sobre como enxergar a falha, o erro e o insucesso. A linguagem que empregamos revela o que realmente pensamos a respeito do assunto. Muitas vezes, um mau desempenho é visto como fracasso, não como parte de um processo. E isso ocorre tanto pela visão do docente como do aluno. É chegada a hora de mudar. Encarar esses fatos com uma postura positiva e construtiva também é parte do processo de aprendizagem.

Assim, em vez de se referir ao mau desempenho como fracasso, considere o fato como parte da trajetória do estudante, como um problema a ser solucionado. Pensem juntos em um plano de ação, analisando o que poderia ter sido feito melhor, o que não deveria ter sido feito e o que faltou fazer. Envolvendo o estudante na elaboração do plano e colocando-se à disposição como docente e facilitador, que está ao lado dele para guiá-lo e apoiá-lo, com certeza você o levará a uma motivação para tomar essa situação como aprendizado também.

Se, por exemplo, um aluno não cumpre prazos, um dos caminhos possíveis é conversar com ele no sentido de compreender o que está acontecendo. A falha na entrega pode ser em razão de uma série de fatores. Por outro lado, é necessário mostrar a importância de cumprir prazos e estabelecer hábitos que facilitem o processo. Também é relevante demonstrar que o atraso, especialmente em trabalhos em grupo, gera um efeito cascata que prejudica todo o processo e, inclusive, outros colegas. Isso faz parte de uma docência que não pretende simplesmente exercer o poder de autoridade, mas facilitar o aprendizado. Conscientizá-lo, acolhendo suas justificativas de ordem pessoal, é mais efetivo e voltado para o aprendizado do que focar somente a entrega de resultados.

Nesse ponto, queremos enfatizar que, ao se preocupar somente com a entrega, pode ser um estímulo a que o mero cumprimento é o que importa. Há alunos que encontram na internet ou no plágio a solução para "não atrasar mais". Contudo, se você menciona a importância que tem para o próprio aprendizado e para o grupo, a mensagem que será dada é que é valioso o esforço que ele faz desde o princípio, não somente o cumprimento de prazos, mas a confecção de determinada prática **e** a entrega no prazo. Veja que são posicionamentos e mensagens bem diferentes.

⚙ PARA REFLETIR: Como lidar com falhas no cumprimento de prazos

A discussão sobre o que fazer quando os estudantes não cumprem os prazos de entregas é muito interessante pedagogicamente. Você pode pensar intuitivamente "não aceitar" ou "tirar nota da entrega". Mas qual mensagem é passada para seus estudantes? Schimmer (2011) comenta que punir os alunos por entregarem um trabalho atrasado só reforça a avaliação por pontualidade, desconsiderando a qualidade do produto.

A universidade não precisa ser como a vida profissional. Ao penalizar um estudante por não entregar o trabalho no prazo, o ensinamento que eles recebem é de que precisam cumprir prazos – mas sem mensagens sobre como, o que fizeram de errado ou o que poderiam fazer diferente. O principal objetivo de uma formação é estimular os estudantes a refletir sobre seu desempenho, alterar hábitos e criar comportamentos que serão importantes futuramente, inclusive para evitar problemas no local de trabalho. Em outras palavras, o professor deve ter consciência de que, se há um lugar para erro, esse local é a universidade – desde que seja seguido por reflexão e tentativas de acerto.

Isso não significa eliminar prazos do curso ou permitir que os estudantes entreguem seus trabalhos quando quiserem. Entretanto, é importante considerar que a entrega no prazo também é algo a ser ensinado, treinado e corrigido. Como fazê-lo? Gonzalez (2019) oferece um conjunto de medidas, que variam desde a punição por perda de pontos ou chance de receber *feedback*, até a atribuição de uma nota específica para o critério de hábitos de trabalho (dentre os quais a pontualidade na entrega) e a possibilidade de substituir o trabalho por outro. Em nossa opinião, as alternativas mais interessantes que a autora apresenta, coletadas a partir de interações no Twitter com vários professores diferentes, são as seguintes:

> **Pedidos de extensão de prazo acompanhados de uma reflexão.** O professor pode criar um canal para que estudantes solicitem formalmente uma extensão do prazo, justificando refletidamente o que aconteceu para que não cumprissem e, eventualmente, solicitando que apresentem um plano alternativo que poderia mitigar o problema. Seria possível, inclusive, acompanhar o pedido com uma reunião para repactuação dos prazos.

> **Prazos variáveis.** O professor pode fixar um período de entrega de trabalhos no lugar de uma data específica, pode estabelecer prazos flexíveis e renegociáveis ou pode criar janelas intermediárias de entregas. O importante nessa medida é possibilitar que os estudantes tenham prazos alternativos de entrega e aprendam a se planejar para cumpri-los, inclusive com incentivos para que façam mais cedo do que mais tarde.

> **Submissão de "trabalhos em progresso".** Dificilmente você encontrará num programa de ensino a possibilidade de submissão de "trabalhos em progresso". Estamos acostumados a fixar prazos para entrega de trabalhos prontos e a criticar entregas de produtos incompletos. E se permitíssemos a entrega de trabalhos incompletos? Essa é uma possibilidade, especialmente para prazos intermediários.

E você, qual sua política para lidar com atrasos na entrega? Tem alguma política diferenciada que gostaria que outros professores conhecessem?

Acesse nosso formulário em https://uqr.to/ic5s (ou pelo QR CODE), responda a essas duas perguntas e veja o que outras pessoas que leram este livro responderam!

PROBLEMA: Mau desempenho em razão da estrutura social

Outro elemento a ser considerado para o mau desempenho de alunos é o quanto a estrutura social contribui para que a pessoa tenha uma *performance* ruim. O famoso experimento *blue eyes-brown eyes*, conduzido por Jane Elliott, é uma referência para mostrar os efeitos da discriminação no comportamento de estudantes. Nele, crianças de olhos azuis foram primeiro tratadas como superiores a crianças de olhos castanhos, ganhando privilégios e atenção da professora; em seguida, as crianças de olhos castanhos foram tratadas como o grupo superior. Deixando de lado as implicações éticas da condução de uma dinâmica de segregação com crianças, uma das consequências foi perceber como as pessoas de grupos minoritários reduzem sua motivação para aprender, interagem menos e, ao final, performam pior.

Contudo, não é preciso criar cenários de experimentos para perceber isso. Neumann (2000, p. 321-322) mostra estatísticas que revelam que as mulheres conseguiam melhores notas nos processos seletivos para as principais faculdades de Direito americanas entre 1993 e 1998, mas apresentavam piores notas do que homens durante o curso nas mesmas instituições. A explicação para isso poderia passar por diversos fatores, entre os quais a falta de modelos de inspiração (em razão do corpo docente majoritariamente masculino) e questões pedagógicas. A respeito dos aspectos pedagógicos, aliás, Neder Cerezetti e colegas (2019, p. 94-99) apontam uma série de atitudes que podem intimidar e inibir a participação de alunas, desde a seleção dos conteúdos a serem trabalhados até a apresentação de exemplos sexistas ou a interrupção de alunas enquanto falam.

Portanto, ao avaliar o desempenho de um estudante, é fundamental não descuidar de aspectos como classe social, raça, gênero, entre outros, que podem contribuir para que, num determinado contexto, seu desempenho não seja o esperado.

7.6 Quinta dica: atribuir notas de maneira justificada

Por fim, consideramos importante falar sobre um tema que causa inquietação a muitos professores: a atribuição de notas. Ela deve ser feita sempre de maneira justificada, ou seja, não deve ser um número aleatório que nada indica aos alunos, mas sim resultado de uma investigação, observação e conclusão, sob parâmetros de aprendizagem e seu cumprimento.

Enquanto alunos, todos revelam o desejo de saber como foi o seu desempenho na atividade ou no curso, se atingiu o mínimo esperado, se conseguiu superar e cumprir 100% do esperado. Portanto, transformar as expectativas em algo concreto, seja em números, seja em conceitos, é uma maneira de indicar o tanto que a pessoa se desenvolveu e o tanto que falta.

As formas mais comuns convencionadas são números e conceitos, mas como transformar o desempenho dos alunos em números?

Para isso, retomaremos a diferenciação, exposta no início deste capítulo (momento zero), sobre a avaliação analítica e avaliação holística. É mais fácil trabalhar com a avaliação holística quando a referência são conceitos (excelente, aprovado, não aprovado etc.). Por considerar os critérios e atribuir uma única representação a partir deles, pode-se convencionar, por exemplo, que os alunos serão avaliados numa escala de "excelente", "muito bom", "bom", "regular" e "insuficiente".

Contudo, a maioria das instituições de ensino ainda trabalha com sistema de notas. Nesse sentido, converter uma nota baseada em uma avaliação analítica, com critérios separados, atribuição de notas a cada quesito e eventualmente pesos distintos, torna-se mais comum. Retome sempre os objetivos de aprendizagem, os critérios preestabelecidos e justifique cada uma dessas notas conferidas aos quesitos. E isso não apenas para mostrar ao aluno ou à instituição que questionar, mas para ter segurança de que está avaliando corretamente e de modo justo o desempenho de seus alunos.

7.6.1 A régua da aprovação e reprovação

A atribuição de notas trabalha com uma régua institucional de aprovação ou reprovação. Ambas as situações devem ser justificadas, ou seja, devemos afirmar com segurança que todos os alunos considerados aptos atingiram o mínimo dos objetivos de aprendizagem do curso ou não. Não queremos cometer nenhuma injustiça, mas também queremos ajudar os alunos a construir seu repertório de conhecimento efetivamente.

A regra de ouro para composição da nota, em qualquer indicador, é partir do número que indica aprovação e reprovação.

Se a instituição fixa como régua uma nota 7,0, esse número será, para todos os efeitos, a fronteira entre os conceitos aprovado e reprovado. Numa equiparação de uma escala numérica com uma escala de conceitos, essa nota corresponderia a um "regular", ou seja, ao mínimo desempenho necessário para que o aluno seja considerado apto para progredir de nível. Daí a importância que assume o detalhamento dos comportamentos que os estudantes devem demonstrar para que estejam considerados minimamente aptos a seguir no curso – e que serão incrementados para os conceitos seguintes até a "excelência".

A nota 10,0 corresponderá ao critério de excelência e maestria. Ela se torna uma meta para os estudantes que desejam se desenvolver mais. Um exemplo simples: se a presença em sala de aula é um indicador de engajamento no curso, um desempenho mínimo, segundo a regulação educacional, poderia corresponder à presença em 75% das aulas. A excelência, por sua vez, poderia equivaler a estar presente em 100% das aulas.

Na prática, então, a definição das notas pode seguir um passo a passo que toma como referência a régua institucional de aprovação e reprovação:

1. Definir o parâmetro mínimo para aprovação. Numa conversão de escala de conceitos para escala numérica, indicaria o desempenho "regular" e equipararia com a nota mínima de aprovação.

2. Definir o parâmetro de excelência. Numa conversão de escala de conceitos para escala numérica, indicaria o desempenho "excelente" e equipararia com a nota máxima permitida pela instituição ou atribuída pelo docente para aquele instrumento.

3. Segmentar o intervalo entre o parâmetro mínimo e o parâmetro de excelência em tantos marcos quantos desejados. Trabalhando ainda numa escala de *performance* e desempenho, é possível estabelecer marcos intermediários que detalhem conceitos como "bom", "muito bom", "ótimo", "bom, mas precisa melhorar", entre outros. Veja que, quanto mais conceitos, mais você poderá se aproximar de uma avaliação precisa. Contudo, quanto mais conceitos, mais complexa, competitiva e segmentada também será a avaliação.

4. Estabelecer as condutas (ou a falta de condutas) que definem diferentes insucessos. Os alunos que não atingem o grau mínimo de desempenho para serem aprovados também devem saber o quão distantes estão desse parâmetro, o que eles fizeram ou deixaram de fazer (ou apresentar ao professor), e o que eles precisam fazer para atingir o parâmetro mínimo. Fixar um ou dois conceitos para alunos que apresentam *performance* insatisfatória ou insuficiente já deve ser capaz de indicar essas informações.

Observe que, segundo essa linha, o professor não precisa atribuir notas como 9,7 ou 7,6 para diferenciar os estudantes como se estivesse distribuindo suas avaliações numa curva de Gauss. Como a comparação é entre a *performance* do estudante e o objetivo de aprendizagem estabelecido no programa, a rigor toda a turma poderia apresentar um desempenho excelente e merecer nota 10,0.

Rejeitamos, portanto, a atribuição de notas "quebradas" quando elas decorrem de uma avaliação que procura identificar quanto de conteúdo, numa escala de 0% a 100%, o estudante foi capaz de reproduzir – a menos, claro, que este seja o objetivo da avaliação. As notas "quebradas" só fazem sentido se, numa avaliação analítica, elas resultarem da soma da nota de diferentes indicadores.

7.6.2 Instrumentos que facilitam a justificação de notas

Uma vez dada a nota ou o conceito, é importante que o professor seja capaz de justificá-los para seus alunos. Há instrumentos que podem facilitar a justificação de notas. Imagine um professor que tenha várias turmas e alunos. Será bastante complicado para ele se lembrar, tempos depois, de situações detalhadamente. Sua memória pode traí-lo e os próprios estudantes podem questioná-la. Por isso, é necessário contar com registros de várias ordens, relatórios e instrumentos que facilitem não só o resgate dessas situações, mas também ajudem a recordar de cada aluno no momento que tiver que atribuir as notas.

Os **relatórios de observação de desempenho** são um instrumento interessante, pois permitem que o professor reflita sobre os alunos e as aulas, servindo de memória externa. Pode-se anotar durante ou após o encontro, tomando-se o cuidado para preservar a privacidade e sigilo das anotações, sempre respeitosas e focadas nos objetivos de aprendizagem e atividades em questão. Se você dispuser de monitores em sua aula, é válido pedir auxílio para que eles façam esse registro.

A **gravação de aulas** e os **registros fotográficos** são recursos interessantes para manter um histórico das atividades, desempenho e situações específicas. Podem ser revisitados para tirar alguma dúvida e reparar em algum aspecto de determinado aluno. Geralmente, esses registros condizem com nossas impressões, endossando ainda mais a decisão docente e atribuição das notas. Lembre-se apenas de pedir autorização e especificar aos alunos o uso que fará das imagens, preservando sempre a privacidade de todos.

Os **gabaritos e instrumentos de avaliação de respostas (guia de correção)** em provas, além de ajudarem a testar e aprimorar provas, como comentado anteriormente, podem ser úteis para comparar uma resposta com o esperado, estabelecendo critérios, gradações e um padrão de justiça na avaliação dos alunos. A guia de correção possibilita que, diante de um questionamento por aluno, o professor mostre o que se esperava que ele desempenhasse, justificando sua atribuição de nota.

7.7 Preste atenção! Avaliando aprovação e reprovação, a carga de trabalho e questões de justiça na avaliação

No momento da avaliação, sugerimos que você se atente para alguns aspectos sobre os quais ouvimos pouco, mas que demonstram maior sensibilidade e profissionalismo dos docentes.

O primeiro deles é a **carga emocional** para os docentes da **responsabilidade pela aprovação ou reprovação dos estudantes**. Certa vez, um dos autores deste livro aplicou exame oral para definir a reprovação ou aprovação de três estudantes na disciplina. A sensação de dizer, face a face, que a pessoa estaria reprovada e teria que fazer novamente a disciplina, com todos os custos financeiros e pessoais disso, é bem diferente de reprovar estudantes por um documento.

Quando falamos de avaliação, muitos de nós temos medo de reprovar alunos. A reprovação, além de um peso para o estudante, pode indicar nossa falha como docente. O que se contrapõe a isso é fazer uma disciplina deliberadamente "fácil", digamos assim, para que no histórico docente não haja nenhum "fracasso" por ter reprovado tantos alunos.

É claro que o professor possui responsabilidade perante um curso. Todo o planejamento e a execução discutidos neste livro trazem essa visão. No entanto, precisamos conversar também sobre o que significa reprovar um aluno quando avaliado seriamente.

Numa experiência de curso ideal, o estudante deve mostrar que está apto a seguir adiante. Ele o faz demonstrando que atingiu os objetivos de aprendizagem, participando de atividades a partir de métodos escolhidos para desenvolvê-los e cumprindo com as avaliações destinadas a aferir esse desempenho. Ao longo de todo o processo, é responsabilidade do docente dar *feedbacks* e se disponibilizar a ajudar os alunos nessa caminhada. Contudo, há pessoas que, por diversas razões, podem não conseguir atingir os objetivos mínimos. Também é tarefa do docente chamar a atenção para essas situações, sempre no sentido de auxiliar o aprendiz nesse processo de aprendizado e autoconhecimento.

Nesse sentido, "mentir", digamos assim, ou considerar aprovado alguém que não cumpriu os quesitos mínimos não é educar. Sinalizar algo que não é significa trair a confiança dos alunos, que depositam em alguém mais experiente a função de ajudá-los a trilhar uma jornada nova para eles.

Então, o medo da reprovação é uma fantasia que precisamos desconstruir em nossas cabeças. Desde que o aluno esteja ciente das razões pelas quais terá que refazer a trajetória por não ter conseguido cumprir o mínimo dos objetivos de aprendizagem a contento, com transparência, ele saberá que é o justo a ser feito. A situação decorre do profissionalismo e da seriedade do docente. É assim porque, da mesma forma que o docente assume um compromisso de formar pessoas com determinadas competências, se elas fizerem todas as atividades propostas, ele também assume um compromisso de reprovar aquelas pessoas que não demonstraram as competências que julga importantes para um profissional na área. E todos estavam de acordo ao entrar "no jogo universitário".

Portanto, se você estiver seguro do curso que elaborou, ou seja, se os objetivos de aprendizagem e técnicas escolhidas para executar e avaliar tais pontos estiverem claros, você saberá com total segurança que a reprovação de um aluno é o melhor caminho para o aprendizado dele – ou, no mínimo, não lhe conceder a titulação por não estar apto. E, muitas vezes, quando acompanhamos de perto a trajetória dos alunos e estabelecemos uma relação com eles, uma eventual reprovação não será surpresa para ninguém.

Também não estamos falando que é uma situação fácil. Todavia, por mais que essa delicada situação gere sentimentos negativos nos alunos e na instituição, sua avaliação e *feedback* serão respeitosos, justos e focados no futuro. A pessoa terá uma nova chance de fazer diferente, após avaliar o que a levou a tal situação, o que deve mudar em seu comportamento e mentalidade, para se tornar um profissional melhor.

O segundo aspecto, que está subjacente ao capítulo, mas não foi explicitado até o momento por nós, é a **carga de trabalho imposta por uma avaliação nos moldes propostos**.

O ensino participativo é trabalhoso, sim. Como vimos, cada etapa deve ser cuidadosamente planejada, desenhada, refletida, ajustada e constantemente revista. Se nos propomos a realizar um trabalho sério de educação jurídica, é o melhor que podemos fazer por um ensino sério e de qualidade, contribuindo para o País e para os alunos que tanto confiam em nós.

Entretanto, há diversas formas pelas quais podemos reduzir nossa carga de trabalho na etapa de avaliação. Os recursos tecnológicos ajudam bastante. É possível realizar **testes e provas *on-line***. Há vários recursos gratuitos, como o Google Formulários, que disponibilizam o *link* com as perguntas que você quiser, sejam discursivas, sejam de múltipla escolha, que sistematizam em formato de planilha as respostas, ajudando a ter uma visão geral e contabilizar a nota da turma. Especialmente para provas de múltipla escolha (testes), a funcionalidade de atribuição automática de pontos economiza bastante tempo. E ainda que a instituição exija uma versão física da prova, é possível solicitar que os alunos assinalem as alternativas no formulário eletrônico, como se fosse uma espécie de gabarito ou espelho de respostas.

Outra forma de economizar tempo é por meio do **feedback via áudio** para a turma – via ambiente virtual de aprendizagem, por exemplo. Em vez de escrever *feedbacks* um a um ou mesmo coletivos, pode-se enviar uma mensagem de dois ou três minutos com um comentário sobre a *performance* do estudante. É até mais simpático e caloroso receber um áudio, com sua voz e entonação, a respeito da retroalimentação de uma atividade. Se é possível explorar essas possibilidades, utilize-as.

Usar recursos de **documentos compartilhados** para receber trabalhos e acompanhar diários de bordo, por exemplo, pode ajudar a poupar um tempo valioso entre a entrega física de um trabalho ou a realização de uma prova escrita à mão. Gasta-se um tempo considerável para compreender a caligrafia de algumas pessoas, situação que não existirá se o documento for digital e armazenado em nuvem.

Mesmo quando não dispomos dessas ferramentas, porém, há diversas formas de otimizar nosso tempo, pois muitas vezes as turmas de alunos são grandes, e corrigir provas, uma a uma, pode levar semanas. Caso algum professor tenha disponibilizado instrumentos de avaliação, é possível **aproveitar a mão de obra de colegas** e elaborar sua avaliação com base no que já foi criado, otimizando o tempo e aferindo o que se pretende.

E quando a turma é muito grande? Como fazer a avaliação de turmas enormes?

Dependendo do tipo de curso, do tamanho da turma e do tipo de instrumento escolhido, realizar a avaliação por **amostragem** pode ser uma ideia interessante. Os estudantes não perdem o estímulo de realizar a tarefa, mas o professor não se obriga a analisar e a comentar todos os trabalhos. Essa alternativa funciona especialmente para fichamentos e exercícios, que são atividades que podem ter várias respostas parecidas entre os estudantes. Isso também vale para o *feedback*, que pode ser dado segundo uma ordem de prioridades – por exemplo, para alunos que estejam apresentando maiores dificuldades.

Outra opção é realizar as **atividades em grupo**, inclusive provas, pois isso reduz a quantidade de material a ser corrigido. Observe, no entanto, que não se trata simplesmente de indicar que a "prova será em duplas". Ao se estabelecer que um instrumento de avaliação será feito coletivamente, é importante não apenas aferir como foi a qualidade do trabalho em grupo, mas também treinar o trabalho em grupo ao longo do processo. Caso contrário, solicitar que os estudantes façam uma prova ou uma atividade avaliada em conjunto não será somente uma "roubada" para eles, como também poderá ser fonte de brigas, desentendimentos e conflitos.

No caso de apresentação de ***feedbacks* para grandes grupos**, você pode recorrer a comentários que tomem como referência a coletividade ou alguns comportamentos exemplares para citar aos demais. Também é possível destinar uma parte do encontro na qual os alunos estejam fazendo atividades para chamar um a um para um pequeno *feedback*.

A utilização de **listas de checagem** (*checklists*) também é um jeito muito útil de avaliar uma grande quantidade de estudantes sem que se recaia na superficialidade. É possível indicar os comportamentos esperados e assinalar o que foi observado ou não, seja na participação em sala de aula, seja numa prova escrita. A padronização da ferramenta permite que, numa verdadeira "linha de montagem", o professor seja capaz de oferecer algum retorno para todos os estudantes.

Finalmente, a **delegação da avaliação** também pode ser uma ferramenta. Observe que não se trata de delegar a atribuição de nota para média ou do juízo de aprovação ou reprovação. Imagine, porém, que durante um debate você pode solicitar que um estudante registre as participações e já sinalize aquelas que achou positivas e aquelas que considerou negativas, ou então pense na própria utilização da avaliação por pares. Isso sem contar a possibilidade de avaliação por monitores e assistentes.

No final, essa redução de carga horária será significativa, servindo para replicar em outros cursos ou turmas. Com o tempo e domínio maior das técnicas participativas, você terá mais facilidade e segurança para tomar essas decisões, reduzir sua carga docente nessa etapa e inovar na forma de avaliar.

Um último aspecto é a discussão sobre **justiça na avaliação**. Os estudantes realizam julgamentos de justiça e injustiça, seja com relação ao que esperavam receber de retorno, seja no tocante ao que os colegas receberam. Avaliação, então, pode soar como justiça quando apresentamos métodos, técnicas e justificativas a alguns alunos; mas, para outros, pode significar algo injusto e reducionista, por tentar enquadrar o aprendizado humano em números, conceitos ou alguma outra forma de "rotular" pessoas.

A avaliação deve ser encarada não como o objetivo final unicamente, mas como parte de um processo de ensino e aprendizagem. E, para tanto, precisamos convencionar uma maneira de comunicar, da forma mais efetiva possível, aos alunos se eles cumpriram os objetivos de aprendizagem, não cumpriram ou cumpriram com ressalvas. Precisamos indicar quanto faltou para o mínimo ou para a excelência. Além disso, as instituições de ensino às quais estamos vinculados exigem certo enquadramento aos parâmetros de avaliação, então também devemos levar em consideração esses aspectos.

Portanto, justiça na avaliação, do ponto de vista docente, é algo que demanda certa reflexão e consideração de algumas variáveis, até para transmitirmos isso de modo claro aos estudantes. Convidamos você a pensar um pouco conosco sobre esse estigma da avaliação e os vieses da justiça.

A ideia de avaliar é "dar valor justo" ao que foi realizado, tratando as pessoas de acordo com suas dificuldades pessoais e seu desenvolvimento. Por isso, muitas vezes a nota por curva, muito popular, não corresponde ao que pretendemos enquanto ensino participativo ou não responde a contento. Se a avaliação que promovemos não é classificatória, também não pode ser comparativa. Ao atribuir uma nota a um aluno, baseada no rendimento dos demais da turma, não estamos avaliando o indivíduo, e sim a pessoa em relação aos outros. Quando fazemos isso, reforçamos a justificativa da avaliação e de suas consequências (aprovação e reprovação) por meio do desempenho dos demais, o que pode eximir cada aluno da responsabilidade que tem nesse processo de aprendizagem.

7.8 Recapitulando

1ª ETAPA: critérios de avaliação e atribuição de nota

> A avaliação causa muita ansiedade e dúvidas nos alunos. Portanto, exponha claramente quais os critérios e demais detalhadamentos, desde o início do curso, e deixe-os acessíveis para que eles possam consultar sempre que quiserem.
> Procure facilitar a compreensão da composição da nota.
> Sempre que achar necessário ajustar a matriz de notas, faça-o e explique, justificadamente, aos alunos.

2ª ETAPA: técnicas para aferir o desempenho dos estudantes

> Para aferir o desempenho, é necessário que o docente esteja atento a quais aspectos deverá considerar, a depender das técnicas avaliativas empregadas.
> O docente deve responder a um bom desempenho parabenizando o estudante e estimulando-o a se desenvolver mais e atingir novos patamares.
> O docente deve responder a um mau desempenho acolhendo as dificuldades do estudante e compreendendo que o erro faz parte da aprendizagem.

3ª ETAPA: estimular autorreflexão e reflexão entre pares

> Há técnicas que facilitam a autorreflexão e a reflexão entre pares.
> É possível desenvolver planos de estudo com o auxílio dos estudantes por meio da autoavaliação.
> É possível treinar os estudantes para que consigam avaliar de maneira construtiva seus colegas.

4ª ETAPA: oferecer feedback construtivo

> O *feedback* construtivo baseia-se na apresentação de fatos e na reflexão sobre o que foi feito e o que poderia ter sido feito.

> Um dos melhores momentos para dar *feedback*, que não se confunde com nota, é logo depois da realização da atividade, já antevendo os comportamentos para a próxima.

> Criar clima de confiança e de respeito entre todos os participantes.

5ª ETAPA: atribuir notas de maneira justificada

> Vários instrumentos auxiliam o docente a justificar a atribuição de notas, como relatórios de observação e listas de checagem.

> A atribuição de notas e conceitos deve ser feita tomando por referência o padrão de aprovação e reprovação da instituição. É ele que confere a escala de conceitos e/ou notas que o professor usará no curso.

Aprovação, reprovação, carga de trabalho e justiça na avaliação

> Aprovação e reprovação são decisões que pressupõem segurança, sobre o processo, as ferramentas utilizadas para aferir o desempenho dos estudantes e as suas trajetórias.

> É possível reduzir a carga docente na avaliação por meio de recursos tecnológicos ou técnicas que facilitam a avaliação para grandes turmas.

8

Conclusão: refletir sobre o curso e seus resultados

Chegamos ao final do processo. Entretanto, a inovação no ensino é incompleta se você, professor ou professora, não realizar uma reflexão profunda e minuciosa a respeito do curso que desenvolveu. Assim como incentivamos os alunos a refletir criticamente sobre o que estavam fazendo, conosco não pode ser diferente. Sim, devemos refletir sobre essa experiência de criar e executar um curso inovador.

Podemos dizer que refletir criticamente sobre o que fizemos será a nossa autoavaliação – embora tenhamos que nos questionar a todo momento, ao longo de todo o curso, claro. Essa análise, se realizada de forma honesta, nos mostrará se atingimos os objetivos que pretendíamos com o curso, quais aspectos contribuíram para o resultado, se nossas escolhas docentes foram adequadas para alcançá-lo, se a nossa carga de trabalho e a dos alunos foram apropriadas etc. Esses fatores nos levarão a ponderar quais pontos podem ser melhorados em uma próxima edição, que é o que queremos sempre, não é mesmo? Inovação e aprimoramentos constantes!

Afinal, passar por uma experiência de curso inovador constitui um processo também para o docente, que coordena e faz a mediação de todo o processo. Estamos constantemente aprendendo, desenvolvendo nossas habilidades como educadores e facilitadores da aprendizagem. Devemos ter uma postura de seres curiosos e céticos, reconhecendo o que deu certo e admitindo quais pontos podem – ou devem – melhorar. Por isso, vamos às últimas reflexões sobre a sua experiência docente inovadora e participativa.

O **primeiro aspecto** é uma reflexão sobre **se os alunos atingiram os objetivos fixados para o curso**. Ao elaborá-lo, você definiu quais eram esses objetivos, gerais e específicos. O sucesso desses propósitos norteadores dependerá do desenvolvimento das competências e habilidades previstas para os alunos. Logo, podemos considerar a obtenção desses objetivos a métrica ideal para avaliar o êxito do seu planejamento.

As avaliações dos alunos, aliadas à autoavaliação discente e à avaliação do curso e do docente, são fundamentais para realizar uma reflexão crítica e integral sobre o real aprendizado dos estudantes. Pode acontecer de certas habilidades terem sido mais desenvolvidas do que outras, por exemplo, ou, então, não ter havido um padrão ou tendência na turma no tocante ao alcance dos objetivos específicos. Todos esses elementos são alertas para que você, docente, investigue com profundidade causas e fatores. Será que foi pelo fato de a turma ser mais heterogênea? Haveria realidades muito distintas de vida e atuação profissional? Ou pode ter sido consequência de sua escolha docente? Ou, ainda, a maneira como as aulas foram conduzidas, que levaram a tal resultado?

Em resumo, questione-se sempre, mesmo quando o resultado tiver sido extremamente positivo. Perguntar-se com foco em causa e consequência permitirá a você compreender os impactos das decisões, mesmos as acertadas, e tornará você uma pessoa mais crítica. Aprendemos tanto com os erros quanto com os acertos! Ao identificar esses fatores, não apenas as próximas edições do seu curso, mas toda a sua atuação docente, com certeza, será elevada a outro patamar.

Entretanto, somente identificar se os alunos alcançaram os objetivos de aprendizagem é insuficiente para atribuir o sucesso ou fracasso a um curso. Faz-se necessário ponderar outros fatores para, então, compreender quais aspectos contribuíram para esse resultado e, assim, aprimorá-lo. Há questões institucionais, contextuais, de perfil de corpo discente e até aleatórias que influenciam o que aconteceu. Com o tempo e a experiência, seu olhar já estará mais focado nesse tipo de ensino e identificará rapidamente quais aspectos foram responsáveis pela dinâmica do curso, quais pontos podem ser melhorados e quais variáveis podem ser ajustadas conforme a realidade de alunos e da instituição. Tudo isso com o fim de atingir com maestria os objetivos de aprendizado traçados e potencializá-los ao máximo!

A **segunda reflexão** diz respeito **a se o encadeamento das aulas contribuiu para fomentar os objetivos**. Como mencionado anteriormente, a reflexão sobre os resultados de um curso deve extrapolar a avaliação formal e analisar seus fatores determinantes. Um deles consiste no encadeamento das aulas. Será que a sequência dos encontros que você elaborou para o curso foi a mais adequada? Refletir se esse foi um fator que fomentou os objetivos de aprendizagem torna mais clara a lógica que você usou. Muitas vezes, tanto o conteúdo quanto a abordagem foram adequados aos objetivos do curso, mas o docente pode reparar, posteriormente, que a ordem de alguns temas ou a sequência da complexidade de debates poderia ter sido alterada para resultados mais alinhados ao nível da turma, por exemplo.

Caso identifique esses fatores ao longo do curso, faça os ajustes necessários, informando e justificando aos alunos as mudanças. Só não deixe de fazê-lo ao ter certeza de que isso impactará o objetivo final. Para as próximas edições, vale a pena anotar essa mudança, mantendo o registro do que era e da justificativa para ter alterado no meio do caminho. Isso servirá de alerta não somente para esse curso, mas para outros também.

Se a ordem das aulas fez sentido, significa que você ponderou bem no momento do planejamento. Contudo, sempre há aspectos que, na prática, escapam quando da elaboração. E tudo bem isso acontecer, desde que, ao final, você consiga identificá-los para realizar ajustes na edição seguinte.

A **terceira reflexão** envolve um juízo sobre se **os materiais e as atividades foram adequados.** Sugerimos que se dedique a pensar se eles realmente cumpriram o papel que você imaginou. Essa ponderação indicará se foram usados critérios alinhados à realidade. Lembre-se que escolher materiais e atividades não é tarefa aleatória ou de gosto pessoal por conduzir uma ou outra técnica. Deve ser encarada como instrumento fundamental para a aula acontecer e proporcionar as melhores oportunidades de aprendizagem para os estudantes.

Assim, pode ocorrer de você ter escolhido a atividade adequada, com métodos alinhados ao objetivo de uma determinada aula, mas o material utilizado ter sido falho em seu propósito. Por exemplo, para discutir um tema de Direito Concorrencial, você havia preparado um *case* clássico, mas justo na semana anterior houve um escândalo de empresas bastante debatido pela mídia, sobre o qual os alunos queriam conversar.

Ou, então, o material até era adequado à discussão proposta, mas a atividade não proporcionou a dinâmica desejada. Por exemplo, o mesmo material do *case*, que deveria gerar discussões e aprofundamentos teóricos, acabou por ser desestimulante.

Nesses casos, torna-se necessário refletir sobre os fatores que possam ter ocasionado tal descompasso, para ajustá-los em uma próxima edição. Às vezes, só nos damos conta de que na prática teria sido melhor uma técnica mais voltada à cooperação, quando colocamos o desenvolvimento da habilidade escrita em momento posterior. Anote todas essas reflexões, pois assim elas não se perderão no tempo e poderão ser aprimoradas.

A **quarta reflexão** diz respeito **à carga de trabalho para você e para seus estudantes**. Já abordamos com você as estratégias para otimizar a carga de trabalho docente e discente. Portanto, é o momento de refletir se o tempo demandado para dedicação ao curso realmente foi dosado na medida certa, se alguém ficou sobrecarregado, ou se poderia ter sido atenuada por variáveis que você pode – ou poderia – controlar.

Da parte dos alunos, deverá ser fácil perceber quando a carga de trabalho tiver sido bastante intensa. Geralmente, você deverá observar manifestações dos alunos, muito mais que reclamações corriqueiras, que apontam seus limites. Isso pode ser facilmente negociável durante o próprio curso. Você pode aliviar um pouco a carga de trabalho ou flexibilizar datas, desde que em sua avaliação isso não prejudique o andamento das aulas nem o alcance dos objetivos de aprendizagem. Caso eles não verbalizem nesse momento, na avaliação final do curso com certeza o farão.

No caso docente, é o momento de fazer uma retrospectiva sobre sua dedicação ao curso. Muito mais que impressões – elas também são válidas e devem ser consideradas, sem dúvida –, você deve mensurar objetivamente quanto tempo você despendeu para se preparar para uma aula, elaborar as dinâmicas de forma mais detida, adequá-las ao perfil da turma, corrigir exercícios e outros produtos, dar conta da carga de leitura e do acompanhamento dos estudantes, enfim, para toda a sua dedicação preparando a aula, aplicando-a e corrigindo avaliações e demais resultados, assim como cumprindo afazeres formais exigidos pela instituição.

Feito isso, reflita: diante do que foi visto, você acha que foi uma carga de trabalho adequada ao tamanho do curso e da turma? Se sim, por quê? Caso você ache que tenha ultrapassado, quais foram os momentos ou tarefas que mais tomaram seu tempo? Identifique-os, pois somente assim será possível elaborar estratégias para poupar mais sua carga de trabalho e otimizar tarefas, sem perda da qualidade. A intenção é tornar essa carga de trabalho extraclasse mais eficiente, proporcionando mais qualidade de vida, o que permitirá ter mais tempo para se dedicar a novos projetos, à reestruturação e ao aprimoramento do seu curso, sem que você sinta sobrecarga mental, com todos os reflexos para a saúde mental que isso pode ocasionar.

Veja, o importante aqui é eliminarmos a ideia de que o ensino participativo é mais trabalhoso e não vale a pena seu retorno, e que por isso não deve ser estimulado. As soluções não precisam ser extremistas; a não ser que você tenha proposto algo realmente dispendioso, os ajustes podem ser simples, pontuais e criativos. Por exemplo, um exercício que os alunos realizaram não requer necessariamente correção com respostas individuais. Para otimizar sua carga de trabalho direcionada a um mesmo assunto, sem deixar de atender aos alunos e sanar suas dúvidas, pode-se disponibilizar um momento para comentários gerais sobre a tarefa, com acesso a um gabarito geral. Assim, as dúvidas individuais poderão ser sanadas sob demanda, uma vez que os problemas comuns já terão sido esclarecidos.

No caso dos alunos, calcular a realidade da turma é fundamental para dosar a carga de trabalho extraclasse. Alunos de um curso de graduação em período integral dispõem de mais tempo do que os de cursos noturnos – provavelmente trabalham durante o dia –, que é diferente de alunos de pós-graduação *lato sensu*, os quais já estão no mercado de trabalho e possuem apenas o fim de semana para se dedicar com a atenção devida às tarefas, algo distinto também do perfil de mestrandos e doutorandos.

Enfim, avalie sua experiência a fim de sopesar vantagens e desvantagens, causas e consequências, ajustes e eventuais prejuízos à aprendizagem.

Uma **quinta e última reflexão** refere-se ao que **você pode mudar para a próxima edição do curso**. Propor um ensino participativo em um mundo que está se transformando também é mudar na mesma medida. À medida que vamos nos transformando como docentes e apurando a compreensão sobre o que é ensinar, nossa prática também é alterada, alinhando-se aos valores e visões que nos formam como professores inovadores.

Por isso, é sempre muito importante avaliar cada edição do curso. Tomar decisões para proporcionar o melhor curso que os alunos poderiam receber – e que você pode oferecer – naquela ocasião deve ser a regra. Sempre há o que melhorar, ajustar, aprimorar, seja de uma edição para outra, seja da instituição ou realidade dos alunos.

Anotar suas considerações após realizar as reflexões mencionadas ao término de um curso é fundamental para não se esquecer de pontos levantados. Manter um arquivo ou bloco de notas referentes aos aspectos positivos e negativos, pontos que você alteraria mediante algumas condições e questões em aberto para customizar em cada nova turma, fará com que o momento de elaborar outro plano de aula seja mais fácil – e que, de fato, você implementará medidas que atendam às suas observações.

Estabelecer métricas e mensurá-las, tal como se faz na academia com outros objetos, transformará o ensino jurídico, sua prática docente e a experiência de aprendizagem dos alunos. A instituição, principalmente aquela que tiver mais resistência a esse tipo de mudanças, também sentirá os impactos positivos de formar egressos com base em elementos que nunca ficarão ultrapassados: conhecimento e ferramentas (competências e habilidades), não conteúdos – estes, sim, ficam desatualizados e perdem função.

A atividade de docência nos parâmetros que colocamos desde o início neste livro é uma experiência saborosa e desafiadora para nós – ou deveria ser, pelo menos.

O seu paralelo é uma experiência igualmente agradável e prazerosa para os alunos, que não mais se conformarão com reproduções de conteúdos nem permanecerão passivos diante do desafio de construir seu próprio conhecimento.

***

Esperamos que os materiais e as dicas tenham ajudado você, professor e professora, a tornar seu ensino de Direito mais inovador, participativo e significativo aos alunos. As reflexões, contudo, não se esgotam aqui. Para mudarmos a realidade do mercado, somente alterando a realidade de ensino. Isso, sim, está em nossas mãos. A responsabilidade é grande, porém há diversos caminhos para se atingir esse ideal.

Neste livro, apontamos algumas estratégias possíveis para implementar um ensino jurídico inovador em seu curso, por meio de metodologias participativas. Há diversos fatores, pessoais e institucionais, que podem influenciar a experiência de cada um. Se não for possível mudar inteiramente o curso por impactar o projeto pedagógico da instituição, faça modificações pequenas na dinâmica do seu curso – mas não deixe de fazê-las, nem de mensurá-las.

Por fim, o importante é que nós, docentes, comecemos por mudar nossa mente e nosso olhar para o ensino e para o papel docente e discente, a fim de que nos tornemos conscientes de cada um dos fatores e etapas que envolvem o processo de ensino e aprendizagem. Munidos dessas técnicas e reflexões sobre a prática docente, as transformações serão consequência da sua atuação. Somente com muita reflexão, dedicação e ousadia para inovar em sala de aula é que conseguiremos mudar a realidade do ensino jurídico, formando cidadãos e profissionais jurídicos com competências e habilidades adequadas ao futuro. Futuro este que já chegou.

Referências bibliográficas

ADELL, Jordi. Internet en el aula: las WebQuest. *Edutec – Revista Electrónica de Tecnología Educativa*, n. 17, p. 1-26, 2004. Disponível em: https://www.edutec.es/revista/index.php/edutec-e/article/view/530/264. Acesso em: 21 set. 2019.

ALTERIO, Maxime; MCDRURY, Janice. *Learning through storytellying in higher education*: using reflection and experience to improve learning. London and Sterling: Kogan, 2003.

ALVES, Leonir Pessate. Portfólios como instrumentos de avaliação dos processos de ensinagem. *Processos de ensinagem na universidade*: pressupostos para as estratégias de trabalho em aula, v. 5, 2003. Disponível em: http://www.anped.org.br/sites/default/files/8_portfolios_como_instrumentos_de_avaliacao_dos_processos_de_ensinagem.pdf. Acesso em: 21 set. 2019.

AMBROSINI, Diego Rafael; SALINAS, Natasha Schmitt Caccia. *Construção de um sonho*: Direito GV: inovação, métodos, pesquisa, docência. São Paulo: Direito GV, 2011.

ANASTASIOU, Léa das Graças Camargos; ALVES, Leonir Pessate. Estratégias de ensinagem. *In*: ANASTASIOU, Léa das Graças Camargos; ALVES, Leonir Pessate (org.). *Processos de ensinagem na universidade*: pressupostos para as estratégias de trabalho em aula. 5. ed. Joinville: Univille, 2005.

ANDERSON, Terry. Towards a theory of online learning. *In*: ANDERSON, Terry (ed.). *The theory and practice of online learning*. Edmonton: Atabasca University, 2008. p. 45-74. Disponível em: https://ufdc.ufl.edu/AA00011700/00001. Acesso em: 27 mar. 2020.

BARBER, Michael *et al. An avalanche is coming*: higher education and the revolution ahead. London: The Institute of Public Policy Research, Mar. 2013. Disponível em: https://www.ippr.org/files/images/media/files/publication/2013/04/avalanche-is-coming_Mar2013_10432.pdf. Acesso em: 26 out. 2019.

BARR, Robert B.; TAGG, John. From teaching to learning – A new paradigm for Undergraduate Education. *Change*, v. 27, n. 6, Nov. 1995.

BATES, A. W. (Tony). *Teaching in a digital age*: guidelines for designing teaching and learning. [s.l.]: Tony Bates Associates, 2015. Disponível em: https://opentextbc.ca/teachinginadigitalage/. Acesso em: 3 nov. 2019.

BENDER, William N. *Aprendizagem baseada em projetos*: educação diferenciada para o século XXI. Tradução de Fernando de Siqueira Rodrigues. Porto Alegre: Penso, 2014.

BENNETT, Nathan; LEMOINE, G. James. What VUCA really means for you. *Harvard Business Review*, v. 92, n. 1/2, 2014a. Disponível em: https://hbr.org/2014/01/what-vuca-really-means-for-you. Acesso em: 26 out. 2019.

BENNETT, Nathan; LEMOINE, G. James. What a difference a word makes: understanding threats to performance in a VUCA world. *Business Horizons*, v. 57, p. 311-317, 2014b.

BERBEL, Neusi Aparecida Navas. A problematização e a aprendizagem baseada em problemas: diferentes termos ou diferentes caminhos?. *Interface-Comunicação, Saúde, Educação*, v. 2, p. 139-154, 1998.

BIGGS, John; TANG, Catherine. *Teaching for quality learning at university*: what the student does. 3rd ed. Berkshire; New York: Open University Press; Society for Research into Higher Education, 2007.

BLIGH, Donald A. *What's the use of lectures?*. 5th ed. Exeter: Intellect books, 1998.

BLOOM, Benjamin (ed.) *et al. Taxonomy of educational objectives*: the classification of educational goals – Handbook 1: Cognitive Domain. London: Longmans, 1956.

BONWELL, Charles C.; EISON, James A. *Active learning*: creating excitement in the classroom. 1991 ASHE-ERIC Higher Education Reports. Washington: ERIC Clearinghouse on Higher Education, 1991.

BRAME, Cynthia J. *Team-based learning*. Center for Teaching, Vanderbilt University, c2019. Disponível em: https://cft.vanderbilt.edu/guides-sub-pages/team-based-learning/. Acesso em: 21 set. 2019.

BREGMAN, Peter. 13 Ways we justify, rationalize, or ignore negative feedback. *Harvard Business Review*, 14 Feb. 2019. Disponível em: https://hbr.org/2019/02/13-ways-we-justify-rationalize-or-ignore-negative-feedback. Acesso em: 21 set. 2019.

BROWN, Juanita; ISAACS, David; THE WORLD CAFÉ COMMUNITY. *The World Café*: shaping our futures through conversations that matter. San Francisco: Barrett-Koehler, 2005.

CAMPOS, Magna. *Manual de gêneros acadêmicos*: resenha, fichamento, memorial, resumo científico, relatório, projeto de pesquisa, artigo científico/paper, normas da ABNT. Mariana (MG): Edição do Autor, 2015. Disponível em: https://www.academia.edu/10981399/Manual_de_g%C3%AAneros_acad%C3%AAmicos_Resenha_Fichamento_Memorial_Resumo_Cient%C3%ADfico_Relat%C3%B3rio_Projeto_de_Pesquisa_Artigo_cient%C3%ADfico_paper_Normas_da_ABNT. Acesso em: 21 set. 2019.

CAMPUS PARTY. #CPRO – SINAPSES – Entenda como a Inteligência Artificial pode tornar o Judiciário mais rápido. *YouTube*, 4 ago. 2018. Disponível em: https://www.youtube.com/watch?v=FaDylHvQ0lA. Acesso em: 3 set. 2019.

CARLOS JUNIOR. Conheça e entenda as 12 principais metodologias de gestão de projetos. *Project Builder*, 31 maio 2017. Disponível em: https://www.projectbuilder.com.br/blog/metodologias-de-gestao-de-projetos/. Acesso em: 9 set. 2019.

CARVALHO, Leonardo Arquimimo. Diálogo socrático. *In*: GHIRARDI, José Garcez (org.). *Métodos de ensino em direito*: conceitos para um debate. São Paulo: Saraiva, 2009. p. 31-48.

CENTRO DE DESENVOLVIMENTO DE ENSINO E DE APRENDIZAGEM (CEDEA). Tecnologia no ensino. *Revista Ei! Ensino Inovativo*, v. 1, n. 1 (especial), 2015.

COOPER, James L.; ROBINSON, Pamela; BALL, David A. The interactive lecture: reconciling group and active learning strategies with traditional instructional formats. *Exchanges, the Online Journal of Teaching and Learning in the CSU*, 2003. Disponível em: http://web.mit.edu/jrankin/www/Active_Learning/interactive_lectures2.pdf. Acesso em: 21 set. 2019.

COOPERRIDER, David L.; WHITNEY, Diana; STAVROS, Jacqueline M. *Appreciative inquiry handbook:* for leaders of change. 2nd ed. Brunswick; San Francisco: Crown Custom; Berrett-Koehler, 2008.

CORREIA, Paulo Rogério Miranda; SILVA, Amanda Cristina da; ROMANO JUNIOR, Jerson Geraldo. Mapas conceituais como ferramenta de avaliação na sala de aula. *Revista Brasileira de Ensino de Física*, v. 32, n. 4, p. 4402, 2010.

DIAZ BORDENAVE, Juan; PEREIRA, Adair Martins. *Estratégias de ensino-aprendizagem*. 16. ed. Petrópolis: Vozes, 1995.

DODGE, Bernie. WebQuests: a technique for internet-based learning. *Distance Educator*, v. 1, n. 2, p. 10-13, 1995. Tradução para o português de Jarbas Novelino Barato. Disponível em: https://www.dm.ufscar.br/~jpiton/downloads/artigo_webquest_original_1996_ptbr.pdf. Acesso em: 21 set. 2019.

DELMONDES, Andressa *et al*. *Que tal transformar o ensino jurídico?* Princípios para uma pedagogia crítica e não discriminatória. São Paulo: DDD, FDUSP, 2016. Disponível em: http://biton.uspnet.usp.br/ddd/wp-content/uploads/2017/05/vf_N%C3%BAcleo-Direito-Discriminacao-e-diversidade.pdf. Acesso: 21 set. 2019.

DEPRESBITERIS, Léa; TAVARES, Marialva Rossi. *Diversificar é preciso...* Instrumentos e técnicas de avaliação de aprendizagem. São Paulo: Senac, 2009.

DWORKIN, Ronald. *O império do direito*. Tradução de Jefferson Luiz Camargo. 2. ed. São Paulo: Martins Fontes, 2007.

ENOCH, Jerol. Online annotation tools. *The Teaching Center*, 28 jun. 2018. Disponível em: https://teachingcenter.wustl.edu/2018/06/online-annotation-tools/. Acesso em: 6 nove. 2019.

ERTMER, Peggy A. Addressing First-and second-order barriers to change: strategies for technology integration. *Educational Technology, Research and Development*, v. 47, n. 4, 1999.

FALCÃO, Joaquim; DELFINO, Pedro. Experimentalismo e análise institucional no Curso FGV Direito Rio: um projeto em construção. *REI – Revista Estudos Institucionais*, v. 5, n. 1, p. 1-19, 2019. Disponível em: https://estudosinstitucionais.com/REI/article/view/347. Acesso em: 26 out. 2019.

FEFERBAUM, Marina (org.). *Ensino do direito para um mundo em transformação*. São Paulo: Fundação Getulio Vargas, 2012.

FEFERBAUM, Marina; GHIRARDI, José Garcez (org.). *Ensino do direito em debate*: reflexões a partir do 1º Seminário Ensino Jurídico e Formação Docente. São Paulo: Direito GV, 2013.

FERNANDES, Domingos. *Avaliar para aprender*: fundamentos, práticas e políticas. São Paulo: Edunesp, 2009.

FERRAZ JR., Tercio Sampaio. *Introdução ao estudo do direito*: técnica, decisão, dominação. 4. ed. rev. e ampl. São Paulo: Atlas, 2003.

FGV EAESP. *FIS – Formação Integrada para a Sustentabilidade*: guia de fundamentos e práticas v. 1.0. São Paulo: FGV EAESP, 2016. Disponível em: http://gvces.com.br/formacao-integrada-para-a-sustentabilidade-guia-de-fundamentos-e-praticas-versao-1-0?locale=pt-br. Acesso em: 2 nov. 2019.

FGV/EAESP; FGV/DIREITO SP. Tecnologia no ensino. *Ei! Ensino Inovativo*, v. 1, n. 1 (especial), 2015. Disponível em: http://bibliotecadigital.fgv.br/ojs/index.php/ei/issue/view/3058/showToc. Acesso em: 21 set. 2019.

FINK, L. D. Creating Significant Learning Experiences : An Integrated Approach to Designing College Courses. San Francisco, Calif: Jossey-Bass, 2003. v. 1st edISBN 9780787960551. Disponível em: http://search.ebscohost.com/login.aspx?direct=true&site=eds-live&db=nlebk&AN=86025. Acesso em: 26 mar. 2020.

FLEMING, Neil D.; MILLS, Colleen. Not another inventory, rather a catalyst for reflection. *To Improve the Academy*, v. 11, n. 1, p. 137-155, 1992. Disponível em: https://digitalcommons.unl.edu/cgi/viewcontent.cgi?article=1245&context=podimproveacad. Acesso em: 26 out. 2019.

FREIRE, Paulo. *Pedagogia da autonomia*: saberes necessários à prática educativa. 25. ed. São Paulo: Paz e Terra, 1996.

GABBAY, Daniela Monteiro; SICA, Ligia Paula Pires Pinto. Role-Play. *In*: GHIRARDI, José Garcez (org.). *Métodos de ensino em direito*: conceitos para um debate. São Paulo: Saraiva, 2009. p. 73-87.

GALL, Meredith Damien; GILLETT, Maxwell. The discussion method in classroom teaching. *Theory into Practice*, v. 19, n. 2, p. 98-103, 1980.

GHIRARDI, José Garcez (org.). *Métodos de ensino em direito*: conceitos para um debate. São Paulo: Saraiva, Direito GV, 2009.

GHIRARDI, José Garcez (coord.). Avaliação e métodos de ensino em direito. *Cadernos Direito GV*, v. 7, n. 5, set. 2010. Disponível em: http://bibliotecadigital.fgv.br/dspace/handle/10438/7851?show=full. Acesso em: 21 set. 2019.

GHIRARDI, José Garcez. *O instante do encontro*: questões fundamentais para o ensino jurídico. São Paulo: Fundação Getulio Vargas, 2012a.

GHIRARDI, José Garcez. A praça pública, a sala de aula: representações do professor de Direito no Brasil. *In*: CARVALHO, Evandro Menezes de (org.). *Representações do professor de direito*. Curitiba: CRV, 2012b. p. 25-36.

GHIRARDI, Jose Garcez. *Ainda precisamos da sala de aula?*: inovação tecnológica, metodologias de ensino e desenho institucional nas faculdades de direito. São Paulo: FGV Direito SP, 2015. Disponível em: https://bibliotecadigital.fgv.br/dspace/handle/10438/14221. Acesso em: 26 out. 2019.

GHIRARDI, José Garcez. *Narciso em sala de aula*: novas formas de subjetividade e seus desafios para o ensino. São Paulo: FGV Direito SP, 2016. Disponível em: https://bibliotecadigital.fgv.br/dspace/handle/10438/17694. Acesso em: 21 set. 2019.

GIL, Antonio Carlos. *Metodologia do ensino superior*. 4. ed. 3. reimp. São Paulo: Atlas, 2007.

GONÇALVES, Maria Augusta Salin. O método expositivo. *Kinesis*, número especial, p. 119-141, 1984. Disponível em: https://periodicos.ufsm.br/kinesis/article/viewFile/10352/6331. Acesso em: 21 set. 2019.

GONZALEZ, Jennifer. A few ideas for dealing with late work. *Cult of Pedagogy*, 4 Aug. 2019. Disponível em: https://www.cultofpedagogy.com/late-work/. Acesso em: 6 nov. 2019.

GUNEY, Ali; AL, Selda. Effective learning environments in relation to different learning theories. *Procedia – Social and Behavioral Sciences*, v. 46, p. 2334-2338, 2012.

GUO, Philip J.; KIM, Juho; RUBIN, Rob. How video production affects student engagement: an empirical study of MOOC videos. *Proceedings of the first ACM conference on Learning@ scale conference*. ACM, 2014. p. 41-50.

HASHWEH, Maher Z. Teacher pedagogical constructions: a reconfiguration of pedagogical content knowledge. *Teachers and Teaching*, v. 11, n. 3, p. 273-292, 2005.

HOLMAN, Peggy; DEVANE, Tom; CADY, Steven *et al. The change handbook*: the definitive resource on today's best methods for engaging whole systems. 2nd ed. [s.l]: ReadHowYouWant, 2008.

HOLMES JR., Oliver Wendell. The path of the law. *Harvard Law Review*, n. 10, 1897. Disponível em: http://moglen.law.columbia.edu/LCS/palaw.pdf. Acesso em: 26 out. 2019.

HYPER ISLAND. *Lego Challenge*. HI Toolbox, [201?]. Disponível em: https://toolbox.hyperisland. com.br/lego-challenge. Acesso em: 8 set. 2019.

HYPER ISLAND. *Desafio do Marshmallow*. HI Toolbox, [201?]. Disponível em: https://toolbox. hyperisland.com.br/marshmellow-challenge. Acesso em: 8 set. 2019.

ICEBERG MODEL. *Systems Innovations*, [201?]. Disponível em: https://systemsinnovation.io/iceberg-model/. Acesso em: 2 nov. 2019.

INSTITUTO EDUCADIGITAL. Design thinking *para educadores*. Tradução potuguesa de Bianca Santana, Daniela Silva e Laura Folgueira. [n.d]: Instituto Educadigital, [201?]. Disponível em: https://www.dtparaeducadores.org.br/site/sobre-o-material/. Acesso em: 5 set. 2019.

INSTITUTO NACIONAL DE ESTUDOS E PESQUISAS EDUCACIONAIS ANÍSIO TEIXEIRA (INEP). *Sinopse Estatística da Educação Superior 2018*. Brasília: Inep, 2019. Disponível em: http://inep.gov.br/sinopses-estatisticas-da-educacao-superior. Acesso em: 26 out. 2019.

KAVANAGH, Simon. *Learning arch design*. Aarhus: KaosPilot, [201?]. Disponível em: https://users.homebase.dk/~simk/KPLDA/LA_MANUAL-A4Low%20Res.pdf. Acesso em: 21 set. 2019.

KELLY, Brenda Wright; HOLMES, Janis. The Guided Lecture Procedure. *Journal of Reading*, v. 22, n. 7, 602-604, 1979. Disponível em: https://www.jstor.org/stable/40017350?seq=1#page_scan_tab_contents. Acesso em: 21 set. 2019.

KOLB, David A. *Experiential learning*: experience as the source of learning and development. 2nd printing. New Jersey: Pearson Education, 2015.

KRATHWOHL, David R.; ANDERSON, Lorin W (ed.). *A taxonomy for learning, teaching, and assessing*: a revision of Bloom's taxonomy of educational objectives. New York: Longman, 2001.

LÄHDEMÄKI, Jenna. Case Study: Kaospilots – From passive listeners to global change agents. *In*: COOK, Justin W. (ed.). *Sustainability, human well-being, and the future of education*. Palgrave Macmillan, Cham, 2019. Disponível em: https://link.springer.com/chapter/10.1007/978-3-319-78580-6_12#citeas. Acesso em: 21 set. 2019.

LIMA, Ieda Miyuki Koshi Dias de. Avaliação em diálogo socrático. *Cadernos Direito GV*, v. 7, n. 5, p. 29-40, set. 2010. Disponível em: http://bibliotecadigital.fgv.br/dspace/handle/10438/7851?show=full. Acesso em: 21 set. 2019.

LIPMANOWICZ, Henri; MCCANDLESS, Keith. 1-2-4-All. *Liberating structures*: including and unleashing everyone, [201?]. Disponível em: http://www.liberatingstructures.com/1-1-2-4-all/. Acesso em: 21 set. 2019.

LUPTON, Ellen (org.). *Intuição, ação, criação*: graphic design thinking. São Paulo: Editora G. Gili, 2013.

MACEDO JUNIOR, Ronaldo Porto. O método de leitura estrutural. *Cadernos Direito GV*, v. 4, n. 2, p. 5-41, mar. 2007. Disponível em: https://bibliotecadigital.fgv.br/dspace/bitstream/handle/10438/2814/caderno%20direito%2016%20-%20revisado%20031207.pdf?sequence=1&isAllowed=y. Acesso em: 21 set. 2019.

MACEDO JUNIOR, Ronaldo Porto. Como dar seminários sobre textos conceitualmente complexos. *Academia. Revista sobre Enseñanza del Derecho*, ano 11, n. 22, p. 55-73, 2013. Disponível em: http://www.derecho.uba.ar/publicaciones/rev_academia/revistas/22/como-dar-seminarios-sobre-textos-conceitualmente-complexos.pdf. Acesso em: 21 set. 2019.

MACHADO, Ana Maria França; BARBIERI, Catarina Helena Cortada. Seminário. *In*: GHIRARDI, José Garcez (org.). *Métodos de ensino em direito*: conceitos para um debate. São Paulo: Saraiva, 2009. p. 89-100.

MAIA FILHO, Mamede Said; JUNQUILHO, Tainá Aguiar. Projeto Victor: perspectivas de aplicação da inteligência artificial ao direito. *Revista de Direitos e Garantias Fundamentais*, v. 19, n. 3, p. 218-237, 2018.

MARANHÃO, Juliano Souza de Albuquerque. *Positivismo jurídico lógico-inclusivo*. Madrid; Barcelona; Buenos Aires; São Paulo: Marcial Pons, 2012.

MCMANUS, Dean A. The two paradigms of education and the peer review of teaching. *Journal of Geoscience Education*, v. 49, n. 5, p. 423-434, Nov. 2001.

MICHAELSEN, Larry K. Getting started with team-based learning. *In*: MICHAELSEN, Larry K.; KNIGHT, Arletta Bauman; FINK, L. Dee (ed.). *Team-based learning*: a transformative use of small groups. Westport, Connecticut, London: Praeger, 2002.

MICHELON JÚNIOR, Cláudio Fortunato. *Aceitação e objetividade*: uma comparação entre as teses de Hart e do positivismo precedente sobre a linguagem e o conhecimento do direito. São Paulo: RT, 2004.

MICHELON, Claudio. Practical wisdom in legal decision-making (April 7, 2010). *University of Edinburgh School of Law Working Paper nº 2010/13*, 2010. Disponível em: https://ssrn.com/abstract=1585929. Acesso em: 26 out. 2019.

MOON, Jennifer A. *A handbook of reflective and experiential learning*: theory and practice. London and New York: Routledge, 2004.

MOREIRA, Marco Antonio. *Mapas conceituais e diagramas V*. Porto Alegre: Edição do Autor, 2006.

MUSSE, Luciana Barbosa; FREITAS FILHO, Roberto. Docência em direito no Brasil: uma carreira profissional?. *Revista Jurídica da Presidência*, v. 17, n. 111, p. 173-203, 2015.

NEDER CEREZETTI, Sheila Christina *et al*. *Interações de gênero nas salas de aula da Faculdade de Direito da USP*: um currículo oculto? São Paulo: Cátedra Unesco de Direto à

Educação/Universidade de São Paulo (USP), 2019. Disponível em: https://unesdoc.unesco.org/ark:/48223/pf0000367420. Acesso em: 21 set. 2019.

NEUMANN JR, Richard K. Women in legal education: what the statistics show. *J. Legal Educ.*, v. 50, p. 313-357, 2000.

NILSON, L. B. *Teaching at its best*: a research-based resource for college instructors. 3rd ed. San Francisco, CA: Jossey-Bass, 2010.

NOVAK, Joseph D. *Learning, creating, and using knowledge*: concept maps as facilitative tools in schools and corporations. 2nd ed. New York and London: Routledge, 2010.

PARDES, Arielle. Flirty or Friendzone? New AI Scans Your Texts for True Love. Wired, 16 set. 2019. Disponível em: https://www.wired.com/story/ai-apps-texting-flirting-romance/. Acesso em: 27 mar. 2020.

PEIXOTO, Daniel Monteiro. Debate. *In*: GHIRARDI, José Garcez (org.). *Métodos de ensino em direito*: conceitos para um debate. São Paulo: Saraiva, 2009. p. 23-30.

PEREIRA, Thomaz Henrique Junqueira de Andrade. Problem-Based Learning (PBL). *In*: GHIRARDI, José Garcez (org.). *Métodos de ensino em direito*: conceitos para um debate. São Paulo: Saraiva, 2009. p. 61-72.

QUEIROZ, Rafael Mafei Rabelo. Wikitrégua: a Wikipédia como aliada em sala de aula. *In*: FEFERBAUM, Marina; GHIRARDI, José Garcez (org.). *Ensino do direito para um mundo em transformação*. São Paulo: Fundação Getulio Vargas, 2012. p. 201-211.

QUINTON, Sarah; SMALLBONE, Teresa. Feeding forward: using feedback to promote student reflection and learning – a teaching model. *Innovations in Education and Teaching International*, v. 47, n. 1, p. 125-135, 2010. Disponível em: https://srhe.tandfonline.com/doi/citedby/10.1080/14703290903525911?scroll=top&needAccess=true#.XYcExi5Khpg. Acesso em: 21 set. 2019.

RAMOS, Luciana de Oliveira; SCHORSCHER, Vivian Cristina. Método do caso. *In*: GHIRARDI, José Garcez (org.). *Métodos de ensino em direito*: conceitos para um debate. São Paulo: Saraiva, 2009. p. 49-60.

ROBIN, Bernard. The educational uses of digital storytelling. *In*: CRAWFORD, C. *et al.* (ed.). *Proceedings of SITE 2006 – Society for Information Technology & Teacher Education International Conference*. Orlando, Florida, USA: Association for the Advancement of Computing in Education (AACE), 2006, p. 709-716. Disponível em: https://www.learntechlib.org/primary/p/22129/. Acesso em: 21 set. 2019.

RODRIGUES, Horácio Wanderlei. Popper e o processo de ensino-aprendizagem pela resolução de problemas. *Revista Direito GV*, v. 6, n. 1, p. 39-57, 2010. Disponível em: http://bibliotecadigital.fgv.br/ojs/index.php/revdireitogv/article/view/24158/22938. Acesso em: 21 set. 2019.

SABINO, Claudia de Vilhena Schayer *et al*. O uso do diagrama de Ishikawa como ferramenta no ensino de ecologia no ensino médio. *Educação & Tecnologia*, [S.l.], v. 14, n. 3, mar. 2011. Disponível em: https://www.seer.dppg.cefetmg.br/index.php/revista-et/article/view/232/234. Acesso em: 2 nov. 2019.

SAMUELOWICZ, Katherine; BAIN, John D. Revisiting academics' beliefs about teaching and learning. *Higher Education*, v. 41, p. 299-325, 2001.

SANTIAGO DANTAS, Francisco Clementino de. A educação jurídica e a crise brasileira. *Cadernos FGV Direito Rio. Educação e Direito*, Rio de Janeiro, n. 3, p. 9-37, 2010. Disponível em: http://biblioteca.jfpb.jus.br/wp-content/uploads/2017/10/cadernos-fgv-direito-rio-vol3.pdf. Acesso em: 26 out. 2019.

SCHIMMER, Tom. Enough with the Late Penalties! *Tom Schimmer – Assessment – Grading – Leadership – Student Behaviour*, 21 Feb. 2011. Disponível em: https://tomschimmer.com/2011/02/21/enough-with-the-late-penalties/. Acesso em: 6 nov. 2019.

SCHÖN, Donald. *Educando o profissional reflexivo*: um novo *design* para o ensino e a aprendizagem. Tradução de Roberto Cataldo Costa. Porto Alegre: Artmed, 2000.

SCHWAB, Klaus. *Quarta revolução industrial*. Tradução de Daniel Moreira Miranda. São Paulo: Edipro, 2016.

SCRAMIN, Paula Manzotti. Como facilitar um aquário? *Medium*, 3 jul. 2018. Disponível em: https://medium.com/@paulamanzottiscramin/como-facilitar-um-aqu%C3%A1rio-f1a3d6549ded. Acesso em: 21 set. 2019.

SÉCCA, Rodrigo Ximenes; LEAL, Rodrigo Mendes. Análise do setor de ensino superior privado no Brasil. *BNDES Setorial*, Rio de Janeiro, n. 30, p. 103-156, set. 2009. Disponível em: https://web.bndes.gov.br/bib/jspui/bitstream/1408/1943/2/BS%2030%20An%c3%a1lise%20do%20setor%20de%20ensino%20superior_P.pdf. Acesso em: 26 out. 2019.

SHULMAN, Lee S. Those who understand: Knowledge growth in teaching. *Educational Researcher*, v. 15, n. 2, p. 4-14, 1986.

SHULMAN, Lee S. Knowledge and teaching: foundations of the new reform. *Harvard Educational Review*, v. 57, n. 1, p. 1-23, 1987.

SMART, Karl L.; FEATHERINGHAM, Richard. Developing effective interpersonal communication and discussion skills. *Business Communication Quarterly*, v. 69, n. 3, p. 276-283, 2006. Disponível em: https://journals.sagepub.com/doi/pdf/10.1177/1080569906291231?casa_token=f7O0vZ62-9QAAAAA:9nh2WTfHVdpsh6zf5Aj59bBmD8td_5G20jyx5d0MANHOu4u5-T_3jxd6eogR0-xIVzpx8m_QsoDf4g. Acesso em: 21 set. 2019.

STUCKEY, Roy *et al. Melhores práticas de ensino não experimentais*: diálogo socrático e método do caso, discussão e aula expositiva. Rio de Janeiro: Escola de Direito do Rio de Janeiro da Fundação Getulio Vargas, 2010. (Cadernos FGV Direito Rio. Educação e direito; 3.) Disponível em: http://bibliotecadigital.fgv.br/dspace/bitstream/handle/10438/10400/Cadernos%20FGV%20Direito%20Rio%20-%20Vol.%203.pdf?sequence=1. Acesso em: 21 set. 2019.

TAGLIAVINI, João Virgílio. *Aprender e ensinar direito*: para além do direito que se ensina errado. São Carlos: Edição do Autor, 2013.

TBLC (TEAM-BASED LEARNING COLLABORATIVE). *What is TBL?* Portal TBLC, c2019. Disponível em: http://www.teambasedlearning.org/definition/#. Acesso em: 21 set. 2019.

TEZA, Pierry *et al.* Geração de ideias: aplicação da técnica world café. *International Journal of Knowledge Engineering and Management (IJKEM)*, v. 2, n. 3, p. 1-14, 2013. Disponível em: http://stat.cbsm.incubadora.ufsc.br/index.php/IJKEM/article/view/1990. Acesso em: 21 set. 2019.

THE TEACHING SPACE. Nine classroom backchannel tools you can start using today. *The Teaching Space*, 18 maio 2018. Disponível em: https://www.theteachingspace.com/blog/backchannels. Acesso em: 6 nov. 2019.

TOLADATA. Step 1: Identifying the focal issue with "Problem Tree Analysis" technique. *YouTube*, 1min56s, 18 jul. 2019. Disponível em: https://www.youtube.com/watch?v=-j-_Y7D35H4. Acesso em: 2 nov. 2019.

TOP 10 FREE AND PAID INTERACTIVE TIMELINE MAKERS (UPDATED 2019). *iSpring*, 5 Nov. 2019. Disponível em: https://www.ispringsolutions.com/blog/top-10-free-and-paid-interactive-timeline-makers. Acesso em: 6 nov. 2019.

UNESCO. Glossário de terminologia curricular. Suíça: Unesco International Bureau of Education, 2016.

UNGER, Roberto Mangabeira. Uma nova faculdade de direito no Brasil. *Revista de Direito Administrativo*, v. 243, p. 113-131, 2006.

VIANNA, Maurício *et al. Design thinking*: inovação em negócios. Rio de Janeiro: MJV Press, 2012.

VIANNA, Ysmar *et al. Gamification, Inc*: como reinventar empresas a partir de jogos. Rio de Janeiro: MJV Press, 2013. Disponível em: http://livrogamification.com.br/. Acesso em: 21 set. 2019.

VILLI. Starting and ending meetings the right way. *Radar – A Kaospilot Magazine*, 25th Apr. 2018. Disponível em: https://kaospilotradar.dk/2018/04/25/starting-and-ending-meetings-the-right-way/. Acesso em: 21 set. 2019.

WALLIN, Patric; ADAWI, Tom; GOLD, Julie. Reflective diaries – a tool for promoting and probing student learning. *12th International CDIO Conference*. 2016. Disponível em: http://www.cdio.org/files/document/cdio2016/155/155_Paper_PDF.pdf. Acesso em: 21 set. 2019.

WOODWARD, Helen. Reflective journals and portfolios: learning through assessment. *Assessment & Evaluation in Higher Education*, v. 23, n. 4, p. 415-423, 1998. Disponível em: https://www.tandfonline.com/doi/pdf/10.1080/0260293980230408?needAccess=true. Acesso em: 21 set. 2019.

WUJEC, Tom. *Construa uma torre, construa uma equipe*. Tradução de Elaine Abousalh. TED Ideas worth spreading, Feb. 2010. Disponível em: https://www.ted.com/talks/tom_wujec_build_a_tower?language=pt-br. Acesso em: 9 set. 2019.

ZEDNIK, H. *et al.* Taxonomia e matriz de decisão das tecnologias digitais na educação: proposta de apoio à incorporação da tecnologia em sala de aula. *Tecnologias, Sociedade e Conhecimento*, Campinas, v. 2, n. 1, 2014, p. 85-104. Disponível em: https://www.nied.unicamp.br/revista/index.php/tsc/article/view/134. Acesso em: 27 jul. 2019.

Índice de questionamentos

Lista de quadros, figuras e gráficos

Lista de quadros

Lista de figuras

Lista de gráficos

Radares de Métodos Ativos

→ Recorte e aplique os Métodos nas aulas

→ Se preferir, faça o *download* do arquivo e imprima! Basta seguir as orientações da orelha da capa para acessar o Material Suplementar.

APRENDIZAGEM BASEADA EM EXPERIÊNCIAS

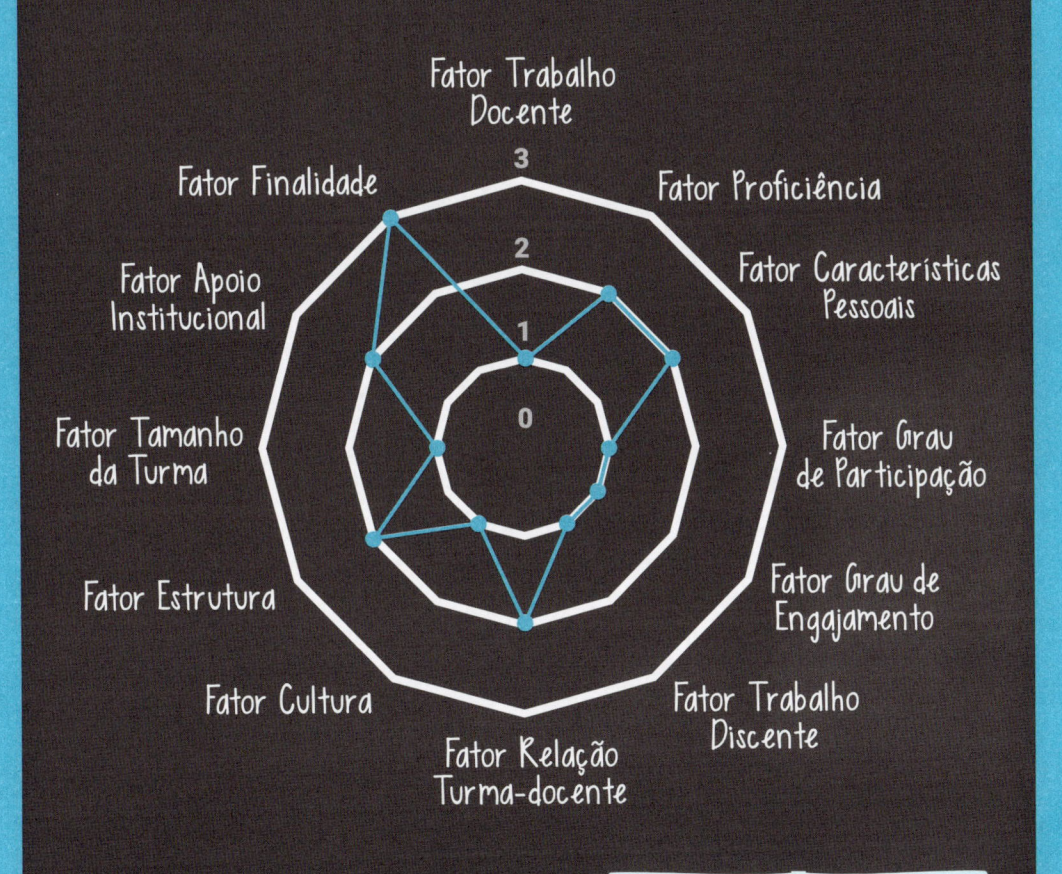

0 – pouco confortável, com muitas demandas
1 – menos ousado, exige alguns cuidados
2 – mais seguro, com poucas demandas
3 – confortável, sem demandas

Fonte : elaboração própria

DESCRIÇÃO

Consiste em fazer os estudantes aprenderem diretamente com a experiência. Eles refletem sobre o que fazem, pensam ou sentem durante uma situação que vivem ou observam (experiência). Munidos disso, os aprendizes contrastam os eventos com a teoria e vivenciam uma nova experiência. Algumas observações:

- Como forma de conceber o ensino, a aprendizagem baseada em experiências pode ser observada em vários outros métodos, como a simulação, os jogos ou a aprendizagem por meio de pesquisa, além de atividades de extensão, prática jurídica etc. Como método, a aprendizagem baseada em experiências traz para sala de aula uma experiência não relacionada diretamente com o que acontece na realidade (caso contrário, seria uma simulação) para levar os estudantes a aprenderem pela observação ou pela vivência dessa situação;

- É imprescindível que a experiência seja acompanhada de um momento de reflexão. A experiência sem reflexão é apenas experiência; quando acompanhada de um olhar retrospectivo, ela permite a aprendizagem.

- Como esse método pode parecer muito abstrato, vale a pena indicar os exemplos do desafio do LEGO e do desafio do Marshmallow, conforme descrito no Toolbox da instituição sueca Hyper Island.[1]

Para saber mais: KOLB, 2015, especialmente p. 37-50; MOON, 2014, especialmente p. 121-130.

[1] HYPER ISLAND. Lego Challenge. HI Toolbox, [201?]. Disponível em: https://toolbox.hyperisland.com.br/lego-challenge. Último acesso em: 8 set. 2019; HYPER ISLAND. Desafio do Marshmallow. HI Toolbox, [201?]. Disponível em: https://toolbox.hyperisland.com.br/marshmellow-challenge. Último acesso em: 8 set. 2019. Cf. também uma análise do desafio do Marshmallow em WUJEC, 2010.

REGISTRO DE ENTRADA / REGISTRO DE SAÍDA (CHECK-IN/CHECK-OUT)

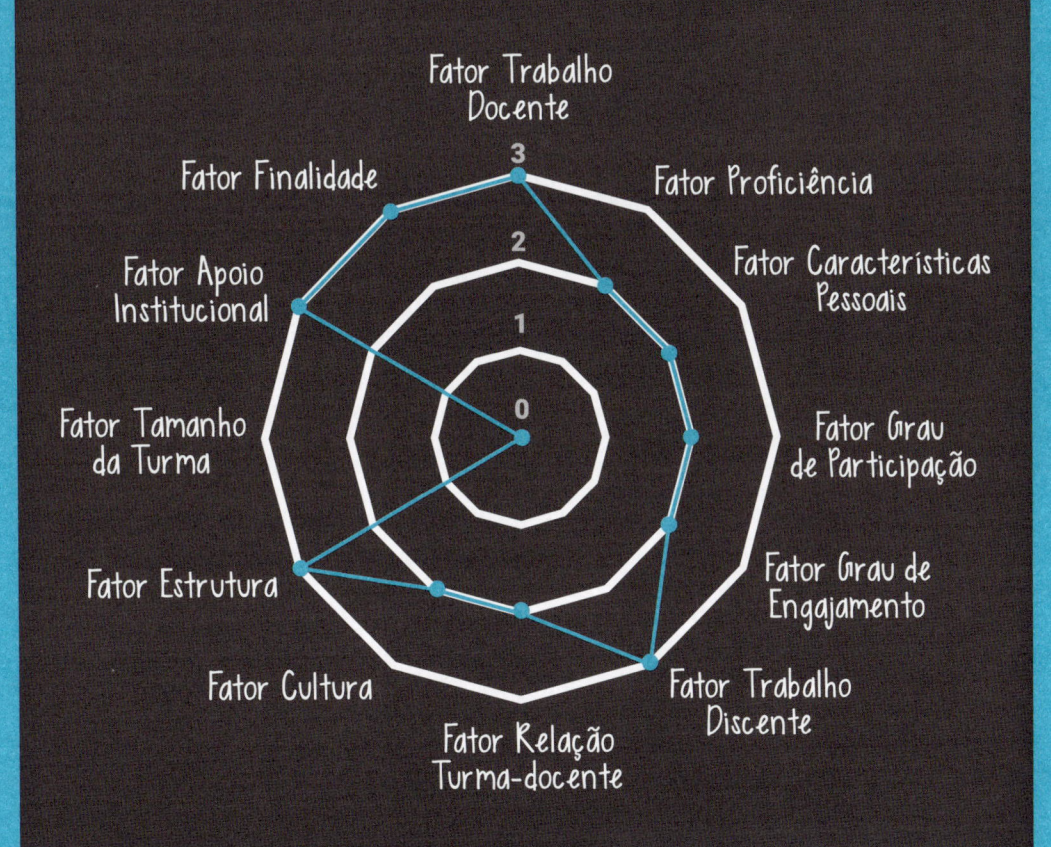

0 – pouco confortável, com muitas demandas
1 – menos ousado, exige alguns cuidados
2 – mais seguro, com poucas demandas
3 – confortável, sem demandas

Fonte : elaboração própria

DESCRIÇÃO

Utilizado no programa da Kaospilot, consiste num método para estimular o desenvolvimento de objetivos sociais e atitudinais. O check-in serve para gerar foco e engajamento nos estudantes no início da atividade, servindo como "quebra-gelo" para outras dinâmicas participativas. O check-out serve para estimular a reflexão sobre como eles saem da aula. Eles são conduzidos por meio de perguntas simples, a partir das quais os alunos trocam entre si sentimentos, experiências ou expectativas e se sentem parte integrante do grupo. Algumas observações:

- As perguntas não precisam estar necessariamente associadas com o que será feito na aula, mas é recomendável que já estimulem os estudantes a orientarem seu olhar para isso. Ex.: numa aula sobre aplicação da lei penal, pode-se pedir aos estudantes "falem uma regra, jurídica ou não, que vocês nunca desobedecem";

- O check-in e o check-out podem ser utilizados em momentos específicos do curso para que os estudantes expressem o que sentem sobre as aulas e a turma;

- As perguntas de check-in e check-out devem ser simples, rapidamente respondidas, passíveis de múltiplas respostas e, de preferência, remeter a algo pessoal dos estudantes. Também podem envolver o uso de metáforas (ex.: "se o ensino jurídico fosse uma comida, qual ele seria?")

Para saber mais: VILLI, 2018.

DEBATE

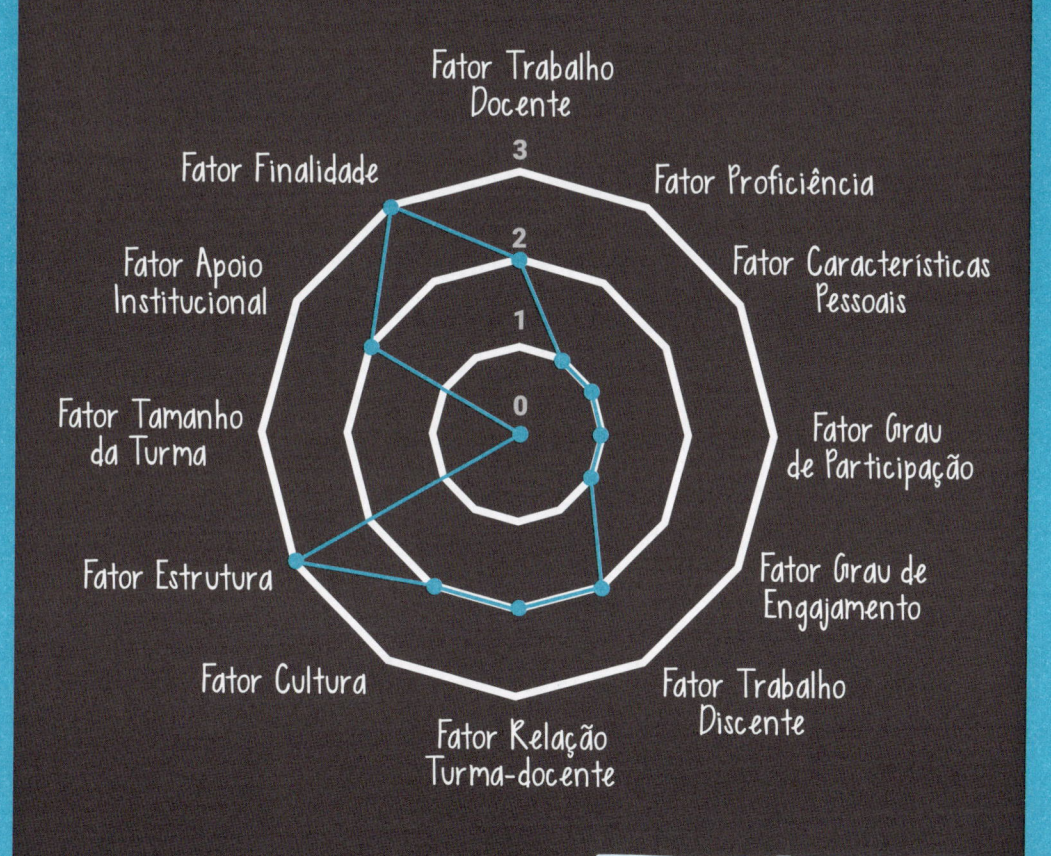

0 – pouco confortável, com muitas demandas
1 – menos ousado, exige alguns cuidados
2 – mais seguro, com poucas demandas
3 – confortável, sem demandas

Fonte : elaboração própria

DESCRIÇÃO

Consiste na troca de argumentos entre os estudantes de maneira horizontal. Pode ser mais estruturado (competição de debates) ou mais livre (roda de conversa). O professor participa somente para moderar, sintetizar e focar a discussão. Algumas observações:

- Um grande problema dos debates é a postura dos participantes. O maior entrave é a transformação do debate em pequenas minipalestras, com longas falas (3 minutos ou mais). Outras posturas problemáticas são: não estar disposto a mudar de ideia (postura adversarial); não focar no tema do debate ou não dialogar com o que foi dito anteriormente; referir-se a argumentos de autoridade, especialmente quando os demais participantes a desconhecem; além de comportamentos hostis;

- A configuração do ambiente é fundamental para um bom debate. Os estudantes devem poder olhar uns para os outros, especialmente para regular a sequência de falas. Disposição das cadeiras em círculo ou "u" são boas soluções;

- A pergunta norteadora do debate deve ser polêmica e aberta a múltiplas respostas;

- O mediador deve ser capaz de apontar contradições ou contraposições entre falas, sintetizar pontos em comum e em divergência, além de provocar novas falas a partir de extrapolações, exemplos, contraexemplos etc.

Para saber mais: GIL, 2007, p. 76-84; PEIXOTO, 2009, p. 23-30; GALL, GILLETT, 1980.

DESIGN THINKING

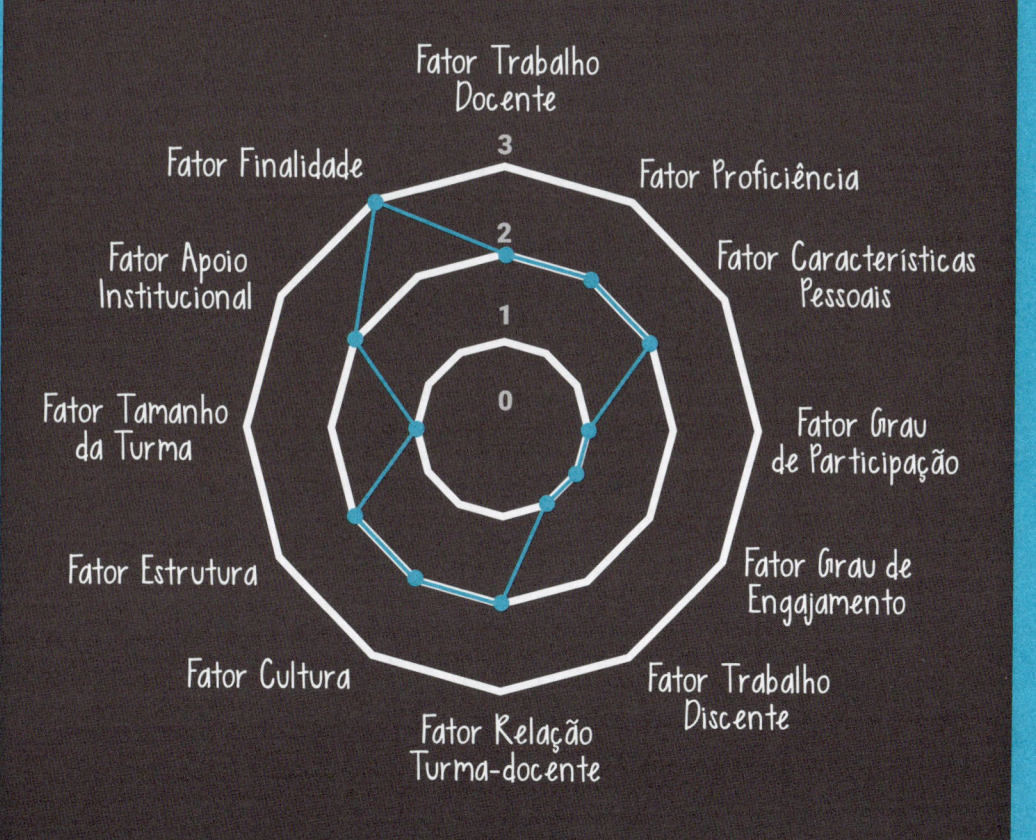

Fator Trabalho Docente
Fator Proficiência
Fator Finalidade
Fator Características Pessoais
Fator Apoio Institucional
Fator Tamanho da Turma
Fator Grau de Participação
Fator Estrutura
Fator Grau de Engajamento
Fator Cultura
Fator Trabalho Discente
Fator Relação Turma-docente

0 – pouco confortável, com muitas demandas
1 – menos ousado, exige alguns cuidados
2 – mais seguro, com poucas demandas
3 – confortável, sem demandas

Fonte : elaboração própria

DESCRIÇÃO

Consiste num método de solução estruturada de problemas a partir de processos de abertura e fechamento de possibilidades. A melhor metáfora para se referir ao processo é a de dois losangos. Eles refletem dois momentos: (i) identificação de necessidades e contextualização do problema e (ii) ideação, prototipação e avaliação de uma solução. O primeiro momento envolve a abertura de possibilidades por meio da identificação de múltiplos problemas para pessoas e das múltiplas razões para esses problemas, e o fechamento dessas possibilidades por meio da seleção de um problema e da definição das razões mais importantes para ele. O segundo momento envolve a abertura de possibilidades por meio da construção de ideias de solução para esse problema, e o fechamento por meio da prototipação de uma dessas soluções, com posterior avaliação e implementação, caso bem-sucedida. Algumas observações:

- O design thinking é um método que será mais eficaz quanto mais profunda for a pesquisa dos estudantes, seja para explorar as percepções do público-alvo, seja para identificar razões para o problema, seja para buscar outros projetos inspiradores ou formas de solucionar dificuldades no protótipo;

- É imprescindível estimular os estudantes a definirem um problema muito bem delimitado para que o processo seja bem-sucedido, sob pena de perda de foco no projeto;

- É imprescindível criar uma moldura de expectativas sobre o projeto e o processo, de modo que os estudantes saibam o que se espera do protótipo e do produto;

- O processo de design thinking se baseia fortemente na ideia de tentativa e erro, razão pela qual é importante ter pontos de controle para que seja possível testar e errar, além de oportunidades de revisão do processo e até mesmo reinício.

Para saber mais: VIANNA, M. et al., 2012; INSTITUTO EDUCADIGITAL, [201?]; LUPTON, 2013.

DIÁLOGO SOCRÁTICO

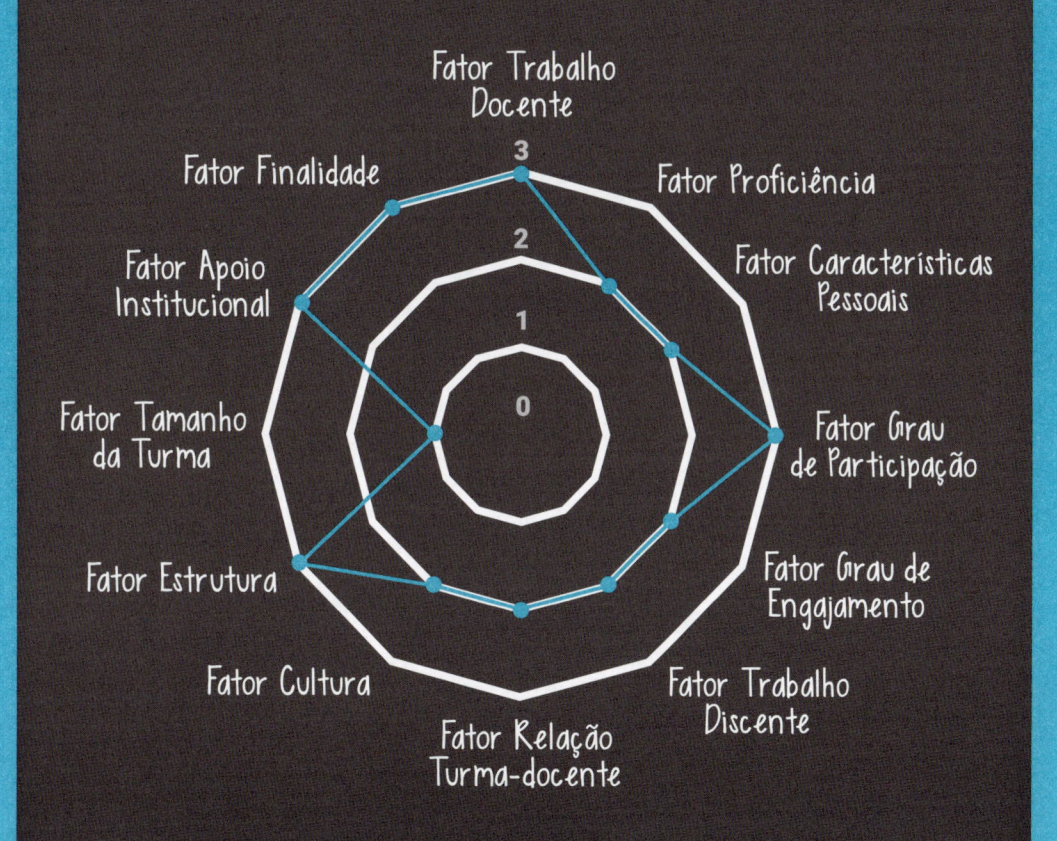

Fator Trabalho Docente

Fator Finalidade

Fator Proficiência

Fator Apoio Institucional

Fator Características Pessoais

Fator Tamanho da Turma

Fator Grau de Participação

Fator Estrutura

Fator Grau de Engajamento

Fator Cultura

Fator Trabalho Discente

Fator Relação Turma-docente

0 – pouco confortável, com muitas demandas
1 – menos ousado, exige alguns cuidados
2 – mais seguro, com poucas demandas
3 – confortável, sem demandas

Fonte : elaboração própria

DESCRIÇÃO

Consiste num processo de perguntas e respostas conduzido entre professor e estudante. Trata-se da construção do conhecimento pelo próprio estudante, a partir de uma sequência de perguntas feitas pelo docente. Algumas observações:

- O diálogo socrático pode enfatizar a consolidação de uma resposta, quando as perguntas feitas pelo professor direcionam o estudante a chegar a um ponto determinado (diálogo socrático fechado), ou pode enfatizar a construção do raciocínio em si, quando as perguntas estressam e questionam as respostas dadas;

- O diálogo socrático se diferencia de um debate por algumas características. O diálogo é mais vertical (professor-turma), enquanto o debate é mais horizontal (turma-turma); o professor adota uma postura mais ativa no primeiro (inquiridor), enquanto mais passiva no segundo (mediador); o primeiro estimula mais a reflexão sobre o próprio raciocínio, enquanto o segundo estimula mais a contraposição de opiniões e a troca de múltiplas perspectivas sobre o mesmo assunto. Na prática, o diálogo socrático é identificado quando os estudantes se dirigem ao professor, que pergunta de volta (para um estudante ou para a turma), enquanto um verdadeiro debate pode ser visto quando um estudante fala diretamente com o outro;

- A verticalidade do diálogo socrático é um ponto de atenção, já que pode ser um fator de intimidação e incômodo, tendo em vista a posição de inquiridor do professor.

Para saber mais: GHIRARDI, 2012a, p. 54-57; CARVALHO, 2009; LIMA, 2010, p. 29-33; STUCKEY et al., 2010.

DRAMATIZAÇÃO

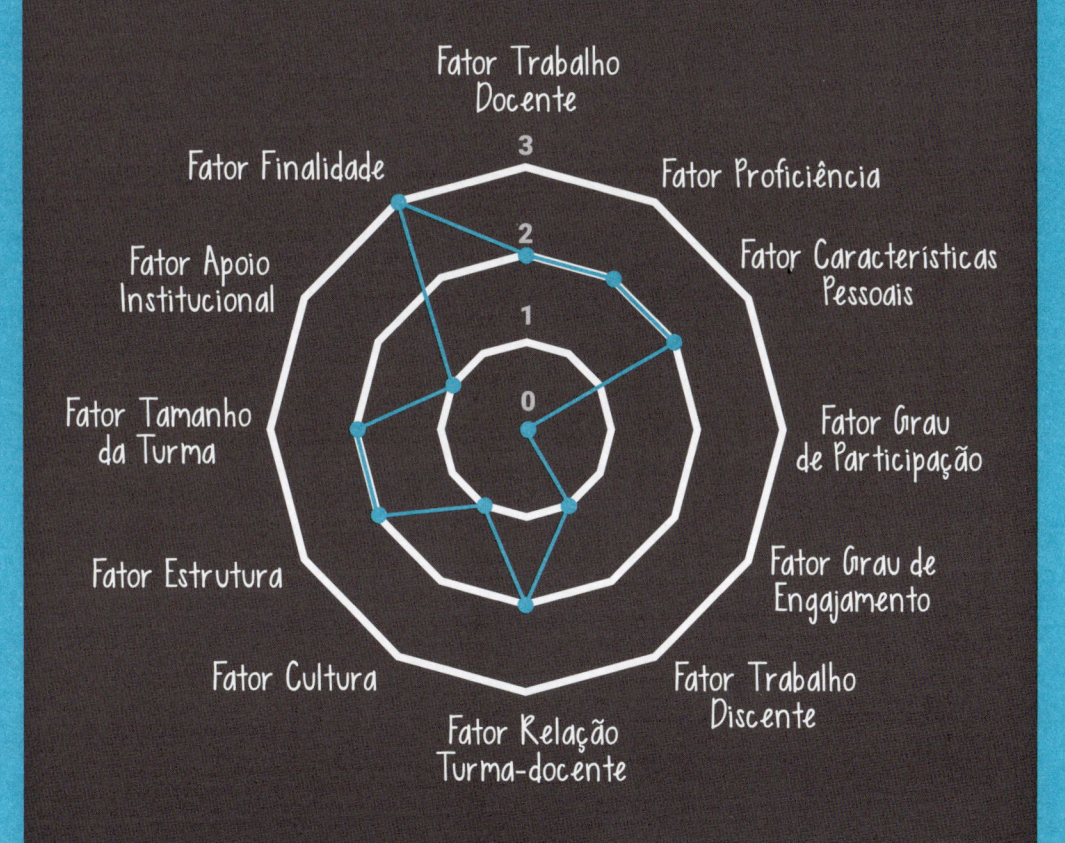

Fator Trabalho Docente

Fator Finalidade

Fator Proficiência

Fator Apoio Institucional

Fator Características Pessoais

Fator Tamanho da Turma

Fator Grau de Participação

Fator Estrutura

Fator Grau de Engajamento

Fator Cultura

Fator Trabalho Discente

Fator Relação Turma-docente

0 – pouco confortável, com muitas demandas
1 – menos ousado, exige alguns cuidados
2 – mais seguro, com poucas demandas
3 – confortável, sem demandas

Fonte : elaboração própria

DESCRIÇÃO

Consiste na aprendizagem por meio da representação artística, geralmente teatral, mas também musical. Algumas observações:

- A dramatização não precisa ser, obrigatoriamente, a reprodução de uma peça teatral ou de uma obra literária ou audiovisual. É possível solicitar aos estudantes que realizem cenas ou performances musicais a partir de problemas, temas ou situações concretas;

- A dramatização deve ser treinada e avaliada com cuidado, já que envolverá necessariamente o uso de habilidades corporais, criativas e de representação de papéis. Uma cena pode ser artisticamente ruim, mas conceitualmente perfeita, e vice-versa. Por isso, é importante explicar para os estudantes o nível de performance que se espera deles;

- A dramatização é uma espécie de role-play (interpretação de papéis), mas com ele não se confunde porque apresenta uma dimensão artística que não precisa existir nele. Também se diferencia da simulação por não envolver necessariamente a semelhança com o que acontece na realidade, enfatizando mais os aspectos dramáticos e artísticos.

Para saber mais: ANASTASIOU, ALVES, 2005, p. 89.

EXERCÍCIOS

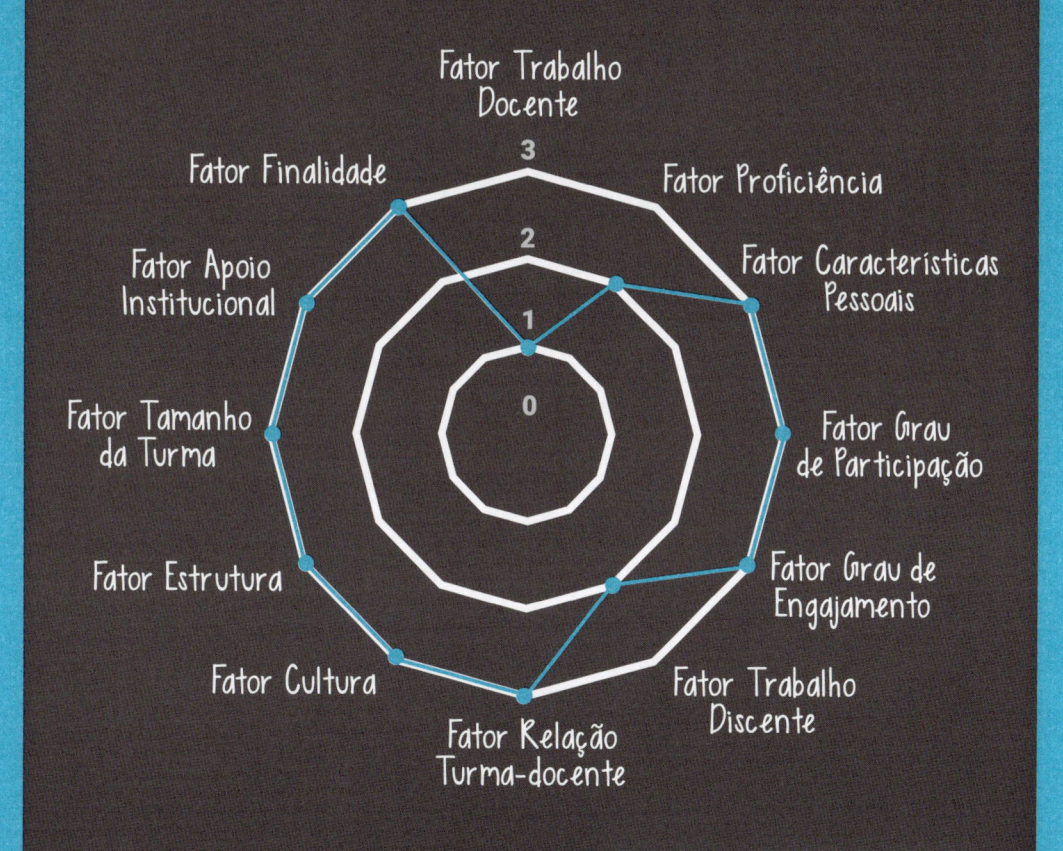

Fator Trabalho Docente

Fator Proficiência

Fator Finalidade

Fator Apoio Institucional

Fator Características Pessoais

Fator Tamanho da Turma

Fator Grau de Participação

Fator Estrutura

Fator Grau de Engajamento

Fator Cultura

Fator Trabalho Discente

Fator Relação Turma-docente

0 – pouco confortável, com muitas demandas
1 – menos ousado, exige alguns cuidados
2 – mais seguro, com poucas demandas
3 – confortável, sem demandas

Fonte : elaboração própria

DESCRIÇÃO

Consistem na atribuição de uma tarefa aos estudantes, com uma ou mais soluções desejadas. Os afazeres geralmente são repetitivos ou apresentam respostas consolidadas, o que permite a produção e reprodução da técnica (ex. elaboração de peças). Algumas observações:

- Exercícios podem ser aplicados dentro ou fora de sala de aula, como dinâmica de aprendizagem ou preparação prévia para uma dinâmica;

- É imprescindível que os exercícios sejam acompanhados por uma proposta de solução. Ela deve contemplar a possibilidade de soluções não previstas pelo docente;

- Os exercícios se diferenciam de aprendizagem baseada em problemas por envolverem resposta a problemas pouco complexos ou com sua complexidade reduzida pelo professor, e, principalmente, por envolverem aplicação de conhecimento consolidado.

EXPOSIÇÃO COM ATIVIDADES DE RETORNO

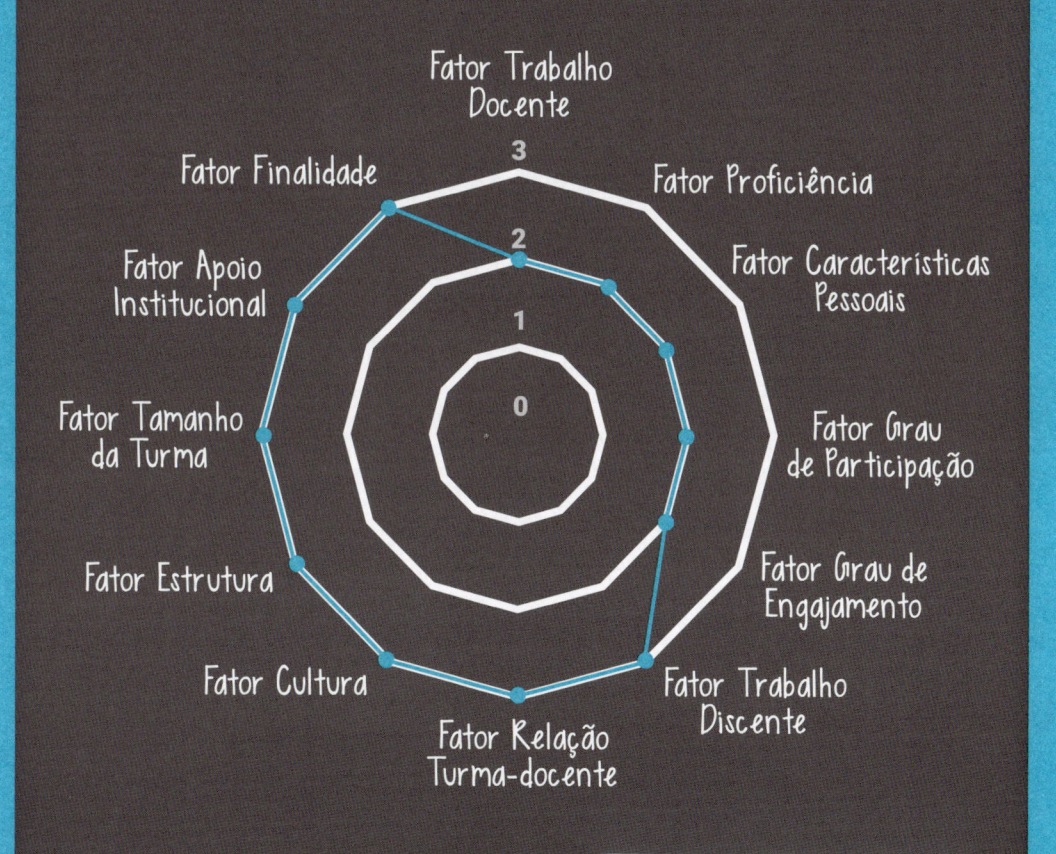

Fator Trabalho Docente · Fator Proficiência · Fator Características Pessoais · Fator Grau de Participação · Fator Grau de Engajamento · Fator Trabalho Discente · Fator Relação Turma-docente · Fator Cultura · Fator Estrutura · Fator Tamanho da Turma · Fator Apoio Institucional · Fator Finalidade

0 – pouco confortável, com muitas demandas
1 – menos ousado, exige alguns cuidados
2 – mais seguro, com poucas demandas
3 – confortável, sem demandas

Fonte : elaboração própria

DESCRIÇÃO

Consiste em fragmentar a exposição em minipalestras e intercalá-las com atividades curtas que estimulem os estudantes a dar um retorno da aprendizagem. Algumas observações:

- Estudos aplicados ao ensino a distância mostram que 6 minutos é o tempo normal de atenção, a partir do qual o engajamento na palestra diminui (GUO, KIM, RUBIN, 2014, p. 4-5). Embora estar na frente de uma tela contribua para o desengajamento, não há por que não pensar que o mesmo fenômeno ocorra com palestras ao vivo. Por isso, é recomendável que as minipalestras empreguem recursos que retomem a atenção por volta desse tempo e empreguem atividades depois de um curto espaço de tempo – Cooper, Robinson e Ball (2003, p. 9) sugerem atividades a cada 15 a 20 minutos;

- As atividades de retorno podem ser variadas. Algumas ideias:

  - aplicação de um teste para se respondido individualmente, em duplas ou em grupo;

  - elaboração de um FAQ sobre o que foi dito, com levantamento das principais perguntas a partir da releitura do que foi falado;

  - rápido debate em torno de um vídeo, uma notícia, um quadro, uma charge, enfim, um material que aplique o que foi dito.

Para saber mais: BONWELL, EISON, 1991, p. 7-14; COOPER, ROBINSON, BALL, 2003, especialmente p. 3-5.

EXPOSIÇÃO DIALOGADA

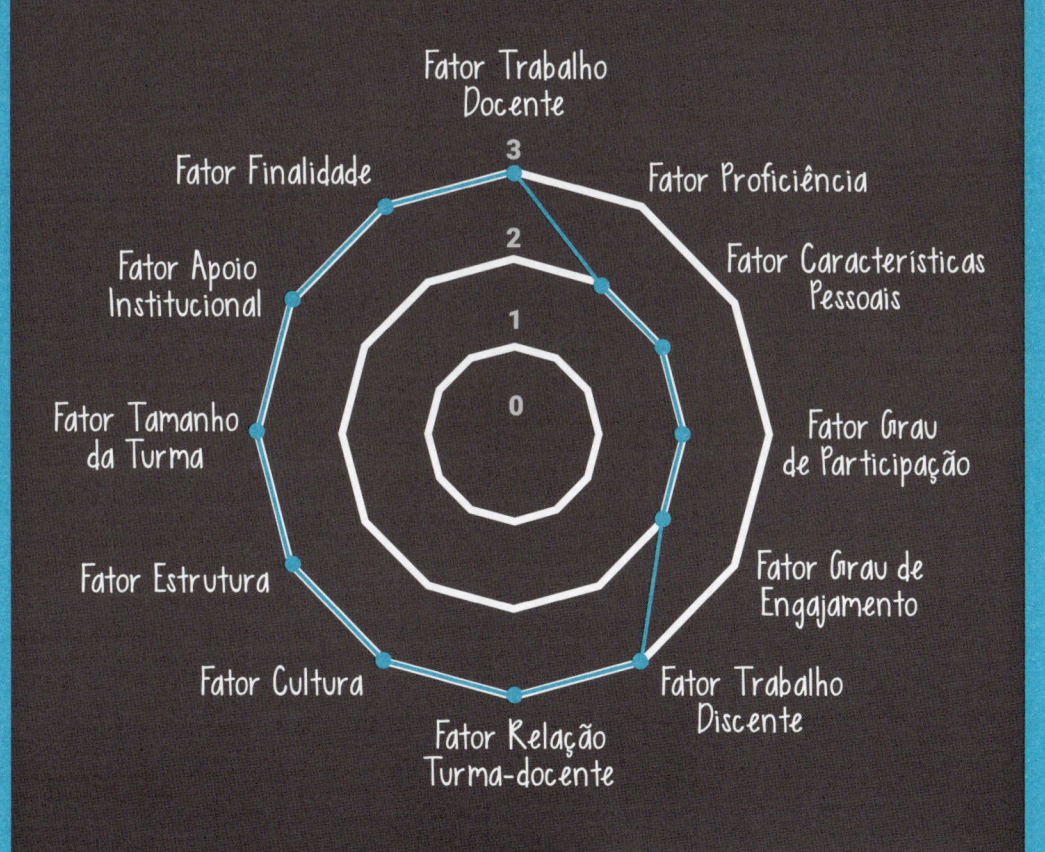

Fator Trabalho Docente
Fator Proficiência
Fator Finalidade
Fator Características Pessoais
Fator Apoio Institucional
Fator Grau de Participação
Fator Tamanho da Turma
Fator Grau de Engajamento
Fator Estrutura
Fator Trabalho Discente
Fator Cultura
Fator Relação Turma-docente

0 – pouco confortável, com muitas demandas
1 – menos ousado, exige alguns cuidados
2 – mais seguro, com poucas demandas
3 – confortável, sem demandas

Fonte : elaboração própria

DESCRIÇÃO

Consiste em uma palestra cuja linha condutora não é definida exclusivamente pelo docente. A definição do tema da aula e do percurso da palestra também é dada pelos estudantes, que propõem perguntas e exemplos e ordenam os tópicos de interesse. Algumas observações:

- Entendido de maneira mais ampla, o tema da aula não é a lista de conteúdos a serem trabalhados, mas o problema maior a que ela se propõe a resolver. Por isso, é possível deixar a cargo dos estudantes escolherem qual será o mote da palestra. Ex.: a discussão sobre validade de negócios jurídicos pode ser feita a partir de problemas como cláusulas abusivas, compras on-line feitas por menores de idade com o cartão dos pais até compra de carro seminovo com defeito;

- A condução da aula se dá em diálogo entre professor e estudantes. É possível pontuar momentos de bifurcação na aula, na qual os estudantes podem escolher o tópico que julgam querer saber mais. Ex.: para mostrar e discutir uma aplicação prática de um conceito, docente pode indicar que tem três opções de vídeo ou pode pedir que os estudantes apresentem três exemplos para que ele escolha um para detalhar;

- O uso de tecnologia incorporada à apresentação pode facilitar os momentos de interação, especialmente com turmas grandes.

Para saber mais: ANASTASIOU, ALVES, 2005, p. 79; GONÇALVES, 1984, p. 120-122.

EXPOSIÇÃO GUIADA

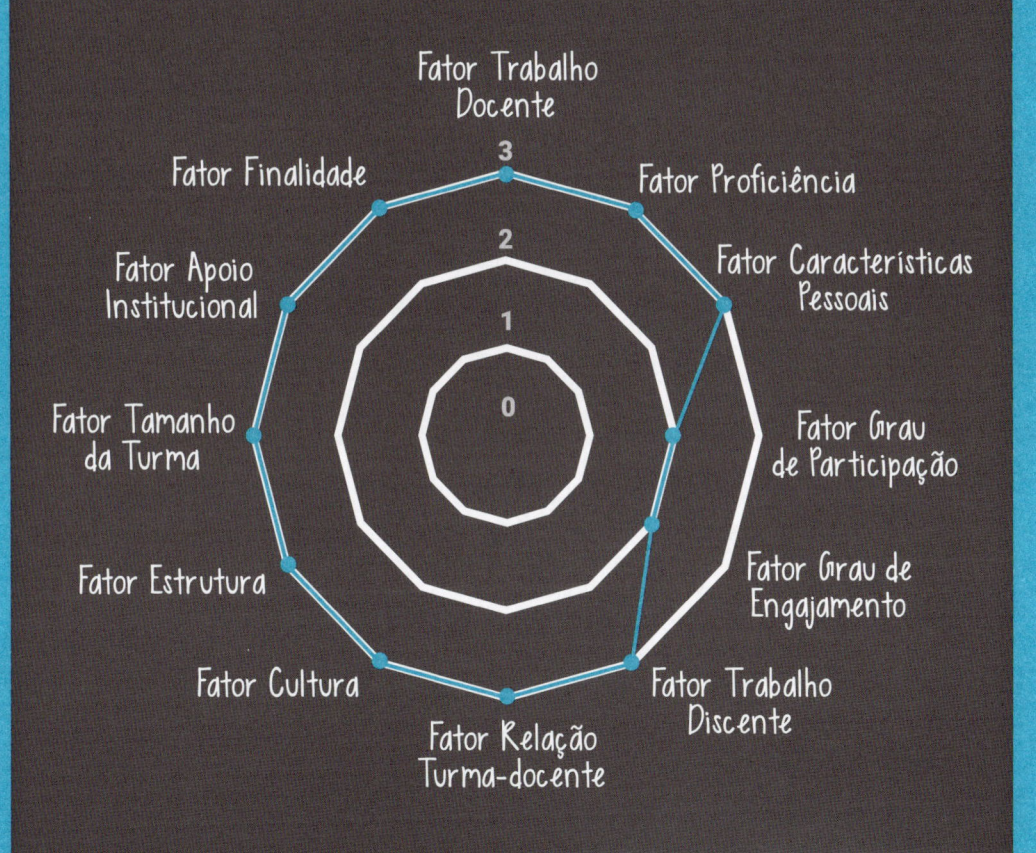

- Fator Trabalho Docente
- Fator Proficiência
- Fator Características Pessoais
- Fator Grau de Participação
- Fator Grau de Engajamento
- Fator Trabalho Discente
- Fator Relação Turma-docente
- Fator Cultura
- Fator Estrutura
- Fator Tamanho da Turma
- Fator Apoio Institucional
- Fator Finalidade

0 – pouco confortável, com muitas demandas
1 – menos ousado, exige alguns cuidados
2 – mais seguro, com poucas demandas
3 – confortável, sem demandas

Fonte : elaboração própria

DESCRIÇÃO

Assim como a exposição com atividades, consiste na fragmentação da palestra em minipalestras, durante as quais os estudantes não anotam nada. Ao final, a turma deve tomar nota e reconstruir, em grupo, o que foi dito pelo professor. O propósito é, primeiro, desenvolver nos estudantes a capacidade de tomar notas durante a palestra, e, segundo, estimular o acesso ativo à memória para facilitar o processo de consolidação, além de possibilitar a identificação de pontos que não foram bem absorvidos pelos estudantes. Algumas observações:

- A reconstrução pode ou não ser precedida de um momento para escrita individual pelos alunos;

- É recomendável que o docente tenha um roteiro da minipalestra (por escrito ou nos slides) para poder comparar com o que a turma trouxe.

Para saber mais: BONWELL, EISON, 1991, p. 7-14; KELLY, HOLMES, 1979.

EXPOSIÇÃO TRADICIONAL

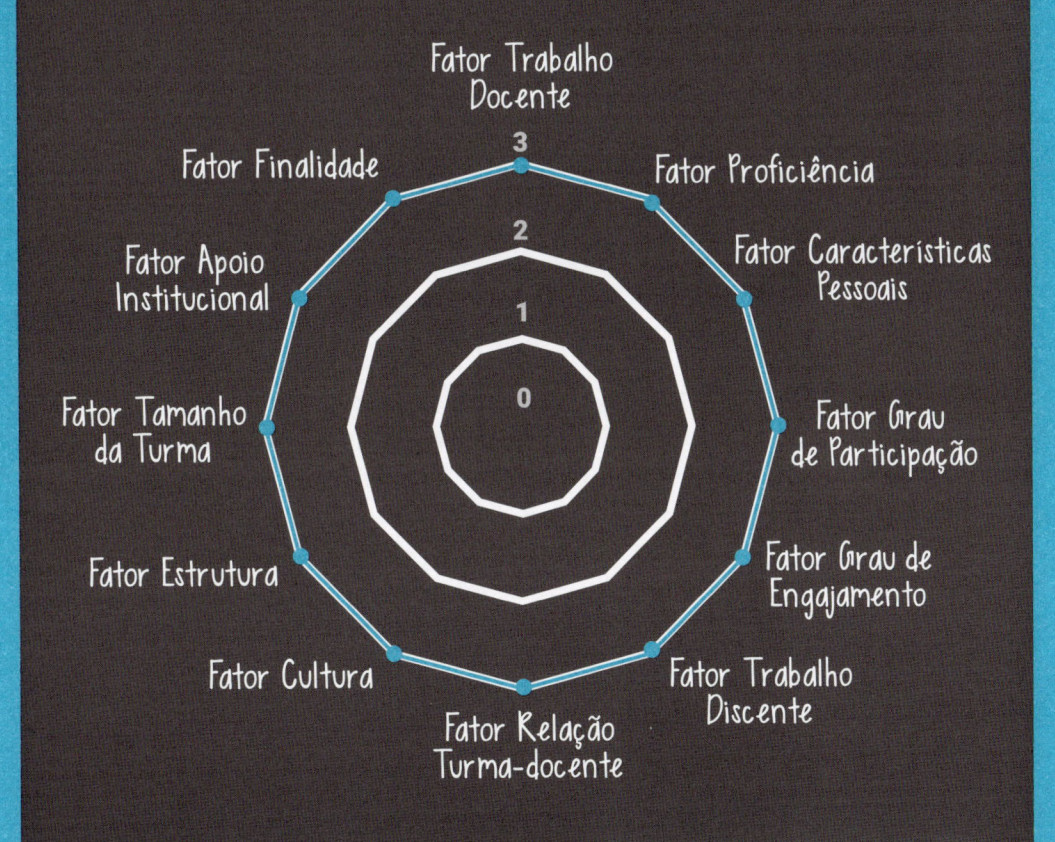

Fator Trabalho Docente — Fator Proficiência — Fator Características Pessoais — Fator Grau de Participação — Fator Grau de Engajamento — Fator Trabalho Discente — Fator Relação Turma-docente — Fator Cultura — Fator Estrutura — Fator Tamanho da Turma — Fator Apoio Institucional — Fator Finalidade

0 – pouco confortável, com muitas demandas
1 – menos ousado, exige alguns cuidados
2 – mais seguro, com poucas demandas
3 – confortável, sem demandas

Fonte: elaboração própria

DESCRIÇÃO

A aula expositiva tradicional é o método mais difundido nos cursos jurídicos. Ainda assim, é possível identificar diferentes formas pelas quais ela se manifesta. A palestra pode não ter espaço nenhum para participação, um espaço restrito para dúvidas e questionamentos ou mesmo oportunidades de interação entre alunos antes da retomada pelo professor (NEDER CEREZETTI et al., 2019, p. 85-91). Algumas observações:

- Uma exposição tradicional pode servir a vários propósitos dentro de um ensino participativo. Ela pode servir, por exemplo, para dar o mesmo nível de informação para a turma antes de uma dinâmica, sistematizar as reflexões e relacioná-las com o tema do curso ou até mesmo apresentar informações únicas que não poderão ser obtidas facilmente em outro lugar, como uma sistematização original da doutrina, um relato de experiência ou a narrativa de um caso;

- É fundamental que a exposição contemple diferentes estilos de aprendizagem por meio, por exemplo, de disponibilização de roteiro estruturado para que os alunos acompanhem ou apresentação de slides.

Para saber mais: GONÇALVES, 1984; BLIGH, 1998, p. 70-222; TAGLIAVINI, 2013, p. 113-142.

AQUÁRIO
(FISHBOWL)

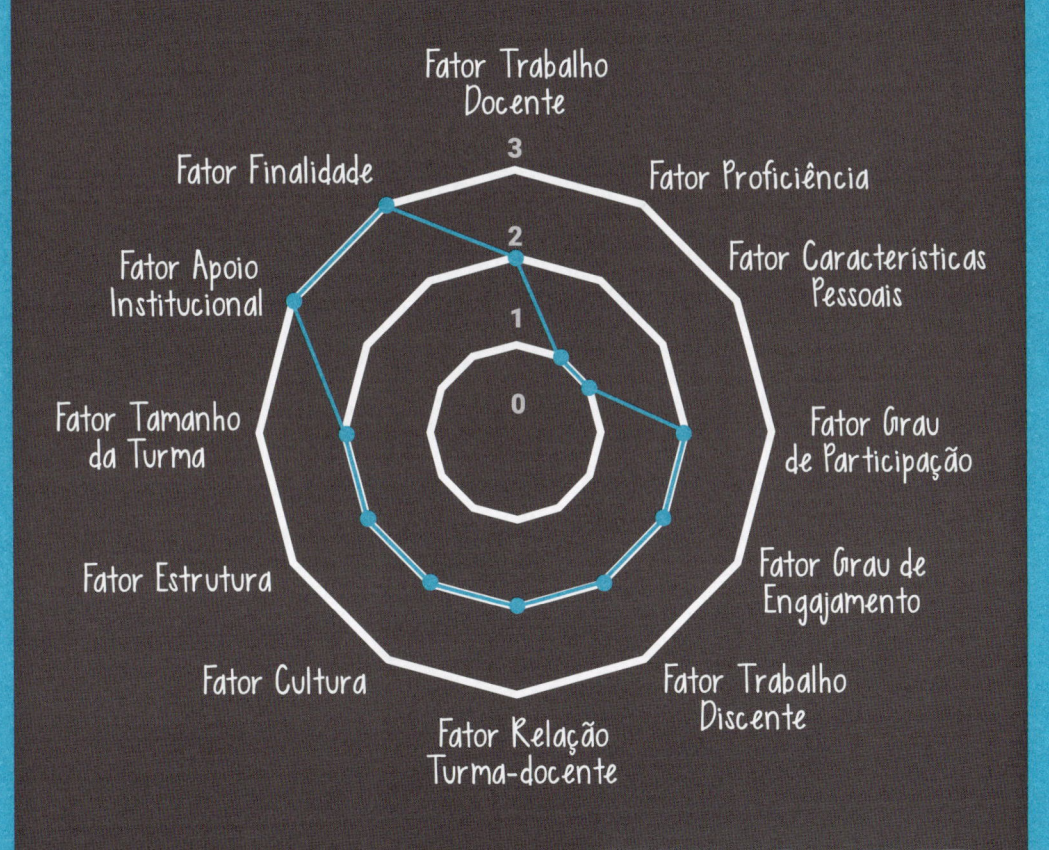

Fator Trabalho Docente
Fator Finalidade
Fator Proficiência
Fator Apoio Institucional
Fator Características Pessoais
Fator Tamanho da Turma
Fator Grau de Participação
Fator Estrutura
Fator Grau de Engajamento
Fator Cultura
Fator Trabalho Discente
Fator Relação Turma-docente

0 – pouco confortável, com muitas demandas
1 – menos ousado, exige alguns cuidados
2 – mais seguro, com poucas demandas
3 – confortável, sem demandas

Fonte : elaboração própria

DESCRIÇÃO

Consiste num método de debate estruturado que separa debatedores em dois grupos: um que participa e outro que assiste ao debate. A sala é estruturada em um grande círculo de observadores e, dentro deste círculo, são dispostas cadeiras (4 ou 5). Essas cadeiras começam ocupadas (com exceção de uma) por pessoas que se voluntariam a debate o tema que o professor (mediador) propõe. Os observadores podem, a qualquer momento, tocar num dos debatedores e entrar no lugar deles. Algumas observações:

- O fishbowl se diferencia de um grupo de verbalização e observação em razão da mobilidade entre os dois grupos: não há um momento definido para que observadores entrem no debate;

- O fishbowl envolve dois grandes riscos: intimidação de quem vai para o centro do debate e desengajamento de quem está fora. Para evitar isso, é recomendável que os observadores sejam estimulados a fazer alguma tarefa que será aproveitada posteriormente (como registrar os debates), seja para dar uma alternativa às pessoas mais tímidas, seja para estimular os estudantes a prestarem atenção no que acontece no centro;

- O fishbowl, por tornar visual a dinâmica do debate, é uma ferramenta para discutir a própria condução do debate – quem entrou, quando entrou, quanto ficou etc.

Para saber mais: SMART, FEATHERINGHAM, 2006; SCRAMIN, 2018.

GRUPO DE VERBALIZAÇÃO E GRUPO DE OBSERVAÇÃO
(GV-GO)

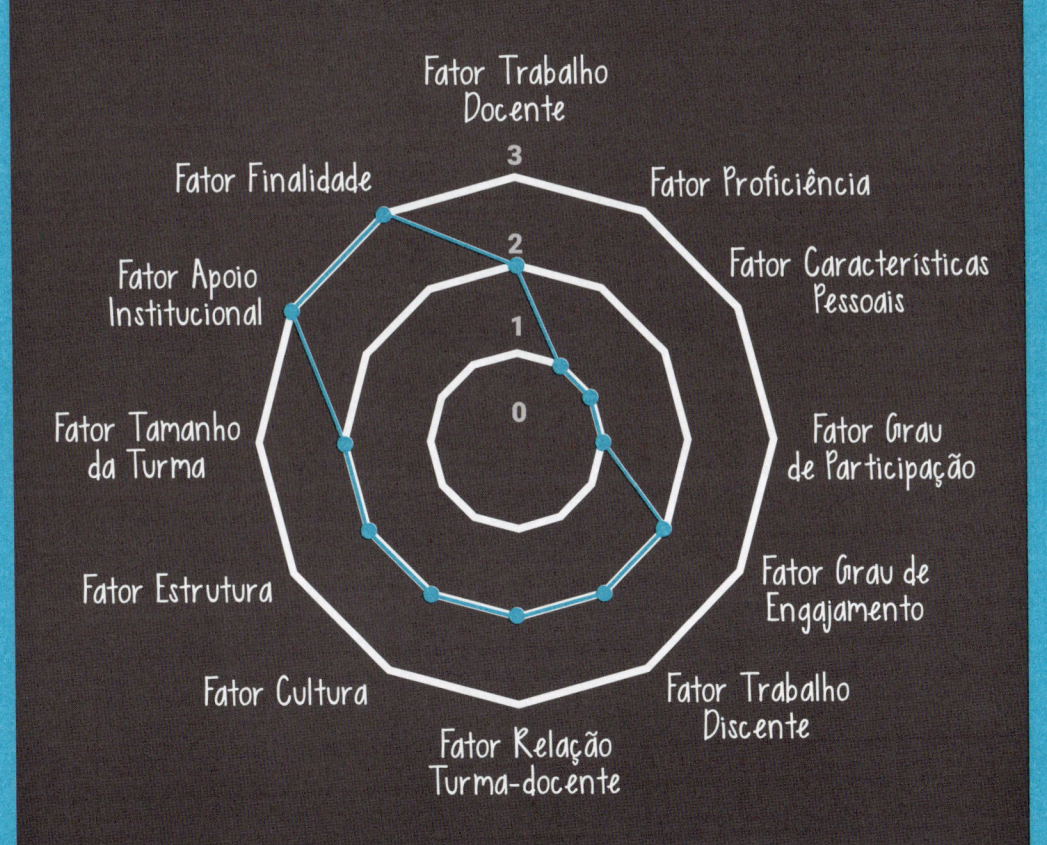

Fator Trabalho Docente · Fator Proficiência · Fator Finalidade · Fator Características Pessoais · Fator Apoio Institucional · Fator Grau de Participação · Fator Tamanho da Turma · Fator Grau de Engajamento · Fator Estrutura · Fator Trabalho Discente · Fator Cultura · Fator Relação Turma-docente

0 – pouco confortável, com muitas demandas
1 – menos ousado, exige alguns cuidados
2 – mais seguro, com poucas demandas
3 – confortável, sem demandas

Fonte : elaboração própria

DESCRIÇÃO

Consiste numa forma de aprendizagem por observação. Um círculo interno de alunos debate um tema, enquanto o círculo externo fica em silêncio. Em seguida, as pessoas do círculo externo vão para o círculo interno, e vice-versa. Depois, a turma toda discute o que registraram. Algumas observações:

- Vale para o GV-GO a mesma observação feita sobre os riscos do fishbowl, com o atenuante de que não se exige dos estudantes a postura ativa de ingressar no debate interior, o que confere maior conforto;

- O GV-GO possibilita o aprofundamento de questões no debate e, assim como o fishbowl, o questionamento sobre o próprio desempenho da turma.

Para saber mais: ANASTASIOU, ALVES, 2005, p. 88; GIL, 2007, p. 83.

JOGOS E GAMIFICAÇÃO

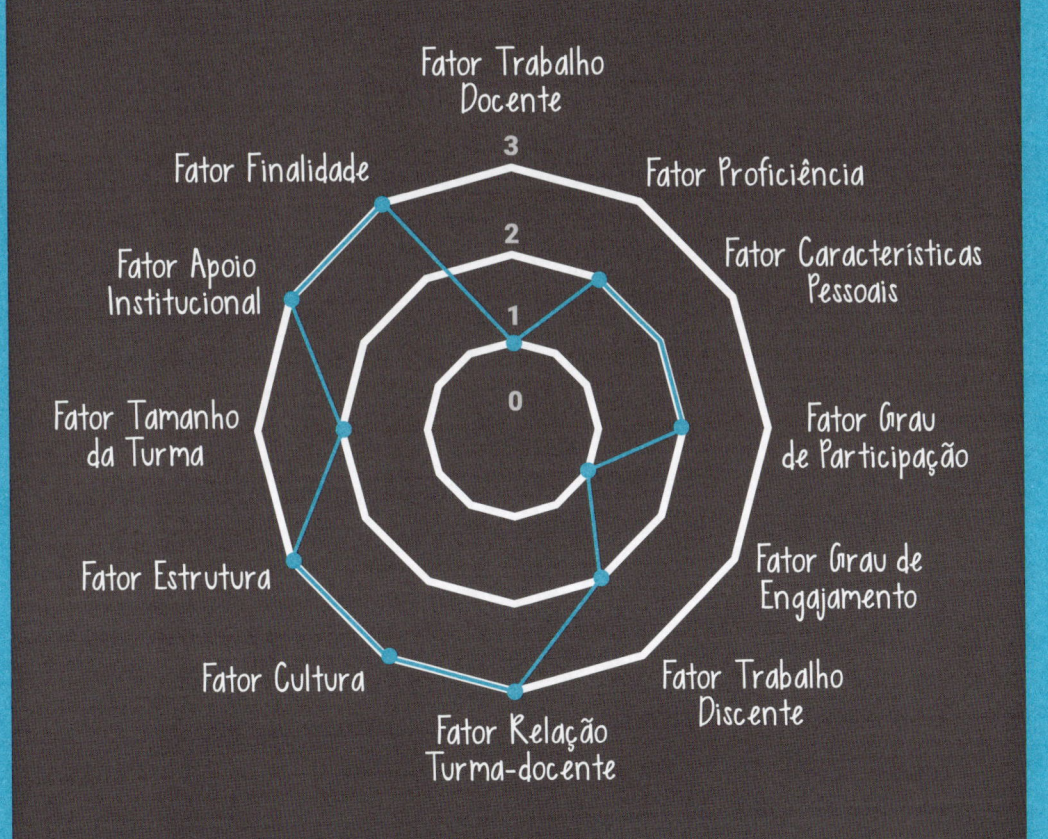

Fator Trabalho Docente
Fator Finalidade
Fator Apoio Institucional
Fator Tamanho da Turma
Fator Estrutura
Fator Cultura
Fator Relação Turma-docente
Fator Trabalho Discente
Fator Grau de Engajamento
Fator Grau de Participação
Fator Características Pessoais
Fator Proficiência

0 – pouco confortável, com muitas demandas
1 – menos ousado, exige alguns cuidados
2 – mais seguro, com poucas demandas
3 – confortável, sem demandas

Fonte : elaboração própria

DESCRIÇÃO

Jogos são atividades regradas que envolvem a superação de algum desafio (com ou sem competição) e uma forma de feedback imediato de desempenho do jogador (pontuação, vidas, fases etc.). Os jogos são compostos por uma mecânica (o que move os jogadores), um contexto (lore ou história envolvida no jogo) e um conjunto de regras. Exemplo é o Jogo da Política, do grupo Politize!, que cria um conjunto de regras para que os jogadores atinjam objetivos simulando a prática dos três Poderes.[1] Gamificação é a incorporação de alguns desses elementos de jogos a outras atividades. Exemplo de gamificação é a realização de uma atividade em grupos, na qual a cada exercício resolvido, os alunos habilitam um novo, mais desafiador. Algumas observações:

- A competição é um elemento necessário de jogos, se entendida como desafio, mas não se for entendida como competição entre jogadores. Um jogo pode exigir a cooperação entre todos os jogadores para superar um desafio comum (joga-se contra o jogo). A observação é importante porque jogos competitivos podem ter vantagens e desvantagens importantes, especialmente em relação à motivação ou à desmotivação de algumas pessoas;

- O sistema de recompensas e feedback que fazem parte de um jogo e podem fazer parte de uma atividade gamificada devem acompanhar a capacidade dos estudantes para fazer as atividades. Se a recompensa for muito pequena para o esforço que eles precisam, haverá desmotivação; se a recompensa for muito alta para o esforço, a atividade será menos eficiente do que poderia ser;

- O uso de tecnologia pode ajudar a aplicação de jogos, desde a criação de jogos no formato de visual novel (jogos que envolve textos e imagens para contar uma história, colocando o jogador para tomar decisões) até o cálculo dos pontos e a criação de rankings.

Para saber mais: VIANNA, Y. et al., 2013.

---

[1] Veja o Jogo da Política no site do grupo: http://biblioteca.politize.com.br/curadoria-jogo-da-politica. Último acesso em: 9 set. 2019.

LEITURA CRÍTICA

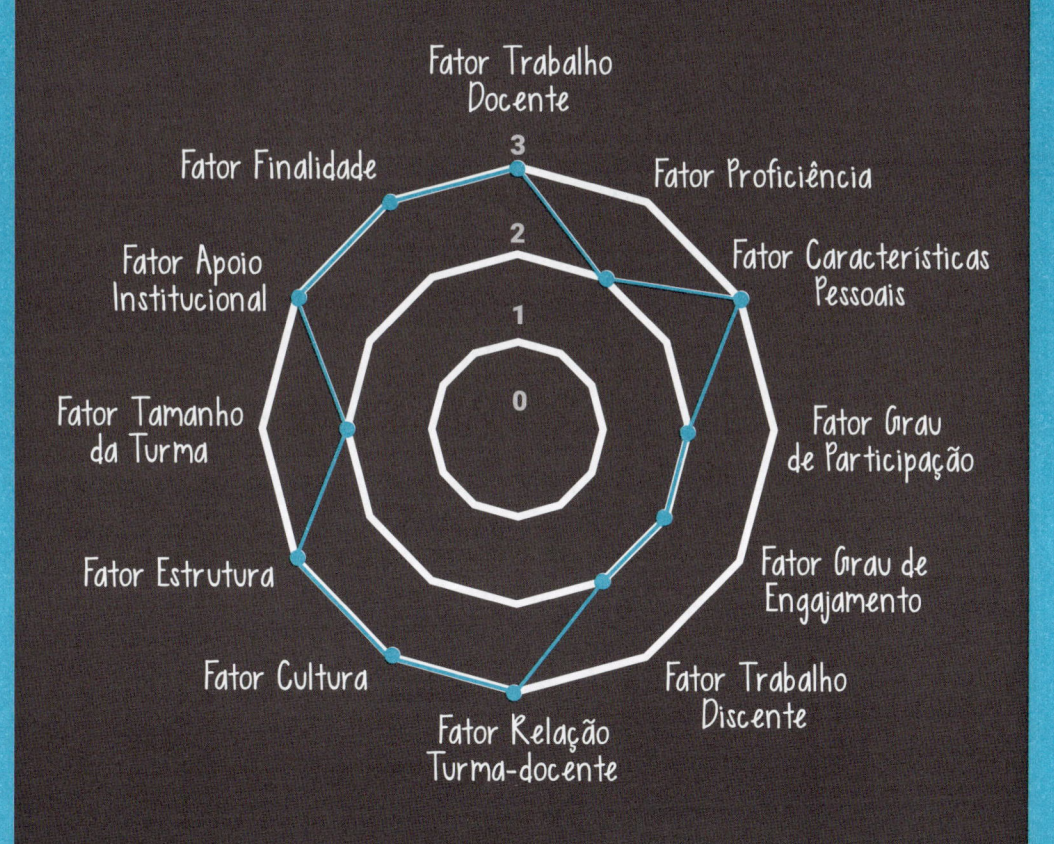

- Fator Trabalho Docente
- Fator Finalidade
- Fator Proficiência
- Fator Apoio Institucional
- Fator Características Pessoais
- Fator Tamanho da Turma
- Fator Grau de Participação
- Fator Estrutura
- Fator Grau de Engajamento
- Fator Cultura
- Fator Trabalho Discente
- Fator Relação Turma-docente

0 – pouco confortável, com muitas demandas
1 – menos ousado, exige alguns cuidados
2 – mais seguro, com poucas demandas
3 – confortável, sem demandas

Fonte : elaboração própria

DESCRIÇÃO

Consiste na leitura de um documento em sala de aula com o objetivo de problematizá-lo. Para isso, além da mera compreensão do texto, também são importantes outras operações, como o exame dos argumentos e da sua estruturação, das influências sobre o(a) autor(a) e das interpretações existentes a respeito do texto. Algumas observações:

- Como método para orientar uma dinâmica de sala de aula, a leitura crítica envolve o cuidado com o tempo necessário para a leitura. Por isso, é recomendável que o material didático seja curto (uma notícia, um trecho de um livro, uma parte de uma lei ou de uma decisão judicial etc.);

- É conveniente que a leitura crítica seja acompanhada por outros métodos de ensino, como o debate, a pesquisa na internet (webquest), o trabalho em pequenos grupos, dentre outros, para que os estudantes não sintam que estão "perdendo aula" para fazer a leitura de um texto;

- A atividade também pode consistir na comparação entre documentos – não há um limite de quantidade de documentos para uma leitura crítica na mesma atividade.

Para saber mais: ANASTASIOU, ALVES, 2005, p. 84-85; MACEDO JÚNIOR, 2007.

MAPEAMENTO

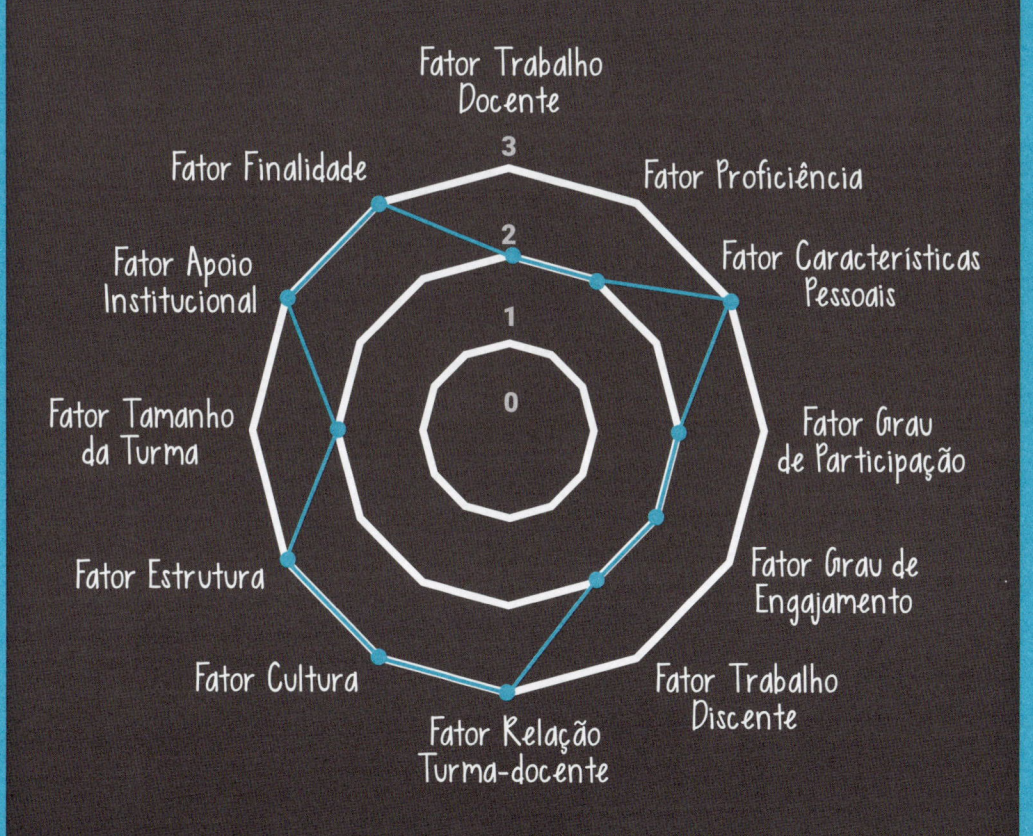

0 – pouco confortável, com muitas demandas
1 – menos ousado, exige alguns cuidados
2 – mais seguro, com poucas demandas
3 – confortável, sem demandas

Fonte : elaboração própria

DESCRIÇÃO

Consiste na elaboração e criação de mapas de relação entre diferentes elementos. Não falamos da apresentação de mapas, mas da construção desses produtos pelos alunos. Os mapas mentais, que relacionam ideias, podem ser: mapas conceituais (estabelecem relações entre conceitos), mapas de argumentação (relações entre argumentos), mapas de autores (relações entre obras e autores) e até fluxogramas (estabelecem o encadeamento de etapas de pensamento). Algumas observações:

- O mapeamento não precisa ser feito individualmente, embora, no geral, as pessoas possam fazer relações diferentes entre as mesmas ideias. O mapeamento pode ser coletivo e ser avaliado coletivamente;

- A elaboração de fluxogramas e mapas de tomada de decisão é uma boa ferramenta para orientar uma prática estabelecida;

- O uso de tecnologias pode ser muito benéfico para a realização do mapeamento, inclusive pelo uso de softwares de colaboração em tempo real.

Para saber mais: MOREIRA, 2006; CORREIA, SILVA, ROMANO JUNIOR, 2010; NOVAK, 2010, p. 118-123; FGV/EAESP, FGV/DIREITO SP, 2015, p. 28; LUPTON, 2013, p. 22-25.

MÉTODO DO CASO
(OU ESTUDO DE CASO)

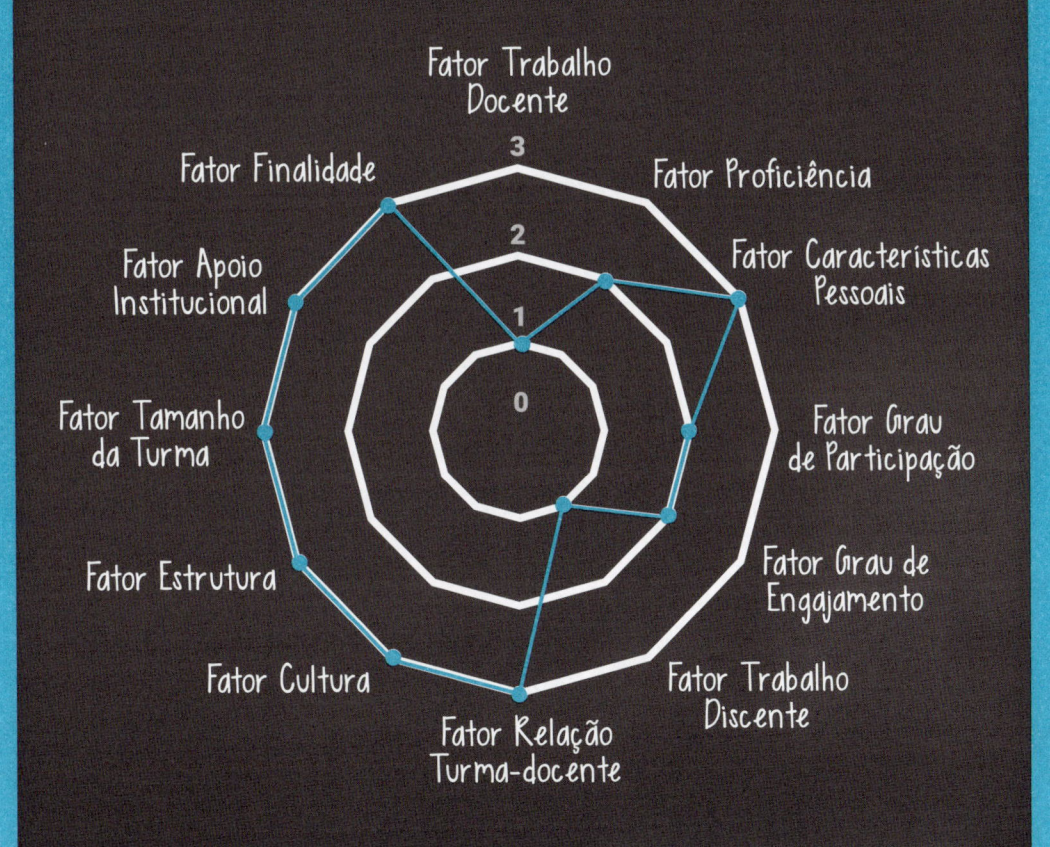

0 – pouco confortável, com muitas demandas
1 – menos ousado, exige alguns cuidados
2 – mais seguro, com poucas demandas
3 – confortável, sem demandas

Fonte : elaboração própria

DESCRIÇÃO

Tradicionalmente, consiste na análise de decisões judiciais, mas pode se referir a qualquer situação na qual houve uma solução. Os estudantes são estimulados a identificar os fatos relevantes, as normas jurídicas aplicadas e avaliar as decisões tomadas. Algumas observações:

- Usamos a ideia de método do caso de uma maneira ligeiramente diferente do sentido atribuído na Administração, por exemplo. Este sentido englobaria o nosso método do caso e a nossa aprendizagem baseada em problemas;

- O método do caso se diferencia da nossa aprendizagem baseada em problemas porque se volta para situações pretéritas e já resolvidas, estimulando os estudantes a avaliarem as decisões tomadas e as suas consequências à luz de um recorte específico; ao contrário, o problema se volta para situações ainda não resolvidas, estimulando os estudantes a buscarem soluções levando em considerações múltiplos aspectos (jurídicos, sociais, econômicos etc.);

- A narrativa de caso é um material didático que pode ser utilizado para a aplicação de diversos métodos. O método do caso corresponde a um uso específico desse material com vistas a discutir a solução dada.

Para saber mais: RAMOS, SCHORSCHER, 2009; GHIRARDI, 2012a, p. 57-59; STUCKEY et al., 2010; ANASTASIOU, ALVES, 2005, p. 91.

OBSERVAÇÃO

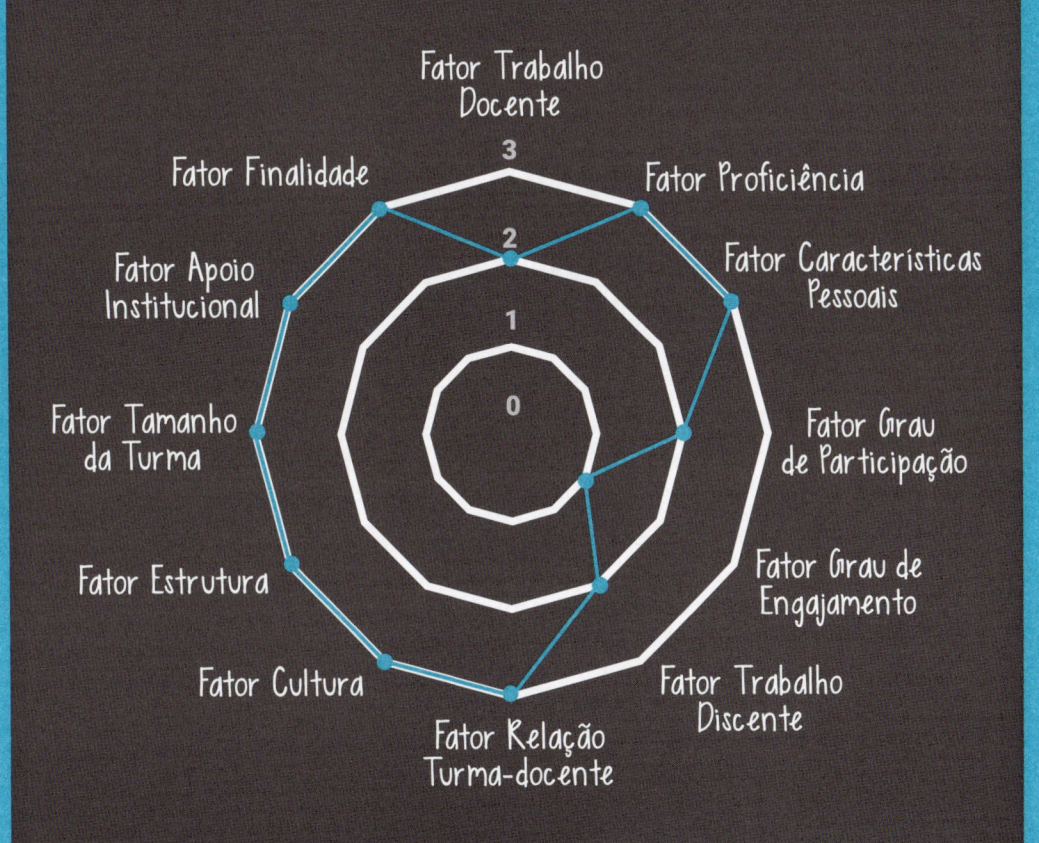

Fator Trabalho Docente

Fator Proficiência

Fator Finalidade

Fator Características Pessoais

Fator Apoio Institucional

Fator Grau de Participação

Fator Tamanho da Turma

Fator Grau de Engajamento

Fator Estrutura

Fator Trabalho Discente

Fator Cultura

Fator Relação Turma-docente

0 – pouco confortável, com muitas demandas
1 – menos ousado, exige alguns cuidados
2 – mais seguro, com poucas demandas
3 – confortável, sem demandas

Fonte : elaboração própria

DESCRIÇÃO

Consiste em criar oportunidades para que os estudantes aprendam a partir da observação do comportamento dos outros ou de situações concretas. O método também pode ser aplicado em sala de aula, com a definição de um grupo de estudantes que observará outro. Algumas observações:

- Há sempre uma parcela de estudantes que aprendem bem observando outras pessoas agindo (aprendizagem vicária), mas nem todos são assim. Por isso, é importante conjugar a observação com outras dinâmicas que estimulem outras formas de aprendizagem;

- Um risco que sempre está presente na observação é a desmotivação dos alunos. Para evitá-lo, é recomendável não apenas escolher experiências úteis e significativas a serem observadas, como também criar alguma tarefa de registro, como cadernos ou relatórios de observação.

Para saber mais: ANASTASIOU, ALVES, 2005, p. 97.

PROBLEMATIZAÇÃO
(PROBLEM-BASED METHOD PROBLEM-BASED LEARNING)

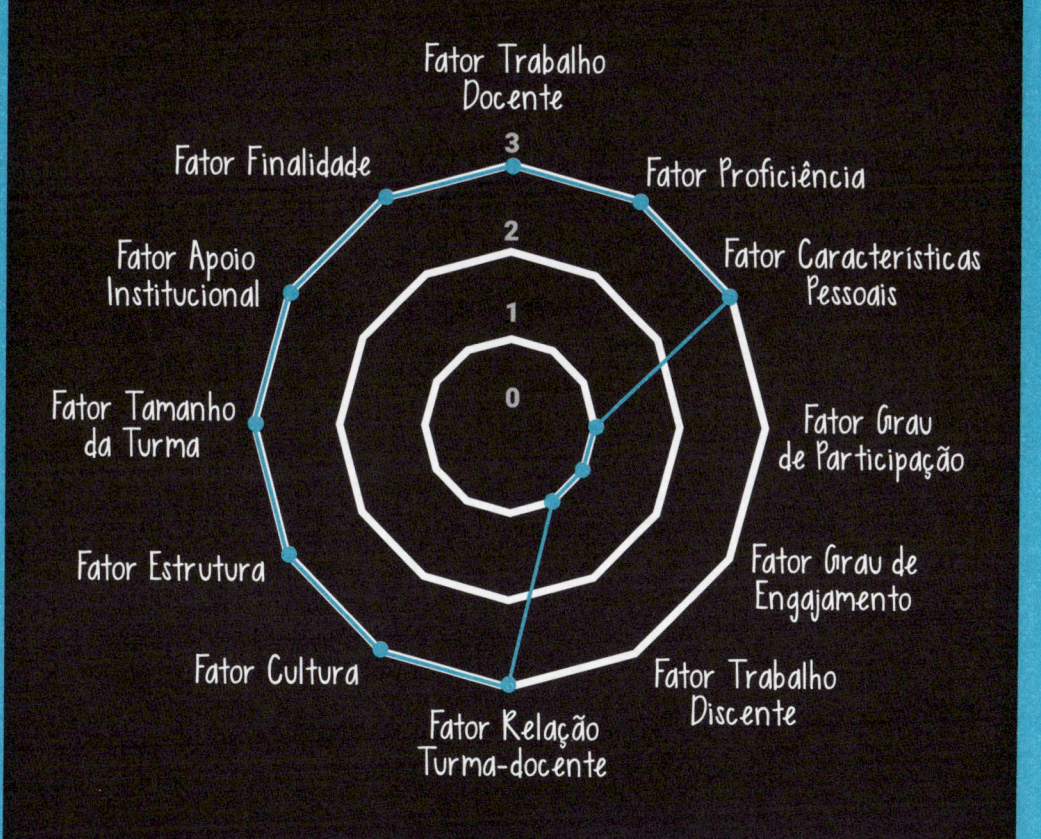

Fator Trabalho Docente
Fator Proficiência
Fator Finalidade
Fator Características Pessoais
Fator Apoio Institucional
Fator Tamanho da Turma
Fator Grau de Participação
Fator Estrutura
Fator Grau de Engajamento
Fator Cultura
Fator Trabalho Discente
Fator Relação Turma-docente

0 – pouco confortável, com muitas demandas
1 – menos ousado, exige alguns cuidados
2 – mais seguro, com poucas demandas
3 – confortável, sem demandas

Fonte : elaboração própria

DESCRIÇÃO

Tradicionalmente, o problem-based method (ou método baseado em problemas) consiste em estimular os alunos a responderem um problema sem solução definida, considerando-o em toda a sua complexidade e não apenas em seus elementos jurídicos. Dessa forma, ele não envolve etapas pré-definidas, embora seja possível dizer que deve haver momentos de identificação do(s) problema(s), pesquisa de possíveis soluções e debate sobre a conveniência das soluções. Algumas observações:

- Com fundamento em Berbel (1998), Anastasiou e Alves (2005), Pereira (2009) e Rodrigues (2010), é possível diferenciar ao menos três tipos de métodos baseados em problemas:

  - No primeiro, o professor apresenta um problema (completo ou incompleto) para os alunos, que devem usar os materiais disponíveis para solucioná-lo (neste conceito, equivale ao case study dos cursos de Administração);

  - No segundo, o professor apresenta uma situação para os alunos, que devem pesquisar e identificar os problemas, propondo soluções (PBL na sua acepção mais difundida);

  - No terceiro, os alunos são estimulados a observarem a realidade e a identificar problemas relacionados ao tema indicado pelo docente, trabalhando causas e buscando hipóteses de solução (problematização);

- A aprendizagem baseada em problemas (PBL) envolve, na sua acepção mais difundida (segundo sentido), os seguintes passos: apresentação do cenário, identificação dos fatos mais relevantes, complementação das informações faltantes, aprendizagem individual, debate sobre os materiais encontrados em grupo tutorial, aplicação da informação ao problema, avaliação dos resultados. Isso não impede, porém, a utilização de outros métodos de solução de problemas com outras etapas;

- Diferentemente do caso, o problema pode ser apresentado até mesmo sem uma narrativa. Ex.: "turma, quero que vocês resolvam o seguinte problema: como calcular a indenização devida pela empresa de mineração X pelos danos causados pelo rompimento da barragem Y?";

- Diferentemente do caso, o problema pode não ter apenas soluções jurídicas, mas contemplar outras áreas do conhecimento.

Para saber mais: GHIRARDI, 2012a, p. 61-63; PEREIRA, 2009; ANASTASIOU, ALVES, 2005, p. 86; BERBEL, 1998; RODRIGUES, 2010.

PESQUISA

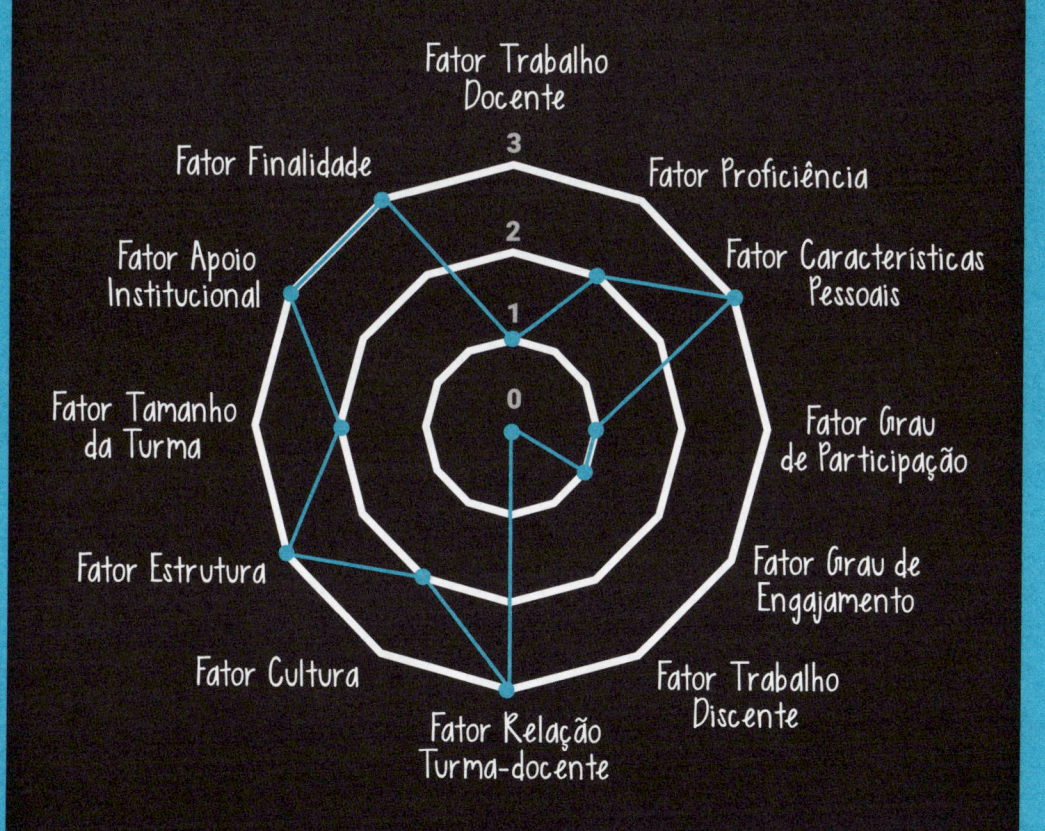

Fator Trabalho Docente
Fator Finalidade
Fator Proficiência
Fator Apoio Institucional
Fator Características Pessoais
Fator Tamanho da Turma
Fator Grau de Participação
Fator Estrutura
Fator Grau de Engajamento
Fator Cultura
Fator Trabalho Discente
Fator Relação Turma-docente

0 – pouco confortável, com muitas demandas
1 – menos ousado, exige alguns cuidados
2 – mais seguro, com poucas demandas
3 – confortável, sem demandas

Fonte : elaboração própria

DESCRIÇÃO

Consiste em levar os estudantes a aprenderem a partir da busca ativa por alguma informação. Algumas observações:

- Pode haver diferentes graus de complexidade na pesquisa. Qualquer busca será uma pesquisa, mas ela poderá ser mais complexa se for exigida a aplicação da metodologia de pesquisa (definição de problema, indicação de hipótese, seleção de métodos etc.);

- Os estudantes podem ser estimulados a usarem métodos de pesquisa científica, como observação de campo, etnografia, entrevistas, aplicação de questionários, experimentos etc. Isso vale para a análise dos dados coletados.

APRENDIZAGEM BASEADA EM PROJETOS
(PROJECT-BASED LEARNING)

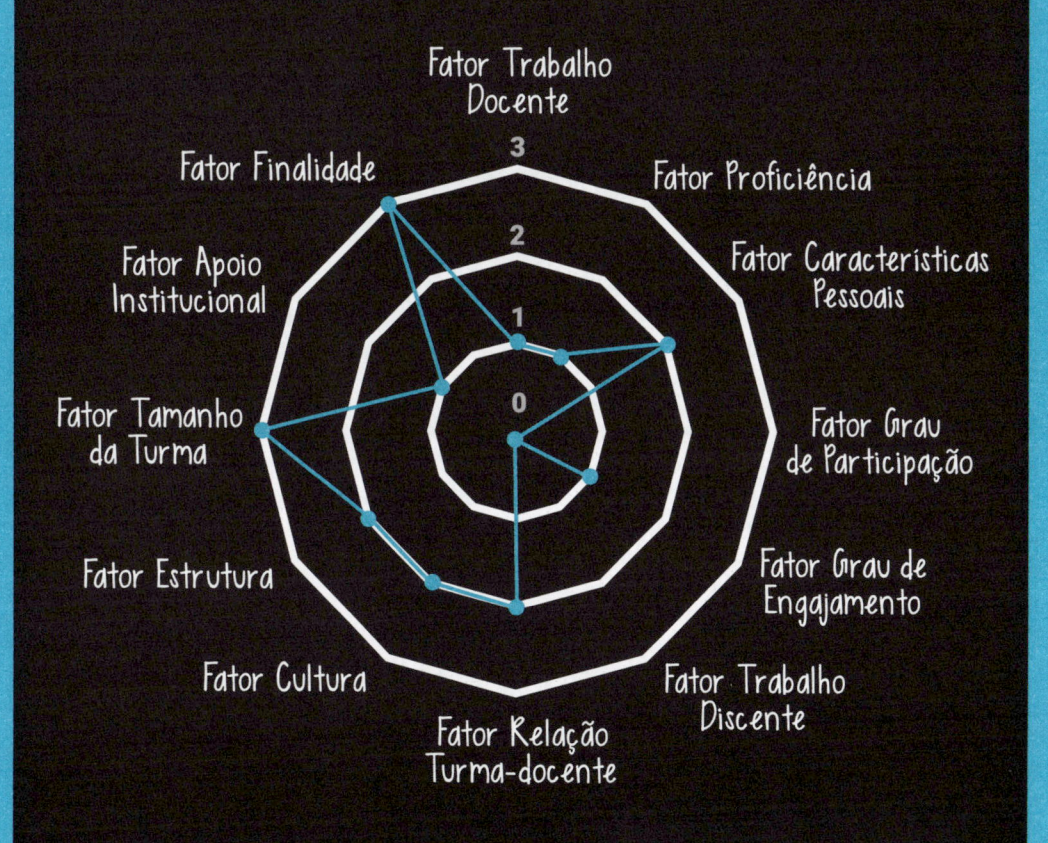

- 0 – pouco confortável, com muitas demandas
- 1 – menos ousado, exige alguns cuidados
- 2 – mais seguro, com poucas demandas
- 3 – confortável, sem demandas

Fonte : elaboração própria

DESCRIÇÃO

A aprendizagem baseada em projetos (PBL) estimula estudantes a elaborarem seus próprios produtos para dar resposta a uma necessidade específica. Diferentemente do problem-based learning, no qual os estudantes propõem uma solução, mas não criam nenhum produto (ex.: propor uma ação judicial para solucionar um problema), no project-based learning os estudantes efetivamente elaboram um produto concreto que será testado e implementado na realidade. Algumas observações:

- Na aprendizagem baseada em projetos, é recomendável que caiba aos estudantes escolherem os problemas que desejam resolver. Isso não impede que o professor confira uma moldura mais ou menos definida dentro da qual escolhem;

- A aprendizagem baseada em projetos geralmente vem acompanhada da aplicação de metodologias de concepção, gerenciamento e execução de projetos. O project model canvas é apenas um dos vários exemplos de ferramentas destinadas a contribuir para que as pessoas criem projetos;[1]

- O projeto é um produto que soluciona um problema. Assim, esse método pode ser aplicado numa aula ou num semestre inteiro, a depender da complexidade do produto e do problema. O produto pode ser complexo ou simples – compare-se, por exemplo, a elaboração de um memorial para a guerra civil numa cidade da Carolina do Sul (BENDER, 2014, p. 102-103) com a redação de um verbete na Wikipédia (QUEIROZ, 2012);

- A elaboração do projeto normalmente também vem acompanhada da apresentação dos projetos e da realização de protótipos.

Para saber mais: BENDER, 2014.

---

[1] Para conferir um resumo da metodologia project model canvas, veja o site de José Finocchio Junior, http://pmcanvas.com.br/. Último acesso em: 9 set. 2019. Para um comparativo de várias metodologias, cf. CARLOS JUNIOR, 2017.

INTERPRETAÇÃO DE PAPÉIS
(ROLE-PLAY)

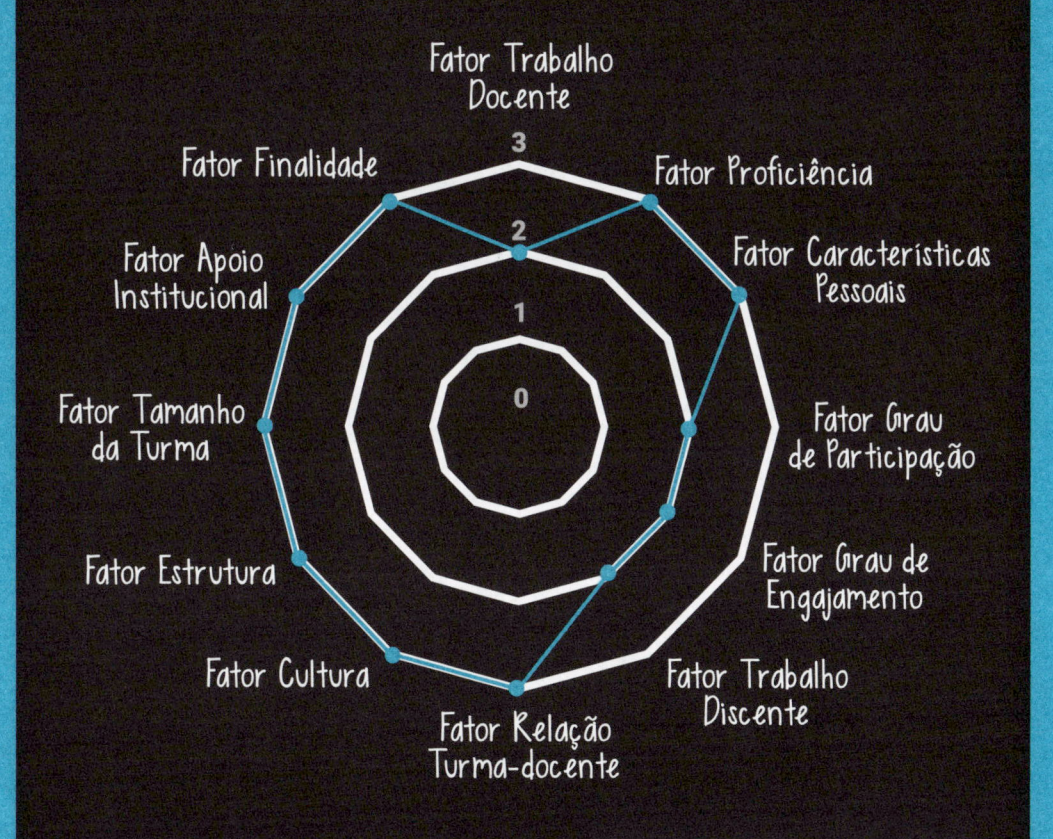

0 – pouco confortável, com muitas demandas
1 – menos ousado, exige alguns cuidados
2 – mais seguro, com poucas demandas
3 – confortável, sem demandas

Fonte : elaboração própria

DESCRIÇÃO

Consiste na atribuição de papéis (ex. julgador, promotor, governante etc.) aos estudantes, que devem pensar, opinar, atuar ou se portar de acordo com o papel durante a realização da atividade. Algumas observações:

- O role-play não exige a atribuição de múltiplos papéis. Basta a atribuição de um papel, ainda que seja para a turma toda;

- O role-play é um método de ensino que geralmente se conjuga com outros – por exemplo, atribuição de papéis num debate ou num diálogo socrático (ex. "turma, como promotor, o que vocês fariam?"), método do caso ou no trabalho em grupo;

- Um dos grandes riscos do role-play é a possibilidade de que os estudantes não levem a sério o papel que lhes foi atribuído. Para contorná-lo, é importante, de um lado, provocar os alunos a pensarem no papel, questionando-os sempre a partir dessa perspectiva (ex.: "certo, você defende que a Defensoria não deve defender o acusado de roubo. Mas você continuaria defendendo essa posição se soubesse que a Corregedoria poderia punir você?"); de outro, é importante avaliar se a sua turma está preparada para defender pontos de vista diferentes ou se é melhor deixá-la se acomodar de acordo com os pontos de vista que já defendem.

Para saber mais: GHIRARDI, 2012a, p. 59-60; GABBAY, SICA, 2009.

SALA DE AULA INVERTIDA
(FLIPPED CLASSROOM)

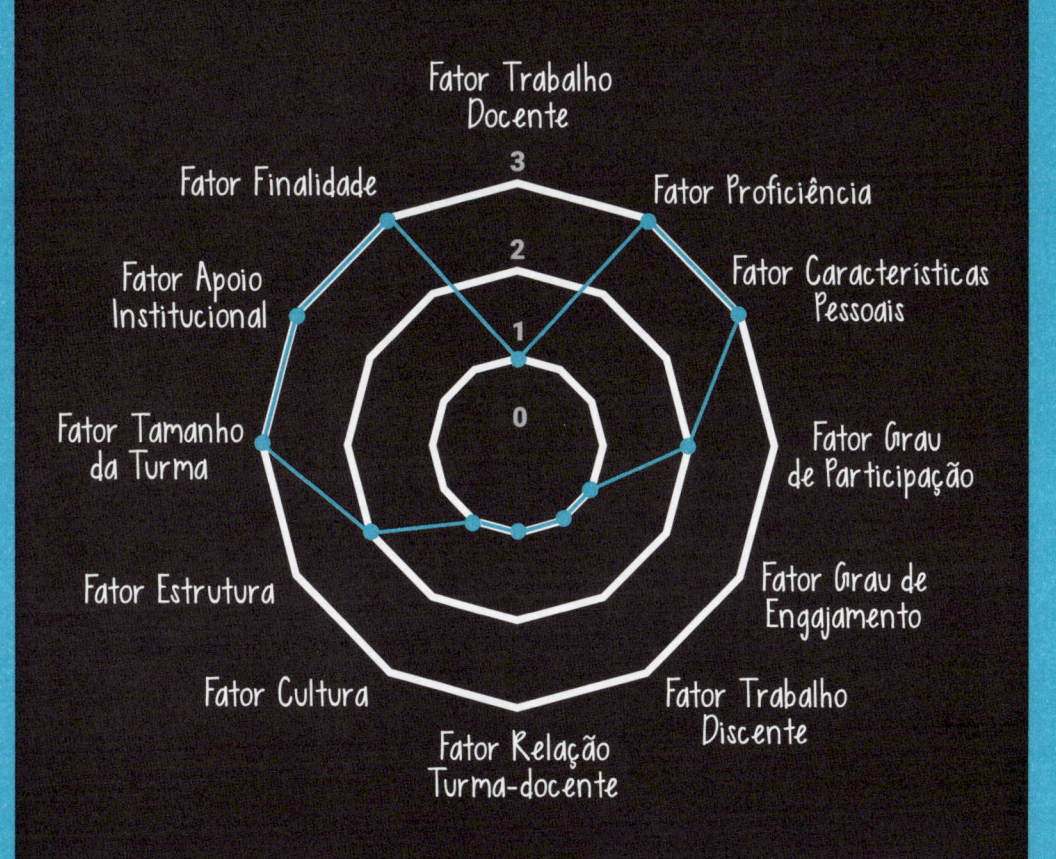

0 – pouco confortável, com muitas demandas
1 – menos ousado, exige alguns cuidados
2 – mais seguro, com poucas demandas
3 – confortável, sem demandas

Fonte : elaboração própria

DESCRIÇÃO

Consiste na inversão de momentos tradicionalmente definidos no ensino: a palestra em aula e as atividades fora de sala. Só faz sentido pensar na "aula invertida" se entendermos que a aula serve para palestra – afinal, preparação prévia sempre foi algo que existiu. O docente disponibiliza sua palestra ou seu texto-base para os estudantes se prepararem fora de sala de aula. O momento de encontro serve para aprofundar os conceitos e as informações transmitidas por meio da utilização de outros métodos de ensino participativo. Algumas observações:

- A sala de aula invertida perde seu propósito se o momento do encontro físico for utilizado para repetir o que foi indicado para preparação prévia. Isso não impede o docente de retomar pontos da preparação que julgar importantes;

- O encontro físico se torna momento não apenas para aplicação prática ou reflexão sobre as informações transmitidas na palestra prévia, mas também para o desenvolvimento de outros objetivos sociais, procedimentais, atitudinais;

- O uso de tecnologia para a disponibilização da palestra é recomendável, seja por meio de ambientes virtuais de aprendizagem ou redes sociais.

Para saber mais: FGV/EAESP, FGV/DIREITO SP, 2015, p. 14-17.

SEMINÁRIO DE LEITURA

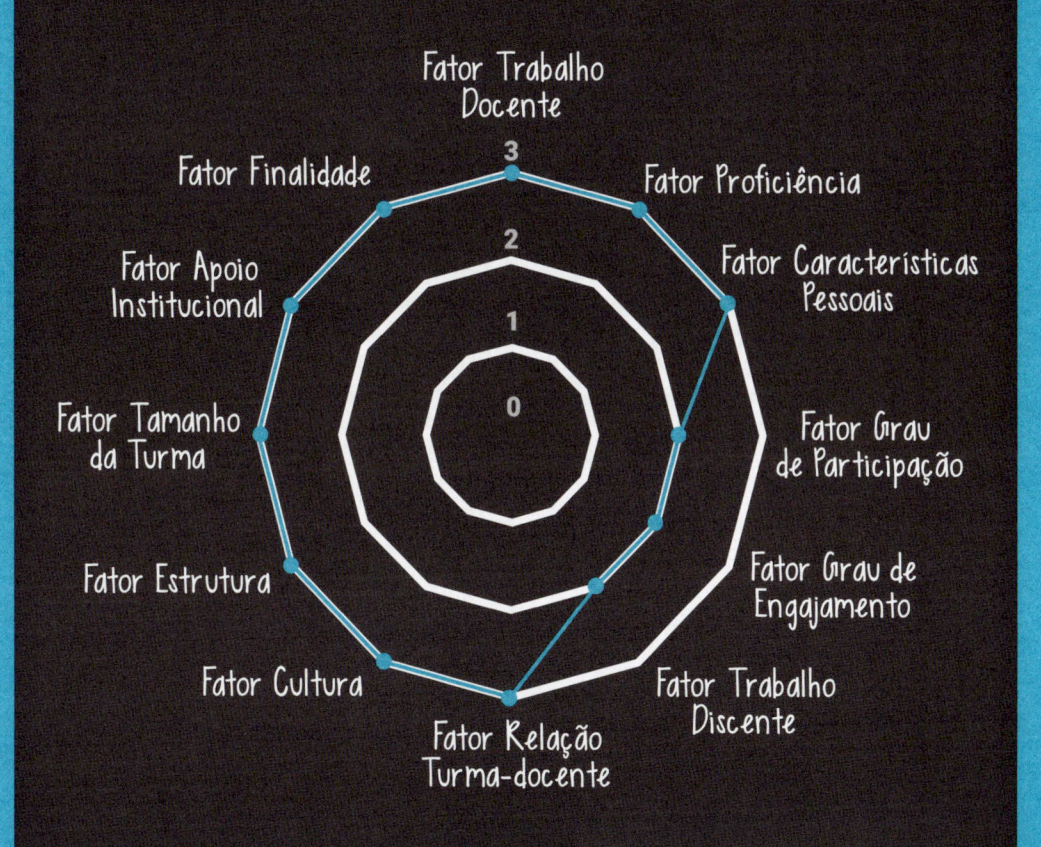

0 – pouco confortável, com muitas demandas
1 – menos ousado, exige alguns cuidados
2 – mais seguro, com poucas demandas
3 – confortável, sem demandas

Fonte : elaboração própria

DESCRIÇÃO

Nos seminários, a aula passa a ser conduzida pelos estudantes. O seminário de leitura consiste na exploração de um texto. Os estudantes podem confrontar diferentes leituras, aprofundar o argumento da obra e relacioná-la com outras. Algumas observações:

- O seminário como método em si implica apenas na mudança do sujeito que conduz a aula. Por isso, ele vem acompanhado da aplicação de outros métodos. Como as aulas expositivas são mais tradicionais nos cursos jurídicos, é comum que os alunos reproduzam essa forma de ensinar nos seminários e a conjuguem com um debate. Nada impede, porém, que seja aplicado com caso, diálogo socrático etc.;

- Um dos grandes riscos do seminário é a desmotivação dos estudantes que não são escalados para a apresentação. Por isso, é importante conjugá-lo com mecanismos de engajamento dos outros alunos – desde atividades avaliativas até a aplicação de outros métodos.

Para saber mais: MACEDO JUNIOR, 2013; MACHADO, BARBIERI, 2009.

SEMINÁRIO DE PESQUISA

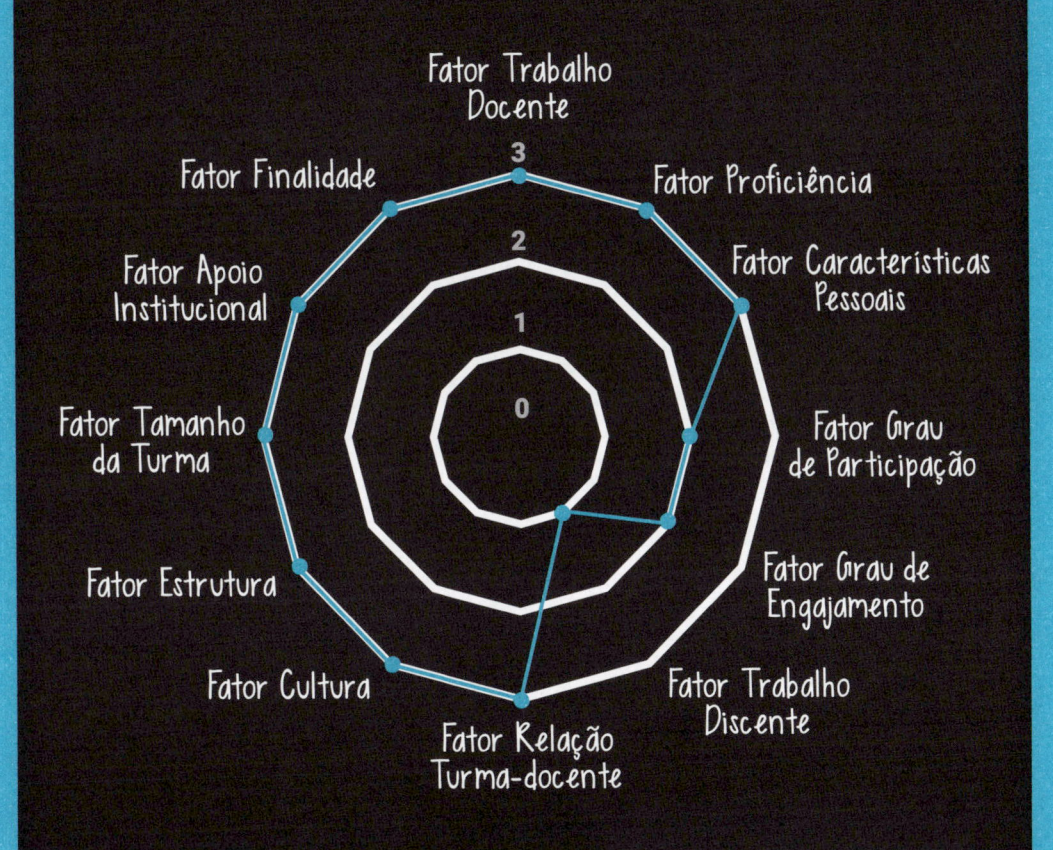

0 – pouco confortável, com muitas demandas
1 – menos ousado, exige alguns cuidados
2 – mais seguro, com poucas demandas
3 – confortável, sem demandas

Fonte : elaboração própria

DESCRIÇÃO

Nos seminários, a aula passa a ser conduzida pelos estudantes. No seminário de pesquisa, os estudantes apresentam e debatem propostas ou resultados de pesquisas acadêmicas. Algumas observações:

· O seminário como método em si implica apenas na mudança do sujeito que conduz a aula. Por isso, ele vem acompanhado da aplicação de outros métodos. Como as aulas expositivas são mais tradicionais nos cursos jurídicos, é comum que os alunos reproduzam essa forma de ensinar nos seminários e a conjuguem com um debate. Nada impede, porém, que seja aplicado com caso, diálogo socrático etc.;

· Um dos grandes riscos do seminário é a desmotivação dos estudantes que não são escalados para a apresentação. Por isso, é importante conjugá-lo com mecanismos de engajamento dos outros alunos – desde atividades avaliativas até a aplicação de outros métodos;

· Seminários de pesquisa são especialmente úteis para programas de pós-graduação, mas também servem para apresentação de resultados de pesquisas não-científicas.

Para saber mais: ANASTASIOU, ALVES, 2005, p. 93; MACHADO, BARBIERI, 2009.

SEMINÁRIO TEMÁTICO

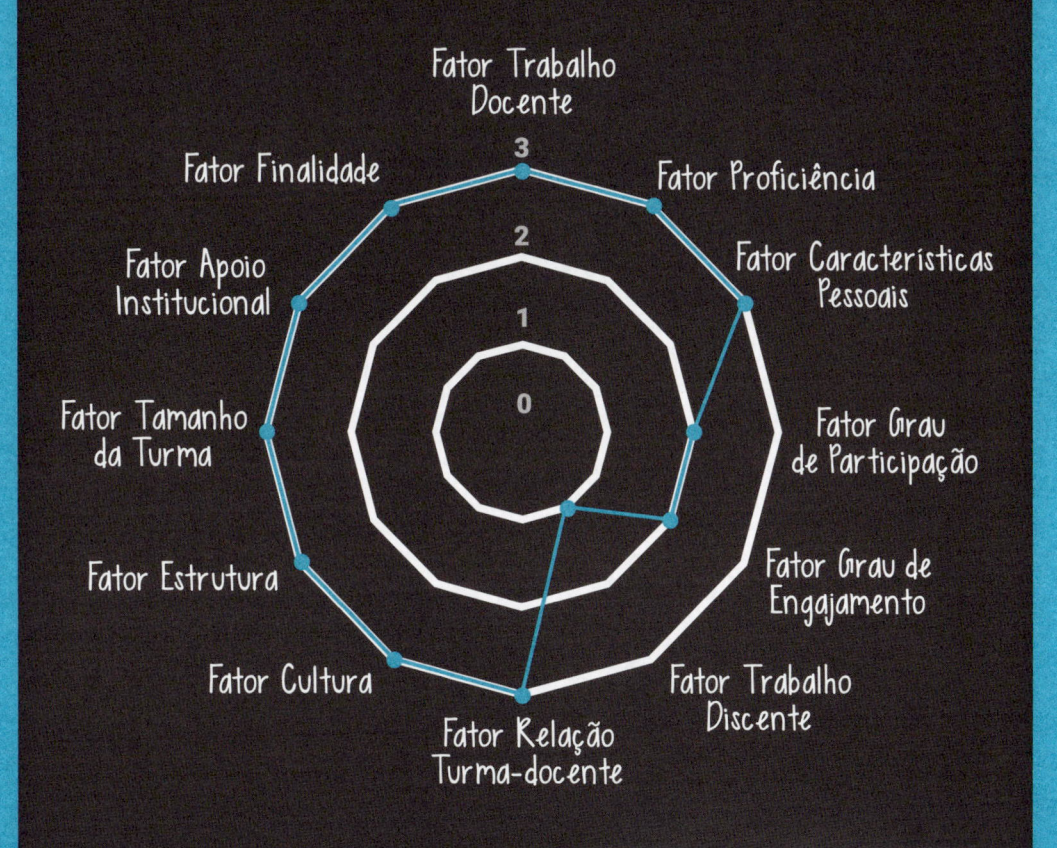

0 – pouco confortável, com muitas demandas
1 – menos ousado, exige alguns cuidados
2 – mais seguro, com poucas demandas
3 – confortável, sem demandas

Fonte : elaboração própria

DESCRIÇÃO

Nos seminários, a aula passa a ser conduzida pelos estudantes. O seminário temático consiste na exploração de um tema. Os estudantes procuram responder perguntas sobre ele ao pesquisar materiais sobre o assunto. Algumas observações:

- O seminário como método em si implica apenas na mudança do sujeito que conduz a aula. Por isso, ele vem acompanhado da aplicação de outros métodos. Como as aulas expositivas são mais tradicionais nos cursos jurídicos, é comum que os alunos reproduzam essa forma de ensinar nos seminários e a conjuguem com um debate. Nada impede, porém, que seja aplicado com caso, diálogo socrático etc.;

- Um dos grandes riscos do seminário é a desmotivação dos estudantes que não são escalados para a apresentação. Por isso, é importante conjugá-lo com mecanismos de engajamento dos outros alunos – desde atividades avaliativas até a aplicação de outros métodos.

Para saber mais: MACHADO, BARBIERI, 2009.

SIMULAÇÃO

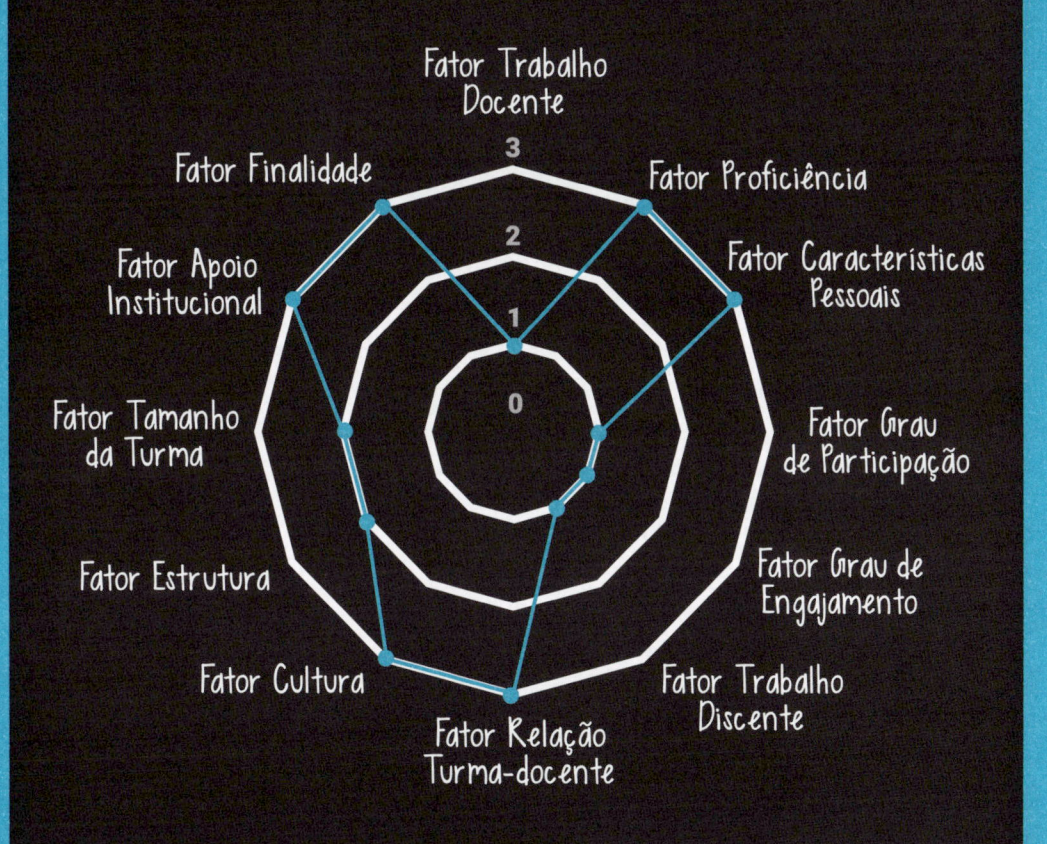

Fator Trabalho Docente
Fator Proficiência
Fator Características Pessoais
Fator Grau de Participação
Fator Grau de Engajamento
Fator Trabalho Discente
Fator Relação Turma-docente
Fator Cultura
Fator Estrutura
Fator Tamanho da Turma
Fator Apoio Institucional
Fator Finalidade

0 – pouco confortável, com muitas demandas
1 – menos ousado, exige alguns cuidados
2 – mais seguro, com poucas demandas
3 – confortável, sem demandas

Fonte : elaboração própria

DESCRIÇÃO

Consiste na colocação dos estudantes em situações que se assemelham à realidade. É uma espécie de role-play, já que envolve atribuição de papéis, mas se particulariza por enfocar a interação deles entre si como ocorreria em concreto. Algumas observações:

- Se no role-play enfatiza-se os interesses dos atores e como eles pensam, na simulação enfatiza-se o que eles fazem na realidade. Os principais pilares da simulação são a sua capacidade de se aproximar ao máximo da realidade (fidelidade), fazer os estudantes sentirem isso (imersividade) e prepará-los para agir em situações futuras semelhantes (treinamento);

- Em razão da fidelidade, e para dar maior imersividade, a simulação pode exigir alterações no ambiente da aula (inclusive aulas fora da universidade), nas pessoas envolvidas (convidados) e até mesmo nas vestimentas utilizadas;

- É imprescindível um momento de reflexão sobre o desempenho na simulação. É possível, até mesmo, gravar a atividade para que os estudantes analisem sua atuação e a dos demais.

Para saber mais: GHIRARDI, 2012a, p. 60-61; GIL, 2007, p. 85-91.

STORYTELLING

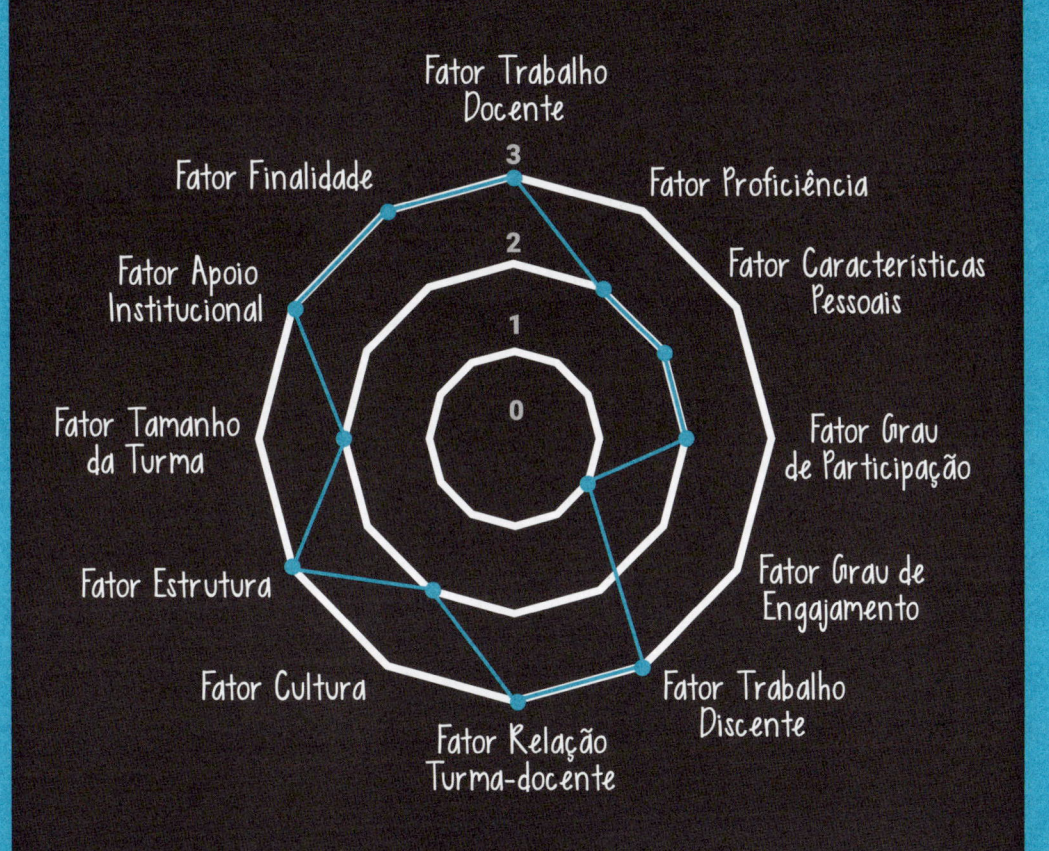

Fator Trabalho Docente

Fator Finalidade

Fator Proficiência

Fator Apoio Institucional

Fator Características Pessoais

Fator Tamanho da Turma

Fator Grau de Participação

Fator Estrutura

Fator Grau de Engajamento

Fator Cultura

Fator Trabalho Discente

Fator Relação Turma-docente

3
2
1
0

0 – pouco confortável, com muitas demandas
1 – menos ousado, exige alguns cuidados
2 – mais seguro, com poucas demandas
3 – confortável, sem demandas

Fonte : elaboração própria

DESCRIÇÃO

Consiste no uso de histórias, especialmente narrativas, para a aprendizagem. Como este é um livro sobre ensino participativo, consideramos importante que a história seja feita e apresentada pelos estudantes – o storytelling pelo professor nada mais é do que um elemento dentro de uma exposição. Essa construção pode ser coletiva ou individual e usar ou não materiais (ex.: construção de HQ, cordel, fábulas etc.). O storytelling permite aos alunos conceberem cenários fictícios ou usarem situações reais e trabalharem com papéis, enredo e contexto. Algumas observações:

- A contação de histórias é um método milenar de ensino que tem na capacidade de engajar quem escuta (ou cria a história) no processo de aprendizagem ao aguçar a curiosidade, simplificar mensagens e aplicar conteúdo em concreto;

- O storytelling ganhou proeminência diante da visão de que o conhecimento e a realidade são construídos por várias perspectivas e narrativas diferentes. Por meio de diferentes histórias, constrói-se um panorama mais diverso dos fenômenos;

- É imprescindível que a dinâmica de contar histórias seja acompanhada de um momento de reflexão sobre o que se falou ou ouvir, caso contrário será apenas um exercício literário.

Para saber mais: FGV/EAESP, FGV/DIREITO SP, 2015, p. 32; ALTERIO, MCDRURY, 2003; ROBIN, 2006.

"TORÓ DE IDEIAS" (BRAINSTORMING OU TEMPESTADE CEREBRAL)

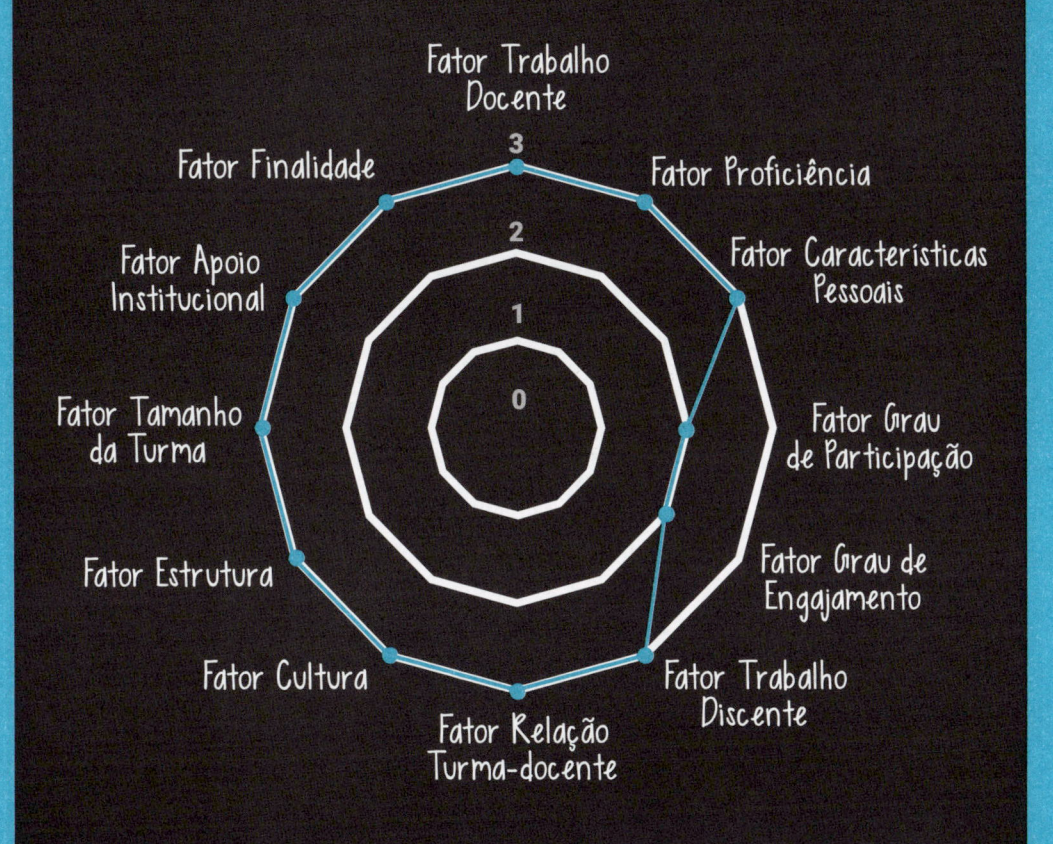

Fator Trabalho Docente
Fator Proficiência
Fator Finalidade
Fator Características Pessoais
Fator Apoio Institucional
Fator Grau de Participação
Fator Tamanho da Turma
Fator Grau de Engajamento
Fator Estrutura
Fator Trabalho Discente
Fator Cultura
Fator Relação Turma-docente

0 – pouco confortável, com muitas demandas
1 – menos ousado, exige alguns cuidados
2 – mais seguro, com poucas demandas
3 – confortável, sem demandas

Fonte : elaboração própria

DESCRIÇÃO

O toró de ideias (tempestade cerebral) consiste num método de criação e seleção de ideias. Ocorre por meio do oferecimento livre e sem restrições de ideias com posterior priorização e seleção daquelas mais significativas. Colegas não podem rejeitar, criticar, restringir, emoldurar ou bloquear de qualquer forma o processo criativo no primeiro momento. Em seguida, as ideias podem ser hierarquizadas, selecionadas etc. Algumas observações:

- Existe uma etiqueta do brainstorming que envolve diversas atitudes, além da falta de bloqueios mencionada acima. É importante que os alunos se sintam à vontade para escrever e indicar ideias, mesmo as que pareçam mais incabíveis. Uma ideia "ruim" pode levar a outras ideias boas construídas a partir dela;

- O brainstorming pode ser feito em grupo ou individualmente. Em ambos os casos, começa com a produção do máximo de ideias possível (foco na quantidade), seguida por uma hierarquização daquelas mais relevantes segundo algum critério estabelecido e seleção das melhores ideias (foco na qualidade).

Para saber mais: BENDER, 2014, p. 109-110; LUPTON, 2013, p. 16-19.

APRENDIZAGEM BASEADA EM TIMES (TEAM-BASED LEARNING)

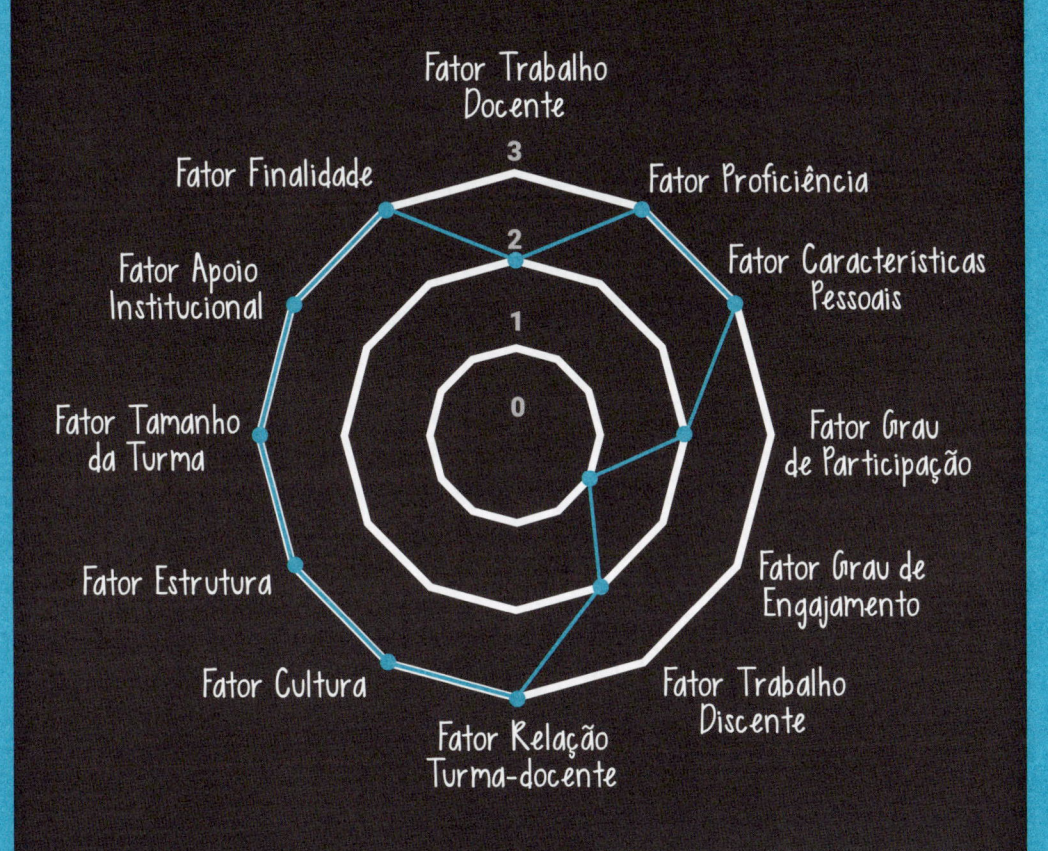

0 – pouco confortável, com muitas demandas
1 – menos ousado, exige alguns cuidados
2 – mais seguro, com poucas demandas
3 – confortável, sem demandas

Fonte : elaboração própria

DESCRIÇÃO

Consiste na divisão da turma em "times" para a realização de uma tarefa. Essa tarefa pode abranger desde a solução de exercícios ou de um problema até a elaboração de um projeto. Algumas observações:

- No team-based learning clássico, os estudantes realizam um teste individualmente e depois em grupo para, em seguida, resolver um caso coletivamente. Formas mais recentes de team-based learning levam em consideração a divisão da turma em grupos que trabalharão em conjunto ao longo do ou dos semestres para resolver desafios, como na Kaospilot (LÄHDEMÄKI, 2019);

- A ideia do team-based learning, assim como a do trabalho em pequenos grupos, é estimular a aprendizagem pelos pares, de modo que um estudante contribua para o aprendizado do outro;

- O team-based learning e o trabalho em pequenos grupos exigem a aplicação de outros instrumentos de avaliação para que seja possível acompanhar o desenvolvimento dos estudantes, uma vez que raramente será possível contar com um assistente para acompanhar de perto cada grupo.

Para saber mais: BRAME, c2019; TBLC, c2019; MICHAELSEN, 2002.

TRABALHO EM GRUPOS

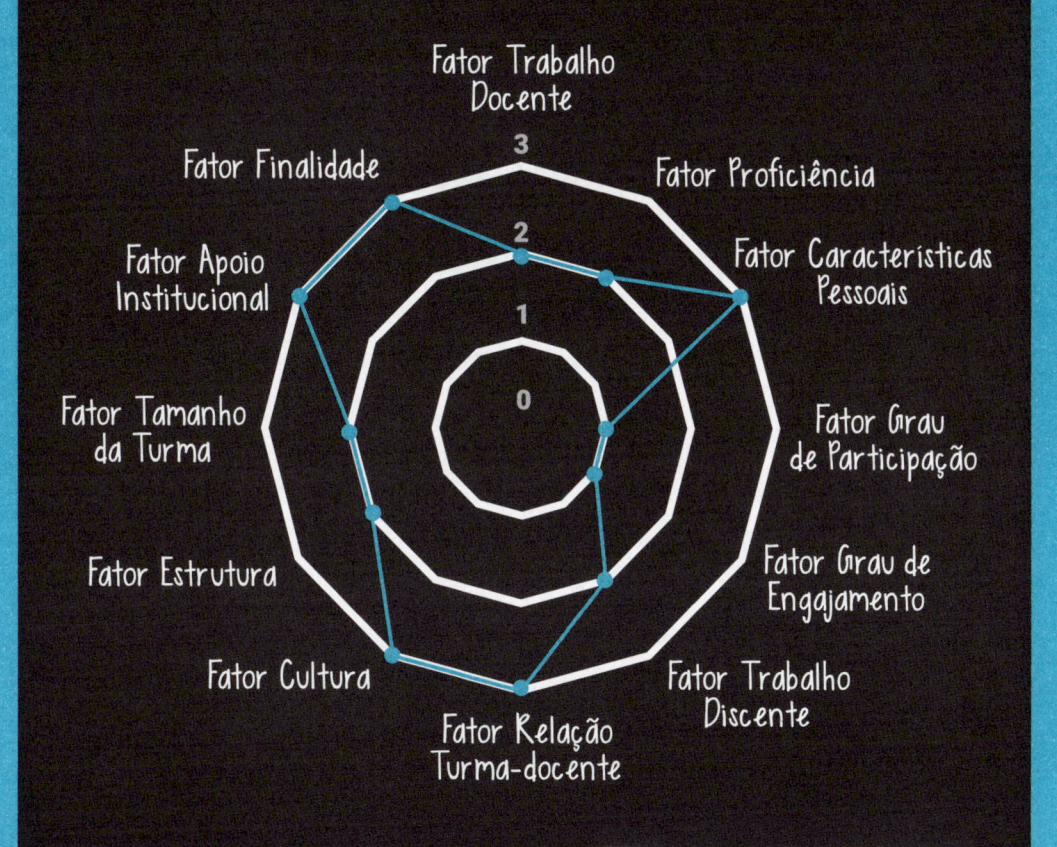

0 – pouco confortável, com muitas demandas
1 – menos ousado, exige alguns cuidados
2 – mais seguro, com poucas demandas
3 – confortável, sem demandas

Fonte : elaboração própria

DESCRIÇÃO

Consiste na divisão da turma em grupos menores para a aplicação de um outro método de ensino. Algumas observações:

- O trabalho em grupos é uma forma de gerenciamento de grandes turmas num espaço de tempo reduzido, já que permite a participação simultânea de várias pessoas;

- A ideia do trabalho em pequenos grupos, assim como a do team-based learning, é estimular a aprendizagem pelos pares, de modo que um estudante contribua para o aprendizado do outro;

- O trabalho em pequenos grupos e o team-based learning exigem a aplicação de outros instrumentos de avaliação para que seja possível acompanhar o desenvolvimento dos estudantes, uma vez que raramente será possível contar com um assistente para acompanhar de perto cada grupo;

- O trabalho em pequenos grupos pode ser feito a partir de vários métodos. Indicamos dois:

  - Phillips 66: tradicionalmente, grupos de 6 pessoas debatem uma questão em 6 minutos;

  - Integração horizontal e vertical: trabalho em grupo em duas etapas – na primeira, formam-se os grupos entre alunos diferentes (integração horizontal); na segunda, um membro de cada grupo forma um novo grupo (integração vertical) para trabalhar com as reflexões que tiveram nos grupos originais.

Para saber mais: DIAZ BORDENAVE, PEREIRA, 1995; ANASTASIOU, ALVES, 2005, p. 87 e 94.

UM-DOIS-QUATRO-TODOS
(1-2-4 OU "ONE-TWO-FOUR-ALL")

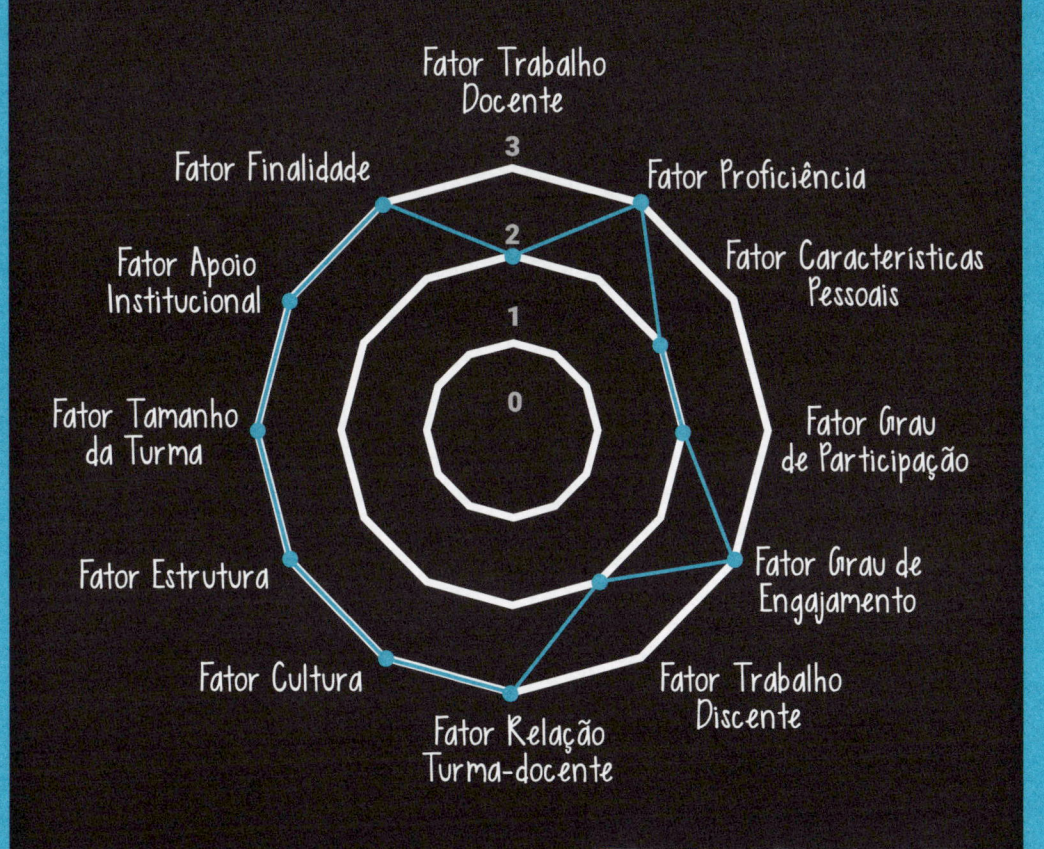

0 – pouco confortável, com muitas demandas
1 – menos ousado, exige alguns cuidados
2 – mais seguro, com poucas demandas
3 – confortável, sem demandas

Fonte : elaboração própria

DESCRIÇÃO

Um-dois-quatro-todos (ou one-two-four-all) consiste em colocar gradualmente os estudantes em situações de maior divergência e contraste de ideias. A atividade começa individualmente, com cada aluno fixando sua opinião ou sua solução para a tarefa. Em seguida, os alunos se juntam em pares e comparam suas opiniões ou soluções, tentando chegar a uma posição comum. Depois, os pares se juntam em quartetos e fazem o mesmo processo. Finalmente, o debate chega à coletividade como um todo. Em cada fase, eles devem obter uma resposta comum ao par ou ao grupo. Algumas observações:

- O um-dois-quatro funciona melhor quando há a possibilidade de divergência e diferentes visões sobre o mesmo objeto ou o mesmo fenômeno. Um exemplo é a atribuição de notas (0 a 10) para uma solução ou um conjunto de soluções;

- O 1-2-4 pode ser feito com outros números, mas é necessário atentar-se para o propósito disso. Começar individualmente é importante para que todos os participantes construam sua opinião individual antes de ser influenciados pelos demais. Com essa opinião, eles são capazes de argumentar ou contra-argumentar com outros para sustentá-la – por isso o método funciona melhor com questões polêmicas. Os números pares (duplas ou quartetos) facilitam não apenas a participação, permitindo maior tempo de fala para cada um, como também facilitam que a decisão seja tomada por consenso e não por votação. Números ímpares permitem a criação de maiorias e podem facilitar que impasses sejam resolvidos no voto.

Para saber mais: LIPMANOWICZ, MCCANDLESS, [201?].

BUSCA NA WEB
(WEBQUEST)

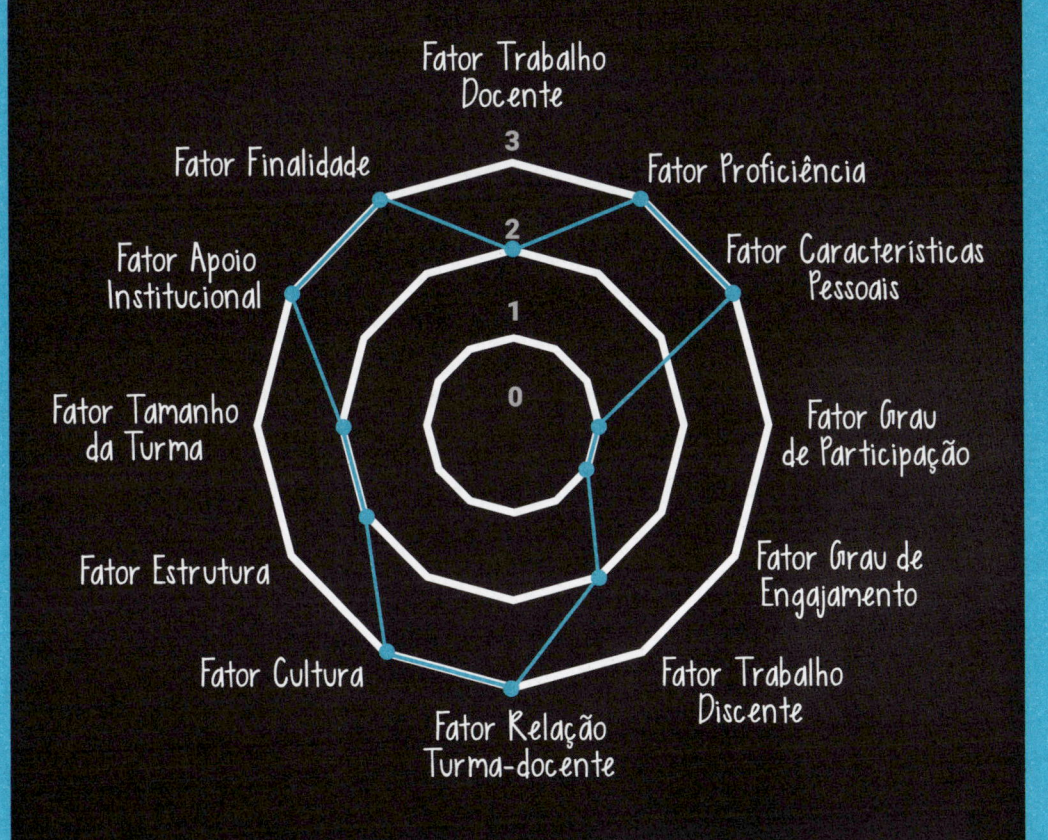

0 – pouco confortável, com muitas demandas
1 – menos ousado, exige alguns cuidados
2 – mais seguro, com poucas demandas
3 – confortável, sem demandas

Fonte : elaboração própria

DESCRIÇÃO

Consiste numa forma aprendizagem por meio de pesquisa que consiste em dar aos alunos um desafio (geralmente uma pergunta) e indicar fontes de pesquisa (geralmente na internet) para que procurem a resposta. Algumas observações:

- A vantagem da webquest é a possibilidade de que o docente seja capaz de acompanhar o processo de pesquisa na internet de seus alunos, apontando de antemão boas fontes e contribuindo para que eles avaliem a qualidade das informações.

Para saber mais: ADELL, 2004; DODGE, 1995.

WORLD CAFÉ
(CAFÉ-MÚNDI)

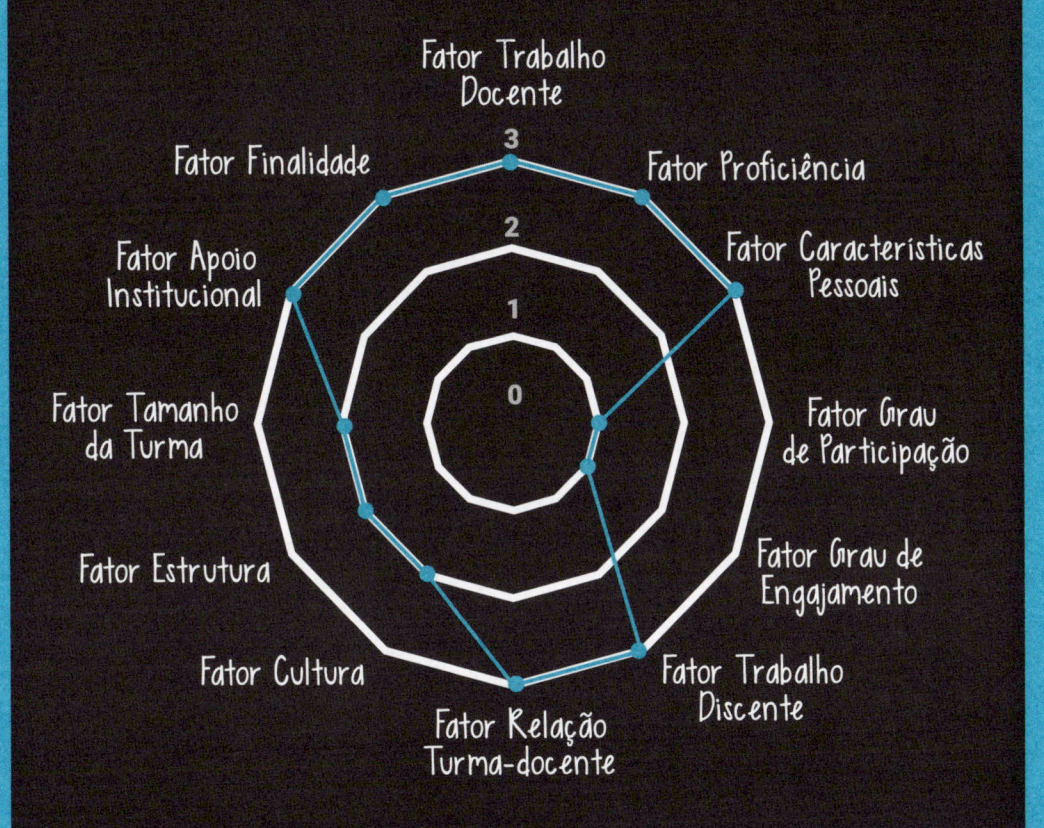

Fator Trabalho Docente

Fator Proficiência

Fator Finalidade

Fator Características Pessoais

Fator Apoio Institucional

Fator Grau de Participação

Fator Tamanho da Turma

Fator Grau de Engajamento

Fator Estrutura

Fator Trabalho Discente

Fator Cultura

Fator Relação Turma-docente

3
2
1
0

0 – pouco confortável, com muitas demandas
1 – menos ousado, exige alguns cuidados
2 – mais seguro, com poucas demandas
3 – confortável, sem demandas

Fonte : elaboração própria

DESCRIÇÃO

Consiste num método de criação de ideias baseado na troca de opiniões. Ele funciona por meio do rodízio de pessoas entre grupos para aumentar a diversidade de contribuições e agregar diferentes pontos de vista para uma pergunta específica. No café-múndi, cada grupo conta com um anfitrião, que permanece no grupo até o final da atividade, e os demais membros do grupo, que circulam para outros em rodadas. O principal fundamento é o de que as pessoas que circulam "polinizam" outros grupos com ideias novas e trazem observações para agregar ao seu trabalho original. Algumas observações:

- No world café, cada mesa enfoca uma pergunta sobre um tema comum a todas ou um projeto. É muito importante que haja uma tarefa bem determinada para as mesas, de modo que a contribuição entre elas possa ser efetiva;

- O world café tem esse nome também por conta das mudanças no ambiente. Para que os participantes se sintam estimulados a criar ideias e contribuir com o trabalho dos outros, costuma-se deixar em cada mesa itens que possam aumentar o bem-estar, como café e doces;

- Os participantes não precisam passar necessariamente por todos os grupos. Essa exigência dependerá dos constrangimentos de tempo e quantidade de grupos, além do grau de contribuição que eles poderão levar e trazer da participação em um novo grupo. Por vezes, duas rodadas já são suficientes para que haja troca de ideias e contribuições;

- O anfitrião fica responsável por relatar a discussão do grupo original para os participantes que chegam (com os acréscimos das discussões posteriores), além de registrar todas as novas ideias para compartilhar com o grupo original – após as rodadas de trocas entre grupos.

Para saber mais: BROWN, ISAACS, THE WORLD CAFÉ COMMUNITY, 2005, especialmente p. 47-247; HOLMAN, DEVANE, CADY et al., 2008, p. 282-314.